PISA2012年調査

評価の枠組み

PISA 2012 Assessment and Analytical Framework: Mathematics, Reading, Science, Problem Solving and Financial Literacy

OECD生徒の学習到達度調査

経済協力開発機構（OECD）編著
国立教育政策研究所 監訳

NIER

OECD

明石書店

経済協力開発機構（OECD）

経済協力開発機構（Organisation for Economic Co-operation and Development, OECD）は，民主主義を原則とする34か国の先進諸国が集まる唯一の国際機関であり，グローバル化の時代にあって経済，社会，環境の諸問題に取り組んでいる。OECDはまた，コーポレート・ガバナンスや情報経済，高齢化等の新しい課題に先頭になって取り組み，各国政府のこれらの新たな状況への対応を支援している。OECDは各国政府がこれまでの政策を相互に比較し，共通の課題に対する解決策を模索し，優れた実績を明らかにし，国内及び国際政策の調和を実現する場を提供している。

OECD加盟国は，オーストラリア，オーストリア，ベルギー，カナダ，チリ，チェコ，デンマーク，エストニア，フィンランド，フランス，ドイツ，ギリシャ，ハンガリー，アイスランド，アイルランド，イスラエル，イタリア，日本，韓国，ルクセンブルク，メキシコ，オランダ，ニュージーランド，ノルウェー，ポーランド，ポルトガル，スロバキア，スロベニア，スペイン，スウェーデン，スイス，トルコ，英国，米国である。欧州連合もOECDの活動に参加している。

OECDが収集した統計や，経済，社会，環境の諸問題に関する研究成果は，加盟各国の合意に基づく協定，指針，標準と同様にOECD出版物として広く公開されている。

本書はOECDの事務総長の責任の下で発行されている。本書で表明されている意見や主張は必ずしもOECDまたはその加盟国政府の公式見解を反映するものではない。

日本語版　序

パリに本部を置く経済協力開発機構（OECD: Organisation for Economic Co-operation and Development）が取り組んでいる「生徒の学習到達度調査（PISA）」の第5回目となる2012年調査は，OECD加盟国及び非加盟国から成る65か国・地域の参加によって実施されました。2012年調査は，数学的リテラシーを中心分野として，読解力，科学的リテラシーだけでなく，問題解決能力調査も実施しました。また次回調査（2015年）からのコンピュータ使用型調査への完全移行に向けて，コンピュータ使用型で数学的リテラシーと読解力も国際オプションとして調査しました。この2012年調査の設計や方法など概念的な基礎を示したのがOECDから刊行された『PISA2012 Assessment and Analytical Framework: Mathematics, Reading, Science, Problem Solving and Financial Literacy』で，本書はその日本語版です。

2000年にはじめてPISA調査を実施して以来，2003年，2006年，2009年，そして2012年と，日本では延べ約1,000校，約35,000人の生徒さんの参加・協力により，PISA調査が求める厳しい国際基準を満たす予備調査・本調査を実施してきました。特に2012年調査は，東日本大震災の直後に予備調査を実施することになっており，学校に協力を依頼できるのかどうか関係者は心配しましたが，学校関係者，教育委員会はじめ，関係者の方々皆様の協力によって実施することができました。

2012年調査の結果公表及び日本語版国際結果報告書『生きるための知識と技能5 − OECD生徒の学習到達度調査（PISA）2012年調査国際結果報告書−』の刊行から月日が経過してしまいましたが，2012年調査の評価の枠組みを世に出すことができましたことは，これまでPISA調査にご協力いただいた高等学校等の教職員の皆様，保護者及び生徒の皆さん，教育委員会等関係機関の皆様，研究所内外の関係者の皆様をはじめとする多くの方々のご努力とご協力のおかげであり，あらためて感謝申し上げます。特に，本書の数学的リテラシー部分の監修とともに，翻訳出版作業にあたり事務局を支えて下さった東京学芸大学の西村圭一先生には心から感謝申し上げます。また今回の刊行にあたっては，明石書店の安田伸氏にご尽力頂きました。

本年12月には，PISA2015年調査の国際結果公表及び日本語版国際結果報告書の刊行を予定しています。それらと併せ，本書が多くの方々に活用されることを願っております。

平成28年7月

国立教育政策研究所 国際研究・協力部長
OECD-PISA調査プロジェクト・チーム総括責任者
大野　彰子

序　文

1997年に着手されたOECD生徒の学習到達度調査（PISA: Programme for International Student Assessment）は，OECD加盟各国政府の要請により，生徒の学習到達度という観点から，国際的に共通する枠組みに沿って教育システムの成果をモニタリングするものである。また，OECD-PISA調査は，参加国から学術的，専門的知識を有する人々が集まり，政策主導の共通の関心に基づいて各国政府が共同で進めるという，協同の努力が形になったものである。参加国はプロジェクトに対して政策レベルの責任を負う。参加国からの専門家もまた作業部会で尽力しているが，その作業部会では，国際的な比較評価分野において利用可能な最も優れた実質的内容と技術的専門知識を，PISA調査の政策目標と連携させることが行われている。こうした専門家グループへの参加を通じて，参加国は，PISA調査の評価手段が国際的に妥当であること，OECD加盟諸国の文化的な背景及びカリキュラムの内容を考慮したものであることを保証している。また，これらの評価手段には確固たる測定特性があり，信頼性と教育的妥当性に重点が置かれている。PISA2012年調査は，1997年にOECD加盟諸国によって採用されたデータ戦略を引き継いだ。PISA2012年調査の中心分野は，2003年調査と同様に数学的リテラシーである。数学の評価の枠組みはPISA2012年調査において完全に改訂され，新しい三つの数学的なプロセスが導入された。これらのプロセスは，PISA調査の数学の結果報告における開発の基礎となるものである。また，PISA2012年調査では，コンピュータ使用型数学的リテラシー調査も実施された。科学の枠組みは2006年調査時に，読解力の枠組みは2009年調査時に改訂されており，今回の2012年調査において，これらの枠組みはいずれも変更されていない。PISA2012年調査では，様々な質問紙の開発の基礎となる分析的枠組みも改訂された。

PISA2012年調査では，コンピュータ使用型の問題解決能力調査とファイナンシャル・リテラシー調査も加わった。問題解決能力は2003年調査時にも評価分野となったが，2006年調査と2009年調査では導入されなかった。しかし，PISA2012年調査では，問題解決能力の新しい枠組みが考案され，新たに取り入れられた評価方法論によって生徒の能力を同時に捉えることが可能になった。特に，PISA2012年調査の問題解決能力はコンピュータ使用型の評価を行うため，生徒と問題の相互作用性が中心的な特徴になっている。ファイナンシャル・リテラシーは，今回初めてPISA調査に導入された。その枠組みには，ファイナンシャル・リテラシーについて議論する上で必要な共通言語，この分野の実用に適した定義，問題開発のための明確なプランが示されると同時に，この分野で15歳の生徒を評価するのにふさわしい内容・プロセス・文脈が定義されている。

本書はPISA2012年調査の基本的な考え方を示したもので，生徒が習得すべき内容，実行すべきプロセス，知識と技能が適用される場面などの点について述べている。さらに，問題例を幅広く紹介しながら，評価分野をわかりやすく解説している。

数学の評価の枠組みは，オーストラリア教育研究所（The Australian Council for Educational Research: ACER），非営利団体アチーブ（Achieve, Inc.），アメリカの教育開発組織によって協同開発された。それ以外の全ての認知的分野(cognitive domains）と質問紙の枠組みは，オーストラリア教育研究所が開発した。

この枠組みは，オーストラリア教育研究所のRaymond Adams，Barry McCrae，Petra Lietz，Juliette Mendelovits，Dara Ramalingam，RossTurnerらの指揮のもとで，専門委員会によって開発された。数学的リテラシー専門委員会はメルボルン大学のKaye Stacey，問題解決能力専門委員会はハイデルベルク大学のJoachim Funke，読解力専門委員会はアメリカのETS（Educational Testing Service）のIrwin Kirsch，科学的リテラシー専門委員会は元アメリカ・生物科学カリキュラム研究のRodger Bybee，ファイナンシャル・リテラシー専門委員会はアメリカのジョージ・ワシントン大学ビジネススクールのAnnamariaLusardi，質問紙専門委員会はドイツ国際教育研究所（DIPF）のEckhard Kliemeがそれぞれ委員長を務めた。これら国際専門委員会のメンバーについては，本書の付録Bに記載している。この枠組みは，各参加国の専門委員会においても検討された。各章はそれぞれの専門委員会によって，各専門委員会の委員長の指揮のもとでドラフトされたものである。本書はOECD事務局，主としてMichael Davidson，Sophie Vayssettes，Pablo Zoido，Giannina Rech，Elisabeth Villoutreix，Marilyn Achiron，Elizabeth Del Bourgoによって作成された。

本報告書は，OECD事務総長の責任において発行されたものである。

PISA2012 年調査 評価の枠組み

OECD 生徒の学習到達度調査

◎

目　次

第２章 読解力

第３章　科学的リテラシー

第４章　問題解決能力

第５章　ファイナンシャル・リテラシー

第６章　質問紙

コラム・図・表の一覧

■ 序　章 ■

第１節　概要

保護者，生徒，教師，政府，そして一般の人々――あらゆる関係者――は，教育システムによって，自国の生徒がどれだけ実生活の状況に対する準備ができているかについて知る必要がある。こうしたことを評価するために，多くの国で生徒たちの学習のモニタリングが行われている。国際的な比較調査は，広い文脈を提供し，そこで国の成績を解釈することによって，その国の状況を評価し，向上させることができる。また，このような調査は，学習機会における公平性という観点からはもちろん，教育成果の質という観点からも，教育において何が可能であるかを示すことができる。他のシステムが達成した測定可能な目標を設定することで政策目標とすることもできるし，このことは改革の道筋を構築する上でも役に立つ。また，各国が自国の長所と短所を見つけ出し，その進展状況をモニタリングする助けともなる。

生徒の成績について国家間で比較可能なエビデンスの必要性に応じ，経済協力開発機構（OECD: Organisation for Economic Co-operation and Development）は，1997 年に生徒の学習到達度調査（PISA: Programme for International Student Assessment）に着手した。PISA 調査は，政府の要請を受け，国際的に合意された共通の枠組みに沿って生徒の成績を定期的に測定し，教育システムの成果をモニタリングしようとするものである。その目的は，政策対話や教育目標の策定・実施における協働の新たな基盤を提供することであり，それには成人生活にとって重要な技能に関する見解を反映させた革新的な方法を用いる。

PISA 調査は，参加国――OECD 加盟国及び 30 を超える非加盟国――が協同で行う試みであり，15 歳の生徒が将来の生活で直面しうる課題に対して，どれほど準備ができているかを測定するものである。15 歳児を対象とする理由は，ほとんどの OECD 加盟国において，義務教育の修了を迎える年齢が 15 歳であるためだ。PISA 調査は参加国政府が協同で実施するものであり，国レベル及び国際レベルの科学的専門知識を活用することで，各国の政策上の関心を一致させている。PISA 調査は，15 歳の生徒の知識・技能・態度を過去 12 年にわたって測定してきたことから，各国がこの間どのような状況であったかについて，ある見方を提供することができる。

PISA 調査では，知識・技能・態度を測るための幅広いアプローチを採用している。これらのアプローチは，学校を基本としたものから，家庭や職場といった学校外で直面する可能性のあるタスクや課題において知識を活用するものへと移行しつつあり，学校の優先性に対する最近の変化を反映している。これは，変化し続ける世界にうまく適応するために必要な新しい知識と技能が，生涯にわたって継続的に取得されるという生涯学習の動的なモデルに基づいている。PISA 調査は，15 歳の生徒が将来必要とするであろう能力に焦点を当て，生徒が学んできたことを用いて何ができるかを評価しようとするものだ。このことは，学校で学んだことを学校外の環境で適用し，自身の選択や意思決定を評価することによって，生徒が生涯を通じて学習を継続するための能力を反映している。PISA 調査は，国のカリキュラムにおける共通の要素によって特徴付けられるが，それに限定されてはいない。このため，生徒の知識を評価する一方で，熟考する能力や知識と経験を実生活の諸問題に思慮深い方法で応用する能力も見る。例えば，成人が食品の安全性に関する科学的助言を理解し，評価する場合，その食品を構成する栄養素についての基本的な事実を知っているだけでなく，その情報を適用できなければならない。「リテラシー（literacy）」という用語は，こうした知識と技能のより広い概念を指すために用いられる。PISA 調査には，15 歳の生徒が様々な認知プロセスをどの程度まで活性化（activate）させることができるかを判断する狙いがある。生徒は認知プロセスによって，学校教育やそれに関連する学習経験から習得した読解・数学・科学の知識と技能を効果的に利用することができる。

PISA 調査は 3 年に 1 度の調査を通して情報を収集し，生徒，学校，国における読解・数学・科学の分野に特定した知識と技能に関するデータを示すよう設計されたものである。PISA 調査では，読解・数学・科学に関する評価を，生徒の家庭的背景・学習に対するアプローチ・学習環境・コンピュータの利用に対する認識といった情報と結び付けている。そのようにして，PISA 調査は家庭や学校での技能と態度の発達に影響する要因を洞察し，またこれらの要因がどのように相互作用するのかや，政策策定にとってどのような意味を持つのかについて検証する。

PISA 調査では，1）翻訳，標本抽出，調査実施のメカニズムにおいて質の管理を徹底し，2）中でも，問題を策定する際の開発・修正プロセスに各国が参加することを通じて，調査問題に文化的・言語的な多様性を持たせるようにするとともに，3）データ処理に当たっては，最先端の技術と方法論を用いている。これらの方法を組み合わせることで，質の高い調査手段が作り出され，教育システムや生徒の知識・技能・態度に関する理解を深めるために，卓越したレベルの妥当性と信頼性を持つ結果が生み出されている。

本書は，PISA2012 年調査の基盤となる概念を示すものである。それには，再開発され，拡大された数学的リテラシーの枠組みが含まれており，生徒が問題解決の際に経るプロセスが新たな報告の側面として加えられている。また，新たに国際オプションのコンピュータ使用型数学的リテラシー調査（CBAM）が導入され，現代社会で数学的に仕事をする上での情報通信技術（ICT）の重要性が反映されている。本書では，読解力及び科学的リテラシーの評価基盤についても示し，各分野で生徒が習得すべき知識の内容，実行すべきプロセス，知識と技能が適用される文脈についても概説する。また，問題例を用いて，各分野とその側面についても説明する。最後に，質問紙の基礎となる概念を示す。質問紙は，生徒，学校，保護者から，生徒の家庭的背景や態度，学習歴，学校の学習環境に関する情報を収集するために用いられる。

第 2 節　PISA2012 年調査の基本的な特徴

PISA2012 年調査は，1997 年に参加国が定めたデータ戦略の第 5 サイクルに位置付く。OECD が発行した『Measuring Student Knowledge and Skills: A New Framework for Assessment』（1999），『PISA2003 年調査 評価の枠組み：OECD 生徒の学習到達度調査（The PISA 2003 Assessment Framework: Mathematics, Reading, Science and Problem Solving Knowledge and Skills)』（2003），『PISA2006 年調査 評価の枠組み：OECD 生徒の学習到達度調査（Assessing Scientific, Reading and Mathematical Literacy: A Framework for PISA 2006)』（2006），『PISA2009 年調査 評価の枠組み：OECD 生徒の学習到達度調査（PISA 2009 Assessment

Framework: Key competencies in Reading, Mathematics and Science)』（2009）は，PISA 調査の第１～４サイクルの基礎となった概念的な枠組みを示したものである。これらのサイクルの結果は，OECD が発行した『Knowledge and Skills for Life: First Results from PISA 2000』（2001），『Learning for Tomorrow's World: First Results from PISA 2003』（2004），『PISA 2006: Science Competencies for Tomorrow's World』（2007），『PISA 2009 Results – Volumes I to VI』（2010）に記載されている。PISA 調査のホームページ（www.pisa.oecd.org）でも，全ての出版物の閲覧が可能である。こうした結果を用いることで，国の政策立案者たちは自国の教育システムの成果を他国と比較することができる。PISA2012 年調査は，これまでの調査と同様に読解力，数学的リテラシー，科学的リテラシーを対象としているが，中心分野として焦点を当てているのは数学的リテラシーである。生徒には背景について尋ねた生徒質問紙にも回答してもらい，学校の校長や教頭からも補完的な情報を収集する。参加国のうち 11 の国・地域では，生徒の保護者からも情報が集められる。PISA2012 年調査には，OECD 加盟全 34 か国を含む 65 の国・地域が参加している。

PISA 調査の目的は，一般的に義務教育段階にある年齢における教育システムの累積的な効果を評価することである。したがって，調査は学校及び職場での教育プログラムに在籍する 15 歳児を対象としている。各国で最低 150 校の学校，4,500 ～ 10,000 人の生徒が調査対象となり，良好な標本抽出の基礎が提供される。これを基に，生徒の様々な特性に従って結果が分類される。

PISA 調査の主な目的は，読解力・数学的リテラシー・科学的リテラシーの分野において，若者たちが成人後の生活に必要となるであろう，より幅広い知識や技能をどの程度習得したかを決定することである。教科横断的な能力の評価は，引き続き PISA2012 年調査においても重要な部分となっている。このように幅広い方向性を持つアプローチが採用された主な理由は，以下のとおりである。

学校での学習において特定の知識を習得することは重要であるが，成人後の生活においてその知識を適用できるかどうかは，より幅広い概念と技能の習得に決定的に依拠している。読解においては，書かれていることへの解釈を展開させる能力と，テキストの内容と質について熟考する能力は中心的な技能である。数学においては，見慣れた教科書の問題に答える能力だけでなく，現実世界の問題において数学的技能を発揮する際に定量的な推論を行い，物事の関係や依存関係を表現し，ある問題の置かれた文脈・構造を数学と結び付ける能力がなければならない。科学においては，成人社会で議論される諸問題について考える上で，動植物の名前のような特定の知識を持つことよりも，エネルギー消費，生物多様性，人間の健康といった幅広いトピックを理解することの方が重要である。

国際的な場面では，カリキュラムの内容に焦点を当ててしてしまうと，大部分の国に共通するカリキュラムの要素に注目せざるを得ないことになる。このことによって多くの妥協が生まれ，その結果，評価基準は狭くなり，他国の教育システムの長所や革新的な部分を知りたいと思っている政府にとって，価値のないものになってしまう。

生徒が発達するには，特定の幅広い一般的な技能が不可欠である。それには意思の伝達，適応力，柔軟性，問題解決能力，情報技術の活用能力などが含まれる。こうした技能は複数のカリキュラムにまたがって発達するものであり，それらを評価するには教科横断的な能力に焦点を当てる必要がある。

コラム 0.1　PISA 調査とは何か？

基本事項

- 参加国によって協同開発され，教育プログラムに在籍する 15 歳児を対象に実施される国際的な標準化調査。
- 第 1 サイクルでは 43 か国（2000 年に 32 か国，2002 年に 11 か国），第 2 サイクル（2003 年）では 41 か国，第 3 サイクル（2006 年）では 57 か国，第 4 サイクルでは 75 か国（2009 年に 65 か国，2010 年に 10 か国）が調査に参加。PISA2012 年調査には，65 の国・地域が参加した。
- 各国において通常 4,500 人から 10,000 人の生徒を対象にテストが実施される。

内容

- PISA2012 年調査は数学的リテラシー・読解力・科学的リテラシーの分野を扱い，評価の対象は生徒が特定の教科に関する知識を再生できるかどうかだけでなく，新たな状況において学んできたことを基に推測を行い，知識を適用できるかどうかという点にまで及ぶ。PISA2012 年調査サイクルでは，さらに二つの分野が加わった。問題解決能力とファイナンシャル・リテラシーである。前者は，技術上の問題で一部の国は参加しなかった。後者は，国際オプションとして一部の国で実施された。
- プロセスの習熟，概念の理解，各分野での様々な状況に対処する能力に主眼点が置かれている。

方法

- 紙と鉛筆を使って行う筆記型のテストを用い，調査は生徒一人につき計 2 時間行われる。多くの国では, 40 分間の数学的リテラシー及び読解力のコンピュータ使用型調査が追加される。
- テスト問題は選択肢形式問題と，生徒に自分で解答を構築するよう求める記述形式問題で構成されている。問題は，実生活の状況を想定した文章に基づいてグループ分けされる。
- 合計で解答時間約 390 分に相当するテスト問題が用意されており，生徒はそれぞれ異なった組合せのテスト問題に取り組む。
- 生徒は背景に関する生徒質問紙に回答する。この質問紙は回答時間 30 分で，生徒から自身と家庭についての情報を収集するものである。学校長は回答時間 20 分の自校についての学校質問紙に回答する。さらに国際オプションで短時間の質問紙を実施する国もある。1）保護者を対象に，過去から現在までの生徒の家庭における読みの取組に関する情報を集めるための質問紙と，2）生徒を対象に，コンピュータへのアクセスと利用について，また，これまでの教育歴や教育に対する意欲（動機付け）についての情報を集めるための質問紙である。

調査サイクル

- 調査は 3 年ごとに実施される。調査の実施について，2015 年までの戦略計画が策定されている。
- 各サイクルにはそれぞれ中心分野が設けられ，深く検証が行われる。中心分野には，総テスト時間の 3 分の 2 が割り当てられる。それ以外の分野は，技能の主な特徴を示す補完的な役割を持つ。2000 年と 2009 年の中心分野は読解力で，2003 年は数学的リテラシー，2006 年は科学的リテラシーであった。2012 年は，再び数学的リテラシーが中心分野である。

成果

- 15 歳の生徒の知識・技能における基本的な特徴。
- 結果を生徒と学校の特性に関連付ける背景指標。結果の経年変化を示す経年指標。
- 政策の分析・研究のための貴重な知識データベース。

PISA 調査は，15 歳の生徒の読解・数学・科学における技能について，単に国家間の比較だけを目的とした調査ではない。PISA 調査は継続的事業であり，長期的には，各国の異なる下位人口集団においてだけでなく，様々な国における生徒の知識・技能の経年変化をモニタリングできるような一連の情報を蓄積しようとしている。毎回，総テスト時間の約 3 分の 2 を費やして，特定の 1 分野が綿密にテストされる。このようなデータ収集方法によって，各分野における到達度は 9 年間かけて徹底的に分析され，経年変化については 3 年ごとに分析することができる。2000 年と 2009 年は読解力，2003 年は数学的リテラシー，2006 年は科学的リテラシーが中心分野であった。2012 年には再び数学的リテラシーが中心分野となり，改定された数学の枠組みに従って実施される。新たな枠組みでは，コンピュータ使用型調査が導入され，生徒たちが数学的リテラシーを活用する際に着手する数学的なプロセスと，それらのプロセスの基盤となる基本的な数学の能力が盛り込まれた（第 1 章参照）。PISA2012 年調査の読解力と科学的リテラシーの枠組みは，前回の調査時と同じである（それぞれ第 2 章，第 3 章を参照）。

これまでの PISA 調査サイクルと同様に，紙と鉛筆で行う筆記型調査は，一つあるいは複数の認知的分野（cognitive domain）から出題される解答時間 30 分の問題群が四つ含まれており，計 2 時間のテストとして設計された。テスト問題からは，およそ 390 分の調査時間に相当する情報が得られる。参加各国に向けて，全ての問題は相互に関係付けられた 13 種類のブックレットにまとめられた。筆記型調査の国際オプションであるファイナンシャル・リテラシーは，PISA2012 年本調査では二つの問題群（調査時間 60 分）に割り当てられた。各ブックレットは，国別及び国内において該当する下位集団別（例えば，男女別，生徒の持つ様々な社会経済的背景別）に，全ての問題における生徒の到達度レベルについて適切な推定値を割り出すために，十分な人数の生徒に配布された。また，生徒は背景について尋ねた生徒質問紙に 30 分間で回答した。生徒質問紙にローテーション設計を適用することで，より多くの資料を研究に用いることができる。これまでのサイクルと同様，生徒全員が回答する質問と，標本抽出された生徒のみが回答する質問があった。

こうした中心となる調査に加え，44 か国がコンピュータ使用型の問題解決能力調査に参加し，そのうちの 32 か国が読解力と数学的リテラシーのコンピュータ使用型調査に参加した。2012 年のコンピュータ使用型調査の調査時間は 40 分である。問題解決能力は，全問題の合計調査時間が 80 分で，各調査時間 20 分の四つの問題群で構成されている。国際オプションのコンピュータ使用型数学的リテラシー調査及び読解力調査に参加しなかった国の生徒は，偏りのないローテーション設計に従って二つの問題群に取り組んだ。国際オプションのコンピュータ使用型数学的リテラシー調査及び読解力調査にも参加した国の生徒は，別のローテーション設計に従って二つの問題群に取り組んだ。これらの問題群には，問題解決能力の四つの問題群のうち二つか一つが含まれている場合もあれば，問題解決能力の問題群が含まれていない場合もあった。国際オプションのコンピュータ使用型調査には，全問題の合計調査時間が80分の数学的リテラシーの問題と40分の読解力の問題がある。数学的リテラシーの問題は四つの問題群，読解力の問題は二つの問題群に分けられ，一つの問題群の調査時間は20分である。コンピュータ使用型の問題はすべて，多数あるローテーションテスト設計の中に組み込まれ，各フォーム（訳注：コンピュータ使用型調査では24種類の問題フォームが用意され，生徒は指定された一つのフォームについて解答することが求められる）には二つの問題群が含まれている。生徒は一人につき一つのフォームを行うため，総テスト時間は40分となる。

PISA調査は，以下の三つの主な成果を提供する。

- **基本指標**：生徒の知識と技能に関する基本的な特徴を示す。
- **背景指標**（質問紙から得られる指標）：こうした技能が人口学的，社会的，経済的，教育的な重要変数とどのように関連しているかを示す。
- **経年指標**：継続的なデータ収集により示すことができるもので，学習到達度レベルと分布の変化，生徒及び学校レベルでの背景的な変数と学習到達度との関係の変化を示す。

指標は重要な課題に注目を集めるには適した手段であるが，政策上の疑問に対する答えを与えてくれるものではない。このため，PISA調査は単なる指標の報告を超えた政策志向の分析計画を開発した。

第3節　PISA調査の独自性

PISA調査は，実生活で生じる難題に対処するために，若者たちが知識と技能を利用する能力に焦点を当てている。こうした方向性はカリキュラムの目標や目的そのものにおける変化を反映しており，生徒が特定の教科内容を習得したかどうかについてだけでなく，学校で学んだことを使って何ができるかについての関心がますます強まっているのである。

PISA調査の開発を導く上での主な特徴は以下のとおりである。

- **政策志向**：生徒の学習成果に関するデータを，生徒の特性や学校内外での学習を方向付ける重要な要因に関するデータと結び付け，生徒の成績パターンの違いに注目し，高い成績水準を誇る学校や教育システムの特徴を明らかにする。
- **革新的な「リテラシー」の概念**：これは生徒が主要な教科領域における知識と技能を適用し，様々な状況における問題を提起し，解決し，解釈していく上で，分析・推論・コミュニケーションを効果的に行う能力に関係する。
- **生涯学習との関連性**：PISA調査は，生徒の教科能力及び教科横断的能力の評価に限定するものではなく，生徒自身の学習への動機付け，自身に関する信念，自身の学習方略についても測定を行うものである。
- **定期的な実施**：各国が重要な学習目標を達成する上で，その進捗状況をモニタリングすることを可能にする。

- **調査参加国の拡大と協同による事業運営**：PISA2012 年調査には，OECD 加盟 34 か国に加え，30 を超える非加盟国・地域が参加した。

PISA 調査で測定される知識と技能の妥当性は，PISA 調査に参加した若者の追跡調査によって，近年明らかにされている。オーストラリア，カナダ，デンマークで行われた研究で，15 歳のときに受けた PISA2000 年調査の読解力の成績は，生徒が中等学校を修了する確率，及び 19 歳時点で中等後教育を受けている確率に強く関連していることがわかった。例えば，カナダでは 15 歳のときに読解力の習熟度レベルが 5 であった生徒が 19 歳のときに中等後教育に進んでいる割合は，レベル 1 未満であった生徒に比べ約 16 倍にもなった。

PISA 調査は，生徒の成績を評価する最も包括的で厳正な国際的プログラムであり，生徒，家庭，学校に関するデータを収集することで生徒の成績における違いを説明できるものである。調査の範囲と性質，及び収集すべき背景情報は参加各国の専門家によって決定され，共通の政策上の関心を基に，各国政府が協同で運営に当たる。調査問題における文化的・言語的な広がりとバランスを確保するために，実質的な努力とリソースが投入されている。翻訳，標本抽出，データ収集においては，厳格な品質保証のメカニズムが適用される。その結果，PISA 調査の結果には高い妥当性と信頼性があり，世界の最も経済的に発展した国々だけでなく，経済発展の初期段階にある多くの国々の教育成果を理解する上でも大きな進展が見られた。

世界中の政策立案者は，自国の生徒の知識・技能を他の参加国の生徒と比較して評価したり，他国の平均得点や教育の成果・機会における高水準の平等性を実現する能力などの観点から，教育の向上を目的としたベンチマークを設けたり，自国の教育システムの相対的な長所と短所を理解したりする目的で，PISA 調査の結果を利用する。PISA 調査に対する関心の深さは，調査参加国によって作成される多くの報告書に加え，社会的な議論の場で PISA 調査の結果について数多くの言及がなされていることや，世界中のメディアにおいて PISA 調査に対する注目度が高いことによっても伺える。

第４節　各分野における調査内容の概要

コラム 0.2 に PISA2012 年調査で評価する三つの分野についての定義を示す。定義は全て，社会活動への積極的な参加を可能にする機能的な知識・技能を強調している。こうした積極的な参加には，単に外部からの力，例えば雇用主から課せられた課題を遂行する能力以上のものが必要である。また，このことは意思決定のプロセスに参加する能力が備わっていることも意味している。PISA 調査のより複雑な課題では，生徒は，単に一つの正しい答えを持つ問いに答えるだけでなく，資料について熟考し，評価することも求められる。これらの定義では，今までに遭遇したことのないような新たな場面において，生徒が学んだことから推測し，知識を適用する能力に注目している。また，様々な状況において問題を提起し，解決し，解釈する上で，生徒が効果的に分析・推論・コミュニケーションを行う能力にも焦点を当てている。

コラム 0.2　各分野の定義

数学的リテラシー

様々な文脈の中で数学的に定式化し，数学を活用し，解釈する個人の能力。それには，数学的に推論することや，数学的な概念・手順・事実・ツールを使って事象を記述し，説明し，予測することを含む。この能力は，個人が現実世界において数学が果たす役割を認識したり，建設的で積極的，思慮深い市民に求められる，十分な根拠に基づく判断や意思決定をしたりする助けとなるものである。

読解力

自らの目標を達成し，自らの知識と可能性を発達させ，社会に参加するために，書かれたテキストを理解し，利用し，熟考し，これに取り組む能力。

科学的リテラシー

疑問を認識し，新しい知識を獲得し，科学的な事象を説明し，科学が関連する諸問題について証拠に基づいた結論を導き出すための科学的知識とその活用。科学の特徴的な諸側面を人間の知識と探究の一形態として理解すること。科学やテクノロジーが我々の物質的，知的，文化的環境をいかに形作っているかを認識すること。思慮深い一市民として，科学的な考えを持ち，科学が関連する諸問題に，自ら進んで関わること。

数学的リテラシー（詳細は第１章）は，様々な状況において数学的な問題に対する解を提起し，定式化し，解決し，解釈する上で，アイディアを効果的に分析し，推論し，コミュニケーションを行う生徒の能力に関連している。PISA の数学的リテラシー調査は，現段階において，以下の事項に関連して設計されている。

- **プロセス**：三つのカテゴリー（**「数学的に状況を定式化する」「数学的な概念・事実・手順・推論を活用する」「数学的な結果を解釈し，適用し，評価する」**――**「定式化する」「活用する」「解釈する」**といった短縮形で言及されることもある）に基づき定義され，問題の文脈を数学と結び付け，その問題を解決するために個人が何をするかについて述べている。これら三つの各プロセスでは，七つの基本的な数学の能力（**「コミュニケーション」「数学化」「表現」「推論と論証」「問題解決のための方略の考案」「記号的，形式的，専門的な表現や操作の使用」「数学的ツールの使用」**）を活用する。また，これらの能力には，個人のトピックに関する問題解決者の詳細な数学的知識の活用が要求される。
- **内容**：主に四つの包括的な概念（**「量」「空間と形」「変化と関係」「不確実性とデータ」**）に基づいて定義され，これらは数，代数，幾何などのよく知られたカリキュラム要素と重なり合って複雑に関連している。
- **文脈**：問題が置かれている個人の世界の側面に基づいて定義される。この枠組みでは，**「個人的」「職業的」「社会的」「科学的」**という四つの文脈に分類する。

読解力（詳細は第２章）は，目的を達成するために，書かれたテキストを理解し，利用し，熟考する生徒の能力によって定義される。PISA 調査の読解力は，以下の事柄に関して評価が行われる。

- **テキストの形式**：PISA 調査では，**連続型テキスト**，すなわち文章や段落で構成された散文に加え，リスト・フォーム・グラフ・図といった文章以外の形式で情報を示す**非連続型テキスト**が用いられる。また，叙述・解説・議論などの様々な散文形式も区別している。
- **プロセス（側面）**：最も基本的な読解技能については評価を行わない。なぜなら，こうした技能は，既に 15 歳の生徒の大部分が身に付けていると考えられるからである。それ以上に生徒に期待することは，**情報の探求・取り出し**，**テキストの幅広い一般的な理解の形成**，**テキストの解釈**，**テキストの内容及び形式・特徴の熟考**を行う上での習熟度を示すことである。
- **状況**：テキストが構築される用途によって定義される。例えば，小説，個人的な手紙，伝記などは私的な用途のために書かれるし，公的文書や告知文は公的な用途のため，手引書や報告書は職業的な用途のため，教科書やワークシートは教育的な用途のために書かれる。これらの状況の中で読解力の成績が特に良くなる状況は集団によって異なるため，調査問題には様々な種類の読解が含まれることが望ましい。

科学的リテラシー（詳細は第 3 章）は，自然界を理解するだけでなく，自然界に影響を与える意思決定に参加するため，科学的な知識とプロセスを用いる能力であると定義される。PISA の科学的リテラシー調査は，以下のことに関連して設計されている。

- **科学的知識・概念**：関連する現象の理解を促進するリンクを構築する。PISA 調査で扱う概念は，**物理**，**化学**，**生物学**，**地学**，**宇宙科学**に関連した見慣れたものであるが，これらは単に記憶するだけでなく，調査問題の内容に応じて応用される。
- **プロセス**：証拠を入手し，解釈し，それに基づき行動する能力を中心とする。PISA 調査が提示する，こうした三つのプロセスは，次のことに関係している。**科学現象の描写・説明・予測**，**科学的調査の理解**，**科学的証拠・結論の解釈**。
- **文脈**：科学的知識の適用と適用される科学的プロセスの利用に関連する。この枠組みでは，次の三つの中心領域を特定する。**生活と健康**における科学，**地球と環境**における科学，**テクノロジー**における科学。

第 5 節　PISA2012 年調査の評価と報告

これまでの PISA 調査と同様に，PISA2012 年調査も筆記型を主として実施された。これに加え，電子テキストを用いたコンピュータ使用型の読解力調査を実施した国もある。筆記型及びコンピュータ使用型のいずれの調査にも，様々なタイプの問いが出題された。その中には，一つしかない正答と直接比較できる簡単な解答を生徒に選ばせたり，答えさせたりする多肢選択形式問題や求答形式問題などがある。こうした問いには正答と誤答のいずれかしか存在しないため，比較的低いレベルの技能を評価することが多い。より建設的な問いでは，生徒は自分自身の解答を発展させるよう求められる。それらは伝統的な調査によって把握されてきたものに比べ，より幅広い構成力を測定するように設計されている。そのため，許容される解答の範囲は広くなり，部分正答を含む場合があるので採点は複雑になる。

生徒全員が全ての問いに解答するわけではない。中心となる数学的リテラシー，読解力，科学的リテラシーの筆記型調査において，PISA2012 年調査の大問はそれぞれ 30 分の調査時間を持つ問題群によって整備されている。全ての筆記型調査で，ブックレットには四つの問題群が含まれている（特別支援が必要な生徒用の一冊は例外で，これには二つの問題群が含まれる）。

数学の調査においては，PISA2012 年調査用に提供された 2 セットのブックレットのうち，各国でどちらか 1 セットを選択して実施することができる。一つ目のセットには，これまでのサイクルと同程度の難易度を持つ問題で構成された 13 冊のブックレットが含まれている。これらのブックレットは，ローテーションテスト設計に従い，七つの数学の問題群，三つの読解の問題群，三つの科学の問題群の中から選ばれた四つの問題群で構成されている。どのブックレットにも，数学の問題群が最低一つは含まれている。もう一つのセットにも全ての難易度レベルを持つ問題が含まれているが，最も難易度の低い問題がより多く含まれている。これは，最も能力の低い生徒が数学的な問題解決者として何を知り，何を理解し，何ができるかについて，より詳しい記述情報を得るためである。全参加国が 11 の共通問題群（数学の問題群：五つ，読解の問題群：三つ，科学の問題群：三つ）を実施した。これに加え，数学では二つのレベルを持つ問題群が 2 種類あり，各国はどちらかのレベルを選んで実施した。国がどの問題群を選択したかに関係なく，生徒の成績を示す数学的リテラシーの尺度は，全参加国において共通である。ファイナンシャル・リテラシーの調査を選択した国には，さらに 2 冊のブックレットが設計され，そのうちの 1 冊は特別支援が必要な生徒用である。

コンピュータ使用型調査に参加した国については，問題フォームに調査時間 20 分の問題群が二つ含まれている。コンピュータ使用型調査において問題解決能力のみを選択した国では，二つの問題群から成るフォームは，ローテーション設計に従って適用された。調査問題はそれぞれ二つの問題群を持つ八つのフォームで構成されており，調査に参加した生徒はその中から一つのフォームを与えられ，取り組んだ。コンピュータ使用型調査で問題解決能力，数学的リテラシー，読解力を選択した国でも，二つの問題群から成るフォームで調査が実施された。調査問題はそれぞれ二つの問題群（ローテーション設計に従い，四つの問題解決能力問題群，四つの数学的リテラシー問題群，二つの読解力問題群の中から二つが組み合わされる）を持つ 24 種類のフォームで構成されている。

コンピュータ使用型調査と同様に筆記型調査でも，一つの場面を提示する課題文（例えば，テキスト，表，チャート，図など）で構成される大問を通じて，知識と技能が評価される。課題文の後には，その共通の課題文に関連した複数の課題が続く。これは重要な特徴であり，個々の設問ごとに全く新しい文脈を導入するよりも，問いをより深く掘り下げることができる。このことによって，成績の複合的側面を評価できるように作成された問題を，生徒は時間を掛けてじっくり取り組むことが可能になるのである。

PISA 調査の結果は 3 分野全てにおいて，平均得点を 500 点，標準偏差を 100 点とする尺度を用いて報告されてきた。このことは，OECD 加盟国の生徒のうち 3 分の 2 が，400 点から 600 点の得点を取ったことを意味する。こうした得点は，ある特定の分野における習熟度の程度を示している。読解力は2000年に中心分野となり，読解の知識と技能を示す尺度は五つのレベルに分けられた。こうしたアプローチの主な利点は，難易度別にそのレベルの課題をこなすことができる生徒の実質的な人数を記述するのに有効であるということだ。さらに，読解力の結果は三つの**側面**という下位尺度（情報の**探求・取り出し**，テキストの**統合・解釈**，テキストの**熟考・評価**）によっても示された。数学的リテラシーと科学的リテラシーにおいても習熟度尺度を用いることは可能であったが，レベルは示さなかった。これらは中心分野ではないため，データには限界があるとわかったからである。PISA2003年調査ではこうしたアプローチを基にして，読解力と同様のアプローチに倣い，数学の尺度における六つの習熟度レベルを特定した。数学には四つの**内容**に関する下位尺度（**空間と形**，**変化と関係**，**量**，**不確実性**）が設けられた。同様の方法で，PISA2006年調査の報告では，科学の尺度に六つの習熟度レベルが特定された。科学における三つの**能力**の下位尺度は，**科学的な疑問を認識する**，**現象を科学的に説明する**，**科学的な証拠を用いる**ということに関係している。さらに，各国の成績は，**科学についての知識**と**科学の知識**に基づいて比較された。科学の知識における三つの主要な領域は，**物理的システム**，**生命システム**，**地球と宇宙のシステム**であった。

PISA2009年調査は，読解力が再び中心分野となった初の調査であり，**読解力**，**数学的リテラシー**，**科学的リテラシー**の3分野全てについて，経年傾向に関する結果が示された。PISA2009年調査では，非常に高いレベルの読解力習熟度を表すために，これまでのPISA読解力調査で最も高い習熟度レベルとされていたレベル5の上に，新たにレベル6が加えられた。これまで測定される習熟度で最も低いとされてきたレベル1は，レベル1aという名称に変えられた。新たに加えられたレベル1bは，これまで「レベル1未満」とされてきた生徒の習熟度を表すものだが，過去のPISA調査に含まれていた課題よりも易しい課題を新たに取り入れ，それと関連付けてこうした生徒の習熟度を示している。これらの変更によって，非常に高い，あるいは非常に低い読解力習熟度を持つ生徒がどういった種類の課題をこなすことができるかについて，各国はより多くを知ることができる。新たに追加されたレベルを除き，PISA2009年調査のレベル2，3，4，5における読解力習熟度が示す意味は，これまでの調査と同じであった。

PISA2012年調査では数学的リテラシーが再び中心分野となり，**内容**に関する下位尺度（**不確実性**という尺度は，より明確な**不確実性とデータ**という名称に変更された）に加えて，三つの新たな下位尺度が開発され，生徒が積極的な問題解決者として従事する三つのプロセスが示された。この三つのプロセスに関する下位尺度とは，**「数学的に状況を定式化する」「数学的概念・事実・手順・推論を活用する」「数学的な結果を解釈し，適用し，評価する」**プロセスである。**「定式化」「活用」「解釈」**という短縮された語を使う場合もある。

第6節　質問紙とその利用

学習の背景に関する情報を収集するため，PISA調査は生徒と学校長に対し，30分程度の質問紙への回答を求める。これらの質問紙は，生徒及び学校の特性という観点から結果を分析する際に中心となるものである。質問紙の枠組みについては，第6章で詳しく述べる。これまで実施された全調査（PISA2000，2003，2006，2009，2012年調査）の質問紙は，PISA調査のホームページ

（www.pisa.oecd.org）で閲覧することができる。質問紙は，以下の情報を得ようとするものである。

- **生徒と家庭の背景**：経済的，社会的，文化的資本を含む。
- **生徒の生活の側面**：学習に対する態度，学校内での習慣と生活，家庭環境など。
- **学校の側面**：学校の人的及び物的リソースの質，公立・私立学校の運営と資金，意思決定のプロセス，人事，カリキュラムの重点事項，提供されている課外活動など。
- **教育の背景**：学校の設置形態と種類，学級規模，学級及び学校の雰囲気，学級における読書活動を含む。
- **読解の学習と指導の側面**：生徒の興味・関心，動機付け，取組を含む。

国際オプションとして，さらに三つの質問紙が提供される。

- **コンピュータの利用に関する質問紙**：情報通信技術（ICT）の利用可能性と使用に焦点を置き，ICT が用いられる主な場所，生徒のコンピュータタスクを実行する能力，コンピュータの利用に対する態度を含む。
- **教育歴に関する質問紙**：休学，将来の職業への準備，言語学習の支援に関する追加情報を収集する。
- **保護者を対象とする質問紙**：様々な項目に焦点を当て，子供の通う学校に対する意識と関与，家庭学習の支援，学校の選択，特に数学に関連した子供の進路への期待，移民背景を含む。

生徒質問紙及び学校質問紙に加え，国際オプションであるコンピュータの利用や教育歴に関する質問紙，保護者質問紙から収集された背景情報は，PISA 調査で利用できる全情報の一部に過ぎない。教育システムの一般的な構造（人口学的背景や経済的背景――例えば，費用，在籍者数，学校と教師の特性，教室におけるプロセス）や，それが労働市場の成果に与える影響を示す指標は，既に OECD（例えば，OECD が毎年刊行している『図表でみる教育（*Education at a Glance*）』）によって定期的に開発され，適用されている。

第 7 節　PISA 調査の協同開発とその評価の枠組み

PISA 調査は，繰り返し行われる，革新的な生徒の学習到達度調査を実施するための，OECD 加盟国政府による協同の試みを象徴するものである。この調査は協同で開発され，参加国の合意を得て，国の機関によって実施されている。開発及び実施における全ての段階で，参加校の生徒，教師，校長の建設的な協力は，PISA 調査の成功にとって不可欠である。

PISA 運営理事会（PGB: PISA Governing Board）は，上級政策レベルにおける各国の代表者の集まりで，OECD の目的に照らして PISA 調査の政策的優先順位を決定し，プログラムが実施される間，これらの優先順位が順守されているかどうかを監視する。これには，指標開発，調査手段の確立，結果報告に関する優先順位を定めることが含まれる。また，参加各国から集まる専門家は作業部会にも参加し，PISA 調査の政策目標を最も国際的に利用できる様々な調査分野の専門知識と結び付ける責任を担っている。こうした専門家グループに参加することで，各国は調査手段が国際的に妥当であることを保証し，OECD 加盟各国の文化的・教育的背景を考慮する。さらに，調査問題には強力な測定特性があり，調査手段が信頼性及び教育的妥当性を強く意識したものであることも保証している。

参加国は，合意された実施手順に従い，各国調査責任者（NPM）を通し，国レベルで PISA 調査を実施する。各国調査責任者は，質の高い調査を確実に行う上で重要な役割を果たす。また，各国調査責任者は，調査の結果，分析，報告，出版物の検証と査定も行う。

数学的リテラシー，読解力，科学的リテラシー，問題解決能力，及びファイナンシャル・リテラシーの調査設計，質問紙の設計と開発，現調査の実施については，PISA 運営理事会が確立した枠組みの範囲内で行われ，オーストラリア教育研究所（ACER）が率いる国際コンソーシアムが責任を負う。この協同事業体における他の協力機関あるいは下請機関は，cApStAn Linguistic Quality Control（ベルギー），The Department of Experimental and Theoretical Pedagogy at the University of Liège（aSPe）（ベルギー），ドイツ国際教育研究所（DIPF）（ドイツ），国立教育政策研究所（NIER）（日本），WESTAT（アメリカ），The Educational Testing Service（ETS）（アメリカ），Lærerutdanning og Skoleutvikling（ILS）（ノルウェー），Leibniz – Institute for Science Education（IPN）（ドイツ），The TAO Initiative: CRP – Henri Tudor and Université de Luxembourg – EMACS（ルクセンブルグ）である。OECD 事務局は，このプログラムの全体的な運営に責任を持ち，日々の進捗状況をモニタリングする。また，PISA 運営理事会の事務局として活動し，各国の同意を取り付け，PISA 運営理事会と実施に当たる国際コンソーシアムとの間の調整も行う。さらに，OECD 事務局は，指標の制作及び国際報告書と出版物の分析・準備にも責任を負う。これらは，政策レベル（PISA 運営理事会）と実施レベル（各国調査責任者）の双方において，国際コンソーシアムの協力を得ながら，加盟国との密接な協議を通じて行う。

PISA 評価の枠組みは，1997 年にこのプログラムが開始されて以来，継続的な努力によって開発されてきた。開発の手順は，以下に示すとおりである。

- 調査分野に対する定義の案を作成し，その定義の基盤となる前提について記述する。
- その調査分野における生徒の到達度について，政策立案者や研究者に報告する目的で構築された課題の編成方法を評価する。また，国際的に利用する評価課題を構築する際に，考慮すべき主要な特性を明確にする。
- 他の大規模調査の実施から得られる既存の文献や経験に基づく定義により，調査を構築する際に用いられる主要な特徴を機能付ける。
- 変数を検証する。また，各変数が参加国全体における課題の難易度を理解するのに役立っているかどうかを評価する。
- 結果に対する解釈スキームを準備する。

各分野の枠組みを構築・検証することで得られる主な利点は，測定方法が改善されることであるが，その他にも潜在的な利点がある。

- 枠組みによって提供されるのは，評価の目的や測定しようとする内容について議論するための共通言語と媒体である。このような議論によって，枠組みと測定目標をめぐる共通認識の形成が促進される。
- 高い到達度に伴うような知識と技能を分析することで，習熟度の基準又はレベルを定めるための基礎が得られる。測定される内容の理解と，特定の尺度に沿って得点を解釈する能力が向上するにつれ，より豊富な情報を様々な関係者に伝達するための経験的な基礎を発展させることができる。
- 高い到達度の根底にある特定の変数を明確にし，理解することで，時代の変化に応じて測定内容の評価を行い，調査を見直す能力を促進させる。
- 測定内容及び，それと生徒について我々が言っていることとの関連性を理解することで，公共政策・調査・研究の間に重要な連携が生まれ，ひいては収集したデータの有用性を高めることにつながる。

■ 第 1 章 ■

数学的リテラシー

本章で示すPISA2012年調査の数学的リテラシーの枠組みは，PISA数学調査の理論的基盤を説明するものであり，本章では，数学的リテラシーの新しい定義をはじめ，生徒が数学的リテラシーを実際に使う際に用いる数学的なプロセス，そしてこのプロセスの基盤にある基本的な数学の能力について述べる。さらに，数学的な内容知識を四つに分類し，15歳の生徒の評価に適した内容について概要を示す。また，PISA調査では，生徒が数学的問題に直面する際の文脈を四つに分類している。枠組みでは，こうした数学的な四つの「内容」，四つの「文脈」，「出題形式」，「プロセス」別に見た問題の割合を示すとともに，ブックレットと呼ばれる問題冊子内の設計やその配置，さらに質問紙について説明する。問題は，様々な難易度を持つものが用意される。国際オプションの「コンピュータ使用型数学的リテラシー調査」についても説明し，今後の調査開発の理論と可能性についても議論したい。PISA調査の本調査及び予備調査で実際に出題された七つの大問を例に，数学の問題の分類を示し，データの質を保証する方法についても述べる。PISA調査で測ろうとするものは，各国の15歳の生徒が建設的で積極的，思慮深い市民として，個人的，市民的，職業的な生活のあらゆる側面で，どれだけ効果的に数学を使うための教育をされているかということなのである。

第1章 はじめに

数学は，PISA2012年調査の中心分野であり，特に重要な意味を持っている。これまでのPISA調査でも，2000年，2003年，2006年，2009年と，数学は毎回調査されてきたが，中心分野として焦点が当てられたのは2003年調査のみである。

PISA2012年調査で再び数学が中心分野になったことは，生徒の成績の経年変化を見ることを可能にしただけではなく，その間に生じた，この分野や，指導観，授業実践の変化を考慮し，調査の内容を再検討する機会にもなった。調査のこれまでと今後の動向を見ることによって，過去に実施した数学の調査と心理的指標（訳注：後述する質問紙から算出される指標）との関連を維持しながら，最新かつ最先端を行く数学の枠組みを開発することは，PISA調査ならではの取組である。PISA2012年調査の枠組みは，数学と15歳の生徒との関連を今まで以上に明確，明瞭に示すよう設計されているが，これまでと同様に，意味があり真正な（authentic）文脈の中に位置付く問題の開発を保証している。過去の枠組み（例えばOECD, 2003）で使われていた，生徒がある文脈に置かれた問題を解決していく段階を示した数学的モデル化サイクルは，PISA2012年調査でも重要な特徴として残っており，生徒が問題を解決する数学的なプロセスを定義する際に用いられている。このプロセスに基づいて調査結果を報告するのは，2012年調査が初の試みとなる。また，PISA2012年調査は，国際オプションのコンピュータ使用型数学的リテラシー調査（CBAM）を新たに導入している。

PISA2012年調査の数学の枠組みは，三つの節で構成されている。第1節は「数学的リテラシーの定義」である。ここでは数学的リテラシーの定義など，PISA調査の数学における理論的基盤について説明している。続く第2節は「数学的リテラシー分野の構成」で，次の3点について説明する。1）数学的なプロセス及びプロセスの基盤となる基本的な数学の能力（これまでの枠組みでは能力に「capabilities」ではなく「competences」が用いられていた），2）PISA2012年調査の枠組みにおける，数学的な内容知識の構造化の方法と，調査の対象である15歳の生徒に適した内容知識（三つのプロセス及び四つの内容ごとに得点が報告される），3）生徒が数学の問題に直面する際の文脈。最後の第3節「数学的リテラシーの評価」では，調査問題や技術的な情報などを含んだ，調査の設計の詳細について説明する。また，基本的な数学の能力のより詳細な記述やPISA調査の数学的リテラシーの問題例，参考文献リストも掲載している。

この枠組みは，数学的リテラシー国際専門委員会（MEG: Mathematics Expert Group）の指導の下で作成された。専門委員会（MEG）はPISA調査運営委員会（PGB: PISA Governing Board）の承認を得て，国際調査コンソーシアムが指名した組織で，10名の専門委員には，各国から集まった数学者，数学教育者，評価・テクノロジー・教育研究の専門家が含まれている。さらに，PISA2012年調査の数学の枠組みは，草案の段階で40か国以上の国々，170人を超える数学の専門家に照会をかけ，より広範な意見と検討を行っている。経済協力開発機構（OECD）と契約を結んだアチーブ（Achieve）とオーストラリア教育研究所（ACER）の二つの機関が，調査の枠組みの開発を担当し，多くの研究活動，開発事業に対し，情報提供や支援を行った。調査の枠組みの開発や実施に当たっては，参加国の活動から情報を得たり支援を受けたりしている（例えば，OECD が 2010 年に出版した『Pathways to Success: How Knowledge and Skills at Age 15 Shape Future Lives in Canada（成功への道：15 歳での知識と技能がどのようにカナダの未来の生活を形成するか）』など）。

第１節　数学的リテラシーの定義

数学を理解することは，若者たちにとって現代社会で生きていくための準備として重要である。職場を含む日々の生活で直面する問題や状況では，あるレベルの数学の理解や数学的推論，数学的手段が，たとえ十分に理解し使いこなすことができないとしても必要とされる場合があり，その割合は増える一方である。すなわち，個人的な領域から職業的，社会的，科学的にまで至る問題や課題に遭遇する若者たちにとって，数学は非常に重要なツールである。したがって，社会に出ようとする若者たちが，どの程度，数学を用いて重要な問題を理解し，解決することができるかを把握することが重要なのである。生徒の 15 歳時点での調査結果は，今後各々が生活の中で，数学に関係のある様々な状況にどのように対処していくかを示す早期の指標になる。

15 歳の生徒を対象とした国際調査の根底には，当然，「数学が関係してくる状況の下で，市民として何を知っていて，何ができることが重要であろうか？」という問題意識がある。15 歳の生徒と言えば，これから社会人になろうとしているか，あるいは就職か大学入学を目指して，より専門的な教育を受ける準備をしている時期である。そうした生徒たちにとって，数学の能力があるということはどういうことか。まず，数学的リテラシーとは何かを正確に規定することが重要である。ここでは，様々な文脈の中で数学的に定式化し，数学を適用し，解釈する個人の能力を表すために，数学的リテラシーという言葉を使っている。つまり，数学的に推論し，数学的な概念・手順・事実・ツールを使って事象を記述し，説明し，予測するための個人が有する力について述べており，最低限の，あるいは低いレベルの数学の知識・技能を意味してはいない。数学的リテラシーをこのように捉えることで，生徒が純粋数学の概念をしっかりと理解することの重要性や，数学という抽象世界で探究することから得られる恩恵が担保される。PISA 調査で定義されている数学的リテラシーの構成では，ある文脈の中で数学を使う能力を高める必要性が強調され，この能力を発達させるために，数学の授業の中で豊かな経験を与えることが重要視されている。このことは，卒業間近で，数学の学習を終えようとしている 15 歳の生徒にとっても，今後引き続き学校で数学を学び続ける 15 歳の生徒にとっても当てはまることである。さらに，学習している内容が授業の外の世界や他の教科と関連していることを理解すると，大半の生徒は数学を学ぶ意欲が高まると言われている。

数学的リテラシーは，本来，年齢とは無関係なものである。しかし，15 歳の生徒を調査するに当たっては，この年齢の生徒に特有の特徴を考慮しなくてはならない。つまり，この年齢に適した内容や表現，文脈を特定する必要がある。本章では，一般的に個人の数学的リテラシーにとって重要である広範な内容領域と，15 歳の生徒にとってふさわしい具体的な内容項目とを区別している。つまり，数学的リテラシーは，ある人が持っているか否かといった類のものではない。むしろ，数学的リテラシーは，他の人に比べて数学的リテラシーをより多く身に付けているということもあるし，常に誰もが成長の可能性を持っている，一つの連続した流れの中に位置付けられる特性なのである。

PISA2012年調査における数学的リテラシーの定義は以下のとおりである。

様々な文脈の中で数学的に定式化し，数学を活用し，解釈する個人の能力。それには，数学的に推論することや，数学的な概念・手順・事実・ツールを使って事象を記述し，説明し，予測することを含む。この能力は，個人が現実世界において数学が果たす役割を認識したり，建設的で積極的，思慮深い市民に求められる，十分な根拠に基づく判断や意思決定をしたりする助けとなるものである。

次に，幾つかの注釈を設けながら，定義に関する特に重要な側面を強調し，明確にしていく。

1.1　PISA2012年調査における積極的な問題解決者としての生徒

数学的リテラシーの定義の記述には，数学に対する積極的な関与に焦点を当てるとともに，数学的に推論し，数学的な概念・手順・事実・ツールを使って事象を記述し，説明し，予測することを包括しようとするねらいがある。特に，「定式化する（formulate）」「活用する（employ）」「解釈する（interpret）」という三つの動詞は，生徒が積極的な問題解決者として関与するプロセスを示す。「定式化する」には，数学を適用して使う機会を特定すること，すなわち，問題や課題に直面した際に，数学を用いて理解したり，解決したりすることが可能だとわかることが含まれている。問題を解決したり，難しい問題に対処したりするために，数学的な構造や表現を与えたり，変数を特定したり，単純化する仮定をおいたりして，与えられた状況を理解し，それを数学的に処理しやすい形に変えることも含まれる。数学を「活用する」とは，数学的に推論し，数学的概念・手順・事実・ツールを用いて，数学的な解を導くことである。これには問題解決に当たり，計算をすることや，代数式や方程式，その他の数学的モデルを操作すること，数学的な図表やグラフから得た情報を数学的に分析すること，数学的な記述や説明をすること，数学的ツールを使うことなども含まれる。数学を「解釈する」とは，数学を使って導き出した解や結論を振り返り，問題や課題が置かれた文脈の中で解釈することである。数学的な解や推論を，それが置かれた文脈に関連付けながら評価し，結果がその状況において合理的で，筋が通っているかどうかを判断することも含まれる。

さらに，数学的リテラシーの定義では，数学的モデル化といった概念を取り込むことも目指している。このことは，PISA調査の開始から2012年調査の数学的リテラシーの定義に至るまで，一貫して数学の枠組みの基礎となっている（例えばOECD, 2003）。数学と数学的ツールを使って様々な文脈における問題を解く際には，ある一連の段階が踏まれる。この枠組みの主な構成要素の概要と相互の関連を示したのが図1.1である。

- 図1.1の一番外側の枠内は，現実世界における問題や課題が置かれた文脈の中で，数学的リテラシーを用いる必要が生じることを表している。この枠組みでは，問題を二つの観点で特徴付けている。一つは「現実世界における文脈によるカテゴリー」である。詳細は後で述べるが，PISA調査では問題が生じる生活場面を特定している。こうした文脈は，一個人や家族，仲間たちが直面する問題や課題などに関係する**個人的**なものかもしれないし，**社会的**な文脈（地方，国，世界のいずれかは問わず，地域社会に焦点を当てる），**職業的**な文脈（仕事の世界を中心とする），**科学的**な文脈（数学を自然やテクノロジーの分野に適用することに関連する）に問題が置かれる場合もある。もう一つは，「数学的な内容によるカテゴリー」である。問題は，その背後にある数学的な事象の性質によって特徴付けられる。数学的な内容による四つのカテゴリーは，分析するための数学を生み出した事象の，幅広い分類を特定するものである。これらのカテゴリー（**変化と関係**，**空間と形**，**量**，**不確実性とデータ**）も，図 1.1 の一番外側の枠の中に示されている。

- ある文脈に置かれた問題を解くために，我々は数学的な思考や行動をしなければならない。この思考や行動の特徴を，図 1.1 の二つ目の枠の中では，三つの観点から特徴付けている。一つ目の特徴は，様々な数学的概念・知識・技能を使う必要があることである。二つ目の特徴は，数学を表現及び伝達したり，方略を考案したり，推論や論証（訳注：数学における形式的な証明のことではなく，事実や論理を基にして行う議論のこと。「議論」とすると，複数の人が考えや意見を述べ合うというニュアンスが強くなるため，本書では「論証」と訳した）を行ったりする際に，数学的知識が使われることである。こうした数学的な行動は，図 1.1 に示すように「七つの基本的な数学の能力」として特徴付けられる。これについては，本章で後述する。三つ目の特徴は，問題に取り組む際に，すなわち，問題の定式化，数学的な概念や手順の活用，数学の解の解釈をする際に，七つの基本的な数学の能力が連続的かつ同時に活性化（activated）され，適切なトピックの中から数学的内容を引き出し，解を導くことである。
- 図 1.1 の最も内側の枠内（濃い網掛け部分）にある数学的モデル化サイクルは，問題解決者が数学的リテラシーを示す際に踏む段階を理想化，簡略化して示したものである。ここでは「ある文脈の中での問題」から始まる一連の理想的な段階を示している。問題解決者は，問題が生じた状況の中で，その状況に関連する数学を特定し，特定した概念や関係，単純化するための仮定に従って，その状況を数学的に**定式化**する。このようにして，問題解決者は「ある文脈の中での問題」を，数学的に処理しやすい「数学的な問題」へと変換するのである。図 1.1 の下向きの矢印は，問題解決者が数学的概念・手順・事実・ツールを**活用**して「数学的な結果」を得るために取り組む作業を示している。通常この段階に含まれるのは，数学的推論，操作，変換，計算である。「数学的な結果」が得られたら，元の問題が置かれた状況に照らし，その結果を解釈する必要がある（「ある文脈の中での結果」）。この段階は，問題解決者が数学的な結果とその妥当性について，現実世界に置かれた問題の文脈の中で，解釈し，適用し，評価することである。このような**定式化**，**活用**，**解釈**という三つのプロセスが数学的モデル化サイクルの重要な要素であり，加えて数学的リテラシーの定義の重要な要素ともなっている。これら三つの各プロセスでは，基本的な数学の能力とともに，問題解決者が持っている個々の問題についての詳細な数学的知識を用いることになる。

数学的モデル化サイクルは，生徒を積極的な問題解決者として捉えるという，PISA 調査の概念の中心的な側面である。しかしながら，数学的モデル化サイクルの全段階を問題解決者が踏む必要がない場合もあり，特に調査においてはそういったことがよくある（Niss *et al.*, 2007）。こうした場合の多くでは，数学的モデル化サイクルの重要なある段階は既に誰かによってなされていて，最終的にこの問題を解決しようとする人は，数学的モデル化サイクルの一部を実行する。例えば，グラフや方程式のような数学的表現が与えられていて，解答したり結論を導いたりするための作業がすぐにできる場合などである。このような理由から，PISA 調査で使用される問題の多くは，数学的モデル化サイクルの一部しか含んでいない。また，実際には，問題解決者は，先に決めた事柄や仮定に戻りながら，プロセス間を行き来すると考えられる。各プロセスには多くの課題が含まれていて，全プロセスを何度か繰り返すことが必要となる場合もある。

図 1.1　実際の数学的リテラシーのモデル

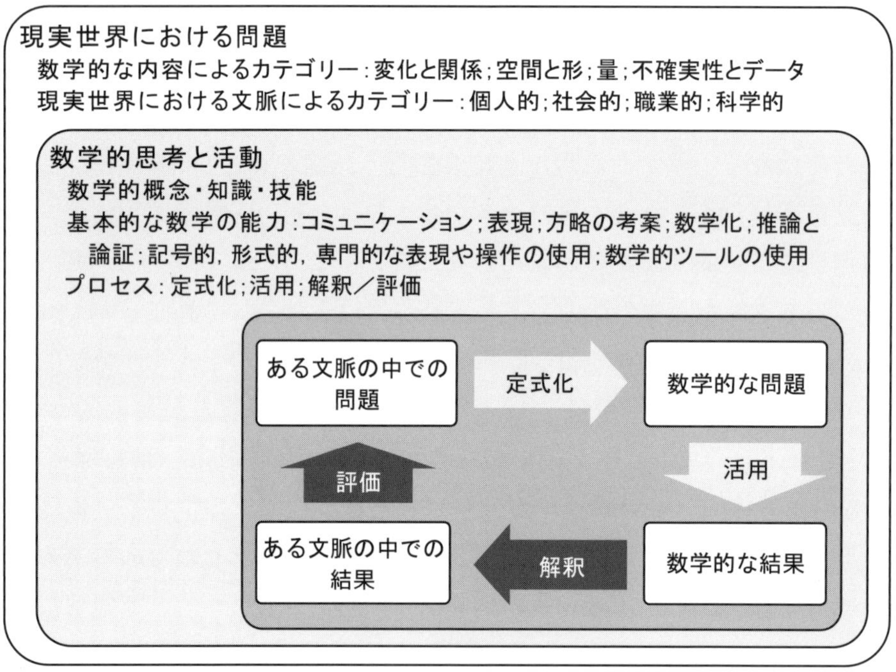

1.2　PISA2012 年調査における問題の様々な文脈との明確な関連

数学的リテラシーの定義で「様々な文脈」としていることには目的があり，具体的な文脈に結び付ける方法としての意図がある。これについては具体例を挙げて後述する。問題が置かれた具体的な文脈自体はそれほど重要ではないが，本書で用いる四つの文脈カテゴリー（個人的，職業的，社会的，科学的）は，個人が数学に関わる幅広い状況を反映している。さらに，定義の中では，「数学的リテラシーは，個人が現実世界において数学が果たす役割を認識したり，建設的で積極的，思慮深い市民に求められる，十分な根拠に基づく判断や意思決定をしたりする助けとなるものである」とも言っている。

1.3　PISA2012 年調査における，テクノロジーを含む数学的ツールの明確な役割

数学的リテラシーの定義には，数学的ツールの使用が明確に含まれている。ここで言う数学的ツールとは，物理的な器具やデジタル機器，ソフトウェア，計算機などである[1]。コンピュータ上の

数学的ツールは，21 世紀の職場において一般的なものとなり，今後ますます普及していく。このような新しい機会とともに仕事上の問題や推論の在り方が拡大し，数学的リテラシーへの期待を一層高めている。

PISA2012 年調査の革新的な分野であるコンピュータ使用型数学的リテラシー調査は，各国が任意で参加する国際オプションである。それゆえ，数学的リテラシーの定義の中で数学的ツールに言及することは，まさに時宜を得ている。PISA 調査では，数学の問題を解く際の電卓の使用が認められており，これに関する参加国の方針は一致している。過去の数学の PISA 調査問題は，できるだけ「電卓を使用しなくてもよいという立場」で開発されてきたが，PISA2012 年の筆記型調査には，電卓が大いに助けとなる問題も含まれている。また，コンピュータ使用型調査の数学の問題では，調査画面に電卓機能などの数学的ツールが組み込まれている。数学の PISA 調査問題は個人的・職業的・社会的・科学的な文脈の中で生じる問題を反映しており，これら全ての場面において実際に電卓は使用されるので，電卓の使用が役立つような問題も含まれているのである。コンピュータ使用型調査は，統計ソフト，作図や可視化に使うソフトウェア，仮想の測定器具などの，多様な数学的ツールを調査問題に取り込む契機となっている。このことは，ますます多くの人々が世界と相互作用し，問題を解決するために使用する媒体を反映しており，また，従来の筆記型調査では調査することが難しいとされていた数学的リテラシーの一側面を調査することも可能とするだろう。

第２節　数学的リテラシー分野の構成

この数学の枠組みでは，PISA 調査における数学分野を定義し，15 歳の生徒の数学的リテラシーを測る方法を説明している。PISA 調査は，15 歳の生徒がある状況や問題――大半は現実世界の文脈の中で提示される――に直面したときに，どの程度適切に数学を使うことができるかを見ようとするものである。

このため，PISA2012 年調査における数学的リテラシーの定義は，相互に関連する次の三つの側面から分析できる。

- ある文脈に置かれた問題を数学と結び付け，問題を解決するために行う数学的な**プロセス**と，こうしたプロセスの基盤となる能力。
- 調査問題で扱う数学的な**内容**。
- 調査問題が置かれた**文脈**。

以下では，これら三つの側面について詳しく説明する。PISA2012 年調査の数学の枠組みは，この分野におけるこれら三つの側面に焦点を当てることで，調査のために開発された問題に，様々なプロセス，内容，文脈を確実に反映させるのに役立つ。その結果，全体として見た場合，調査問題群は，この枠組みで数学的リテラシーとして定義したものを効果的に取り扱っている。本節の構成の背景には，以下のような問題意識があり，これらは PISA2012 年調査における数学的リテラシーの定義に基づいている。

- ある文脈に置かれた数学的な問題を解決するに当たり，個人が行うのはどのようなプロセスか。また，数学的リテラシーが高くなると，生徒はどのような能力を示すことができるようになるのか。
- 個人，特に15歳の生徒にどのような数学的な内容知識を求めるか。
- どのような文脈で，数学的リテラシーが用いられ，またそれを評価できるのか。

2.1　数学的なプロセスとその基盤となる数学的能力

2.1.1　数学的なプロセス

数学的リテラシーの定義で言及しているのは，数学的に**定式化**し，数学を**活用**し，**解釈**する生徒の能力のことである。「定式化する」「活用する」「解釈する」という三つの言葉を用いることによって，生徒が問題の置かれている文脈を数学と結び付けて，その問題を解決することを説明する数学的なプロセスを表す上で，有益で意味のある構造が与えられる。数学的なプロセスに従って調査の結果を報告するのは，今回のPISA2012年調査が初の試みである。この構造により，有益で政策に関連した以下の三つのカテゴリーを用いて，結果を報告することができる。

- 数学的に状況を**定式化**する。
- 数学的概念・事実・手順・推論を**活用**する。
- 数学的な結果を**解釈**し，適用し，評価する。

政策立案者と，日々の教育実践に深く携わる人の双方にとって，生徒がどれだけ効果的にこれらの各プロセスに関与しうるのかを知ることは重要である。定式化のプロセスに関してPISA調査の結果が示すのは，生徒がどれだけ効果的にある問題状況で数学を使う機会を見つけて特定し，必要な数学的構造を与え，その文脈に置かれた問題を数学的な形式へと定式化することができるかということである。活用のプロセスに関して調査結果が示すのは，生徒がどれだけうまく計算や演算を行うことができるか，数学的に定式化した問題の解を導き出すために知っている概念と事実を適用することができるかということである。解釈のプロセスに関して調査結果が示すのは，生徒がどれだけ効果的に数学的な解や結論を振り返り，現実世界における問題の文脈の中でそれを解釈し，その結果や結論の妥当性を判断できるかということである。問題や状況に対して数学を応用するという生徒の能力は，これら三つの各プロセスに含まれる固有の技能に左右される。また，各カテゴリーの有効性を理解することは，政策レベルの議論と授業実践レベルに近い判断の両者に情報を与えるのに役立つ。

2.1.2　数学的に状況を定式化する

数学的リテラシーの定義にある「定式化する」という語が示すのは，生徒が数学を使う機会を見つけて特定し，ある文脈の中で提示された問題に対し，数学的な構造を与えることである。**数学的に状況を定式化する**プロセスでは，生徒は問題を分析・設定・解決するために必要な数学が，どういった領域にあるのかを判断する。生徒は，現実世界にある問題場面を数学という分野の中での設定に置き換え，現実世界に数学的な構造・表現・特徴を持ち込む。また，問題における制約や仮定について推論したり，理解したりする。**数学的に状況を定式化する**というプロセスには，具体的に次のような活動が含まれる。

- 現実世界の文脈に置かれた問題の数学的側面と，重要な変数を見つける。
- 問題あるいは状況の中にある数学的な構造（規則性，関係，パターンなど）を認識する。
- 状況あるいは問題を単純化して，数学的な分析をしやすくする。
- 文脈から抽出された数学的モデル化や単純化の背後にある制約や仮定を見つける。
- 適切な変数，記号，図表，標準的なモデルを用いて，状況を数学的に表現する。
- 問題を別の方法で表現する。これには数学的な概念を用いて問題を構成したり，適切な仮定をおいたりすることが含まれる。
- 問題の文脈に固有な表現と，数学的に表現する際に求められる記号的・形式的な表現との関係を理解し，説明する。
- 問題を数学の言語や表現に翻訳する。
- 既知の問題や数学的概念・事実・手順と対応する問題の側面を認識する。
- テクノロジー（表計算ソフト，グラフ計算機のリスト機能など）を使い，ある文脈に置かれた問題に固有の数学的な関係を表現する。

PISA 調査の公開問題「ピザ」（第５節「数学的リテラシーの問題例」参照）で，生徒に最も強く求められる能力は，数学的に状況を定式化することである。実際に生徒が問題を解く場合，計算し，その計算結果を解釈し，「どちらのピザの方が得か」を判断することが求められる。その一方で，この問題における真の認知的課題は，得であるという概念を含む数学的モデルを定式化できることにある。問題解決者が見極めなければならないことは，その円形ピザの厚さは同じだが直径が異なっているので，分析の焦点となるのはピザの面積だということである。ピザの量と金額との関係は，得であるという概念で捉えられ，単位面積当たりの金額としてモデル化される。公開問題「ロックコンサート」（第５節「数学的リテラシーの問題例」参照）も，生徒の数学的に状況を定式化する能力を最も強く求める問題の一つである。なぜなら，生徒は与えられた文脈の情報（例えば，広場の面積と形，ロックコンサートが満員であるという事実，立ち見のファンでいっぱいであるという事実）を理解し，コンサートの観客数を見積もるために，こうした情報を有用な数学的形式に翻訳する必要があるからである。

2.1.3　数学的概念・事実・手順・推論を活用する

数学的リテラシーの定義にある「活用する」という語は，生徒が数学的概念・事実・手順・推論を用いて，数学的に構成された問題を解き，数学的な結論を得ることができることを示す。問題解決のために**数学的概念・事実・手順・推論を活用する**プロセスの中で，生徒は結果を導いたり，数学的な解を得たりするのに必要となる数学的な手順を踏む（例えば，計算をする，方程式を解く，数学的な仮定から演繹する，記号操作を行う，表やグラフから数学的情報を読み取る，空間図形を表現し操作する，データを分析する）。生徒は問題状況のモデルを作り，規則性を捉え，数学的実体間の関連を見つけ，数学的な論証を行う。**数学的概念・事実・手順・推論を活用する**というプロセスには，次のような活動が含まれる。

- 数学的な解を見つけるための方略を考案して実行する。
- テクノロジーを含む数学的ツールを使用し，厳密な，あるいは近似的な解を求める助けとする。
- 解を求める際に，数学的な事実・規則・アルゴリズム・構造を用いる。
- 数，グラフで示された統計的データや情報，代数式や方程式，図形を操作する。
- 数学的な図やグラフを描いたり，作図をしたりする，また，そこから数学的な情報を引き出す。
- 解を求めるプロセスの中で様々な表現を使用し，それらを使い分ける。
- 解を求めるために用いた数学的手順に基づく一般化をする。
- 数学的論証を振り返り，数学的結果の説明や正当化をする。

PISA 調査の公開問題「歩行」（第５節「数学的リテラシーの問題例」参照）は，生徒の**数学的概念・事実・手順・推論を活用する**能力が最も求められる問題として例示されている。この大問に含まれる二つの問いは，いずれも与えられたモデル（公式）を活用して，歩幅（問１）と速さ（問２）を求めさせるものである。二問とも，既に数学的な構造が明示されており，生徒は代数的操作や計算を行って解を導くことが求められる。同様に，公開問題「花壇」（第５節「数学的リテラシーの問題例」参照）も，生徒の**数学的概念・事実・手順・推論を活用する**能力が最も求められる問題の例である。主要な認知的課題は，それぞれに長さがわからない線分の全長についての情報を見つけ，それらの相対的な長さについて推論するための方略を考案することである。生徒はまた，図を実際の花壇に，周囲の長さを木材の長さに関連付けなければならないが，このような定式化のプロセスは，周囲の長さに関する推論のプロセスに比べると，かなり要求度は低い。

2.1.4　数学的な結果を解釈し，適用し，評価する

数学的リテラシーの定義に含まれる「解釈する」という語は，生徒が数学的な解や結果，結論を振り返り，それらを現実世界という文脈の中で解釈する力に着目している。これは，数学的な解や推論を再度問題の文脈の中に戻し，それらが妥当で，問題の文脈の中で意味が通るかどうかを判断することである。この数学的なプロセスは，前に示した数学的リテラシーのモデル（図 1.1 参照）にある「解釈」と「評価」の両矢印を含んでいる。このプロセスに取り組んでいる生徒は，数学的モデル化サイクルとその結果の双方を振り返りながら，問題の文脈の中で説明や論証を構成し，伝達することが求められる。**数学的な結果を解釈し，適用し，評価する**というプロセスには，次のような活動が含まれる。

- 数学的に得た結果を，現実世界の文脈に戻して解釈する。
- 数学的な解の妥当性を，現実世界の文脈の中で評価する。
- 現実世界が数学的手順やモデルの結果や計算に与える影響を理解することで，その結果をどのように調整したり，適用したりすべきかについての文脈に応じた判断をする。
- 数学的に得た結果や結論が，なぜ与えられた問題の文脈の中で意味を持つのか，あるいは持

たないのかを説明する。
- 数学的概念と数学的な解が適用される範囲と限界を理解する。
- 問題を解くために使ったモデルの限界を，批判的に判断し，特定する。

PISA 調査の公開問題「ゴミ」（第5節「数学的リテラシーの問題例」参照）は，**数学的な結果を解釈し，適用し，評価する**生徒の能力が最も求められる問題として例示されている。この問題が焦点を当てているのは，問いで示された数種類のゴミの分解時間に関するデータを表す際の，数学的な結果――この問題の場合，想像上の，又は実際に描いた棒グラフ――の有効性を評価することである。この問題に関係する能力は，与えられたデータについて推論すること，データとグラフとの関係を数学的に考えること，結果を評価することである。解答者は，なぜそのデータを表すのに棒グラフが適していないのか，その理由を示さなくてはならない。

2.1.5　数学的なプロセスとその基盤となる数学の能力

10 年にわたって，PISA 調査の問題開発が行われ，問題に対して生徒がどう解答するかが分析されてきたことから，報告されるそれぞれの数学的なプロセス及び数学的リテラシーの基盤となる一連の基本的な数学の能力が実際に存在することがわかった。Mogens Niss とデンマーク人である彼の同僚による研究（Niss, 2003; Niss and Jensen, 2002; Niss and Hojgaard, 2011）では，数学的な行動に役立つ八つの能力（capabilities）――Niss 及び PISA2003 年調査の枠組み（OECD, 2003）では「コンピテンス（competences）」と呼んでいる――を特定している。PISA2012 年調査の枠組みでは，これら一連の能力の構成に修正を加え，八つの能力を凝縮して七つにした。これは，数学的リテラシー国際専門委員会（MEG）が，過去の PISA 調査で実施した問題における能力の働きを調査し，それに基づいた結果である（Turner *et al.*, 2013）。数学の学習における具体的な数学的な内容知識の役割を補完するため，こうした一連の一般的な数学の能力を特定する必要性は広く認識されている。この主な例には，各州共通基礎スタンダード（通称，コモン・コア，2010）に見られる八つの数学的実践，イギリスの数学のナショナル・カリキュラム（資格カリキュラム機関，2007）に見られる四つの主要なプロセス（表現，分析，解釈・評価，コミュニケーションと振り返り），全米数学教師協議会（NCTM）の『学校数学のための原理とスタンダード』（NCTM, 2000）のプロセススタンダードなどがある。これらの認知的能力は，数学的な方法で世界を理解し，世界に関わるために，あるいは問題を解決するために，個人が活用したり，学んだりできるものである。個人が持つ数学的リテラシーのレベルが上がるにつれ，基本的な数学の能力をより高度に引き出すことができるようになる（Turner and Adams, 2012）。したがって，基本的な数学の能力の活性化（activation）が高まることは，問題の難易度が高くなることに関連している。こうした観察結果は，過去の PISA 調査における数学的リテラシーの各習熟度レベルを記述する際の基礎として使われた。この点については，コラム 1.1 で後述する。

本枠組みで用いる七つの基本的な数学の能力は，次のとおりである。

- **コミュニケーション**：数学的リテラシーは**コミュニケーション**を伴う。人はある課題の存在を知ると，その問題状況を認識し理解しようとする。記述，問い，課題，物体などを読んだり，解読したり，解釈したりすることによって，個人はその状況の心的モデルを作ることができる。これは問題を理解し，明確にし，定式化する重要なステップである。解決へと至るプロセスの中で，途中経過を一旦まとめ，提示することが必要となる場合がある。その後，解が得られれば，問題解決者は解と，その説明や妥当性を他者に示す必要もあるかもしれない。

- **数学化**：数学的リテラシーは，現実世界で定義された問題を，厳密に数学的な形式に変換する（構造化する，概念化する，仮定をおく，モデルを定式化する等）ことや，数学的な結果や数学的モデルを元の問題と関係付けて解釈や評価をすることを伴う。「**数学化**」という用語は，関係する基本的な数学的活動を記述するために用いられる。
- **表現**：数学的リテラシーでは，数学的な物体や状況を**表現**することが非常に多い。つまり，状況を捉え，問題と相互作用したり，自分の考えを示したりするために，様々な表現を，選択し，解釈し，変換し，使用する。ここでいう表現とは，グラフ，表，図，絵，方程式，公式，具体物などである。
- **推論と論証**：数学的リテラシーに関連する様々な段階や活動を通して要求される能力を，**推論と論証**と呼んでいる。この能力は，問題の構成要素を探したり関連付けたりする，論理に根差した思考プロセスと関係があり，そこから推論をし，正当性の根拠をチェックし，記述や問題に対する解の妥当性を示す。
- **問題解決のための方略の考案**：数学的リテラシーには，数学的に**問題を解決するための方略の考案**を必要とする場合が多い。これには，個人が効果的に問題を認識し，定式化し，解決できるように導く，一連の批判的な制御プロセスが関係する。この技能は，課題や文脈から生じる問題を解決するために，数学を使う計画や方略を選んだり考え出したりすること，及びその方略を実行へと導くことを特徴とする技能である。この数学的能力は，問題解決のプロセスのいずれの段階でも求められる。
- **記号的，形式的，専門的な表現や操作の使用**：数学的リテラシーは，**記号的，形式的，専門的な表現や操作の使用**を必要とする。この能力に関係があるのは，数学的な作法や規則に従う数学的な文脈の中で，記号表現（算術式や演算を含む）を理解し，解釈し，操作し，利用することである。また，定義や規則，形式的なシステムに基づく形式的構成概念を理解して利用することや，これらとともにアルゴリズムを使うことにも関係する。使用される記号や規則，システムは，ある課題において，数学的に定式化し，解決し，解釈するために必要となる数学的な内容知識に応じて変わるだろう。
- **数学的ツールの使用**：最後に述べる，数学的リテラシーを実際に支えている数学の能力は，**数学的ツールの使用**である。数学的ツールには，測定器具などの物理的な道具や電卓，ますます多くの場で使われるようになってきているコンピュータ上のツールを含む。この能力に関係することは，数学的活動を補助する様々なツールについての知識があること，それらを使用できること，こうしたツールの限界を知っていることである。また，結果を伝える際にも，数学的ツールは重要な役割を担う。過去に実施した筆記型のPISA調査では，ツールを使用する問題が含まれることは非常にまれであった。PISA2012年調査の数学では，国際オプションのコンピュータ使用型調査が導入されたことにより，生徒が数学的ツールを使用する機会が増え，評価の一部としても，ツールがどのように使用されるかを観察する機会が得られる。

これら七つの基本的な数学の能力は，結果報告に用いられる三つの数学的なプロセスのそれぞれにおいて，程度は様々だが明白に表れている。どのように表れるのかについては，図 1.2 で説明する。これらの能力の詳細，特に問題の難易度に関係する場合については，本章の最後にあるコラム 1.1「基本的な数学の能力と問題の難易度との関係」で示す。さらに，第 5 節「数学的リテラシーの問題例」に示す各問題では，生徒がこうした特定の問題を解決する際，これらの能力がどのように活性化（activated）されるかについて説明する。

2.2　数学的な内容知識

数学的な内容を理解すること――そして文脈の中で意味を持つ問題を解決する際，その知識を適用する能力――は，現代に生きる市民にとって重要である。つまり，個人的，職業的，社会的，科学的な文脈の中で問題を解決したり，状況を解釈したりするためには，ある数学の知識と理解を活用する必要がある。

数学的な構造は，自然現象や社会現象を理解し，解釈する手段として，長い時を経て発達してきた。学校教育では，数学のカリキュラムは内容要素（例えば，数，代数，幾何）と詳細な項目のリストから構成される。これらは，歴史的に確立された数学の分野を反映し，構造化したカリキュラムを定義する上で役に立つ。しかしながら，数学の授業の外で生じる課題や状況には，どのような形で課題に向き合うかを示すような一連の規則や規範があるわけではない。通常はむしろ，その状況に関連した数学を利用できる可能性を把握したり，状況を数学的に定式化したりする際に，ある種の創造的思考を必要とする。同じ状況であっても，様々な数学的概念・手順・事実・ツールを利用して，異なった方法で処理することはよくある。

PISA 調査の目標は数学的リテラシーを測定することであるため，数学的な内容知識の組織的構造は，幅広く分類される問題の背後にある，具体的な数学的概念や手順の発達を促してきた数学的事象に基づいて提案されている。例えば，不確実性や変化といった数学的事象は，よく起こる多くの状況の背後に存在し，そうした状況を分析するために数学的な方略やツールが発達してきた。このような内容構成は，著名な 2 冊の書籍『世界は数理でできている（The Shoulders of Giants: New Approaches to Numeracy)』(Steen, 1990),『数学：パターンの科学（Mathematics: The Science of Patterns)』(Devlin, 1994）に例示されるように，目新しいものではない。

国レベルの数学カリキュラムは，典型的には，これと同じような背後にある数学的事象を処理するための知識と技能を生徒に身に付けさせることを目指して作成される。結果として，そのような方法で編成された内容の範囲は，各国によって作成された数学のカリキュラムに典型的にみられるものとかなり整合的である。また，この枠組みは問題作成者へのガイダンスとして，11 か国のナショナルスタンダード（訳注：日本においては，学習指導要領のことを指す）の分析を基に，15 歳の生徒の数学的リテラシーを測定するのに適切な内容項目を挙げている[2]。

図 1.2　数学的なプロセスと基本的な数学の能力との関係

	数学的に状況を「定式化」する	数学的概念・事実・手順・推論を「活用」する	数学的な結果を「解釈」し、適用し、評価する
コミュニケーション	記述・問い・課題・物体・画像あるいは，動画（コンピュータ使用型調査）を読み，解読し，解釈し，状況の心的モデルを形成する。	解を明確に表し，解に至る作業過程を示す，及び中間結果をまとめ提示する。	問題の文脈にそって，説明と論証を構成し，人に伝え合う。
数学化	現実世界における問題の中にある数学的変数と構造を見つけ，活用できるように仮定を置く。	問題の文脈を理解した上で，数学的解決のプロセスを主導し，前に進める。例えば，その文脈に応じた適切な精度で作業する。	適用した数学モデルに起因する数学的な解の範囲と限界を理解する。
表現	現実世界からの情報を，数学的に表現する。	問題と相互作用しながら，多様な表現を意味付け，関連付け，用いる。	状況又は活用の観点から様々な形式での数学的な結果を解釈する。 状況に関する二つ以上の表現を比較，あるいは評価する。
推論と論証	現実世界の状況に対する特定の又は作られた表現の正当性を説明，支持，提示する。	数学的な結果又は解を決定するために使ったプロセスや手順の正当性を説明，支持，提示する。 数学的な解に至る情報の断片をつなぎ合わせたり，一般化したり，あるいは何段階かある論証を行ったりする。	数学的な解を振り返り，問題の文脈と関連付けて，その解を支持，却下，認めるための説明や論証を行う。
問題解決のための方略の考案	文脈化された問題を数学的に再構成するために，計画や方略を選択したり，考案したりする。	数学的な解，結論又は一般化を導く何段階かの手順を通じ，効果的で持続した制御メカニズムを活性化（activate）する。	数学的な解を問題の文脈に位置付け，解釈し，評価し，検証するために，方略を考案して実行する。
記号的，形式的，専門的な表現や操作の使用	記号／正式用語を使って現実世界の問題を表すために，適切な変数，記号，図表，標準モデルを使う。	定義，規則，正式な体系や，アルゴリズムの使用を基に形式的構造を理解して利用する。	問題の文脈と数学的な解の表現の関係を理解する。この理解を使い，文脈の中での解を解釈し，解の実現可能性や有効範囲を評価する。
数学的ツールの使用	数学的な構造を見分ける，あるいは数学的関係を示すために，数学的ツールを使う。	数学的な解を得るためのプロセスと手続きを実行するのに役立つ，様々なツールについて知り，適切に使うことができる。	問題の文脈を受け，数学的ツールを使って数学的な解の妥当性，及びその解の限界と制約を確認する。

数学的リテラシーの評価を目的とした数学分野を構成する上で重要なことは，数学の歴史的発展から生じる構造，数学の本質的要素を示すのに十分な多様性と深さを含む構造，また従来の数学的要素も受け入れられる形で表現あるいは包含する構造を選ぶことである。歴史的には，17 世紀の解析幾何学と微積分の発明によって，数学は数，形，変化，関係を統合した学問となり，19 世紀，20 世紀になると，ランダム性と不確実性といった事象を分析することが問題解決の手段となった。それゆえ，PISA2012 年調査の枠組みでは，背後にある数学的事象の範囲を反映した一連の**内容カテゴリー**が選択された。これらのカテゴリーは，過去の PISA 調査で用いられたカテゴリーと同じである。

したがって，PISA2012 年調査で用いられる以下の内容カテゴリーは，歴史的発達の要求事項を満たし，数学分野やその発達を促す背後にある事象の範囲を網羅し，学校カリキュラムの主な要素を反映している。これら四つのカテゴリーは，教科の核となる数学的内容の範囲を特徴付けるものであり，PISA2012 年調査の問題開発を主導する幅広い内容を表している。

- **変化と関係**
- **空間と形**
- **量**
- **不確実性とデータ** [3]

数学分野は，これらの四つのカテゴリーを用いて問題の内容を分野全体に確実に分布させ，重要な数学的事象に焦点を当てた形で構成される。しかし同時に，現実の状況に基づいた豊かでやりがいのある数学の問題に着目することのない，あまりにも純粋な分野は避けられる。問題の開発と選択，及び調査結果の報告には，内容カテゴリーによる分類が重要であるが，その一方で，内容項目によっては，二つ以上の内容カテゴリーに属する場合もあることに留意しなくてはならない。例えば，PISA 調査の公開問題「ピザ」では，直径と値段はそれぞれ異なるが厚さは同じ 2 種類の円形ピザのうち，どちらがより得であるかを決定することが求められる（この問題とその特徴の分析を見るには，第 5 節「数学的リテラシーの問題例」を参照）。この問題は，測定，数量化（金銭的な価値，比例の理論，計算），及び変化と関係（変数間の関係と，関連する特性が小さいピザと大きいピザでどのように変化するかという観点における）を含む，複数の数学の領域に該当した。最終的に，この問いは**変化と関係**の問題に分類された。なぜなら，問題を解く鍵は，生徒が 2 枚のピザの面積の変化（直径の変化による）と，それに対応して変化する価格を関係付けることができるかにかかっているからである。もちろん，円の面積に関する問題には，**空間と形**の問題として分類されるものもあるだろう。このように四つの内容カテゴリーをまたがる内容の側面間のつながりは，教科としての数学の一貫性に貢献している。また，そのつながりは PISA2012 年調査で採用された幾つかの調査問題に表れている。

幅広い数学的な内容カテゴリーと，後述する 15 歳の生徒に適切なより具体的な内容項目は，PISA2012 年調査に含めるのにふさわしい内容のレベルと範囲を反映している。まず，各内容カテゴリーについての説明と，そのそれぞれが意味のある問題を解く上でどのように関連するかを述べる。次に，15 歳の生徒の数学的リテラシーを調査するのに適した内容の種類について，より具体的な定義を示す。こうした具体的な項目は，様々な国や教育管轄機関が持つ期待像に見られる共通性を反映している。これらの内容項目を特定するために検証したスタンダードは，各国の数学の授業で何が教えられているかという証拠だけでなく，各国の考える 15 歳の生徒が建設的で積極的，思慮深い市民となる準備をする上で重要な知識と技能とは何かといった指標でもある。

この四つのカテゴリー――**変化と関係**，**空間と形**，**量**，**不確実性とデータ**――を特徴付ける数学的な内容知識について，以下で説明する。

2.2.1　変化と関係

自然界及び人工的に形成された世界には，物体間や環境の一時的な関係や永久的な関係が数多く見られる。そこでは，相互に関係し合う物体のシステムの中や，要素が互いに影響し合う環境において，変化が起こっている。多くの場合，これらの変化は時間の経過とともに起こるが，一つの物体又は数量の変化が，別の物体又は数量の変化と関係することもある。こうした状況は離散的な変化の場合もあれば，連続的な変化の場合もある。関係には，永久的あるいは不変の性質を持つものも存在する。変化と関係に関する能力がより高いと，変化を表したり予測したりするのに適した数学的モデルを使うために，変化の基本的な種類を理解し，それがいつ起こるのかを認識することができる。数学的に言えば，このことは，適切な関数や方程式を使って変化と関係をモデル化すること，関係を表した記号やグラフを作ったり，解釈したり，変換したりすることを意味する。

変化と関係は，有機体の成長，音楽，季節の循環，天気のパターン，雇用水準，経済状態などの多様な場面に見られる。関数と代数という伝統的な数学的内容の側面には，代数式，方程式と不等式，表やグラフなどがあり，これらは変化する事象を記述し，モデル化し，解釈する際の中心となる。例えば，PISA 調査の公開問題「歩行」（第 5 節「数学的リテラシーの問題例」参照）には，**変化と関係**のカテゴリーを例示する二つの問いが含まれている。これらの問いでは，二つの変数間の代数的関係に焦点が当てられていて，生徒は代数に関する知識と技能を活性化（activate）させる必要がある。生徒は与えられた歩幅に関する公式――公式は代数式で表されている――を適用して，一つの問いでは歩幅を，もう一方の問いでは歩く速さを求めなくてはならない。また，統計を利用したデータと関係の表現も，変化と関係を説明したり解釈したりする上でよく用いられる。さらに，**変化と関係**を定義し，解釈するためには，数と単位の基本についてのしっかりした基礎教育も必要である。幾何の測定からは，周の長さの変化が面積の変化と関連していることや，三角形の各辺の長さの関係性など，興味深い関係が生じることもある。PISA 調査の公開問題「ピザ」（第 5 節「数学的リテラシーの問題例」参照）は，**変化と関係**を例示している。

国際オプションのコンピュータ使用型数学的リテラシー調査によって，生徒は，動画や，動的に結び付けられた複合的な表現，関数を操作する機会を与えられる。例を挙げると，時系列の変化（例えば，成長や動き）をアニメーションやシミュレーションで直接的に説明したり，関数とグラフ，表を関連付けて表したりすることなどができる。ソフトウェアを利用して変化を探究したり，表現したりできると，変化の数学的モデルを見いだし利用することの質が高まる。ソフトウェアには，関数をグラフで表す，媒介変数を操作する，数表を作成する，幾何的な関係を用いて実験を行う，データを整理したりグラフに表したりする，公式を使って計算するなどの機能がある。公式を使ったり，データを示したりするために，表計算ソフトやグラフ機能を利用する能力は特に関連がある。

2.2.2 空間と形

空間と形には，我々を取り囲む視覚的・物理的世界の至るところで出会う幅広い事象が含まれる。図形，物体の特性，位置と方向，物体の表現，視覚情報の解読と符号化，ナビゲーション，実物と表現との動的な相互作用などである。幾何学は，**空間と形**にとって不可欠な基盤としての役割を持つ。しかし，PISA 調査における空間と形というカテゴリーは，内容，意味，方法において伝統的な幾何学の域にとどまらず，空間での視覚化，測定，代数といった数学の他の要素も必要としている。例えば，形が変化したり，点が軌跡に沿って動いたりすると，関数の概念が必要とされる。測定の公式はこの分野の中心である。動的幾何学ソフトから全地球測位システム（GPS）に至るような，ツールを必要とする場面に置かれた形を操作したり，解釈したりすることは，この内容カテゴリーに含まれる。

PISA 調査では，**空間と形**に関する数学的リテラシーにとって，一連の中核となる概念や技能を理解することが重要であるという前提を置いている。**空間と形**の領域における数学的リテラシーには，遠近法を理解する（例えば，絵画），地図を描いたり読んだりする，テクノロジーを使って，あるいは使わずに形を変換する，様々な視点から三次元の状況を解釈する，形を図に表すなどといった，一連の活動が関係している。PISA 調査の公開問題「花壇」（第 5 節「数学的リテラシーの問題例」参照）は，このカテゴリーに属する。なぜなら，**空間と形**のもう一つの主要な側面――形の特性――を扱っているからである。この複合的選択肢形式問題では，四つの異なる花壇のデザインが示され，その中のどれが 32 メートルの木材で外わくを作ることができるかを問われる。この問題では，幾何学的な知識と推論を適用することが求められる。三つのデザインについては，正確な周囲の長さを直接計算できるように十分な情報が与えられている。しかしながら，残りの一つのデザインについては，厳密な情報が与えられていない。つまり，生徒は定性的な幾何学的推論を行う必要がある。

コンピュータ使用型調査によって，生徒は動的に表された形を操作し，三次元の幾何学的物体内や物体間の関係を探究する機会を与えられる。それらの物体はバーチャルに回転させることができ，正確な心的イメージを促進する。生徒は，拡大や回転が可能な地図を使って作業をして位置の心的イメージを構築したり，こうしたツールを用いて経路の計画を立てたりすることができる。また，生徒は，仮想のツールを選び，図面や画像，モデル上で測定（例えば，角度や線分の測定）をし，そのデータを計算に利用することもできる。さらに，生徒は，テクノロジーによって，幾何学の知識を視覚情報に統合し，正確な心的モデルを構築することができる。例えば，カップの体積を求める場合に，画像を使ってカップが円すい台であることを特定したり，垂直に立てたときの高さと，どの部分でその高さを測定できるかを特定したり，見取図の上面と底面は楕円に見えるが，実際には円であることを確かめたりすることがある。

2.2.3 量

量という概念は，我々の世界に関わり作用する，最も広く知られた重要な数学的側面であろう。それは物体，関係，状況，世界に存在するものの属性を数量化し，それらの数量化したものを様々な形で表したものを理解し，数量に基づいた解釈や論証を評価することである。世界における数量化に関与することは，測定，数え上げ，大小，単位，指標，相対的な大きさ，数の傾向やパターンなどを理解することでもある。数量的推論の側面――数感覚，数の多様な表現，計算の手際，暗算，結果の妥当性の見積りや評価など――は，**量**に関する数学的リテラシーの本質である。

数量化とは，世界の側面にある膨大な属性を記述し，測定する主要な方法である。数量化するということは，状況をモデル化すること，変化と関係を調べること，空間と形を記述し操作すること，データを整理し解釈すること，不確実性を測定し評価することを念頭に置いている。それゆえ，**量**の領域における数学的リテラシーは，幅広い場面で，数の知識と数の演算を利用する。PISA 調査の公開問題「ロックコンサート」（第5節「数学的リテラシーの問題例」参照）は，**量**のカテゴリーを例示した問題である。この問題では，生徒はコンサート用に予約した長方形の広場の寸法を与えられ，コンサートの観客数を見積もることを求められる。この問題には**空間と形**のカテゴリーに関係する要素も含まれているが，主として生徒が求められるのは，一人当たりの妥当な面積を仮定し，会場の総面積を使って推定される観客数を計算することである。あるいは，この問題は多肢選択形式であるため，生徒は逆に広場の面積と各選択肢を使って一人当たりに対応する面積を計算し，どの選択肢が最も妥当な結果を与えているかを判断する可能性もある。選択肢は千単位で与えられているので（例えば，2000，5000），この問題では生徒の概数・概算に関する技能も要求される。

コンピュータ使用型調査によって，生徒は現代のテクノロジーを使った膨大な計算力を有効活用する機会を与えられる。ただし，注意しなければならないのは，テクノロジーによって個人は計算という重荷から解放され，問題を解決する際の意味や方略に認知的資源を自由に集中させることができるものの，数学的リテラシーを持つ上で数学に対する深い理解が必要なくなるわけではないということである。そのような理解を持たない人にとってテクノロジーは決まりきった課題をこなす手段に過ぎず，このことはPISA2012年調査の数学的リテラシーの定義には合わない。さらに，テクノロジーを国際オプションのコンピュータ使用型調査に取り入れることで，筆記型調査では扱うことのできないレベルの数値計算や統計計算を要求する問題を含めることができる。

2.2.4　不確実性とデータ

科学やテクノロジーにおいて，また日常生活の中で，不確実性は常に存在する。不確実性はそれゆえ，多くの問題状況を数学的に分析する上で，その中心にある事象である。確率と統計の理論やデータの表現・記述の技術は，不確実性を扱うために確立されてきた。**不確実性とデータ**の内容カテゴリーには，プロセスにおけるばらつきがどこにあるかを見分けること，そのばらつきを数量化したものを理解すること，測定における不確実性と誤差を認識すること，蓋然性について知ることが含まれる。また，不確実性を中心とする状況において導き出される結論を形成し，解釈し，評価することも含まれる。データの表現と解釈は，このカテゴリーにおける鍵となる概念である（Moore, 1997）。

科学的な予測，選挙結果，天気予報，経済モデルなどには，不確実性が存在する。製造過程やテストの点数，調査結果にはばらつきがあるし，個人が楽しむレクリエーションの背後には蓋然性があることが多い。伝統的なカリキュラムにおける確率と統計の分野では，ある種の不確実性を伴う事象を記述・モデル化・解釈して，推論をする形式的な手法が扱われる。さらに，数の知識やグラフ・記号表現などの代数的側面の知識は，内容カテゴリーにおける問題に取り組みやすくする。

PISA 調査の公開問題「ゴミ」（第５節「数学的リテラシーの問題例」参照）は，**不確実性とデータ**を扱う問題である。この問題では，生徒は表に示されたデータを調べ，そのデータを表すのに棒グラフが適さない理由を説明しなくてはならない。データの解釈と表現に注目することは，**不確実性とデータ**の重要な側面である。

コンピュータ使用型調査では，生徒は大きなデータセットを使った作業をすることがあり，それに必要な計算力やデータ処理能力が与えられる。また，生徒は，データを処理・分析・表現したり，母集団から標本を抽出したりするために，適切なツールを選択する機会を与えられる。リンクされた表現によって，生徒は様々な方法で，こうしたデータを検証したり記述したりすることもできる。さらに，乱数を含むランダムな結果を生成する機能により，シミュレーションを用いて，事象の経験的確率や標本特性などの確率的な状況を探究することが可能となる。

2.2.5　15 歳の生徒を対象とした数学的リテラシー調査を方向付ける内容項目

変化と関係・空間と形・量・不確実性とデータに関わる文脈化された問題を効果的に理解し，解決するためには，様々な数学的概念・手順・事実・ツールを適度な深さと精密さで活用する必要がある。数学的リテラシーを評価する上で PISA 調査が試みていることは，これから十分な根拠に基づく判断や意思決定をすることのできる建設的で積極的，思慮深い市民になろうとしている 15 歳の生徒にとって適切な数学のレベルや種類を調査することである。PISA 調査は，カリキュラム型の評価にはなっておらず，またそれを意図しない一方で，生徒が 15 歳までに学習する機会があったと考えられる数学を反映しようと努めている。

生徒の将来を考えつつ，15 歳の時点までに学習する機会があったと考えられる数学を反映した調査を開発するという視点で，11 か国における数学のスタンダードが分析された。世界各地の学校では生徒に何が教えられているか，また，各国で生徒が就職したり高等教育機関に進学したりするに当たって，何が現実的かつ重要な準備であると考えているかを明らかにするためである。これらの分析から見つかった共通点を基に，数学の専門家の判断も加味し，PISA2012 年調査において 15 歳の生徒の数学的リテラシーを評価するのに適切であると考えられた内容を以下に述べる。

変化と関係・空間と形・量・不確実性とデータという四つの内容カテゴリーは，内容の範囲を特定するための基盤としての役割を持つ。しかしながら，これらのカテゴリーに１対１で対応する内容項目はない。例えば，比例的推論は，単位換算や，線形関係の解析，確率計算，相似な図形の辺の長さを求めることなどといった多様な文脈の中で作用する。以下に示す内容は，これらの概念の重要性を四つの内容カテゴリー全てに反映し，教科としての数学の一貫性を強調しようとするものである。これらは，PISA2012 年調査に含まれる内容項目を例証しようと試みたものであって，網羅的に列挙したものではない。

- **関数**：関数の概念とその性質，それらの多様な記述と表現。特に重要なのは一次関数だがこれに限定するわけではない。よく使われる表現は，言葉，記号，表，グラフである。
- **代数的表現**：数値，記号，演算，指数，根号を含む代数的な表現の言葉による解釈や操作。
- **方程式と不等式**：一次方程式，一次不等式，二次方程式，解析的・非解析的解法。
- **座標**：データ，位置，関係性の表現と記述。

- **二次元，三次元での幾何学的物体内，及び物体間の関係**：図形の要素間にある代数的関係などの静的な関係（例えば，直角三角形の三辺の関係であるピタゴラスの定理），相対位置，相似と合同，変換や物体の運動といった動的な関係，二次・三次元物体間の対応。
- **測定**：角度，距離，長さ，周囲の長さ，円周，面積，体積などのような，図形や物体の特徴，及び図形間や物体間の特徴の数量化。
- **数と単位**：数の概念と表現，及び記数法。これには，整数と有理数の特性，無理数の適切な見方，時間・お金・重さ・温度・距離・面積・体積などの事象に関する量と単位，求めた量とその数値的記述が含まれる。
- **演算**：演算の性質と特性，それに関連する表記法。
- **百分率，割合，比例**：相対的な大きさを数値的に記述すること。また，問題を解くために比例や比例的推論を適用すること。
- **数え上げの原理**：簡単な順列と組合せ。
- **見積り**：有効数字と四捨五入を含む，目的に合った数・量の近似。
- **データの収集，表現，解釈**：様々な種類のデータの性質，出所，収集と，それらのデータの様々な表現や解釈の方法。
- **データのばらつきとその記述**：データセットのばらつき，分布，中心化傾向などの概念。これらを数量の観点から記述し解釈すること。
- **標本と標本抽出**：標本の特性を基にした単純な推測を含む，標本抽出の概念と母集団からの標本抽出。
- **蓋然性と確率**：ランダムな事象の表記法，ランダム変動とその表現，事象の蓋然性と頻度，確率概念の基本的側面。

2.3　文脈

数学的リテラシーの重要な一側面は，ある文脈における問題を解決する際に数学が関わってくることである。文脈とは，問題が置かれている個人の世界の側面である。適切な数学的方略・表現の選択は，問題が生じている文脈によって決まることが多い。文脈の中で考えるということが，問題解決者に対する要求を高めることは広く知られている（統計的な結果についてはWatson and Callingham, 2003を参照）。PISA調査において重要なことは，様々な文脈を幅広く使うということである。そうすることで，可能な限り幅広い個人の興味や，21世紀の人々が関わる状況に，関連付けやすくなる。

PISA2012年調査の数学の枠組みを構築するために，四つの文脈カテゴリーが定義された。これらを用いて，PISA調査に向けて開発された調査問題を分類する。

- **個人的**：個人的な文脈カテゴリーに入る問題は，自分自身や家族，友人に焦点を当てる。個人的と見なされる文脈の種類には，（限定するわけではないが）食事の支度，買物，ゲーム，個人の健康，個人の移動手段，スポーツ，旅行，個人のスケジュール，個人の資金などに関わるものが含まれる。PISA調査の公開問題「ピザ」（第5節「数学的リテラシーの問題例」参照）の問いは，個人的文脈の中で設定されている。この問いでは，どちらのピザを買う方が購買者にとって得であるかが問われているからである。同様に，公開問題「歩行」（第5節「数学的リテラシーの問題例」参照）は，個人的文脈を反映した二つの問いを含んでいる。最初の問いは，数学の公式を適用して人の歩幅を求めるもので，二つ目の問いは，同じ公式を適用して別の人の歩く速さを求めるものとなっている。

- **職業的**：職業的な文脈カテゴリーに入る問題は，仕事の世界を中心としている。職業的として分類される問いは，（限定するわけではないが）測定，建築資材の費用計算や注文，給料・会計，品質管理，日程計画・在庫管理，設計・建築，職に関連した意思決定などと関係している。職業的状況は，熟練を必要としない仕事から非常に専門性の高い仕事に至るまで，あらゆるレベルの仕事に関係がある。とはいえ，PISA 調査の問題は 15 歳の生徒にとってなじみのあるものでなければならない。公開問題「花壇」の問い（第5節「数学的リテラシーの問題例」参照）は，職業的文脈に分類される。花壇の外わくをつくる大工の仕事（訳注：原文での大問の名称は「CARPENTER」となっており，大工が花壇を作るという設定になっている）を扱っているからである。先述した「ピザ」の問いと同様の数学的分析を要する問いについても，購買者ではなく販売者の視点から状況が提示されている場合は，職業的カテゴリーに入る。
- **社会的**：社会的な文脈カテゴリーに入る問題は，地域社会（地方，国，世界は問わない）に焦点を当てる。これには（限定するわけではないが）投票制度，公共交通，政府，公共政策，人口統計，広告，国の統計，経済が含まれる。人は個人のやり方でこれらすべてに関わっているが，社会的な文脈カテゴリーでは地域社会的観点に問題の焦点が当てられる。公開問題「ロックコンサート」の問い（第5節「数学的リテラシーの問題例」参照）は，社会的文脈に設定された問いの例である。この問いは，観衆の中にいるという個人的経験を利用しているが，ロックコンサートの開催者という組織のレベルで設定されているからである。
- **科学的**：科学的な文脈カテゴリーに入る問題は，自然界や，科学，技術に関する問題・話題に数学を適用することに関わる。このカテゴリーに特有な状況は，（限定するわけではないが）天候や気候，生態学，医薬品，宇宙科学，遺伝学，測定，数学の世界そのものなどである。公開問題「ゴミ」（第5節「数学的リテラシーの問題例」参照）は，科学的文脈に設定された問いの例である。問題の焦点が，環境に関する科学的問題，具体的にはゴミの分解時間についてのデータと関係しているからである。また，数学内の問い，すなわち，あらゆる構成要素が数学の世界に属しているような問いは，この科学的文脈に分類される。

PISA の調査問題は，場面が設定された課題文を共有する大問ごとにまとめて出題される。したがって，同じ大問の中にある問いは全て，通常は同じ文脈カテゴリーに属する。ただし，例外もある。例えば，課題文の問題場面が，ある問いでは個人的観点から検討され，別の問いでは社会的観点から検討される場合などである。ある問いが，置かれた大問の文脈的要素について言及することなく，単に数学的構成だけを持つ場合でも，その問いは置かれた大問の文脈カテゴリーに割り当てられる。珍しいケースではあるが，大問が数学的要素だけからなり，数学の世界の外部にある文脈に言及していない場合，その大問は科学的な文脈カテゴリーに分類されることになる。

これらの文脈カテゴリーによって，問いの文脈の組合せを選ぶための基礎が提供され，また，日常的で個人的な数学利用から，グローバルな問題の科学的必要性のための数学利用に至るまで，数学の幅広い範囲での利用をこの調査に確実に反映させることができる。さらに，様々な難易度の調査問題をそれぞれの文脈カテゴリーに広く配置することが重要となる。文脈カテゴリーの主な目的は，幅広い文脈の中で生徒の力を発揮させることである。したがって，それぞれのカテゴリーが数学的リテラシーの測定に十分に寄与すべきである。ある文脈カテゴリーに入る調査問題の難易度を，別のカテゴリーに入る調査問題の難易度に比べて計画的に高くしたり，低くしたりすることがあってはならない。

適切な文脈を特定する上で重要なことは，生徒が 15 歳までに習得した数学的な内容知識・プロセス・能力をどの程度利用できるかを評価するという，この調査の目的を，常に意識することである。したがって，調査問題に取り入れる文脈は，生徒の興味や生活との関わりや，彼らが建設的で積極的，思慮深い市民として社会に出たときの必要性を踏まえて選択される。適切さの程度の判断には，PISA 調査参加国の各国調査責任者（NPM）が携わっている。

第 3 節　数学的リテラシーの評価

ここでは，2012 年の PISA 調査において，前述した枠組みを実現するためのアプローチについて概説する。こうしたアプローチには，PISA 調査における数学的構成要素の構造，数学の習熟度レベルの報告，数学の習熟度に関係するものとして調査される態度，国際オプションである数学のコンピュータ使用型調査における取決めが含まれる。

3.1　PISA 調査における数学的構成要素の構造

PISA 調査の一部として開発された調査手段の中で使われる調査問題は，筆記型とコンピュータ使用型の両者とも，数学的リテラシーの定義に沿って，文脈の中に位置付けられている。問いで求められるのは，先に述べた 15 歳の生徒にふさわしいレベルで，重要な数学的概念，知識，理解，技能（数学的な内容知識）を適用することである。調査の構造と内容は，枠組みによって方向付けられる。重要なことは，筆記型とコンピュータ使用型のいずれの調査方法においても，数学的リテラシーの枠組みの構成要素を反映する問いを偏りなく配置することである。

3.1.1　数学的プロセスの望ましい得点配分

2012 年の数学の調査問題は，三つの数学的プロセスのうちのいずれかに割り当てられる。調査を構成する際の目標は，現実世界と数学世界との間をつなぐ二つのプロセスと，数学的に定式化した問題に取り組むことを生徒に求めるプロセスとが，ほぼ等しい重みになるよう，バランスをとることである。

各プロセスカテゴリーには，様々な難易度と数学的要求の問題が含まれる点に留意することが重要である。

表 1.1　プロセス別に見た数学の得点配分

プロセス	得点の割合
数学的に状況を定式化する	約 25%
数学的概念・事実・手順・推論を活用する	約 50%
数学的な結果を解釈し，適用し，評価する	約 25%
合計	100%

3.1.2　内容カテゴリーの望ましい得点配分

PISA 調査の数学の問題は，この枠組みで述べてきた数学的な内容知識を反映するように選択される。PISA2012 年調査に向けて選ばれた問題は，表 1.2 に示すように四つの内容カテゴリーに配分されている。調査を構築する上での目標は，各内容カテゴリーの得点を可能な限り均等になるように配分することである。なぜなら，これらのカテゴリーはどれも，建設的で積極的，思慮深い市民にとって重要だからである。

各内容カテゴリーには，様々な難易度と数学的要求の問題が含まれる点に留意することが重要である。

表 1.2　内容別に見た数学の得点配分

内　容	得点の割合
変化と関係	約 25%
空間と形	約 25%
量	約 25%
不確実性とデータ	約 25%
合計	100%

3.1.3　文脈カテゴリーの望ましい得点配分

PISA2012 年調査では，各問題は四つの文脈カテゴリーのうちのいずれかに属している。表 1.3 に示すように，PISA2012 年数学的リテラシー調査に向けて選択された問題は，これらの文脈カテゴリー全体に均等に配分されている。このような配分によって，一つの文脈が優位を占めることはなく，幅広い個人の興味や，生活の中で遭遇しうる状況をカバーした問題を生徒に提供することができる。

各文脈カテゴリーには，様々な難易度と数学的要求の問題が含まれる点に留意することが重要である。

表 1.3　文脈別に見た数学の得点配分

文脈	得点の割合
個人的	約 25%
職業的	約 25%
社会的	約 25%
科学的	約 25%
合計	100%

3.1.4　問題の難易度の幅

PISA2012 年数学的リテラシー調査では，15 歳の生徒の能力範囲に合わせた，幅広い難易度の問題が出題されている。最も力のある生徒にとって難解でやりがいのある問題が含まれている一方，数学の評価で下位にいる生徒に適した問題も含まれている。計量心理学の観点から，個人で構成される特定の集団を対象とした調査において，最も効果的かつ効率的であるのは，調査問題の難易度が調査を受ける人々の能力と釣り合っている場合である。さらに，習熟度の記述から導き出される問題が，記述される能力の範囲に及んでいれば，PISA 調査の成果報告で中心部分として使われる習熟度の尺度に，全ての生徒に適用できる有用な細目だけを含めることができる。習熟度の尺度は，基本的な数学の能力が活性化（activation）するレベルに基づいており，これについてはコラム 1.1「基本的な数学の能力と問題の難易度との関係」で詳しく述べる。これまでの PISA 調査サイクルで示されたのは，全体として，これらの能力は認知的要求の指標であり，それゆえ，問題の難易度に中心的に関わってくる（Turner, 2012; Turner *et al.*, 2013）ということである。PISA2012 年調査の尺度は，予備調査実施後に開発され，必要となるこれらの能力の活性化についての記述が基になっている。この尺度によって，各問いにおける認知的要求を実証的に測定することができる。

3.1.5　調査手段の構成

PISA2012 年調査の筆記型の調査手段には，合計 270 分の数学の問題が入っている。問題は九つの問題群にまとめられており，各問題群のテスト時間はそれぞれ 30 分である。この九つの問題群は，以前の PISA 調査で使用されたトレンド問題で構成される三つの問題群（テスト時間 90 分に相当），幅広い難易度を持つ新規問題で構成される四つの「標準」問題群（テスト時間 120 分に相当），専ら難易度の低い問題が使われている二つの「易しい」問題群（テスト時間 60 分に相当）という内訳になっている。

参加国はそれぞれ七つの問題群を使用する。トレンド問題の問題群三つと新規「標準」問題群四つ，あるいはトレンド問題の問題群三つと新規「標準」問題群のうちの二つ，「易しい」問題群二つである。「易しい」問題群と「標準」問題群を設けることで，各参加国が調査の目標設定をより適切にできるよう考慮されているのである。ただし，「標準」問題群二つと「易しい」問題群二つ，あるいは「標準」問題群四つのどちらを選択したかによって，その国の得点が影響されることのないように，問題は調整されている。問題群はローテーションテスト設計に従ってブックレットの中に入れられる。各ブックレットには，数学的リテラシー・読解力・科学的リテラシーの分野から四つの問題群が含まれている。生徒は一人一冊のブックレットに解答し，総テスト時間は 120 分となる。

国際オプションのコンピュータ使用型調査（CBAM）には，合計80分の数学の問題が含まれている。問題は四つの問題群にまとめられており，各問題群のテスト時間は20分である。この問題群は，コンピュータで行う他の問題群と一緒に多数のローテーションテスト形式の中に配置され，各フォーム（訳注：コンピュータ使用型調査では24種類の問題フォームが用意され，生徒は指定された一つのフォームについて解答することが求められる）には二つの問題群が入っている。生徒は一人一つのフォームを行い，総テスト時間は40分となる。

3.1.6 PISA2012年調査における数学の問題の設計

PISA2012年筆記型数学的リテラシー調査では，三つの出題形式が使われる。自由記述形式問題，求答形式問題，選択肢形式問題（多肢選択形式問題）である。自由記述形式問題は，ある程度の記述式解答を生徒に求めるものである。また，この種の問題では，問題を解く手順を示すことや，どのようにしてその答えにたどりついたかを説明することが求められる場合もある。こうした問題は，訓練を受けた専門家が手作業で生徒の解答をコード化する必要がある。求答形式問題は，より端的な形で問題の解を示すよう求める問題で，生徒の解答の正誤は簡単に判断できる。この種の問いに対する生徒の解答はデータ入力ソフトに打ち込まれ，機械的にコード化されることが多いが，中には訓練を受けた専門家の採点が必要なものも存在する。ほとんどの場合，求答形式問題の解答は一つしかない。選択肢形式問題では，複数の選択肢の中から一つ，あるいは複数の解答を選ぶことになる。こうした問いに対する解答は通常，機械的に処理される。調査手段を構築する際，これら三つの出題形式は，ほぼ均等な割合で出題されている。

国際オプションのコンピュータ使用型調査では，さらに出題形式の種類を加えることが可能である。コンピュータ使用環境では，紙面に比べ解答形態の幅が広がるのと同時に，数学的リテラシーの側面によっては，調査が容易になるものもある。例えば，三次元の物体の図を操作したり，回転したりする場合である。これを筆記型で実施するのは，容易なことではない。コンピュータ使用型調査では，問題の表現方法の質を高めることも可能である。例えば，動的に場面を提示したり，回転できる三次元の物体を示したり，関連情報やデータへのアクセスをより柔軟にしたりできるかもしれない。また，より幅広い解答のタイプを可能にする問題形式も開発できる。例えば，ドラッグアンドドロップ形式の問いや画像上のホットスポット（訳注：コンピュータの画像上でリンクが置かれている箇所のこと）の使用によって，生徒はより多くの問題に非言語的に取り組むことができ，それほど言語に縛られない，数学的リテラシーのより包括的な像を示すことが可能である。インタラクティブな問題も作成できるかもしれない。それに加え，解答のコード化を自動化できれば，手作業による採点の手間が省けることも考えられる。さらに重要なことは，従来の方法では不可能とされていた，生徒が作成した図や表示物，操作履歴などのコード化を容易にできるかもしれないことである（Stacey and Wiliam, 2013）。

PISAの数学の調査は，言語によって場面を提示する課題文と，多くの場合はそれに加わる表やチャート，グラフ，ダイアグラムなどの情報，共通の課題文に関連する一つ又は複数の問いからなる大問で構成されている。この形式によって，生徒は一連の関連した問いに答えながら，文脈，あるいは問題に取り組む機会を与えられる。しかしながら，PISA調査のデータ分析に使われる測定モデルでは，問いの独立性が前提とされている。したがって，複数の問いを含む大問が使用される場合，問いの作成者は常に，各問いの独立性を最大限確保することを目標にしている。PISA 調査は，この大問構造によって，テスト時間を有効に使いつつ，できるだけ現実的で，実際の状況の複雑さを反映した文脈を使うことを促進するのである。しかし，文脈の選択による偏りを最小限に抑えながら，問いの独立性を最大限持たせるには，それに見合った幅の文脈を確保することが重要である。したがって，PISA 調査の調査手段を開発する上で，これら二つの競合点の均衡を図ることが求められる。

PISA 調査では，調査に参加する生徒の幅広い能力に合わせるために，幅広い難易度を持つ問題が選択され，出題される。さらに，この調査における全ての主要なカテゴリー（内容カテゴリー，プロセスカテゴリー，文脈カテゴリー）は，難易度の幅ができるだけ広くなるような問いで構成される。問題の難易度は，本調査用の問題が選ばれる前に行われる大規模な予備調査の中で，複数ある測定特性の一つとして確立されている。PISA 調査で出題される問題は，枠組みのカテゴリーと測定特性に適合しているかどうかを基準に選ばれる。

さらに，問題に支障なく取り組むために必要な読解力のレベルは，問題の開発と選択に当たって非常に注意深く考慮されている。問題開発の目標は，問いの中で使われる言い回しを，可能な限り単純で直接的なものにすることである。さらに，文化的バイアスが生じる可能性のある問題も慎重に避けられ，選択された問題は全て参加各国のチームが確認する。問題を多様な言語に翻訳する際も非常に慎重に行われ，大規模な逆翻訳を実施し，その他にも定められた手順に従っている。PISA2012 年調査では，これまで以上に問題の偏りについて注意を払わなければならない。なぜなら，国際オプションのコンピュータ使用型調査が加わったことで，数学の時間にコンピュータを使ったことがない生徒は，新たな課題に直面することになるからである。

3.1.7　数学的ツール

PISA 調査の方針では，筆記型調査において，生徒は電卓を使ってもよいことになっている。通常，電卓は学校で使用されているからである。このことは，生徒の習得したことについての真正な評価であることを表しており，各国の教育制度における成果を比較する上で最も有益となる。生徒が電卓を手に取り使うことを許可するかどうかは，原則として，その国の制度によって決められるものである。それは各国の制度がその国における他の教育政策を決めるのと同じことであり，PISA 調査の管理するところではない。2012 年の数学の調査では，初めて，筆記で行う問題の中に，より速く簡単に計算する上で電卓が役立つ問いが出題される。つまり，調査問題によっては，恐らく多くの生徒にとって電卓を使用することが有利となる。2012 年の筆記型調査では，基本的な電卓の計算機能以上の機能は必要としない。

PISA2012 年調査で国際オプションのコンピュータ使用型調査では，生徒がオンラインの電卓や同等の機能を備えたソフトウェアを利用できる問題がある。また，それぞれの学校制度で 15 歳の生徒が使ってもよいとされているように，小型の電卓を使用することも可能である。仮想の測定器具，基本的な表計算機能，様々な図表を使ったプレゼンテーションツールや視覚ツールなど，その他のツールも調査問題配信システムの一部として準備される。

3.1.8　問題の採点

大部分の問いは二分法的（すなわち，正答か誤答かのいずれか）に採点されるが，自由記述形式問題では部分正答が与えられる場合もある。その場合，解答は「正しさ」の度合いに従って採点される。この種の問いには，解答が正答，部分正答，誤答のどれに当たるかについての詳細な採点ガイドがあり，訓練を受けた採点者はそれに従って生徒の解答をコード化する。これは，解答のコード化が全ての参加国で一貫した，信頼の置ける方法で確実に行われるようにするためである。

3.2　数学における習熟度の報告

PISA調査の数学の結果報告には，幾つかの方法がある。包括的な数学の習熟度が各参加国で抽出された生徒から推計され，習熟度レベルが定められる。各レベルの生徒が持つ，典型的な数学的リテラシーの習熟度がどの程度であるかの記述も開発されている。さらに，包括的な数学の習熟度は，参加国の政策と関係してくる側面もあるとされており，こうした側面に関係する生徒には別の推計がされ，習熟度に関する記述も，これらの尺度で定められた異なるレベルで開発される。報告目的で使われうる側面も様々に定義できる。PISA2003年調査では，四つの幅広い内容カテゴリーに基づく尺度が開発された。図1.3は，2003年，2006年，2009年の各PISA調査で，包括的な数学の尺度として報告された六つの習熟度レベルを説明するものである。これらがPISA2012年調査における数学の尺度の基礎となっている。

包括的な数学の尺度に加えて，予備調査実施後にさらに三つの習熟度の尺度が開発され，報告された。それらは，**「数学的に状況を定式化する」「数学的概念・事実・手順・推論を活用する」「数学的な結果を解釈し，適用し，評価する」**という先に述べた三つの数学的プロセスが基になっている。

包括的な数学的リテラシー及び報告される各プロセスが，様々なレベルの尺度において，何を意味するのかを定義付ける上で，基本的な数学の能力は中心的な役割を果たす。これらは，数学的リテラシーのあらゆる側面に関する習熟の度合いを定めている。例えば，レベル4の習熟度における記述（図1.3参照）では，2～3文目でこのレベルにおいて顕著な数学化と表現の側面に焦点を当てている。4～5文目では，レベル4で特徴的なコミュニケーション，推論，論証について強調している。レベル3では短いコミュニケーションとなっており，論証については触れられていないこと，レベル5では振り返る力が追加されていることと対照することができる。本章の最後に示すコラム1.1「基本的な数学の能力と問題の難易度との関係」では，基本的な数学の能力と，それらの各能力が数学の習熟度レベルが発達していく上でどのように関係するのかについて説明する。この枠組みの前半部及び図1.2の中では，それぞれの数学的プロセスについて，個人がそのプロセスに取り組む際に活性化（activate）するであろう基本的な数学の能力の観点から説明した。

前回数学が中心分野となったPISA2003年調査の結果報告から続いて，政策決定のための情報を提供するのに有益であるため，四つの内容カテゴリー，すなわち**量，空間と形，変化と関係，不確実性とデータ**に基づいた尺度も報告される。これらの尺度は今後も各国にとって興味深いものとなるであろう。なぜなら，こうした尺度は，特定のカリキュラムを強調した結果生じる，数学の習熟度の側面におけるプロフィールを示すことができるからである。

図 1.3　数学の習熟度レベル（2003 年，2006 年，2009 年）

レベル	
6	習熟度レベル 6 以上の生徒は，次のことができる。 探究や，複雑な問題状況におけるモデル化を基に，情報を概念化し，一般化し，利用すること。様々な情報源や表現を結び付け，それらを柔軟に解釈すること。高度な数学的思考・推論を行うこと。記号的・形式的な操作や関係に関する熟達した知識・技能を用いながら，洞察や理解を適用し，見たことのない状況に取り組むための新たなアプローチや方略を発展させること。自らの結論，解釈，論証と，それらが元の状況に対して適切であることについて，自らの行動や省察を明確に筋道立てて，正確にコミュニケーションを行うこと。
5	習熟度レベル 5 の生徒は，次のことができる。 制約を見つけ出し，仮定を明確にしながら，複雑な状況でモデルを発展させて使うこと。これらのモデルに関連した複雑な問題に対処するために，適切な問題解決の方略を選択し，比較し，評価すること。広く十分に発達した思考や推論の技能，適切に結び付けられた表現，記号的・形式的な特徴付け，こうした状況に付随する洞察を用いて，戦略的に問題に取り組むこと。また，自らの行動について振り返り，自らの解釈と推論を定式化してコミュニケーションを行うこと。
4	習熟度レベル 4 の生徒は，次のことができる。 制約のある，又は仮定の設定を必要とする，複雑だが具体的な状況で，明示されたモデルを効果的に使うこと。現実世界における状況の側面に様々な表現を直接結び付ける記号表現を含め，様々な表現を選択し，統合すること。このような文脈において，ある種の洞察を持ち，十分に発達した技能を活用して柔軟に推論すること。自らの解釈，論証，行動に基づき，説明や論証を構築してコミュニケーションを行うこと。
3	習熟度レベル 3 の生徒は，次のことができる。 連続的な計算などの明確に述べられた手順を実行すること。簡単な問題解決の方略を選択し，適用すること。様々な情報源に基づいて表現を解釈し，用い，それらの表現から直接的に推論すること。自らの解釈，結果，推論を伝えるために，短いコミュニケーションを展開させること。
2	習熟度レベル 2 の生徒は，次のことができる。 直接的な推論以上のことは要求されない文脈において，状況を解釈し認識すること。情報源が一つのときに関連する情報を引き出し，一つの表現様式で利用すること。基礎的なアルゴリズム，公式，手順，作法を適用すること。直接的な推論と，結果の文字通りの解釈を行うこと。
1	習熟度レベル 1 の生徒は，次のことができる。 関連情報が全て与えられ，問いも明確な見慣れた文脈で，問いに答えること。明示的な状況において指示にそのまま従うことで，情報を見つけ出し，決まりきった手順を実行すること。明白で，与えられた課題文に従うだけの活動を行うこと。

3.3　数学に対する態度

個人の態度，信念，感情は，一般に数学に対する関心及び反応について，また生活の中で数学を適用する上で，重要な役割を果たす。例えば，数学により自信を持っている生徒は，他の生徒よりも，遭遇する様々な文脈の中で数学を使う可能性が高い。数学に対して積極的な感情を抱いている生徒は，数学に懸念を抱いている生徒に比べ，より数学を学ぼうとする姿勢を持っている。したがって，個人や社会のために，生徒が自分の知っている数学を上手に使い，数学をもっと学習しようとする態度，信念，感情を発達させることは，数学教育の目標の一つとなっている。

これらの変数について PISA2012 年数学的リテラシー調査が着目するのは，数学に対する積極的な態度や信念，感情の発達それ自体が学校教育の価値ある成果であり，生徒を生活の中で数学を使う気にさせるという主張に基づいている。また，こうした変数が数学的リテラシーの習得における違いを説明することに役立つのではないかという主張もある。それゆえ，PISA調査にはこのような態度の変数に関連した問いが含まれるのである。さらに，PISA調査では，多様な背景情報も測定される。この背景情報によって，重要な下位集団（例えば，性別，言語，移民としての背景）別に生徒の数学的リテラシーを報告し，分析することが可能となる。

背景情報を収集するため，生徒及び学校長に20～30分間の背景に関する質問紙への回答を依頼する。こうした質問紙は，様々な生徒や学校の特徴に関する分析や報告をする上での中心的資料となる。

数学に生産的に関与しようとする生徒の態度には，二つの幅広い領域があり，それらはPISA2012年数学的リテラシー調査における潜在的な関心事項となっている。その二つの領域とは，生徒の数学に対する興味と，数学に自ら関わろうとする意欲である。

数学に対する興味には，現在と未来の活動に関わる要素がある。生徒たちは数学が実生活の中で役に立つと考えているか。数学の勉強をさらに続けたり，数学の志向性が高い職に就いたりする意志があるか。こうした質問は学校での数学に対する生徒の興味に焦点を当てたものである。この領域に対する国際的な関心は大きい。なぜなら，多くの参加国において，将来数学に関連した研究に進む生徒の割合が減少している中で，こうした分野の卒業生の需要は高まっているからである。

生徒の数学を学習する意欲は，生徒が習得した数学的リテラシーから利益を得られるような，あるいは利益を逃すような，態度や感情，自己に関する信念に関係している。数学的活動を楽しんだり，数学をすることに自信を感じたりしている生徒は，学校内外における生活の様々な局面で出会う状況について，数学を使って考える可能性が高い。この領域に関係するPISA調査の構成概念には，楽しいという感情や，自信及び数学に対する不安（がないこと），自己概念や自己効力感といった自己に関する信念が含まれている。近年，15歳時に受けたPISA調査の成績が不振であったオーストラリア人の若者を追跡調査し，その分析を行ったところ，「将来の成功のために数学は価値があると認識する者は，成功する確率が高いことに加え，将来や職業だけでなく私生活の多くの面でも幸福度が高い」（Thomson and Hillman, 2010, p.31）ということがわかった。この研究結果は，日常生活で実際に数学を適用することに重点を置くことが，学習到達度の低い生徒の前途を向上させる助けとなりうることを示唆している。

生徒質問紙には，**「学習機会」**に関する一連の質問項目も含まれている。様々なタイプの数学の問題について生徒の学習経験を問う項目や，数学的概念の名称にどれだけなじみがあるか（生徒の過大申告を防ぐための項目を含む）（訳注：数学で使われる用語が並べられ，そのそれぞれについて生徒に知っているかどうかを問う質問項目で，過大申告者を浮かび上がらせるという意図で，実際に存在しない数学用語が含まれていることを指す），学校の授業やテストでPISA調査のような形式の問題に取り組んだ経験があるかなどを問う項目がある。こうした指標によって，PISA調査の結果をより深く分析することができる。

PISA2012年調査の結果は，学習到達度と態度の両方に関連した学校教育の成果について，参加国の政策立案者に重要な情報を提供することになるだろう。PISAの数学的リテラシー調査に加え，生徒の数学的リテラシーを使う気持ちを引き出す態度・感情・信念を調査し，その双方から得た情報を組み合わせることによって，より精緻な像が見えてくるのである。

3.4　国際オプションである数学のコンピュータ使用型調査

PISA2012 年調査では，数学のコンピュータ使用型調査を取り入れている[4]。コンピュータ使用型調査は，（国によって技術面での差があるため）参加国の任意によるものであるが，PISA2012 年調査に数学のコンピュータ使用型調査を取り入れた理論的根拠として二つが挙げられる。一つ目は，現在コンピュータは職場でも日常生活でもごく普通に使われているので，21 世紀における数学的リテラシーの能力レベルにはコンピュータの使用が含まれる（Hoyles *et al.*, 2002）ためである。個人的，社会的，職業的，科学的な試みを行う上で，コンピュータは今や世界中の人々の生活に欠かせない。コンピュータは，多種多様な数学的対象・事象・プロセスに関わる面で，――とりわけ――計算，表現，視覚化，変更，探究，実験を行うツールを提供する。PISA2012 年調査の数学的リテラシーの定義では，コンピュータ上のツールが果たす重要な役割を認識しており，数学的リテラシーを持つ人は事象を記述・説明・予測しようとする際にこうしたツールを使用することが期待されることに言及している。ここでの定義では，「ツール」という用語は電卓やコンピュータだけでなく，測定や作図に使用する定規や分度器といった他の物理的な器具も指す。コンピュータ使用型調査を取り入れた二つ目の理由は，コンピュータによって，よりインタラクティブで真正な，生徒の興味を引くテスト問題を作るための幅広い機会を問題作成者に与えるからである（Stacey and Wiliam, 2013）。こうした機会によって，新しい問題形式（例えば，ドラッグアンドドロップ）を設計することや，生徒に現実世界のデータ（例えば，大きな並べ替え可能なデータセット）を提示すること，あるいは色や図形を使ってより取り組みやすい調査問題を作成することなどが可能になる。

これらのことから，国際オプションで行う数学のコンピュータ使用型調査は，PISA2012 年調査における主要な革新的領域だと言える。特別に設計された PISA 調査の大問がコンピュータ上で出題され，生徒はコンピュータ上で解答する。思考プロセスの補助として紙と鉛筆を使ってもよい。テスト開発者や問題作成者がコンピュータ使用型調査により深く関わるにつれ，今後の PISA 調査サイクルではより洗練されたコンピュータ使用型問題が可能となるであろう。実際のところ，PISA2012 年調査では，数学のコンピュータ使用型調査の可能性という意味での出発点を示したにすぎないのである。

コンピュータ技術を活用することで，調査問題はより生徒の興味を引く，より多彩で，より理解しやすいものになる。例えば，動的に場面が提示されたり，回転可能な三次元の物体が表示されたり，関連情報により柔軟にアクセスできたりする。情報を「ドラッグアンドドロップ」する，画像上で「ホットスポット」を利用するなどといった新たな問題形式を設計することで，生徒を積極的に関わらせ，より幅広い解答形式を可能にし，数学的リテラシーのより包括的な像を示すことができるようになる。

エレクトロニクス技術が広まる中で，職業における数学の需要は増加し続けており，それによって数学的リテラシーとコンピュータ利用の結び付きが強まっていることを示した研究がある（Hoyles *et al.*, 2002）。今や，あらゆるレベルの職場で働く就業者にとって，数学的リテラシーとコンピュータ技術の利用は相互に依存し合っている。PISA のコンピュータ使用型調査は，この関係を探究する機会を提供する。重要となる課題は，PISA 調査のコンピュータ使用型問題における数学的要求を，問いで求められる情報通信技術（ICT）や新しい表現形式などの数学の習熟度とは関係ない要求と区別することである。国際オプションのPISA2012年コンピュータ使用型調査において重要なことは，特定の問いでツールを使うことに関連する要求が，数学に関連する要求を上回ることは決してないということである。コンピュータ使用型のテスト環境が生徒の成績に与える影響についての研究は進められている（Bennett, 2003; Bennett *et al.*, 2008; Mason *et al.*, 2001; Richardson *et al.*, 2002; Sandene *et al.*, 2008）。PISA2012年調査はこうした知見をさらに発展させる機会となり，特に，2015年以降のコンピュータ使用型のテスト開発の基盤となる。問題の設計上，全てのコンピュータ使用型問題で，新しい問題形式が使われるわけではないが，このことは，新しい問題形式が成績に与える影響（良い影響又は悪い影響）を観察する上で役立つかもしれない。

このテストにおけるコンピュータ使用型のあらゆる特性を制御するために，それぞれの問いで，次の三つの側面が記述された。

検証の対象である数学的な能力

コンピュータ環境に限らず，あらゆる環境で適用できる数学的リテラシーの側面を構成する能力であり，コンピュータ使用型調査のいずれの問題でも測られる。

数学的側面とICT側面にまたがる能力

これらの能力に必要なのは，コンピュータ又は小型のデバイスを補助として数学をする知識である。これらの能力は，一部のコンピュータ使用型調査問題――全ての問題ではない――で測られる。コンピュータ使用型のテストでは，以下に挙げる能力を評価することがある。

- 簡単な「ウィザード」（訳注：ユーザーインターフェースの一種で，利用者の作業を対話形式で段階的に誘導する機能）を用いて，データや数表からグラフ（例えば，円グラフ，棒グラフ，折れ線グラフ）を作成する。
- 関数のグラフを作り，そのグラフを使って関数に関する問題に答える。
- 情報を並べ替える。また，効率的に並べ替えるための方略を練る。
- 小型の電卓又はコンピュータ画面上の電卓機能を使う。
- コンピュータ画面上の定規や分度器などの仮想の測定器具を使う。
- ダイアログボックスやマウスを使って画像を回転，対称，平行などの移動を行う。

ICT技能

鉛筆と紙で行う筆記型調査が，印刷物を使って作業するための基本的技能に依存するのと同様に，コンピュータ使用型調査は，コンピュータを使う上での基本的技能に依存している。こうした技能には，基本的なハードウェア（例えば，キーボードやマウス）と基本的な決まりごと（例えば，矢印で前に進める，特定のボタンを押してコマンドを実行する）についての知識が含まれる。コンピュータ使用型調査の全ての問いにおいて，ICT技能の要求は必要最低限にとどめる意向である。

第1章

第４節　まとめ

数学的リテラシーに関するPISA調査のねらいは，各国の生徒が建設的で積極的，思慮深い市民として，個人的，市民的，職業的な生活のあらゆる側面で，どれだけ効果的に数学を使うための教育をされているかといった指標を開発することである。このねらいに到達するために，PISA調査は数学的リテラシーの定義，及びその定義の重要な構成要素を反映する評価の枠組みを開発した。PISA2012年調査に取り入れる数学の調査問題は，この定義と枠組みを基に開発・選択され，数学的なプロセス・内容・文脈が適切なバランスで反映されるよう考慮されている。これらの問題の意図は，生徒が学習してきたことをどれだけ活用できるかを測定することである。生徒は問いにおいて，現実世界の経験から生じる問題を解決するために，プロセスに従事し，持っている能力を適用しながら，学習した内容を使うことを求められる。PISA調査では様々な問いの形式で問題が提示され，その形式によって程度は異なるが，誘導や構造がその中に組み込まれている。しかし，PISA調査が重点を置いているのは，生徒が自らの力で考えなければならない真正な問題である。

コラム 1.1　基本的な数学の能力と問題の難易度との関係

問いの実証的難易度を決める指針となるのは，解法を考えて実行するのに必要となる基本的な数学の能力の側面がどれであるかを考えることである（Turner, 2012; Turner and Adams, 2012; Turner *et al.*, 2013）。最も易しい問いでは，活性化（activation）させる必要のある能力はほとんどなく，あるとしても比較的簡単なものである。最も難しい問いでは，複数の能力を複雑に活性化させなくてはならない。難易度を予測するには，求められる能力の数と活性化の複雑さの両方を考慮する必要がある。以下に示すのは，それぞれの能力の活性化を複雑にする，又は単純にする特徴を説明したものである（Turner, 2012も参照）。

コミュニケーション

課題で要求されるコミュニケーションのレベルと範囲は，様々な要因によって決定される。また，これらの要求を満たす個人の能力は，その人がどの程度コミュニケーション能力を持っているかを示す。コミュニケーションにおける受け手の側面では，以下のような要因が要求度に関係している。読解するテキストやそれ以外の物体の長さや複雑さ，そのテキストや物体の中で言及されたアイディア又は情報のなじみ深さ，他の情報から必要な情報を取り出す程度，情報の順序とその順序が情報を解釈して使うために必要な思考プロセスの順序に適合するかどうか，それぞれの関係性を解釈する必要のある異なった要素（例えば，文，図形的要素，グラフ，表，チャート）がどの程度存在するか，などである。コミュニケーションにおける送り手の側面では，単純に数値の答えを要求する課題においては，複雑さの程度は最も低い。口頭，あるいは文書での結果の説明や正当化が必要な場合など，より幅広い解の表現を求められるにつれ，コミュニケーションの要求レベルは高くなる。

数学化

課題によっては，数学化を必要としないものもある。すなわち，既に問題が十分に数学的形式になっている場合や，問題を解く際にモデルとモデル化される状況との間の関係が必要とされない場合のいずれかである。数学化の要求が最も単純な形で生じるのは，問題解決者が与えられたモデルから直接解釈や推測をする必要のある場合や，ある状況から直接数学へと翻訳する必要のある場合である（例えば，適切な方法で状況を構造化したり概念化したりする，適切な変数を特定し選択する，適切な測定データを収集して図を作成する）。数学化の要求は，要求事項の増大とともに高くなる。要求事項とは，与えられたモデルを修正又は使用して，変化した条件を捉えたり推測した関係を解釈したりすること，限定された，あるいは明確に表された制約の中でなじみのあるモデルを選択すること，必要な変数・関係・制約が明示的ではっきりしたモデルを作成することである。数学化の要求レベルがさらに高くなると，多くの仮定・変数・関係・制約が特定又は定義される状況で，モデルを作成又は解釈する必要性が起こる。また，そのモデルが課題の要求を満たしていることを確認したり，モデルを評価又は比較したりする必要性も出てくる。

表現

この数学的能力の要求レベルが最も低いのは，与えられたなじみのある表現を直接的に扱う場合である。例えば，テキストから数へ直接的に進む，あるいはグラフや表から直接的に値を読み取るといった場合である。より認知的要求の高い表現の課題では，ある状況に関連する一つの標準的又は見慣れた表現を選択し，解釈しなければならない。さらに要求レベルが高くなると，ある状況について複数の異なった表現の間を移行する，あるいはそれらをまとめて使うことが求められ，表現の修正が必要な場合もある。また，状況を単純でわかりやすく表現するための工夫を求められる場合も，要求レベルは高い。レベルの高い認知的要求は，本質的な解読や解釈を必要とする非標準的な表現を理解し，使用しなければならないことや，複雑な状況の側面を捉える表現を考案しなければならないこと，あるいは，異なった表現を比較又は評価しなければならないことで際立っている。

推論と論証

この能力の活性化（activation）を要求するレベルが非常に低い課題では，必要となる推論は与えられた指示に従うだけであるかもしれない。要求レベルのやや高い問いでは，推測するために，異なった情報を結び付ける何らかの熟考が必要となる（例えば，問題の中に提示された別々の要素をつなげる，あるいは，問題の一側面の中で直接的な推論をする）。より高い要求レベルを持つ課題では，情報を分析し，多段階の論証を追ったり組み立てたりすること，複数の変数を結び付けること，関連付けられた情報源から推論することが求められる。さらに高い要求レベルでは，情報を統合又は評価すること，推測を正当化するために一連の推論を利用したり作り上げたりすること，一貫した直接的な方法で，情報の複数の要素を活用したり結合したりして一般化を行うことなどが必要となってくる。

方略の考案

この能力の要求レベルが比較的低い課題では，必要な方略が示されていたり，明らかであったりするため，直接的な行動を取るだけで十分な場合が多い。やや高い要求レベルでは，与えられた関連情報を使って結論を導くために，適切な方略を決定する必要がある。認知的要求のレベルがもっと高くなると，与えられた情報を変換して結論を導くための方略を考案し，構成することが必要になる。さらに要求レベルの高い課題では，完全な解決や一般化された結論を見つけ出すために，あるいは様々な可能な方略を評価又は比較するために，精巧な方略を構築することが求められる。

記号的，形式的，専門的な表現や操作の使用

この能力を活性化（activation）させる要求レベルは，課題によって大きく異なる。最も単純な課題では，小さい数や簡単に扱いやすい数を操作する基本的な計算が求められる程度で，それ以上の数学的規則や記号表現を活性化させる必要はない。より要求レベルの高い課題に取り組む場合は，連続する計算を行うこと，暗示的あるいは明示的で単純な関数の関係（例えば，なじみのある線形関係）を直接的に使うこと，形式的な数学の記号を使うこと（例えば，直接的な代入，分数や小数を使った長い計算），形式的な数学の定義，数学的な作法，記号的概念を活性化させ，それらを直接的に使うことなどが必要となってくる。記号を明示的に使用して操作する（例えば，公式を代数的に捉え直す）必要があることや，複数の関係の組合せや記号的概念を使い，数学的な規則・定義・作法・手順・公式を活性化させて使うことが，認知的要求レベルのさらなる上昇を特徴付けている。さらに高レベルの要求を特徴付けるのは，関数関係や複雑な代数的関係に柔軟に取り組む，あるいは数学的な技術と知識の両方を使って結論を出すなど，段階を踏んで形式的な数学の手順を適用する必要性である。

数学的ツールの使用

この能力に対する要求レベルが比較的低い課題や活動では，ツールの使用に慣れた状況で，測定器具などのなじみのあるツールを直接的に使うことが求められる。より高い要求レベルが生じるのは，連続したプロセスでツールを使わなければならない場合，又はツールを使って様々な情報を結び付けなければならない場合である。また，そのツール自体があまりなじみのないものだったり，ツールの適用が求められる状況になじみがなかったりする場合も，要求レベルは高くなる。要求レベルのさらなる上昇が見られるのは，多変量データを処理し，それらを関連付けるためにツールを使わなければならない場合，通常ツールを使わないようななじみのない状況でツールの適用が必要となる場合，複合的なアフォーダンスによってツール自体が複雑である場合，ツールの利点と限界を理解し，評価するために振り返りが必要となる場合である。

第5節　数学的リテラシーの問題例

ここでは，PISA 調査の公開問題を取り上げ，PISA2012 年調査の枠組みの問題に関連した側面と微妙な意味合いについて説明する。七つの問題を選び，問題タイプ・プロセス・内容・文脈の広がりを示し，さらに，基本的な数学の能力の活性化（activation）について記述するが，特定の側面の全容を示そうとするものではない。

5.1　「ヒットチャート」

最初に例示する大問は「ヒットチャート」である。この大問は，文章と棒グラフによって問題場面を示した課題文と三つの簡単な多肢選択形式問題で構成されており，棒グラフは四組のバンドのCD の売上げを6 か月間にわたって表している（図 1.4）。

図 1.4　「ヒットチャート」

1 月に「4U2 ロック」と「カンガルー」という 2 組のバンドの CD が発売されました。2 月には「ダーリンズ」と「メタルフォーク」の CD も発売されました。

下のグラフは、これらのバンドの 1 月から 6 月までの CD 売上枚数を示しています。

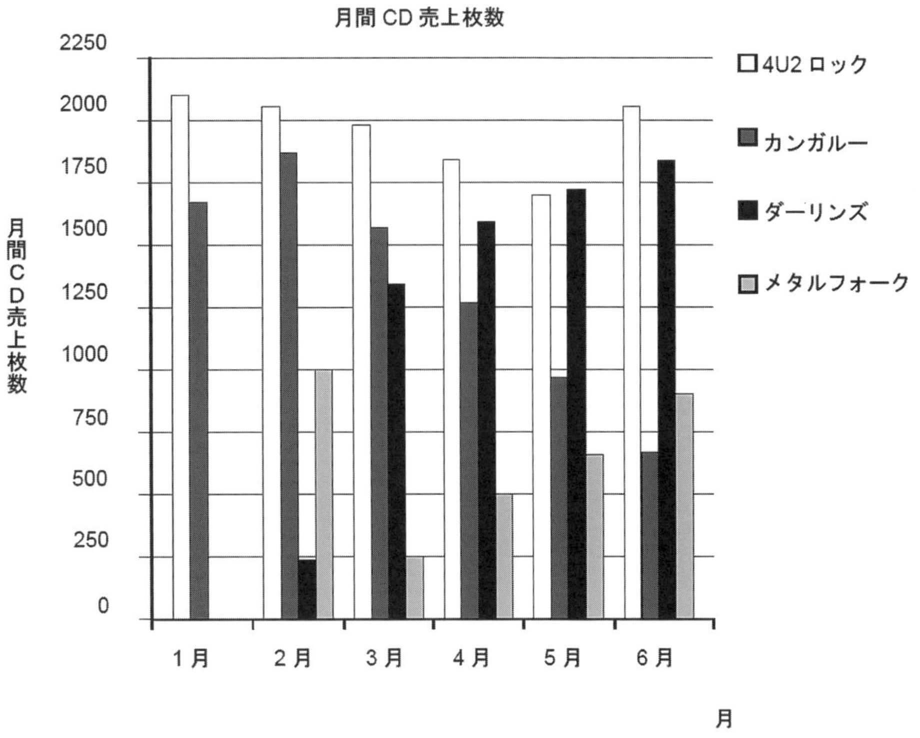

問1

4月の「メタルフォーク」のCD売上枚数は何枚でしたか。

A　250

B　500

C　1000

D　1270

問2

「ダーリンズ」のCD売上枚数が「カンガルー」のCD売上枚数を初めて上回ったのは何月ですか。

A　なし

B　3月

C　4月

D　5月

問3

「カンガルー」のマネージャーは，2月から6月にかけてCDの売上が減少していることを心配しています。この減少傾向が続いた場合，7月の「カンガルー」のCD売上は何枚ぐらいになると予想されますか。

A　70枚

B　370枚

C　670枚

D　1340枚

バンド名は，PISA調査参加国それぞれの国の文脈に応じた架空のものに置き換えて出題された。

この大問「ヒットチャート」は，PISA2012年本調査で使用された。「ヒットチャート」の三つの問いは，いずれも**不確実性とデータ**の内容カテゴリーに入る。なぜなら，数学的なグラフに表されたデータを読み，解釈し，使うことを生徒に求めているからである。また，三つの問いはいずれも**社会的**文脈カテゴリーに属する。なぜなら，データが音楽CDの売上という，新聞，音楽雑誌，インターネット上で見られる類の公的な情報に関係しているからである。最初の2問は，提示された文脈に関するグラフの中の数学的な情報を解釈することに関与しているため，**数学的な結果を解釈し，適用し，評価する**プロセスカテゴリーに入る。一方，問3は**数学的概念・事実・手順・推論を活用する**カテゴリーに属する。なぜなら，さらに推論を進めるために，数学的な**表現**を操作する手続的知識を適用することに焦点が当てられているからである。これら三つの問いは，PISA2012年本調査において，最も難易度の低い問題のグループに入る。

図1.4に示された問1は，文脈についての問題に答えるために，グラフからデータをそのまま読むことを求めている。生徒は与えられた情報に合わせて，どのデータ系列がどのバンドのCDの売

上を表しているか，どの棒グラフが系列中のどの月を表しているかを見極め，さらに，グラフの縦軸から直接，500枚という値を読み取らなければならない。問題文は単純かつ明快であり，**コミュニケーション**の要求は非常に低い。必要な**方略**は単純で，グラフの中の特定の情報を見つけ出すことだけである。**数学化**の要求は，売上の状況についてグラフ的モデルから直接推定することである。**表現**能力については，グラフから直接値を読み取るという要求レベルの低いものである。グラフの形式は，大部分の15歳の生徒にとってなじみのあるもので，表示を読み取り，表されていることを特定するだけである。グラフの横軸は項目軸（月別）で，棒グラフの棒の高さは縦軸の数値から読み取れる（500）ので，目盛りを理解しようとする必要はない。グラフの形式を熟知していれば，求められる**専門的**知識は最小限でよく，直接的な推測が求められるだけである。したがって，**推論と論証**の要求レベルは非常に低い。この問いは極めて易しく，正答Bを選んだ生徒の割合は約87%であった。

問2はやや難しく，正答Cを選んだ生徒の割合は約78%であった。この問題では，生徒はグラフに表された二つのデータ系列の関係を観察し，問題に示された条件に初めて合うのは4月であることを見極めるために，示された一定の期間中にその関係が変化していることに気付かなければならない。

コミュニケーションの要求レベルは，問1とほぼ同じである。必要となる**方略**は，二つのデータ系列内の複数要素をまとめなくてはならないため，より複雑である。**数学化**においては，売上の状況についてグラフからほとんど直接的に推測することが求められている。**表現**の要求レベルは，問1で単一のデータの値を読むことに比べるとやや高まる。二つのデータ系列を時系列に見ることに関係するからである。**記号的，形式的，専門的な表現や操作の使用**については，定性的な比較が必要なだけなので，要求レベルは低い。**推論と論証**では，多少の連続した推論の段階を踏む必要があることから，要求レベルはやや高くなる。

問3は最初の二つの問いとは幾分異なっており，グラフに表された数学的関係を理解し，翌月の値を予測するために関係を推測することに焦点が当てられている。この問題にも文脈とのつながりはあるが，主として求められるのは，与えられた数学的情報を活用することである。そのための一つの方法は，月別のデータの値を読み，各月の減少量の妥当な平均値を見積もり，示された最終月のデータ値にその減少量を適用することである。**コミュニケーション**の要求レベルも低い。主な課題は，間違えて他のバンドのデータ系列へそれることがないようにすることである。しかしながら，唯一の共通した誤答の理由は「この減少傾向」という語句を誤解したことによるものと考えられる。全体として15%の生徒がCを選んだ。7月の売上は6月と同じであると見積もったのである。こうした生徒は，6月の売上の不振が7月も維持されると考え，一定の値を選んでしまったと考えられる。必要な**方略**については，最初の二つの問いに比べ，明らかに要求レベルが高く，**方略**を実行するにはモニタリングが必要である。また，これには判断することが含まれる。例えば，このバンドの2月から6月までの五つのデータ全てを使うべきか，2月から6月までの平均を使うべきかを決定しなければならない。また，傾向を示す線を引いたり視覚化したりするために，正確な数値を計算すべきか，各月の売上が縦軸の1目盛りずつ低下していることに気付いて概算をすべきかを決定しなければならない。**数学化**の要求は，文脈に関する与えられたモデルに多少操作を加えることに関係する。つまり，**記号的，形式的，専門的な表現や操作を使用する**要求に含まれる何らかの計算（複数桁の数の減法を繰り返す，月間の差の目盛りを読む）が必要である。**表現**の要求は，グラフに表された傾向を推測することを含む。さらに，問題を解くために多少連続した段階を踏んで**推論**することが求められる。いずれにせよ，この問いも難易度は比較的低く，PISA2012 年本調査において正答 B を選んだ生徒の割合は約 76% であった。

5.2 「富士登山」

二つ目の大問の例は，図 1.5 に示す「富士登山」である。問 1 は簡単な選択肢形式問題，問 2，問 3 は数値を答える短答形式問題である。問 3 には部分正答がある。PISA 調査の問題で部分正答を持つ問いの割合は少ないが，こうした問いでは質的に様々な解答が与えられ，著しく異なる能力を様々な種類の解答と結び付けて考えることができる。

図 1.5 「富士登山」

富士山は，日本の有名な休火山です。

問 1

富士山は，毎年 7 月 1 日から 8 月 27 日の間だけ，一般の登山者に開放されます。

この期間中に約 200,000 人が富士山に登ります。

富士山の登山者は，1 日あたり平均およそ何人ですか。

A　340 人

B　710 人

C　3400 人

D　7100 人

E　7400 人

問 2

富士山の登山道である御殿場《ごてんば》ルートの長さは，約 9 キロメートルです。

登山者は往復 18 キロメートルの道を歩き，午後 8 時までに下山しなくてはなりません。

敏さんは，登りは平均時速 1.5 キロメートルで，下りはその 2 倍の速さで歩けると考えています。この速さは，食事時間と休憩時間を含めて考えたものです。

この場合，午後 8 時までに下山するためには，敏さんは遅くとも何時までに出発すればよいでしょうか。

……………………………………………………………………………………

問 3

敏さんは，歩数を数えるために万歩計をつけて御殿場ルートを歩きました。

万歩計を見ると，登りの歩数は 22,500 歩でした。

登り 9 キロメートルの敏さんの平均歩幅をセンチメートルで答えてください。

答え：...cm

大問「富士登山」は PISA2012 年本調査で使用され，その後公開問題に組み込まれた。問 1 と問 3 は，日付と計測値を使って計算し，換算を行うことを生徒に求めているため，**量**の内容カテゴリーに入る。問 2 は，速さが中心概念であり，**変化と関係**の内容カテゴリーに属する。

これらの問いは，データが富士山とその登山道での一般登山についての情報に関連しているため，**社会的**文脈カテゴリーに入る。初めの二つの問いは，**数学的に状況を定式化する**プロセスカテゴリーに入る。問題の主な要求が，与えられた問いに答えられる数学的モデルを作成することだからである。

問 3 は，**数学的概念・事実・手順・推論を活用する**カテゴリーに分類される。なぜなら，ここでの主な要求は，平均を計算して，単位を注意深く変換することだからである。つまり，基本的には，問題の数学的条件を文脈上の要素と結び付けるのではなく，数学的に何を求めるかが示されたこの問題の範囲内で考える。PISA2012 年本調査において，これら三つの問いの難易度は異なる。問 1 の難易度は中程度，問 2 と問 3 は非常に高かった。

問 1 では，一日当たりの平均人数を求める。設問文は単純かつ明快であり，**コミュニケーション**の要求レベルは低い。必要な**方略**については，中程度の要求レベルである。なぜなら，与えられた日付から日数を見いだし，それを使って平均を求めるからである。複数段階の解決にはモニタリングが必要であるが，これも**方略を考案する**ことの一部である。**数学化**の要求レベルは非常に低い。なぜなら，必要な数量（一日当たりの人数）が既に問題の中に与えられているからである。**表現**能力の要求レベルも同様に低い。関係するのは数値的な情報と文章だけである。ここで必要な**専門的**知識に含まれるのは，平均の求め方を知っていること，日付から日数を計算できること，除法ができること（電卓使用の可否はその国の調査実施の方針による），結果を適切に四捨五入できることなどである。**推論と論証**の要求レベルも低い。この問いの難易度は中程度であった。PISA2012 年本調査では，正答 C を選んだ生徒の割合は 46% であった。最も多かった誤答は，E（31+27 日とせずに，27 日を使って計算した）の 19%，A（桁の間違い）の 12% であった。

問 2 はかなり難しく，PISA2012 年本調査での正答率は 12% である。この難しさの一つの要因は，この問いが**選択肢形式問題**ではなく，**記述形式問題**で，正答となる可能性のある解答を与えられていないことにあるが，他にも多くの要因がある。PISA2012 年本調査における解答のうち約 61% が誤答であり，これには無答は含まれていない。

コミュニケーションの要求レベルは低い。コミュニケーションにおける読み取りの側面は問 1 と同様である。建設的なコミュニケーションという点では，数値解を要求されているだけである。必要な**方略**は，三つの主要な計画を組み合わせるため，さらにより複雑である。平均の速さから山を登り下りする時間を算出して，終了時刻と歩くのに掛かる時間から出発時刻を算出しなければならない。必要な**数学化**のレベルはやや高く，登山者の食事時間は既に含まれていることや，登山道は，行きは上り坂，帰りは下り坂になることを考慮する必要がある。**表現**の要求レベルは最低限で，設問文を解釈するだけである。**記号的，形式的，専門的な表現や操作の使用**に対する要求はやや高い。どの計算も比較的簡単である（時速 1.5 キロメートルという小数を使っての除法は努力を要する）が，正確さの持続が必要である。また，暗示的あるいは明示的に，距離と速さから時間を求める公式も必要である。**推論と論証**の要求レベルもやや高い。

問 3 もかなり難しい。主な着眼点は，距離と歩数から歩幅の平均を計算することであるが，単位の変換を伴う。PISA2012 年調査における解答のうち，完全正答である 40 センチメートルだったのは 11% であった。さらに 4% が，0.4（メートルのまま解答）又は 4,000 などの解答で，これらは部分正答であった。メートルからセンチメートルへの換算を間違えたものと思われる。PISA2012 年本調査では，無答を除く 62% の答えが誤答であった。**コミュニケーション**の要求レベルは，前の問いと同様に低い。設問文は非常に明快で解釈しやすく，単一の数値を答える設問であるからである。問 3 で必要とされる**方略**は問 1 と似ており，いずれも平均を求める問題である。両者とも「平均値」を求める同様のモデルを使うが，問 3 で必要な**推論と論証**は問 1 より複雑である。問 1 では，求める数量は「一日当たりの人数」であり，人数は与えられており，日数はすぐに計算できるのに対して，問 3 では，距離の合計と歩数の合計から「歩幅の長さ」を計算することが求められている。問 3 では，これらの数量を結び付けるためにより深い推論が要求される（例えば，与えられた距離と歩幅を結び付ける）。問 3 では，**数学化**の要求レベルも同様に問 1 より高い。これは，現実世界の歩幅という数量が，全体的な測定にどのように関係しているかを理解しなくてはならないことによる。歩幅は 50 センチメートル（500 センチメートルでも 0.5 センチメートルでもない）程度であるというような現実世界の文脈での理解も，答えの妥当性を知る上で役に立つ。**記号的，形式的，専門的な表現や操作の使用**に対する要求はやや高い。これは，大きな数（22,500 歩）で小さい数（9 キロメートル）を割ることや既知の単位換算をすることによる。**表現**に関わるのは設問文だけであり，要求レベルはやはり低い。

5.3 「ピザ」

図 1.6 に示す自由記述形式問題「ピザ」は，形式は単純であるが，内容は濃く，数学の枠組みの様々な要素を例示する問いである。元々は 1999 年の第 1 回 PISA 予備調査で使われた問いで，その後，説明用に公開され，2003 年以来，サンプル問題として PISA 数学の枠組みの各版で取り上げられている。1999 年予備調査の中で最も難易度の高い問題の一つであり，正答率はわずか 11% であった。

大問「ピザ」は，15 歳の生徒の多くにとってなじみのある**個人的**文脈に設定されている。文脈カテゴリーが個人的であるのは，どちらのピザを買った方が得かを考える問題だからである。読解に対する要求度は比較的低い。したがって，読み手が努力を払うのは，ほぼ完全に，課題の背後にある数学的意図に対してである。

図 1.6 「ピザ」

ピザ

あるピザ店では，同じ厚さでサイズの異なる 2 種類の円形ピザを売っています。

小さい方は直径が 30cm で，値段は 30 ゼットです。大きい方は直径が 40cm で，値段は 40 ゼットです。

どちらのピザのほうが得でしょうか。考え方も示しなさい。

……………………………………………………………………………………………………

現実世界で使われる日常語（「円形」「同じ厚さ」「サイズの異なる」など）は，数学的に解釈されなければならない。大きさに関する変数は，2 枚のピザの直径によって数学的な定義を与えられる。値段は中立貨幣である「ゼット」が与えられている。大きさと値段は，「得である」という概念によってつながっている。

この問いは，数学の複数の領域を活用する。通常は**空間と形**の内容カテゴリーの一部として分類される幾何的要素が，この問いには含まれている。ピザは薄い円柱形と考えられるので，円の面積が必要となる。また，この問いにはピザの量と金額とを比較する必要があることが暗に示されていて，**量**の内容カテゴリーにも関わっている。しかしながら，この問題の要点は，ピザの属性間にある関係の概念化にあり，小さいピザと大きいピザで属性がどのように変化するか，にある。これらの側面が問題の中心部であるので，この問いは**変化と関係**の内容カテゴリーに属している。

この問いは**定式化する**プロセスカテゴリーに入る。この問題を解く重要な一歩，まさに主要な認知的要求は，「得である」という概念を含む数学的モデルを作成することである。解答者は次のことを認識しなければならない。まず，ピザの厚みが均一であると考えるので，分析の中心は，ピザの表面の円の面積にあって，体積や重さにあるのではないということである。次に，ピザの量と金額の関係を，「単位面積当たりの値段」としてモデル化された，「得である」という概念で捉える。単位値段当たりの面積などのバリエーションも可能である。数学世界の中では，「得である」について，このように直接的に計算して，二つの円を比較することができる。「得である」のは，「単位面積当たりの値段」が小さい方になり，この問いでは大きい円の方である。現実世界での解釈は，大きいピザの方が得である，となる。

この問いの分類が**変化と関係**であることを一層明らかにする，次のような，別の形式の推論がある。円の面積は直径の平方に比例するので，3 分の 4 の 2 乗だけ増加するが，値段は 3 分の 4 だけ高くなる。3 分の 4 の 2 乗は 3 分の 4 よりも値が大きいので，大きいピザの方が得である。

定式化することがこの問いの最初の要求であり，問題を解く鍵であるので，この問いは**数学的に状況を定式化する**プロセスのカテゴリーに当たる。ところが，この問いには，別の二つの数学的プロセスも含まれる。一旦定式化した数学的モデルには，適切な数学的知識の使用や面積と割合の計算とともに，適切な推論を効果的に適用する必要がある。そしてその結果を，元の問題に沿って正しく解釈しなければならない。

図 1.7 「ピザ」の解答例

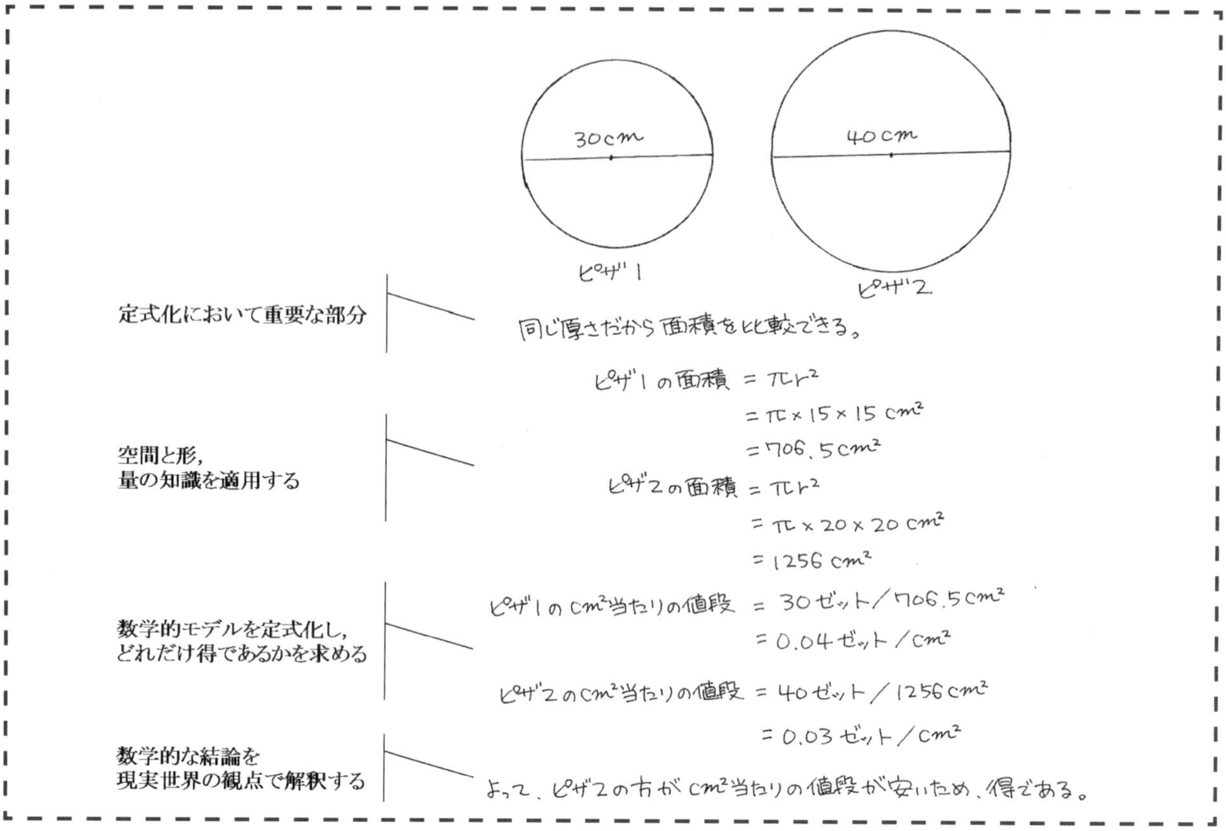

大問「ピザ」の解法プロセスにおいて，基本的な数学の能力の活性化（activation）の要求レベルはそれぞれ異なる。直接的な設問の文章を読んで解釈するという点で**コミュニケーション**の要求レベルは比較的低いが，答えを示し，解法を説明する段階で要求レベルが高くなる。状況を**数学化**する必要性，特にどちらが「得である」かを捉えたモデルを作成する必要性は，この問題の主な要求である。解答者は，解決を進展させるために，問題に関係する側面の**表現**を工夫しなければならない。それには，面積の公式の記号的な表現や，どちらが「得である」かを表す割合を示すことが含まれる。**推論**の要求（例えば，厚さは無視できると判断すること，使った方法や得た結果を正当化することなど）は際立っており，さらに，必要な計算とモデル化のプロセスを制御する**方略を考案**する必要性も，この問題においては顕著である。**記号的，形式的，専門的な表現や操作の使用**は，円の面積を求め，割合を計算するために必要な概念的・形式的・手続的知識とともに働く。**数学的ツール**を使うことについては，生徒が電卓を効率よく使うならば，要求レベルは低い。

枠組みの構造をさらに説明するために，「ピザ」の問いに対する解答例を図 1.7 に示す。これは完全正答の例である。

5.4 「ゴミ」

図 1.8 に「ゴミ」の問いを示す。この問いも数学の枠組みの側面を例証している。PISA2003 年調査で自由記述形式問題として使われ，その後，公開問題の中に組み込まれた。OECD 加盟国のこの問いにおける平均正答率は 51% をやや上回った。PISA 調査の中では，難易度が中程度の問いである。

図 1.8 「ゴミ」

環境に関する宿題として、生徒たちは、人々が捨てたゴミの分解時間について、種類ごとに情報を集めました。

ゴミの種類	**分解時間**
バナナの皮	1〜3 年
オレンジの皮	1〜3 年
ダンボール箱	0.5 年
チューインガム	20〜25 年
新聞	数日
ポリスチレンのコップ	100 年以上

ある生徒は、この結果を棒グラフで表すことにしました。

これらのデータを表すのに棒グラフが適していない理由を**一つ**挙げてください。

………………………………………………………………………………………………

この問いは，科学的性質のデータ（物質の分解時間）を扱っているので，**科学的**文脈に分類される。数学的内容カテゴリーは，時間間隔の相対的な大きさを理解することを暗に要求しているので**量**も関わってはいるが，主としてデータの解釈と表現に関係していることから，**不確実性とデータ**の内容である。数学的プロセスカテゴリーは，**数学的な結果を解釈し，適用し，評価する**プロセスに入る。現実世界の文脈の構成要素に関するデータを表す数学的結果（ここでは，想像上の，又は実際に描いた棒グラフ）の有効性を評価することが中心となっているからである。この問いには，与えられたデータについて推論することが含まれる。データとその表現との関係を数学的に考え，結果を評価するのである。解答者に求められているのは，二つある理由のうちの一つによって，これらのデータは棒グラフでは適切に**表現**できないということを認識することである。すなわち，ゴミの種類によっては分解時間の範囲が広いこと（このような範囲は，標準的な棒グラフでは簡単に表すことができない），あるいはゴミの種類によって分解時間が大きく異なること（最長時間を表す時間軸では最短時間を表すことができない）のどちらかである。完全正答とされた生徒の解答例は，次のようなものである。

解答 1

「棒グラフで表すことができないと思う理由は，1〜3，1〜3，0.5 などがあるので，正確にするのは難しいと思う。」

解答 2

「最も大きい数と小さい数との差が大きい。したがって，100 年と数日を正確に表すことは難しい。」

大問「ゴミ」の解法プロセスが要求する基本的な数学の能力は，次のとおりである。問題文を読み，表を理解する必要があるために，**コミュニケーション**が働く。また，簡潔に推論を書き表して解答するために，高レベルのコミュニケーションを必要とする。状況の**数学化**の要求レベルは，それぞれのゴミの種類を考慮し，棒グラフの主要な数学的特徴を特定し抽出することなので，低い。解答者は，データの簡単な表による**表現**を解釈しなければならなく，また，グラフによる表現を想像しなければならない。これらの二つの**表現**を関連付けることが，この問いの鍵である。この問題における**推論**の要求レベルは，**方略を考案する**必要性と同様に，比較的低い。**記号的，形式的，専門的な表現や操作の使用**は，棒グラフの構成を想像する，あるいは簡単な略図を描く際に必要な手続的知識や事実的知識とともに，とりわけ縦軸を想像するために必要な目盛りの理解とともに働く。**数学的ツールの使用**は必要ない。

5.5 「ロックコンサート」

次の問いの例は，図 1.9 に示す「ロックコンサート」である。この選択肢形式問題（ここでは簡単な多肢選択形式問題）は PISA2003 年予備調査で使用され，その後，説明用の公開問題となった。抽出された生徒の約 28% が正答（選択肢 C）を選んだことから，予備調査で使われた問題群においては，難易度は中程度とされた。大問「ロックコンサート」は**社会的**文脈カテゴリーに入る。観衆の中の個人という面もあるものの，ロックコンサートの開催組織というレベルで設定されているからである。内容については，**空間と形**の要素も幾分含んでいるが，数値計算が必要なことから，内容カテゴリーは**量**に分類される。

この問いは，三つのプロセスカテゴリーのそれぞれに関わっているが，主たる要求は**数学的に状況を定式化する**ことである。与えられた文脈の情報（会場の規模と形状，ロックコンサートが満員であること，観客が立っていること）に意味付けをして，問題を解く上で役立つ数学的形式に翻訳する必要があるからである。欠けている情報を見つける必要もあるが，これは実生活からの知識と推測を基にして合理的に見積もることができるであろう。具体的には，一人のファンあるいはファンのグループに必要な空間のモデルを考案する必要がある。数学内では，**数学的概念・事実・手順・推論を活用**して，会場面積とファン一人が占める面積とファンの人数とを結び付け，求める数量を比較する必要がある。さらに，解法の正当性を確認するために，あるいは計算して得た数学的な結果に対してどの選択肢が妥当かを検討するために，**数学的な結果を解釈し，適用し，評価する**ことが求められる。

図 1.9 「ロックコンサート」

ロックコンサートのために 100m×50m の長方形の広場を観客用に予約しました。コンサートのチケットは完売で，広場は立ち見のファンでいっぱいになりました。

下の数字のうち，コンサートの観客数に最も近いと推測されるのはどれですか。

A　2 000

B　5 000

C　20 000

D　50 000

E　100 000

別のモデルでは，互いに等しい列の中に等間隔で立っているファンを想定する。そして，列の概数と各列のファンの概数とを乗じてファンの人数を推定する。数学的モデルを作成する優れた技能を持つ者は，推定範囲の広さやロックコンサートでのファンの振る舞いにかかわらず，この縦の列と横の列を使ったモデルの有効性を実感することができる。生徒が合理的なモデルを採用していれば正解である。

この問題では，基本的な数学の能力は，次のように働く。問題文を読んで理解するという，比較的要求レベルの低い**コミュニケーション**が必要である。「長方形」「100m × 50m（広さ）」などの語句の数学的な重要性や，「広場は立ち見のファンでいっぱいである」という表現，「推測されるのはどれか」という指示などはすべて解釈，理解しなければならない。これらには現実世界の経験が役に立つ。この課題では，**数学化**の要求は顕著である。なぜなら，問題を解決するには，立っている人が占める空間についてある仮定を置いたり，（ファンの人数）×（一人のファンが占める平均面積）＝（会場面積）などのように基本的なモデルを作成したりしなければならないからである。そのためには，モデルを作成して，一人のファンが占める面積を会場面積と結び付けるプロセスの一部として，状況を頭の中で，あるいは図を使って**表現**しなければならない。**問題解決のための方略の考案**は，何段階かの問題を解くプロセスの中で働く。例えば，どのようにして問題にアプローチすべきかを判断するときや，コンサート会場で一人のファンが占める面積を得るにはどんなモデルが有効かを考えるとき，確認や検証の手順の必要性を認識するときなどである。一つの解を出すための方略は，一人当たりの面積を仮定して，その面積と各選択肢で与えられた人数とを掛け合わせ，結果を問題に提示された条件と比較するというものである。あるいはこの逆を行う。すなわち，与えられた面積から始めて，各選択肢を使って一人当たりの面積を逆算して，問いが設定した基準に最もふさわしいものはどれかを判断するのである。**記号的，形式的，専門的な表現や操作の使用**は，どのような方略を採用したとしても働く。それは，与えられた大きさを解釈し使用することによって，あるいは必要な計算をして，会場の面積を一人当たりの面積と関係付ける際などである。**推論と論証**が働くのは，使われたモデルを検証し，選んだ答えが正しいことを確認するために，考案したモデルと，それによる解と，実際の文脈との間の関係について明確に考える必要がある場合である。**数学的ツールの使用**は必要ないと思われる。

5.6 「歩行」

PISA 調査の大問「歩行」を図 1.10 に示す。直観的ではないが，二変数間のうまくできた代数的関係を示す例である。この関係は，自然な速さで歩く男性を数多く観察した結果に基づいて作られている。この大問には，生徒の代数の知識と技能を活性化（activation）させる二つの問いが設けられている。問 2 では，方略的思考，推論，論証の能力が，15 歳の生徒の多くにとって難しいと思われるレベルで要求される。これらの問いは PISA2003 年本調査で使用され，その後公開された。以来，PISA2009 年調査の枠組みやその他の出版物の中で例示的な問いとして使われている。二つの問いでは，生徒は与えられた情報を活用し，自分の答えを作ることを求められる。どちらの問いも，枠組みの同じカテゴリーに当てはまる。まず変数間の関係付けを行うので，**変化と関係**の内容カテゴリーに入る。次に，個人の経験や見方に直接関係のある事項に焦点を当てているので，**個人的**文脈カテゴリーに入る。さらに，問題は既に数学的な構造を持って表されており，必要な作業は主として数学的な概念と物体を数学内で操作することなので，**数学的概念・事実・手順・推論を活用する**プロセスカテゴリーに入る。

問 1 の PISA2003 年本調査での国際的な正答率は 36% で，2003 年調査問題群の約 70% より難しい問いとされた。数学的に要求されているのは $n=70$ の値を式に代入し，ほぼそのまま代数演算を行って P の値を求めるだけなので，36% という正答率は予想外であった。だが，このようなことは PISA 調査において頻繁に観察されてきた。すなわち，テスト問題が何らかの現実世界の文脈の中に置かれた場合，数学的構成要素が問題中にはっきりと提示されていても，15 歳の生徒が自らの数学的知識と技能を効果的に活用することに困難が伴うことは多い。

図 1.10 「歩行」

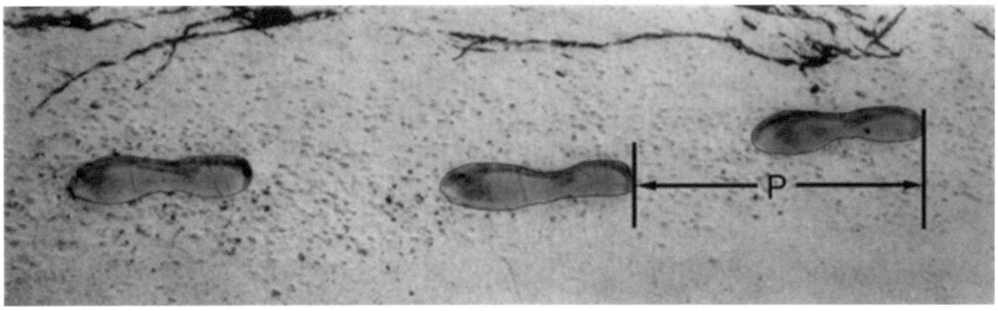

上の写真は，ある人が歩いた足跡を示しています。歩幅 P は「左右の足跡のカカトからカカトまで」の距離とします。

男性の場合，n と P のおよその関係は，公式 $\frac{n}{P}=140$ で表わせます。

ただし，

n = 1 分間の歩数

P = 歩幅（m）

問 1

晴夫さんの歩数は 1 分間に 70 歩です。この公式を晴夫さんの歩行に当てはめると，晴夫さんの歩幅はどれくらいですか。どのように考えたのかも示してください。

問 2

博さんは自分の歩幅が 0.80 m であることを知っています。公式を博さんの歩行に当てはめます。

博さんの歩く速度は 1 分当たり何 m か，また 1 時間当たり何 km かも求めてください。どのように考えたのかも示してください。

この問題で働く基本的な数学の能力は，次のとおりである。問題文を読んで理解するために，その後，解を明確に述べ，どのように考えたかを示すために，**コミュニケーション**が必要である。この課題には真の**数学化**は要求されない。なぜなら，数学的モデルが多くの 15 歳の生徒にとってなじみのある形式で提示されているからである。互いに関連付けが必要な図的要素，文章，代数表現を含む課題文が提示されていることから，**表現**の要求は際立っている。**方略の考案**は解法プロセスの中で，極めて低い要求レベルにある。なぜなら，その方略は問題の中にはっきりと表されているからである。**推論と論証**についても，課題がはっきりと述べられ，必要な要素は全て明らかであるため，必要とされるのは最小限である。**記号的，形式的，専門的な表現や操作の使用**は，P を求めるために関係式に代入し，操作する際に働く。

問 2 は問 1 より難しく，国際的正答率は 20% であった。これは PISA2003 年調査で使われた最も難易度が高い 10% の問いの中に入ることを意味している。この問題では，**方略の考案**は歩数が関与しており複雑で，結果を得るには求める事柄に集中し続ける必要がある。すなわち，P がわかっているので，n は与えられた関係式を使って求めることができる。P と n とを乗じて，分速をメートルで求める。次に，比例的推論を使い，速さの単位をキロメートル／時に変換する。完全な解答には達していないが，部分的に解答している場合に対処するため，部分点が 3 段階で与えられる。問 1 と問 2 の間に見られる正答率の差を最も的確に説明するには，必要とされる基本的な数学の能力の活性化（activation）の違いについて言及する必要がある。二つの問いに必要な**コミュニケーション**は，問題を読んで理解する段階では同等である。しかし問 2 では，図を使って，一歩と与えられた歩幅を明確に結び付けなければならない。問 1 ではそういった結び付けは必要ない。また，解を示すことについて，問 2 の方が，**表現**することに関するコミュニケーション技能の要求レベルが高い。この課題では，新たな**数学化**が要求される。なぜなら，問題を解くには，この大問が求めている博さんの歩く速さに関する比例モデルを考案する必要があるからである。このような解法プロセスでは，複数段階ある手順の全体にわたって，効果的で持続した制御メカニズムを活性化（activation）させなければならない。したがって，問1よりもさらに高レベルな**方略考案**能力が要求される。問2における**表現**の要求は，問1で必要とされたものをはるかにしのぐ。与えられた代数表現をさらに活発に用いる必要があるからである。考案した方略を実行し，特定した表現を使うことは，**記号的，形式的，専門的な表現や操作の使用**に関わる。これには，必要な変換を行うための代数的操作，比例の利用，算術計算が含まれる。解決を進める上では，持続的で関連付けられた思考プロセスが必要であり，そのプロセス全体にわたって**推論と論証**が働く。生徒が電卓を効率よく使えば，**数学的ツールの使用**の要求レベルは明らかに低い。

5.7 「花壇」

PISA調査の問い「花壇」を図1.11に示す。この問いは2000年と2003年のPISA調査で使われ，その後公開問題となった。この問いは，複合的選択肢形式として知られる選択肢形式問題である。複合的選択肢形式問題では，複数の記述や問いのそれぞれで与えられている選択肢から一つの答えを選ばなければならない。デザインB以外は，指定された量の木材で外わくを作ることができるとわかれば，正答として得点を得ることができる。

この問いは，形の性質を扱っているため**空間と形**の内容カテゴリーに入り，大工の仕事を扱っているので**職業的**文脈カテゴリーに関連する。また，この問いは，**数学的概念・事実・手順・推論を活用する**プロセスカテゴリーに分類される。なぜなら，その作業のほとんどが明確に定義された数学的物体に手続的知識を適用することに関連しているからである。また，**数学的な結果を解釈し、適用し、評価する**ことにも多少関わっている。表されている数学的な物体に，文脈的要素，すなわち使える木材の量による制約を結び付ける必要があるからである。

この問題は，PISA2003年調査で最も難しい問いの一つであり，正答率は20%をやや下回った。この問いは幾何学的知識と推論を適用して解くことができる。デザインA，C，Dは，周囲の長さを正確に計算するのに十分な情報が与えられており，いずれも32メートルである。しかしながら，デザインBの情報は不十分であるため，異なったアプローチが必要となる。デザインBの周囲の長さは，四つの形状の「水平要素」は等しいが，デザインBの斜めの辺の長さの和は，他の形の「垂直要素」の和より大きいことによって説明される。

問題を読んで理解し，問題文の中で与えられた情報を四つの外わくの図形表現に結び付ける際に，**コミュニケーション**能力が必要である。この問いは，明確な数学的形式で提示されているため，**数学化**は必要ではない。現実世界では配慮すべき事項，例えば，使用する木材1本1本の長さや外わくの角の部分の扱いなどは，ここで設定されたような問題では取り上げない。問題を解くために要求される主な能力は，デザインBの周囲が長すぎることを特定するために必要な**推論と論証**である。デザインAの「垂直要素」の長さ自体はわかっていないが，「垂直要素」の長さの合計はわかっている（デザインCの垂直の長さと水平の長さに関しても同様）。**方略の考案**は，個々の辺の長さがわかっていなくても，必要な周の長さを見いだせると認識することに関わっている。**記号的，形式的，専門的な表現や操作の使用**は，提示された形の周を理解して操作する際に必要である。これには，図形の辺の特性と辺の長さを加えることの両方を含む。**数学的ツールの使用**は必要ないと思われる。

図 1.11 「花壇」

ある人が，長さが 32 m の木材を使って，花壇の外わくを作りたいと考えています。この人は次のようなデザインを考えています。

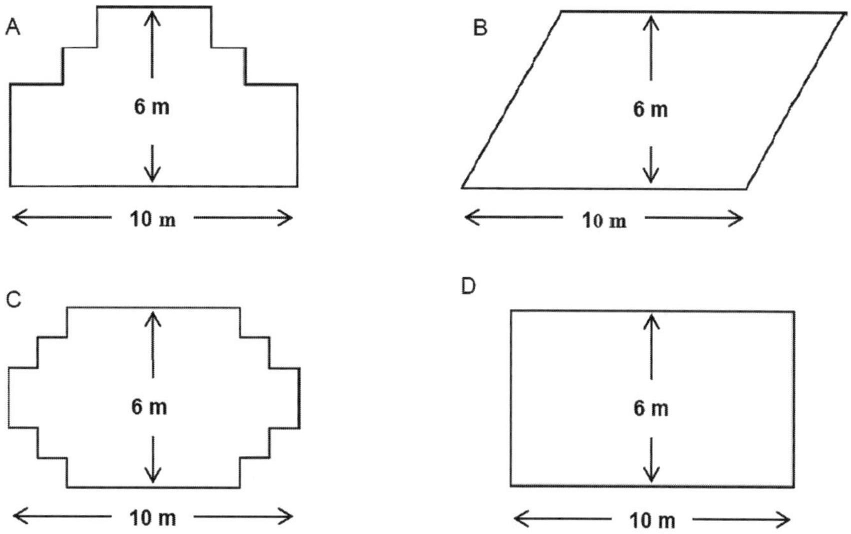

長さが 32 m の木材で，A～D それぞれのデザインの花壇を，作ることができますか。「できる」または「できない」のどちらかを○で囲んでください。

デザインの種類	32 メートルの木材で，できるかできないか
デザイン A	できる　／　できない
デザイン B	できる　／　できない
デザイン C	できる　／　できない
デザイン D	できる　／　できない

第1章

注記

1. 国によっては,「数学的ツール」という語はアルゴリズムなどの確立した数学的手順を指す場合もある。PISA 調査の枠組みの目的では,「数学的ツール」は本節で説明した物理的な器具とデジタルツールだけを指すものとする。
2. 2組の国々のスタンダードが分析された。2組とは，OECD 加盟国である9か国（オーストラリア［ニュー・サウス・ウェールズ州］，ベルギー［フラマン語圏］，カナダ［アルバータ州］，フィンランド，アイルランド，日本，韓国，ニュージーランド，イギリス）と，成績上位6か国（ベルギー［フラマン語圏］，カナダ［アルバータ州］，台湾，フィンランド，韓国，シンガポール）である。英語版のスタンダードを入手しなくてはならないことが，分析の制約となった。
3. 旧枠組みを知っている人は，**不確実性**のカテゴリーが**不確実性とデータ**となったことに気付くであろう。名称が変更されたのは，このカテゴリーをより明確に記述するためであり，カテゴリー自体が根本的に変わったわけではない。
4. 2006 年に，PISA 調査はコンピュータ使用型の科学的リテラシー調査を試験的に行った。2009 年には，国際オプションによるコンピュータ使用型読解力調査を取り入れた。

参考文献・資料

Bennett, R. (2003), *Online Assessment and the Comparability of Score Meaning*, Educational Testing Service, Princeton, New Jersey, *www.ets.org/Media/Research/pdf/RM-03-05-Bennett.pdf.*

Bennett, R.E., J. Braswell, A. Oranje, B. Sandene, B. Kaplan and **F. Yan** (2008), "Does it Matter if I Take My Mathematics Test on Computer? A Second Empirical Study of Mode Effects in NAEP", *Journal of Technology, Learning, and Assessment,* No. 6, Vol. 9.

Common Core State Standards Initiative (2010), *Common Core State Standards for Mathematics*, Common Core State Standards Initiative, Washington, D.C., *http://www.corestandards.org/assets/CCSSI_Math%20Standards.pdf.*

Devlin, K. (1994), *Mathematics: The Science of Patterns: The Search for Order in Life, Mind and the Universe,* W. H. Freeman Scientific American Library, New York.（『数学：パターンの科学：宇宙・生命・心の秩序の探求』キース・デブリン著，山下純一訳，日経サイエンス社，日本経済新聞社（発売），1995 年）

Hoyles, C., A. Wolf, S. Molyneux-Hodgson and **P. Kent** (2002), *Mathematical skills in the workplace: final report to the Science Technology and Mathematics Council, Project Report*, Institute of Education, University of London, Science, Technology and Mathematics Council, London, *http://eprints.ioe.ac.uk/1565/1/Hoyles2002MathematicalSkills.pdf.*

Mason, B., M. Patry and **D. Berstein** (2001), "An examination of the equivalence between non-adaptive computer based and traditional testing", *Journal of Education Computing Research,* No. 24, Vol. 1, pp. 29-39.

Moore, D. (1997), "New pedagogy and new content: The case of statistics", *International Statistical Review,* No. 65, Vol. 2, pp. 123-137.

National Council of Teachers of Mathematics (2000), *Principles and Standards for School Mathematics,* NCTM, Reston, Virginia, *www.nctm.org/standards/.*

Niss, M. and **T. H. Jensen** (2002), *Kompetencer og matematiklæring: Ideer og inspiration til udvikling af matematikundervisning i Danmark,* Uddannelsesstyrelsens temahæfteserie, No. 18, Ministry of Education, Copenhagen, *http://pub.uvm.dk/2002/kom/.*

Niss, M. (2003), "Mathematical Competencies and the learning of mathematics: The Danish KOM Project", in Gagatsis A. and S. Papastavridis (eds.), *3rd Mediterranean Conference on Mathematics*

Education, The Hellenic Mathematical Society and Cyprus Mathematical Society, Athens, pp. 115-124, *http://w3.msi.vxu.se/users/hso/aaa_niss.pdf.*

Niss, M., W. Blum and **P. Galbraith** (2007), "Introduction", in Blum, W., P. Galbraith, H.-W. Henn and M. Niss (eds.), *Modelling and Applications in Mathematics Education* (*The 14th ICMI Study*), Springer, New York, pp. 3-32.

Niss, M. and **T. Højgaard** (eds.) (2011), "Competencies and Mathematical Learning: Ideas and inspiration for the development of mathematics teaching and learning in Denmark", Ministry of Education, Report No. 485, Roskilde University, Roskilde, *https://pure.au.dk/portal/files/41669781/THJ11_MN_KOM_in_english.pdf.*

OECD (2003), *The PISA 2003 Assessment Framework: Mathematics, Reading, Science and Problem Solving Knowledge and Skills,* PISA, OECD Publishing.（『PISA2003年調査 評価の枠組み：OECD生徒の学習到達度調査』経済協力開発機構（OECD）編著，国立教育政策研究所監訳，ぎょうせい，2004年）

OECD (2010), *Pathways to Success: How knowledge and skills at age 15 shape future lives in Canada,* PISA, OECD Publishing, *www.oecd.org/dataoecd/59/35/44574748.pdf.*

Qualifications and Curriculum Authority (2007), "Mathematics: Programme of study for key stage 3 and attainment targets", Qualifications and Curriculum Authority, London, *http://media.education.gov.uk/assets/files/pdf/q/mathematics%202007%20programme%20of%20study%20for%20key%20stage%203.pdf.*

Richardson M., J.-A. Baird, J. Ridgway, M. Ripley, D. Shorrocks-Taylor and **M. Swan** (2002), "Challenging Minds? Students' perceptions of computer-based World Class Tests of problem solving", *Computers in Human Behavior,* Vol. 18, Issue 6, November, pp. 633-649.

Sandene, B., N. Horkay, R. Bennett, N. Allen, J. Braswell, B. Kaplan, and **A. Oranje** (2005), *Online Assessment in Mathematics and Writing: Reports From the NAEP Technology Based Assessment Project,* Research and Development Series (NCES 2005–457), U.S. Department of Education, National Center for Education Statistics, Washington, D.C., U.S. Government Printing Office, *www.nces.ed.gov/nationsreportcard/pdf/studies/2005457_1.pdf.*

Stacey, K. and **D. Wiliam** (2013), "Technology and Assessment in Mathematics", in Clements M. A. (Ken), A. Bishop, C. Keitel, J. Kilpatrick and F. Leung (eds.), *Third International Handbook of Mathematics Education,* Springer, pp. 721 - 752.

Steen, L. (1990), *On the Shoulders of Giants: New Approaches to Numeracy,* National Academy Press Washington, D.C.（『世界は数理でできている』L. A. スティーン編，三輪辰郎訳，丸善，2000年）

Thomson, S. and **K. Hillman** (2010), *Against the Odds: Influences on the Post-School Success of 'Low Performers',* NCVER, Adelaide, *www.ncver.edu.au/publications/2285.html.*

Turner, R. (2012), "Some Drivers of Test Item Difficulty in Mathematics", Paper presented at the Annual Meeting of the American Educational Research Association (AERA), 13-17 April 2012, Vancouver, *http://research.acer.edu.au/pisa/4/.*

Turner, R. and **R.J. Adams** (2012), "Some drivers of test item difficulty in mathematics: an analysis of the competency rubric", Paper presented at the Annual Meeting of the American Educational Research Association (AERA), 13-17 April 2012, Vancouver, *http://research.acer.edu.au/pisa/7/* .

Turner, R., J. Dossey, W. Blum and **M. Niss** (forthcoming), "Using mathematical competencies to predict item difficulty in PISA", in Prenzel, M., M. Kobarg, K. Schöps and S. Rönnebeck (eds.), *Research on PISA: Research Outcomes of the PISA Research Conference 2009,* Springer, New York. pp. 23–27.

Watson, J.M. and **R. Callingham** (2003), "Statistical literacy: A complex hierarchical construct", *Statistics Education Research Journal,* No. 2, Vol. 2, pp. 3-46.

■ 第 2 章 ■

読解力

本章は，PISA2012 年調査における生徒の読解力（読解リテラシー）の基礎的な概念枠組みについて論じたものである。ここでは，PISA 調査の読解力の定義と，これまでの調査サイクルを通じて一貫している調査の要素，そしてPISA2009 年調査で導入された新しい要素（デジタルテキストの読解と理解）を示している。また，PISA 調査では，生徒がデジタルテキストを通じてどのような道筋で考えたり，問題の形式に反応したりするのかといったやり方についてだけでなく，印刷テキスト及びデジタルテキストの読解問題をどのように評価し，分析しているのかということについても述べている。本章には，生徒の技能がどのように測定されるのかをさらに詳しく見るために，筆記型読解力とデジタル読解力の問題が例示されている。

第2章

はじめに

読解力は，PISA 調査の最初のサイクル（2000 年調査）に中心分野として調査が行われた。その後，4 回目のサイクル（2009 年調査）で再び中心分野となった。5 回目のサイクル（2012 年調査）では，読解力は中心分野ではなく，枠組みは前回のサイクルである 2009 年調査から変わっていない（OECD, 2009）。2009 年版の枠組みでは，それ以前の枠組みに 2 点の大きな修正が加えられた。デジタルテキストの読解を組み入れた点と，読みの取組とメタ認知の構造について詳述している点である。

読解力の習熟度は印刷テキストの世界だけでなく，デジタルテキストの世界を解き明かすための鍵でもある。デジタルテキストは生徒や成人が読むものの中で，ますます重要な地位を占めつつある。あらゆる国において，インターネットの利用度は社会経済的地位や教育程度と高い相関関係があるのだ（Sweets and Meates, 2004）。だが，コンピュータを利用する必要があるのは特定の社会的・経済的階層だけではない。職場以外の私生活や社会生活，市民生活の場でも，コンピュータ技術は重要性を増している（Pew Internet and American Life Project, 2005）。

印刷テキストの読解とデジタルテキストの読解に必要な技能の多くは類似しているが，デジタルテキストの読解では，読み手の能力範囲に新たな力点や方略が求められる。インターネット上で情報を収集するためには，大量のデータにざっと目を通し，即座にその信頼性を評価する必要がある。したがって，読解力の中で批判的思考がかつてないほど重要となっている（Halpern, 1989; Shetzer and Warschauer, 2000; Warschauer, 1999）。Warschauer は，「情報格差（デジタル・ディバイド）」の克服とは単にオンライン・アクセスを獲得することだけでなく，情報を統合・評価・伝達する能力を高めることでもあると結論付けている。

デジタル世界の広まりによって，新たな読解力の習熟が求められるようになり，PISA2009 年調査では枠組みにデジタル読解力が導入された。21 世紀における読解力を定義するには，印刷，デジタル双方のテキストを包含する必要があることを認めたのである。PISA2012 年調査でもデジタル読解力の調査が実施された。2009 年，2012 年の両年とも，全参加国がデジタル読解力の調査を実施したわけではなく，各国が任意で参加する国際オプションとして実施された。PISA2012 年調査では，OECD 加盟 23 か国と非加盟 9 か国がデジタル読解力調査に参加し，2009 年調査時の参加国数と比べて 50％以上増加している。

PISA2000 年調査からの，我々の読解力の概念における変更は，読解力の定義を拡大してきたもので，認知的特性を伴う動機の特徴と行動の特徴を認識したものとなっている。先行研究を踏まえ，読みの取組とメタ認知は，PISA2009 年調査における読解力の枠組みの構成要素において顕著な特徴となった。こうした構成要素は，政策立案者が読解力の構成要素として，開発，形成，育成されうる要因を理解する上で大きく貢献する要素である。しかしながら，PISA2012 年調査では読解力は中心分野ではなく，読解における取組とメタ認知のデータは収集されていない。

したがって，義務教育修了を前にした生徒の読解力を評価する PISA 調査の枠組みは，教室の内部及び外部の状況と関連する幅広いテキストから情報を発見・選択・解釈・評価する読解技能に重点を置かねばならない。

本章は，PISA2012年調査における生徒の読解力の基礎的な概念枠組みについて論じたものである。分野の定義は，読解力が2度目に中心分野となったPISA2009年調査と同じである。この定義の中ではデジタルテキストの読解と理解という新しい要素については解れられていないが、本章ではPISA調査がデジタルテキストの課題をどのように評価し，分析するか，また，生徒がテキストを通じてどのような道筋で考えたり，課題の形式に反応したりするのかといったやり方について述べる。本章には，生徒の技能がどのように測定されるのかをさらに詳しく見るために，筆記型読解力とデジタル読解力の問題が例示されている。

第1節　読解力の定義

読解及び読解力の定義は，社会，経済，文化の移り変わりとともに変化してきた。学習の概念，特に生涯学習の概念は，読解力についての認識を拡大させた。読解力はもはや，学校教育の初期の段階でのみ習得される能力ではなく，個人が同輩やより広い地域社会との相互作用を通じて，様々な状況の中で構築する，生涯にわたって拡大していく知識・技能・方略の集合体であると見なされるようになっている。

認知に基づく読解力理論では，紙媒体の読解が相互作用的性質を持ち，理解が構成的性質を帯びていること（Binkley and Linnakylä, 1997; Bruner, 1990; Dole *et al*., 1991），及び電子媒体においてそうした性質がより顕著であること（Fastrez, 2001; Legros and Crinon, 2002; Leu, 2007; Reinking, 1994）が力説されている。読み手はテキストに反応して意味を生成する際，これまでに得た知識やテキストの一定の範囲，社会的・文化的なものに由来することの多い状況的な手掛かりを利用する。また，意味を構築する際には，種々のプロセスや技能，方略を用いて，理解を促進し，検討し，主張する。読み手は紙媒体の様々な連続型・非連続型テキストや（とりわけ）電子媒体の複合型テキストと相互的な関わりを持つため，こうしたプロセスや方略は文脈や目的に応じて変化すると予測される。

PISA2012年調査における読解力の定義は以下のとおりである。

読解力とは，自らの目標を達成し，自らの知識と可能性を発達させ，社会に参加するために，書かれたテキストを理解し，利用し，熟考し，これに取り組むことである。

読解力とは……

「読む力（reading）」でなく「読解力（読解リテラシー）（reading literacy）」という用語が用いられているのは，後者の方が，専門家でない人々に向けて，この調査が測定するものをより正確に伝えることができるからである。「読む力」は往々にして，単に解読する能力，あるいは声に出して読む能力と理解されるが，この調査の意図は，それより幅広く奥深い能力を測定することにある。読解力には，基本的な解読から，単語・文法及びより広範囲の言語・テキストの構造と特徴に関する知識，そして世界に関する知識に至るまで，幅広い認知的能力が含まれる。

こうした研究の中で，「読解力」によって表現しようとするのは，様々な目的や状況の下で，積極的で有意義かつ機能的に読解を利用することである。Holloway（1999）によれば，読解技能は中学生，高校生の学業達成に不可欠である。PISA 調査では，広範囲にわたる生徒を評価する。大学に進学する者もいれば，働き手となるための準備として，さらに勉強を続ける者もいる。また，義務教育を終えてすぐに社会に出る者もいる。読解力の習得は，教育システムにおける他の教科分野での習得の基礎となるだけではない。成人生活の多くの分野にうまく参加するための必須な条件でもある（Cunningham and Stanovich, 1998; Smith *et al.*, 2000）。学問や職業に対する夢がどんなものであれ，生徒の読解力は，地域社会や経済生活，私生活に積極的に参加するために実に重要なのだ。

読解力の技能は個人だけでなく，経済全体にとっても重要な意味を持つ。政策立案者などは，現代社会において，人的資本――一国の経済において個々人が知り，行えることの総体――が最も重要な資本になりうることを認識し始めている。経済学者は，一般に国の教育レベルが潜在的な経済成長力を予測できることを示すモデルを，長年にわたって開発している（Coulombe *et al*, 2004）。

……理解し，利用し，熟考し……

「理解」という言葉は，一般的に認められている読解力の構成要素である「理解力」とすぐに結び付く。「利用」という言葉は応用や機能などの概念を意味する。つまり，読んだものを使って何かをする，ということだ。「熟考」は「理解」や「利用」に加えて，読解が相互作用的なものだという考えを強調するものである。読み手はテキストに取り組む際に，自分の思考や経験を活用する。もちろん，全ての読むという行為には，熟考すること，つまりテキスト以外の情報を活用することが必要である。初期の段階からでさえ，読み手はテキストを読み解くためにシンボル的な知識を用い，意味を構築するために単語の知識を必要とする。読み手は，情報，経験，信条を蓄積するにつれて，多くの場合は無意識のうちに，自分が読んでいる内容を別の知識に照らして検証し，そのテキストに対する自分の理解を繰り返し見直し，改めているのである。

……これに取り組む……

読解力のある人は，効果的に読む技能と知識を持っているだけでなく，読解の価値を理解し，様々な目的で読解を用いることができる。したがって，読みに習熟することだけでなく，読みに取り組む姿勢を養うことが教育の目標となる。この文脈における取組とは読む意欲を意味し，その構成要素である一連の情緒的・行動的特徴には，読むことへの関心や喜び，読むものを自分で決められるという感覚，読むことの社会的次元への関与，様々なものを頻繁に読む習慣などが含まれる。

……書かれたテキスト……

「書かれたテキスト」という用語には，紙媒体と電子媒体のどちらにおいても，言語が文字の形態で用いられている，首尾一貫したテキストの全てが含まれる。「情報」という語も，読解力の別の定義で使われることがあるが，「テキスト」という用語が選ばれたのは，「テキスト」は書かれた言語を連想させるからである。また，「テキスト」には，情報に重点を置いた読解だけでなく，文学的な読解という意味がより自然に含まれるからである。

これらのテキストには，音声録音などの聴覚的記録や，映画，テレビ，アニメーション，言葉の添えられていない写真などは含まれない。書き言葉が含まれる図形，写真，地図，表，グラフ，コマ割りマンガといった視覚的表示物は「書かれたテキスト」に含まれる（例えば，キャプション）。これらの視覚的なテキストは独立で用いられる場合もあれば，大きなテキストの一部に組み込まれる場合もある。デジタルテキストは数多くの点で印刷テキストと区別される。物理的な読みやすさや，読み手が一度に見ることのできるテキストの量，ハイパーテキストのリンク（訳注：章末の注記3を参照のこと）を通じてテキストの異なる部分や別個のテキストが相互に結び付けられている点などだ。また，こうしたテキスト特性により，読み手のデジタルテキストに対する典型的な関わり方も異なってくる。デジタルテキストは印刷テキストや手書きのテキストに比べ，読み手が独自の経路を構築して読解活動を終わらせる必要性がはるかに高い。

……自らの目標を達成し，自らの知識と可能性を発達させ，社会に参加するために……

このフレーズは，私生活から公的生活まで，また学校から職場，学校教育から生涯学習，積極的な市民活動に至るまで，読解力が役割を果たすあらゆる状況を包含するものである。「自らの目標を達成し，自らの知識と可能性を発達させる」という部分には，読解力を身に付けることによって，個人の夢を――学校の卒業や就職といった明確な夢も，個人の生活や生涯学習を幅広い豊かなものにするといった，さほど明確でも直接的でもない夢も――実現することができるという考え方がはっきりと述べられている。「参加する」という言葉が使われているのは，読解力により，人は自分のニーズを満たすだけでなく，社会にも貢献できることを含蓄するからである。「参加」には，社会的，文化的，政治的関与が含まれる。

第2節　読解力分野の構成

ここでは，この分野をどう記述するかを考えることが重要となる。なぜなら，分野の記述と構成の仕方によって，テストがどう設計され，最終的に，生徒の習熟度についてどのようなデータが収集・報告されうるかが決まってくるからである[1]。

読解力とは，多次元的な分野である。読解力は多くの要素によって構成されているが，PISA 調査を構築するに当たり，その全てを考慮の対象とすることはできない。最も重要と思われる要素だけが選択されている。

PISA 調査の読解力分野は，この分野の幅広い領域を確保するために，三つの主要な課題特性を基にして構築される。

- **状況**：読解が行われる幅広い文脈や目的の範囲。
- **テキスト**：読まれる素材の範囲。
- **側面**：読み手がどのようにテキストに取り組むかを決定する認知的アプローチ。

PISA 調査では，課題の難易度を変えるために，（状況を除いた）テキストと側面に関する変数の特徴も操作される。

読解とは複雑な活動であり，その要素は互いに明確に区切られて独立に存在しているわけではない。テキストや課題をカテゴリー分けするといっても，カテゴリーが厳密に区切られているわけでも，素材が理論的構造によって定められた細かい枠の中にばらばらに存在しているわけでもない。枠組みの体系を提供するのは，各課題の顕著な特徴とされるものに基づいて，扱うべき範囲を確保し，調査の開発を方向付け，報告のための変数を設定するためである。

2.1　状況

PISA 調査の状況変数は，欧州評議会向けに作成された「基準に関する欧州共通枠組み（CEFR）」（Council of Europe, 1996）から採用されている。私的，公的，教育的，職業的という四つの状況変数について以下の節で説明する。

私的状況は，個人の実際的及び知的な興味を満たすためのテキストに関係している。また，他者との個人的なつながりを維持したり，発展させたりするためのテキストも含まれる。私的な手紙，小説，伝記，情報提供テキストなどがこれに当たり，余暇や気晴らしのための活動として，好奇心を満たすために読まれるものである。電子媒体に関しては，私的な電子メール，インスタント・メッセージ，日記形式のブログが含まれる。

公的状況に分類されるテキストは，より幅広い社会の活動や関心事に関するものであり，公的文書や公的行事に関する情報が含まれる。一般に，このカテゴリーに含まれるテキストは，多かれ少なかれ他者と匿名で接触することを想定したものであり，フォーラム形式のブログや報道ウェブサイト，オンライン・オフライン双方での公示が含まれる。

教育的状況に分類されるテキストは通常，教育目的で作られることがはっきりとしている。教科書や対話型学習用ソフトウェアが，この種の読解のために作成された素材の典型的な例である。このタイプの読解は通常，より大きな学習課題の一部として情報を獲得することを伴う。素材は多くの場合，読み手が選ぶのではなく，指導者が読み手に課すものである。原型的課題は，通常「学ぶための読解」（Sticht, 1975; Sigging, 1982）とされているものである。

15 歳児の多くが，学校を出て 1，2 年のうちに労働力となる。典型的な**職業的**状況の課題は，目の前の仕事をこなすことに関連したものである。新聞の求人広告欄やオンラインで職探しをすること，職場の指示に従うことなどが含まれよう。このタイプの原型的課題はしばしば「なすための読解」（Sticht, 1975）と呼ばれる。

PISA 調査の読解力分野において，**状況**とは，テキストとそれに関連する課題を定義するために用いられる用語であり，著者がそのテキストを作成した文脈と用途を指すものである。したがって，状況変数は想定される読み手と目的に基づいて特定されるものであり，単に読解活動が行われる場所に基づいて決定されるのではない。教室で使用されるテキストの多くは，教室での使用のために特定して設計されたものではない。例えば，国語や文学の授業で，15 歳児は文学作品のテキストをよく読むものだ。しかし，そのテキストは（恐らく）読み手に私的な楽しみを与えることや，鑑賞を目的として書かれたはずである。その本来の目的を踏まえ，このようなテキストは PISA 調査では**私的**に分類される。Hubbard（1989）が示したように，クラブの規則や試合の記録など，通常，子供にとって学校外の環境に関わる読解は，学校でも非公式に度々行われている。このようなテキストは PISA 調査では**公的**に分類される。逆に，教科書は学校でも家庭でも読まれるが，読む場所が変わってもそのプロセスと目的はほとんど変わらない。こうしたテキストはPISA調査では**教育的**に分類される。

四つのカテゴリーには重複する部分がある点に留意したい。実際問題として，例えば，楽しませることと指導することの双方を目的とするテキスト（私的と教育的）もあろうし，提供する専門的助言が，同時に一般的な情報でもある（職業的と公的），といった場合もあろう。本枠組みでは，内容は特に操作される変数ではないが，様々な状況にまたがるテキストを選ぶことにより，PISAの読解力調査に含まれる内容が最大限多様なものになることを意図している。

表2.1は筆記型読解力とデジタル読解力の課題において，状況別におよその得点配分を示したものである。ただし，これは本調査のデータ分析が完了するまで確定されるものではない。

表2.1　状況別に見た読解力の得点配分

状況	得点の割合	
	筆記型読解力	デジタル読解力
私的	36%	35%
教育的	33%	15%
職業的	20%	0%
公的	11%	50%
合計	100%	100%

2.2　テキスト

読解には読み手が読む素材が必要である。調査では，その素材——特定の課題に関連する一つのテキスト（あるいは一連のテキスト）——は内部的に統一がとれていなくてはならない。つまり，追加的な素材を必要とせず，それだけで熟練した読み手に意味が伝わるようなテキストでなければならない[2]。様々なテキストが多数存在し，調査には広範囲にわたるテキストを含めるべきであることは明らかだが，テキストの種類について理想的な分類法があるかどうかは定かではない。枠組みにデジタル読解力が加わったことで，この問題はさらに複雑になった。2009年以来PISA調査で使われている，四つの主要なテキストの分類は次のとおりである。

- **媒体：**紙，電子。
- **環境：**受信型，相互発信型（訳注：原文では「受信型」が「authored」，「相互発信型」は「message-based」である。国立教育政策研究所編『生きるための知識と技能5』（2013，明石書店）では「authored」を「静的」，「message-based」を「動的」と訳したが，本書の翻訳に当たって専門家による検討を経て，この用語が意味する内容をより明確に示すために訳を変更した），混成型。
- **テキストの形式：**連続型，非連続型，混成型，複合型。
- **テキストのタイプ：**記述，叙述，解説，議論，指示，処理。

媒体による分類――紙と電子――は，最も幅広い区別として各テキストに適用される。その下位区分として，テキストの形式とテキストのタイプというカテゴリーが，印刷・デジタル問わず全てのテキストに対して適用される。一方，環境という分類は，デジタルテキストのみに適用されるものである。

2.2.1　媒体

PISA2009年調査以来，テキストの主要な分類とされているのは，紙媒体か電子媒体かといった，媒体による分類である。

印刷テキストは通常，1枚の紙や小冊子，雑誌，書籍といった形態で紙面に現れるものである。そうした物理的状態のために，読み手はある特定の順序でそのテキストの内容にアプローチするように仕向けられる（とはいえ，強いられるわけではない）。本質的に，印刷テキストは固定された静的な存在である。さらに，実生活でも調査の場面でも，読み手はテキストの範囲や量を容易に認識できる。

デジタルテキストは，液晶画面（LCD），プラズマ，薄膜トランジスタ（TFT），その他の電子機器を通して表示されるテキストであると定義できよう。しかし，PISA調査の目的を踏まえ，ここではデジタルテキストを**ハイパーテキスト**，すなわち，ナビゲーションのツール・機能を持つテキスト又はテキスト群と同義と見なす。ナビゲーションのツール・機能によって，連続的でない読解が可能になり，また実際に連続的でない読解が必要となる。それぞれの読み手は，たどっていった先のリンクで出くわす情報から「カスタマイズした」テキストを構築する。本質的に，このようなデジタルテキストは固定されてない動的な存在といえる。電子媒体では，一般に，一度に見ることができるのは，入手したテキストの一部分だけであり，入手したテキストの範囲はわからないことが多い。

ナビゲーションのツール・機能は，読み手がテキストの内部や周囲の道，複数のテキスト間を進んでいくための手助けをしてくれるものであり，様々な種類のデバイスがある。ナビゲーション・アイコンやスクロールバー，タブ，メニュー，埋め込まれたハイパーリンク，「検索」や「サーチ」などのテキスト検索機能，サイトマップなどの全体内容を表示する機能などである。ナビゲーションの機能は紙媒体にも存在する（例えば，目次，索引，章や節の見出し，ヘッダーやフッター，ページ番号や脚注）。しかし，この機能は電子媒体において特に重要な役割を果たすものであり，それには少なくとも二つの理由がある。第一に，ディスプレイのサイズに制限があることから，デジタルテキストには，読み手がページ上のウィンドウを動かすための装置がついてまわる（例えば，スクロールバー，ボタン，索引タブ）。第二に，典型的なデジタル読解活動は，複合型テキストを利用し，ときにはほぼ無限の情報源から情報を選び出すといった作業を伴う。読み手は，テキスト同士をリンクさせる検索や索引付け，ナビゲーションのツールの利用法に精通していなければならない。

PISAのデジタル読解力調査では，一連のナビゲーションのツールと構造は，問題に体系的に含まれるものであり，デジタル読解力の習熟度測定における重要な一要素として認識されている。この中にはスクロールバー，異なるウェブサイトへ飛ぶためのタブ，列や行，又はプルダウンメニューとして表示されるハイパーリンク[3]のリスト，埋め込まれたテキストが含まれる。

課題は，使わなければならないナビゲーションのツールの数や必要な操作やステップの数，使用するツールのタイプなどによって簡単になったり難しくなったりする。一般に，操作の数が多く，ツールのタイプが複雑なほど，その問題の難易度は高くなる。ナビゲーションのツール・機能のなじみやすさや透明性，目立ちやすさといったことも難易度に影響を及ぼす。デジタル読解力の課題の中にはナビゲーションをほとんど，又は全く必要としないものもある。

2.2.2　環境

環境というカテゴリーは，デジタルテキストのみに適用され，PISA 調査の読解力の枠組みでは，コンピュータ使用環境だけが考慮される。デジタル読解力を調査するために，大きく二つに分けたデジタル環境が特定された。**受信型**環境と**相互発信型**環境である。この両者の区別は，読み手がウェブサイトの内容に影響を及ぼす可能性があるか否かに基づいている。

受信型環境では，読み手はおおむね受動的であり，内容を修正することはできない。読み手は主に情報を得るためにこうしたサイトを利用する。**受信型**環境にあるテキストには様々なタイプがある。例えば，ホームページ，イベントや商品を宣伝するサイト，政府の情報サイト，生徒向けの情報を含む教育的サイト，報道サイトやオンライン図書目録などである。

相互発信型環境では，読み手側にも内容を追加したり，変更したりする機会がある。読み手はこうしたサイトを，情報を得るためだけでなく，コミュニケーションの手段としても利用する。**相互発信型**環境には，メールやブログ，チャットルーム，オンラインフォーラムやオンラインレビュー，及びオンライン書式などが含まれる。

現実には，読解力の枠組みにおける多くの変数と同様に，環境という分類も厳密に区分されるものではない。一つの課題において，受信型テキストと相互発信型テキストの両方が統合されて使われる場合もある。そのような課題は**混成型**に分類される。表 2.2 は各環境カテゴリーにおける得点のおよその割合を示している。

表 2.2　環境別に見たデジタル読解力の得点配分

環境	デジタル読解力の得点の割合
受信型	65%
相互発信型	27%
混成型	8%
合計	100%

2.2.3　テキストの形式

テキストの重要な分類は，連続型テキストと非連続型テキストの区別である。

連続型と**非連続型**のテキストの形式は，紙媒体，電子媒体のいずれにも現れる。**混成型**及び**複合型**形式のテキストも，両方の媒体に広く見られるが，特に電子媒体においてこの傾向が顕著である。これら四つの各形式について，以下で詳述する。

連続型テキストは段落を構成する文章からなる。これらは，節や章，本などのさらに大きい構造の一部になることもある（例えば，紙媒体においては，新聞記事，エッセイ，小説，短編小説，批評，手紙。電子媒体においては，散文で書かれた批評，ブログ，レポート）。

非連続型テキストは，**連続型**テキストとは構成が異なるため，異なった読解アプローチが必要となる。**非連続型**テキストはほとんどの場合，母体となる形式の中にまとめられていて，数々のリストで構成されている（Kirsch and Mosenthal, 1990）（例えば，リスト，表，グラフ，図，広告，予定表，カタログ，索引，書式）。

紙媒体と電子媒体のいずれにおいても，多くのテキストは，**連続型**と**非連続型**双方の諸要素を一つに統一して作られたものである。うまく構成された**混成型**テキストにおいて，その構成要素（例えば，グラフや表を伴う散文体の説明文）は，部分的又は全体的なレベルの一貫性や統一性を通じて，補完し合う関係にある。紙媒体における**混成型**テキストは，雑誌や参考図書，報告書によく見られる形式である。電子媒体においては，受信型ホームページが典型的な混成型テキストであり，リストや散文の段落のほか，画像を備えていることも多い。オンライン書式，電子メール，フォーラムといった相互発信型テキストも，**連続型**と**非連続型**の形式のテキストを組み合わせたものである。

複合型テキストは，別個に生成され，別個に意味を成す複数のテキストと定義される。調査のために，これらのテキストは特定の理由で並置されたり，互いに緩く結び付けられたりすることがある。テキスト間の関係は明白でない場合もあり，相補的な関係であったり，互いに矛盾する関係であったりする。例えば，異なる企業がそれぞれのウェブサイトで旅行のアドバイスを提供する場合，それらのウェブサイトは旅行者に同じような指示を出す場合もあれば，そうではない場合もある。複合型テキストは単一の「純粋な」形式（例えば，連続型）を持つ場合もあれば，「連続型」と「非連続型」両方のテキストを含む場合もある。

表 2.3　テキストの形式別に見た読解力の得点配分

テキストの形式	得点の割合	
	筆記型読解力	デジタル読解力
連続型	58%	4%
非連続型	31%	11%*
混成型	9%	4%
複合型	2%	81%
合計	100%	100%

* 四捨五入すると 12%（11.54）となり，合計が 101%となるため，11%とした。

2.2.4　テキストのタイプ

テキストはそのタイプによっても分類される。テキストのタイプには，記述，叙述，解説，議論，指示，処理がある。

一般的に，世間で見られるテキストを分類するのは難しい。これらは決まりごとを念頭に置いて書かれたりしないのが普通であり，複数のカテゴリーにまたがる傾向があるためだ。それにもかかわらず，異なるタイプの読解を表現する幅広いテキストから読解の手段が抽出されるのを確実にするために，PISA 調査ではテキストをその顕著な特徴に基づいて分類している。

以下に示すテキスト分類法は，Werlich（1976）の研究を PISA 調査に適応させたものである。

記述は，情報が事物の空間的な特性について言及しているテキストのタイプである。記述的テキストは一般に，**何か**といった質問に対する答えを提供する（例えば，旅行記や日記に見られる特定の場所の記述，カタログ，地図，オンラインの飛行機の時刻表，技術マニュアルにおける特徴や機能，プロセスの記述）。

叙述は，情報が事物の時間的な特性について言及しているテキストのタイプである。「叙述」は一般に，**いつ**又は**どのような順序で**といった質問に対する答えを提供する。また，物語の登場人物がなぜそのように振る舞うのか，といった重要な質問に答えるものでもある（例えば，小説，短編小説，戯曲，伝記，コマ割り漫画，フィクションのテキスト，出来事に関する新聞記事）。PISA2012年調査の紙媒体における叙述テキストの割合は約20％で，これまでのPISA調査のサイクル（2000年～09年）よりやや増加している（これまでは約15％）。

解説は，情報が複合的概念や心的構成概念として，又はそれらを構成している諸要素として提示されるテキストのタイプである。このタイプのテキストは意味を成す全体の中で構成要素同士がどのような相互関係を持つかを説明するもので，多くの場合，**どのようにして**といった質問に答えるものである（例えば，学術的エッセイ，記憶モデルを示した図，人口の趨勢を示したグラフ，概念地図，オンライン百科事典の項目）。

議論は，複数の概念間又は主張間の関係を示すテキストのタイプである。議論的テキストは一般に**なぜ**といった質問に答えるものである。議論的テキストの重要な下位区分に，意見や考えに言及する説得的テキスト及び見解的テキストがある。**議論**の分類に入るテキストタイプの例は，編集者への手紙，ポスター広告，オンラインフォーラムへの投稿メッセージ，ウェブページ上の書評や映画評などである。

指示は，何をするべきかという指示を与えるテキストのタイプである。このテキストは，ある作業を完了させるために特定の行動を取るよう指示するものである（例えば，レシピ，応急手当を施すための手順を示した一連の図，デジタルソフトウェアの運用指針）。

処理は，テキストに概説された特定の目的を達成するためのテキストで，何かをしてもらうよう要請する，会議を運営する，友人と社会的な取組を行うなどである。デジタルコミュニケーションが普及する以前は，この種のテキストは手紙などの重要な構成要素であり，また口頭でのやり取りにおいては，多くの場合，電話をかける主な目的に当たるものだった。このテキストのタイプはWerlich（1976）の分類には含まれていなかったが，電子媒体が普及した（例えば，同僚や友人との間で調整を依頼，確認する電子メールやメッセージを日常的に交換するようになった）ことによって，PISA2009年調査の枠組みで初めて取り入れられた。

2.3　側面

前述の「ナビゲーションのツール・機能」は，読み手がテキストの内部や周辺，間を進むことを可能にする，目に見える，又は物理的な特徴であるが，「側面」とは，その際に読み手が利用する精神面での方略，アプローチ，又は目的である。

次の五つの側面が，読解力調査の課題開発に影響を与える。

- **情報の取り出し**
- **幅広い理解の形成**
- **解釈の展開**
- **テキストの内容の熟考・評価**
- **テキストの形式の熟考・評価**

これら五つの側面それぞれを別の下位尺度として報告できるほど，十分な数の問題をPISA調査に盛り込むことは不可能なので，結果報告のためには，この五つの側面を次のような三つの上位カテゴリーにまとめることとする。

- **探求・取り出し**（訳注：原文は「access and retrieve」となっており，国立教育政策研究所編『生きるための知識と技能5』（2013，明石書店）では「情報へのアクセス・取り出し」と訳したが，本書の翻訳に当たって専門家による検討を経て，この用語が意味する内容をより明確に示すために訳を変更した）
- **統合・解釈**
- **熟考・評価**

図 2.1　読解力の枠組みと側面の下位尺度との関係

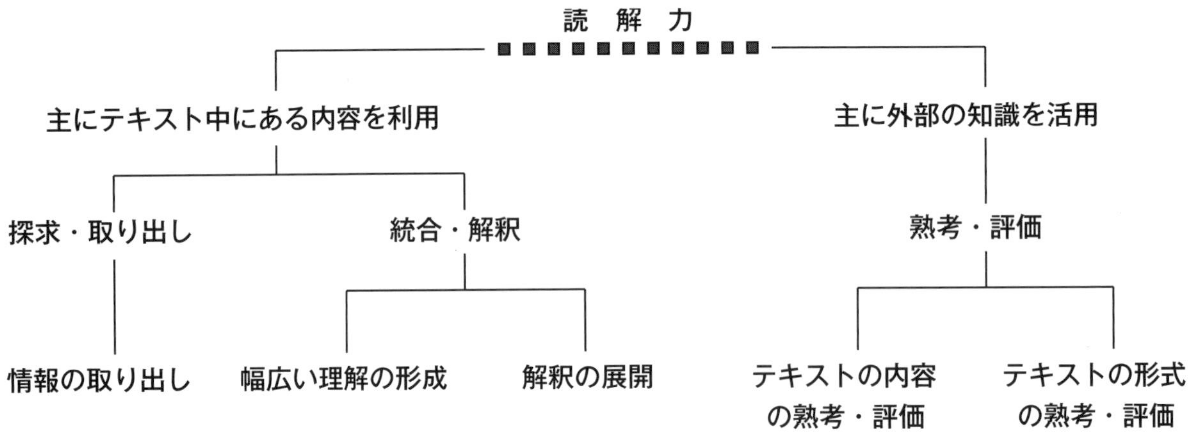

情報の取り出しの課題は，読み手をテキスト内の別個の情報に注目させるものであり，**探求・取り出し**の尺度に割り振られる。

幅広い理解の形成及び**解釈の展開**の課題は，読み手をテキスト内の関係性に注目させるものである。テキスト全体に的を絞った課題では，読み手は幅広い理解を形成する必要があり，テキストの部分同士の関係性に的を絞った課題では，解釈を展開する必要がある。この二つをまとめて**統合・解釈**とする。

最後の二つの側面，**テキストの内容の熟考・評価**及び**テキストの形式の熟考・評価**を扱う課題は，**熟考・評価**という一つのカテゴリーにまとめる。このいずれの側面においても，読み手は主にテキスト外部の知識を活用し，その知識と今読んでいるものとを関係付ける必要がある。**内容の熟考・評価**の課題はテキストの概念的本質に，**形式の熟考・評価**の課題はテキストの構造や形式的特徴に関わるものである。

以下の節で，この三つの上位カテゴリーについて詳述し，紙媒体と電子媒体双方の課題について網羅する。

2.3.1　探求・取り出し

探求・取り出しとは，与えられた情報空間に入り，その中を進んで，一つ又は複数の別個の情報を探し出し，取り出すことである。この側面に該当する課題には，求人広告から雇用主が求めている詳細情報を探し出すこと，複数の識別番号がついた電話番号を見つけること，誰かの主張に賛成又は反対するために特定の事実を見つけることなどが挙げられる。

取り出しが必要な情報を選択するプロセスを表すのに対し，**探求**は必要な情報の位置する場所，つまり情報空間に到達するプロセスを表している。課題によっては，情報の取り出しのみを求めるものもある。特に紙媒体の場合は，情報全体が即座に目に見え，読み手は明確に特定された情報空間から適切な部分を選び出しさえすればよいために，その傾向が顕著である。一方，電子媒体の場合は，探求以上のことはほとんど必要とならない課題もある（例えば，検索結果のリストから一つの項目を選んでクリックする）。しかし，PISA 調査では，**探求・取り出し**の課題のほとんどで両方のプロセスが必要となる。難易度を決定する要素には，利用する必要のある段落やページ，リンクの数，与えられた場で処理すべき情報の量，課題の指示の具体性や明確性などがある。

2.3.2　統合・解釈

統合・解釈は，テキストが内部的に意味を成すように読む素材を分析することである。

統合とは，テキストの統一性に対して理解を示すことに重点を置く。類似点や相違点を特定することであれ，程度を比較することであれ，因果関係を理解することであれ，**統合**には，意味を成すように様々な情報を結び付けることが必要となる。

解釈とは，明言されていないものから意味を作り上げるプロセスである。解釈する際，読み手はテキストの一部又は全体の根底にある前提や含意を明らかにしようとする。

幅広い理解の形成には，**統合**と**解釈**の両方が必要である。読み手はテキストを全体として，あるいは幅広い視野から考察しなければならない。主要なテーマやメッセージを特定する，又はテキストの全般的な目的や用途を明らかにすることで，生徒は初期的理解を示すこともあるだろう。

統合と**解釈**は，**解釈の展開**をする際にも必要となってくる。その際，読み手は最初の大まかな印象を拡大させ，読んだ内容に対する理解をより深く，より具体的で，より完全なものへと発展させなければならない。**統合**の課題には，根拠を特定し列挙すること，情報を比較対照することが含まれ，それにはテキストから二つ以上の情報を結び付けることが必要となる。そのような課題では，一つ又は複数の出所から得た明示的・暗示的情報を処理するために，読み手はしばしば意図された関係やカテゴリーを推論しなければならない。**解釈**の課題では，局部的な文脈から推論を導く必要もあろう。例えば，テキストに特有のニュアンスを与えている語やフレーズの意味を解釈することなどである。また，著者の意図を推論する，その意図を推論するのに用いた証拠を特定する，といった課題もある。

したがって，統合プロセスと解釈プロセスの関係は，密接で相互作用的なものと見ることができる。統合のプロセスでは，まずテキスト内の関係を推論し（一種の解釈），次に幾つかの情報をまとめることで，新たに統合された全体を形成するような解釈が可能となる。

2.3.3　熟考・評価

熟考・評価のプロセスでは，テキストで提供される情報と自分自身の概念的，経験的な基準の枠組みとを関係付けるために，テキストには含まれない知識や考え，態度を活用する必要がある。

熟考に関する問題は，自らの経験や知識に照らしながら，比較，対照，仮説立てを行うよう求めるものと考えられる。**評価**に関する問題は，テキストに含まれない基準に基づいて判断を下すように求めるものである。

テキストの内容の熟考・評価では，読み手はテキスト内の情報と他の情報源からの知識を結び付ける必要がある。また，世界に関する自らの知識に照らし合わせて，テキストで主張される内容を評価しなければならない。多くの場合，読み手は自分自身の見解を明確に述べ，正当化するよう求められる。そのためには，テキストで述べられ，意図されていることへの理解を発展させなければならない。さらに，既に述べられた情報か他のテキストにある情報のいずれかに基づいて，自分の知識や思考に照らして心に思い描いたことを分析しなければならない。一般的な知識と特定された知識の双方，及び抽象的な推測力を動員して，読み手はテキスト内にある根拠を求め，それと他の情報源とを対照させなければならないのである。

テキストの形式の熟考・評価においては，読み手はテキストから距離を置き，それを客観的に考察し，その質と妥当性を評価することが求められる。こうした課題では，テキストの構造，ジャンル，言葉遣いといった暗示的知識が重要な役割を果たす。ある特性を表現することや，読み手を説得することに著者がどの程度成功しているかを評価することは，本質的な知識だけでなく，言語のニュアンスを感じ取る能力にも左右される。

電子媒体におけるテキストの評価は，多少異なる点を強調する。デジタルテキストの形式（ウィンドウ，フレーム，メニュー，ハイパーリンク）には均質性があるので，テキストのタイプの区別が曖昧になりがちだ。デジタルテキストのこうした新しい特性により，読み手が情報の出所や正確さ，質，信頼性を意識する必要が高まっている。人々がアクセスできるインターネット上の情報世界が膨張していくにつれ，評価が担う役割はいよいよ重要性を増している。

批判的判断をする際は常に，ある程度読み手は自身の経験に照らし合わせるよう求められる。その一方で，熟考には評価（例えば，個人的な経験とテキストで述べられていることを比較すること）を必要としない場合もある。したがって，評価は熟考の一部を成すものと考えることができよう。

2.3.4　紙媒体と電子媒体における読解の側面

PISA の読解力調査のために定義された三つの上位カテゴリーは，まったく関連のない独立したものではなく，むしろ相互に関連し依存し合っているものと考えられる。実際のところ，認知プロセスの観点からいえば，これらは半ば階層的なものといえる。最初に情報を取り出さなければ，解釈することや統合することはできないし，情報に何らかの解釈を加えなければ，熟考や評価を行うことはできないのである。しかし，PISA 調査では，枠組みにおける読解の諸側面についての記述で，様々な文脈や目的で求められる読解アプローチを区別している。そして，そうしたアプローチはある側面に的を絞った課題に反映される。

2.3.5　複雑なデジタル読解力の課題：実生活における読解の複雑さの模倣

筆記型読解力とデジタル読解力のいずれの課題においても，三つの側面が完全に独立した形で機能することは通常ないものの，どれか一つの側面にはっきりと重点を置くような，比較的単純な課題を作成することは可能である。一方，複雑な課題では，側面はそれほどうまく定義されない。読み手は課題を理解してから，適切な情報を見つけ出すために即座に目に見えるテキスト（例えば，ウェブサイトのホームページ）を解釈し，そこから推測を働かせ，評価するといった問題に直面する。電子媒体における，実生活と変わらない真正（authentic）で複雑な課題では，読み手は目に見える情報を即座に処理し，そこから推定する必要がある。すなわち，統合された反復的な順序で判断を下し，情報を統合し，情報にアクセスしなければならない。

表 2.4　側面別に見た読解力の得点配分

側面	得点の割合	
	筆記型読解力	デジタル読解力
探求・取り出し	22%	19%
統合・解釈	56%	23%
熟考・評価	22%	19%
複雑な課題	0%	39%*
合計	100%	100%

* 四捨五入すると 38%（38.46）となり，合計が 99%となるため，39%とした。

2.4　印刷テキスト・課題とデジタルテキスト・課題の関係性について

表 2.5 は，筆記型読解力とデジタル読解力の根本的な類似点と相違点を示している。この表のねらいの一つは，筆記型読解力とデジタル読解力の間にある本質的な類似点と相違点を述べることにある。両方とも全く同じ記述が並んでいる項目も多いが，本質的な違いを浮き彫りにしている記述も見受けられる。

この表の二つ目のねらいは，PISA 調査が二つの媒体において**評価する**ものの類似点と相違点を示すことだ。一部の項目では重視される度合いが異なっており，角括弧はその特徴が PISA 調査で比較的重視されないことを意味する。また，もっと絶対的な違いが認められる項目もある。幾つかの特徴は，いずれの媒体にも存在するが，PISA 調査では評価できない，若しくは評価されない。これらの特徴の後ろには（なし）と記されている。

PISA 調査の枠組みとそれを運用ベースに乗せる調査課題を作成する際の原則の一つは，各分野を正しく代表するものにする，ということである。そのためのあらかじめ決まった方法があるのではなく，ある意味で，行われる決定や選択は任意的なものではあるが，国際的な読解の専門家による最善の判断に基づいている。このように読解力分野がどう記述・運用されるかは，最終的に概念的，経験的，政治的な配慮によって決定される。これまで概説してきた，読解力分野に詳しく目を通すことの目的は，PISA2009年調査以来の読解力の本質を捉える課題を確立するための基盤を説明することにある。そのような調査が，ひいては，15歳児の読解力の習熟度を包括的，有意義，かつ適切に報告するための大量のデータを生み出すであろう。

第３節　読解力の評価

前節では，読解力に関する概念的な枠組みの概略を示した。生徒の読解力習熟度のデータを収集するためには，この枠組みに示された概念を課題と設問の形で示さなくてはならない。

3.1　紙媒体における課題の構成

これまで，状況，テキスト，側面といった主要な枠組み変数への課題の分類について論じてきた。本節で考察するのは，調査の構築・運用におけるその他の主な問題，つまり，問題の難易度に影響を与える要因，難易度の操作方法，出題形式の選択，コード化や採点をめぐる問題などである。

3.1.1　問題の難易度に影響を与える要因

読解力の課題の難易度は，幾つかの変数の相互作用によって決まる。KirschとMosenthalの研究（Kirsch, 2001; Kirsch and Mosenthal, 1990参照）を参考に，側面とテキストの形式の変数に関する以下のような知識を応用することで，問題の難易度を操作できる。

探求・取り出しの課題の難易度を左右する条件は，読み手が発見する必要のある情報の数，必要となる推測の量，競合する情報の量と目立ち具合，そしてテキストの長さと複雑さである。

統合・解釈の課題の難易度は，必要となる解釈のタイプ（例えば，比較することは，対照を見つけ出すことよりも容易である），考慮すべき情報の数，テキスト上の競合する情報の量と目立ち具合，テキストの性質，といったことに影響を受ける。なじみの薄い内容やより抽象的な内容であるほど，また，テキストが長く複雑であるほど，課題は難しくなりやすい。

熟考・評価の課題の難易度に影響を与える条件は，必要となる熟考と評価のタイプ（熟考のタイプを簡単なものから順に挙げると，関連付け，説明と比較，仮定立てと評価），読み手がテキストに持ち込む必要のある知識の性質（幅広い一般的な知識より，狭い範囲の特殊な知識を利用する必要があるときの方が，課題は難しい），テキストの相対的な抽象性と長さ，課題をやり終えるのに必要なテキストに対する理解の深さ，である。

連続型テキストに関わる課題の難易度に影響する条件は，テキストの長さ，テキスト構造の明確性と透明性，各部分が全般的なテーマとどれほど明確な関連性を持つか，段落やタイトルといったテキストの特徴や順序を示す言葉などの談話標識があるかどうか，といったことである。

非連続型テキストに関わる課題の難易度に影響する条件は，テキストの情報量，リストの構造（単純なリストは複雑なリストより扱いやすい），構成要素が何らかのラベルや特別な体裁などを用いて順序立てられ，明確に構成されているかどうか，必要な情報がテキスト本体にあるか，又は脚注などの別個の部分にあるか，といったことである。

表 2.5　枠組みの主要な特性別に見た，筆記型読解力とデジタル読解力の類似点と相違点

	筆記型読解力	デジタル読解力
状況	私的 公的 職業的 教育的	私的 公的 職業的 教育的
テキスト： 環境	適用なし	受信型 相互発信型 混成型
テキスト： テキストの形式	連続型 非連続型 ［混成型］ ［複合型］	［連続型］ ［非連続型］ ［混成型］ 複合型
テキスト： テキストのタイプ	議論 記述 解説 叙述 指示 処理（なし）	議論 記述 解説 叙述（なし） 指示 処理
側面（1）	探求・取り出し 検索 具体的な情報空間での順応とナビゲーション 例：図書館に行き，目録を検索し，本を見つける ナビゲーションのツール・構造の利用 例：目次，ページ番号，用語解説 情報の選択・配列 ・読み手のコントロール力は弱い ・一続きの直線的な読み	探求・取り出し 検索 具体的な情報空間での順応とナビゲーション 例：URL を入力する，検索エンジンを使う ナビゲーションのツール・構造の利用 例：メニュー，埋め込まれたハイパーリンク 情報の選択・配列 ・読み手のコントロール力は強い ・複数のつながりからなる直線的な読み
側面（2）	統合・解釈 低水準の統合： テキストの大部分（1～2ページ）が同時に目に入る 解釈の展開 幅広い理解の形成	統合・解釈 高水準の統合： テキストの限られた部分（スクリーンのサイズに限定される）が同時に目に入る 解釈の展開 幅広い理解の形成
側面（3）	熟考・評価 情報の前評価 例：目次の活用，飛ばし読み，信頼性と有用性のチェック ［情報源の信頼性評価 ・出版過程でのふるいと前選択のため，通常はさほど重要でない］ 内容の真実みの評価 統一性と一貫性の評価 仮説立て 個人的経験に照らした熟考	熟考・評価 情報の前評価 例：メニューの活用，飛ばし読み，信頼性と有用性のチェック 情報源の信頼性評価 ・オープンな環境で，ふるいと前選択がないため，通常は重要度が高い 内容の真実みの評価 統一性と一貫性の評価 仮説立て 個人的経験に照らした熟考
側面（4）	複雑な課題（なし） 頼るべき情報源の範囲が比較的定まっていない 課題内で踏むべき段階の順序が指示されない 例：複合型の印刷テキストの情報を発見・評価・統合する	複雑な課題 頼るべき情報源の範囲が比較的定まっていない 課題内で踏むべき段階の順序が指示されない 例：複合型のデジタルテキストの情報を発見・評価・統合する

3.1.2　出題形式

表2.6は採点要件を示したもので，筆記型読解力の得点は読解力の三つの側面に関係し，デジタル読解力の得点は四つの側面に関係している。専門家による判断を必要とする問題は，専門的なコード化を必要とする自由記述形式問題と短答形式問題で構成されている。採点者の判断を必要としない問題は，多肢選択形式問題，複合的選択肢形式問題，求答形式問題で構成されている。求答形式問題とは，生徒は解答を作り出す必要があるが，採点者側は最低限の判断しか必要としないものである。

筆記型読解力における問題タイプ別に見た配分は，調査を実施するサイクルごとでの変化はそれほど大きくない。しかしながら，2012年は，過去のサイクルと比較して，専門家のコード化を必要としない問題の割合がやや高い。2012年は専門家によるコード化が不要な問題が58%，専門家によるコード化が必要な問題が42%となっている（過去の実施時では，それぞれ55%，45%であった）。PISA2012年調査では，筆記型読解力とデジタル読解力で同じ割合が適用されている。

表2.6　側面の採点基準別に見た読解力の得点配分

側面	筆記型読解力			デジタル読解力		
	採点に専門的判断必要	採点に専門的判断不要	合計	採点に専門的判断必要	採点に専門的判断不要	合計
探求・取り出し	4%	18%	22%	0%	19%	19%
統合・解釈	20%	36%	56%	0%	23%	23%
熟考・評価	18%	4%	22%	15%	4%	19%
複雑な課題	0%	0%	0%	27%	12%	39%
合計	42%	58%	100%	42%	58%	100%

3.1.3　コード化・採点

テスト問題にはコードが割り当てられる。多肢選択形式問題の場合は，生徒の選んだ選択肢を捉える大なり小なり自動化されたプロセスによって割り当てられ，記述式解答が必要な問題については，生徒の解答を最もよく捉えるコードを人間（コード化を行う専門家）が判断する。そして，そのコードは問題の点数に変換される。多肢選択形式問題や求答形式問題では，生徒が指定された正しい答えを選択するかしないかであるため，問題はそれぞれコード1（正答）又はコード0（誤答）とされる。より複雑な記述形式問題の採点については，不完全ながらも，不正確な答えや間違った答えより高いレベルの読解力を示している答えもあり，部分正答が与えられるものもある。

3.2　電子媒体における課題の構成

本節で考察を行うのは，デジタル読解力調査の作成・運用における主な問題について，すなわち，ナビゲーションとテキスト処理の関係，問題の難易度のコントロールを視野に入れた課題の分析，出題形式，コード化と採点をめぐる幾つかの問題についてである。本節の最後には，デジタル読解力調査において生徒がどのように調査を進めているかについて記すこととする。

3.2.1　デジタル読解力調査におけるナビゲーションとテキスト処理の関係

電子媒体の場合，ナビゲーションのテクニックやナビゲーションの機能についての知識が読解力の一部を成す。こうした技能や知識は，読解力とは別個のICT技能と見なされるべきではない。これまで考えられていたようなテキストの読解も，電子媒体上を進んでいく能力も，共にデジタル読解力の習熟にとって不可欠な要素であると考えられる。デジタル読解力の各課題には，それぞれの要素に多かれ少なかれ，ナビゲーションの決定やテキストの処理に使われる心理的プロセスが含まれる。

3.2.2　デジタル読解力の課題の分析

明確に求められている解答にたどり着くために，読み手はステップを踏む必要がある。そのステップの複雑さを捉えるために，テスト開発者は分析システムを使い，各課題のテキスト処理とナビゲーションの構成要素を記述する。

電子媒体で適度な複雑さを有する課題の場合，読み手は複数の取り組み方ができる可能性が高い。課題を細分化し，部分ごとに記述・分析するために，テスト開発者は，最も効率的で包括的な一続きのステップを想定し，各ステップは一つの**行動**（特定のリンクをクリックする，ブラウザーエリアにテキストの解答を入力する，一式の選択肢から選択する，スクロールするのみ）によって示されている。

一つの行動でやり終えられる各部分について考えられる変数は，テキストの複雑さ，使用されるナビゲーションのツールやテキスト，側面と記述，行動である。

第４節　デジタル読解力の問題例

4.1　「みんなで話そう」

この大問は，オンラインの討議フォーラムに基づいていて，人前で話すことの難しさが主題となっている。討議は美佐によって始められ，彼女の最初の投稿はフォーラムの画面の最下部にある（スクリーン1E参照）。美佐はこの投稿で，人前，特にクラスメートの前で話すことが怖いため，助言・アドバイスを求めているのである。

討議のテーマは教育的状況に設定されており，PISA調査に参加するほとんどの生徒にとってなじみのある文脈の例である。テキストの形式とテキストのタイプから見ると，「みんなで話そう」は，筆者の人数からみて複合型テキストに分類され，修辞学的構造の議論的テキストであると言える。このテキストは，フォーラムに書き込んだ人たちがお互いに直接反応し合うという相互作用的な状況を表している。このようなやり取りは新しく，少なくとも加速度的に広まっていて，ますます普及するコミュニケーションの形態である。この種の複合型テキストにおいては，それぞれのテキストを理解することは，お互いのつながりに左右されることもある。

この討議フォーラムのページはとても長く，八つの投稿で構成されている。最初の投稿を読むには，スクロールダウンする必要がある。スクリーン 1B から 1E は，スクロールダウンして見える部分を表示している。

最初に出るこのページの他に，この大問にはもう一つだけ別の課題文がある。それは「専門家のアドバイス」として投稿（blogs）のうちの一つで読むように勧められており，そこに挿入されたリンクをクリックするとアクセスできる。そこで表示される二つ目の画面はノウクナイト博士からのアドバイスで，これもスクロールして読む必要がある（スクリーン 2A・2B 参照）。

スクリーン 1A

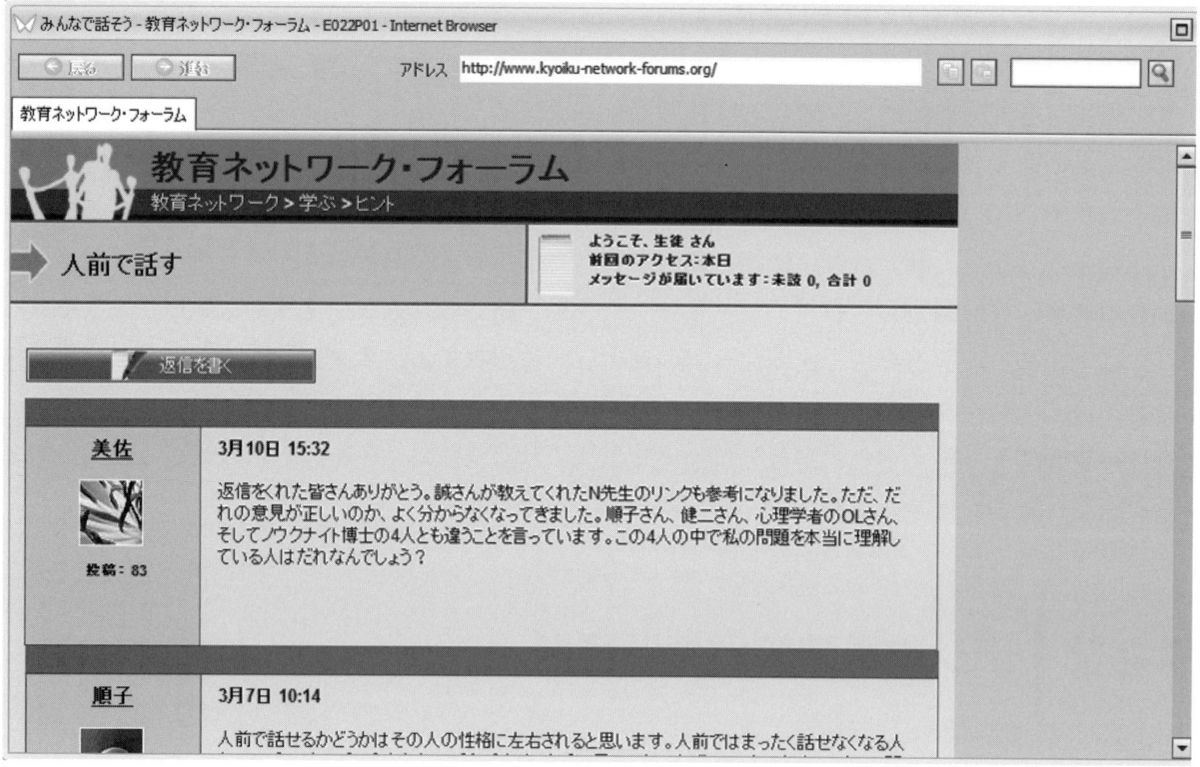

スクリーン 1B

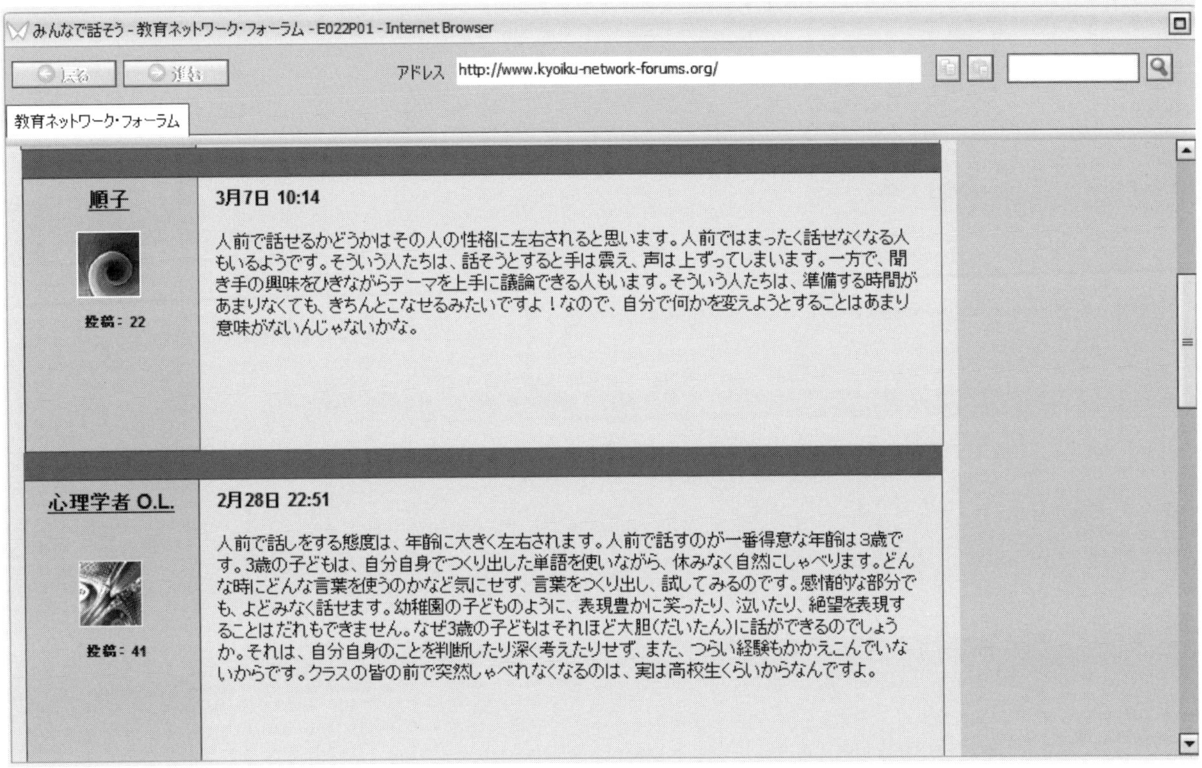

みんなで話そう - 教育ネットワーク・フォーラム - E022P01 - Internet Browser

アドレス http://www.kyoiku-network-forums.org/

教育ネットワーク・フォーラム

順子

投稿：22

3月7日 10:14

人前で話せるかどうかはその人の性格に左右されると思います。人前ではまったく話せなくなる人もいるようです。そういう人たちは、話そうとすると手は震え、声は上ずってしまいます。一方で、聞き手の興味をひきながらテーマを上手に議論できる人もいます。そういう人たちは、準備する時間があまりなくても、きちんとこなせるみたいですよ！なので、自分で何かを変えようとすることはあまり意味がないんじゃないかな。

心理学者 O.L.

投稿：41

2月28日 22:51

人前で話しをする態度は、年齢に大きく左右されます。人前で話すのが一番得意な年齢は3歳です。3歳の子どもは、自分自身でつくり出した単語を使いながら、休みなく自然にしゃべります。どんな時にどんな言葉を使うのかなど気にせず、言葉をつくり出し、試してみるのです。感情的な部分でも、よどみなく話せます。幼稚園の子どものように、表現豊かに笑ったり、泣いたり、絶望を表現することはだれもできません。なぜ3歳の子どもはそれほど大胆(だいたん)に話ができるのでしょうか。それは、自分自身のことを判断したり深く考えたりせず、また、つらい経験もかかえこんでいないからです。クラスの皆の前で突然しゃべれなくなるのは、実は高校生くらいからなんですよ。

スクリーン 1C

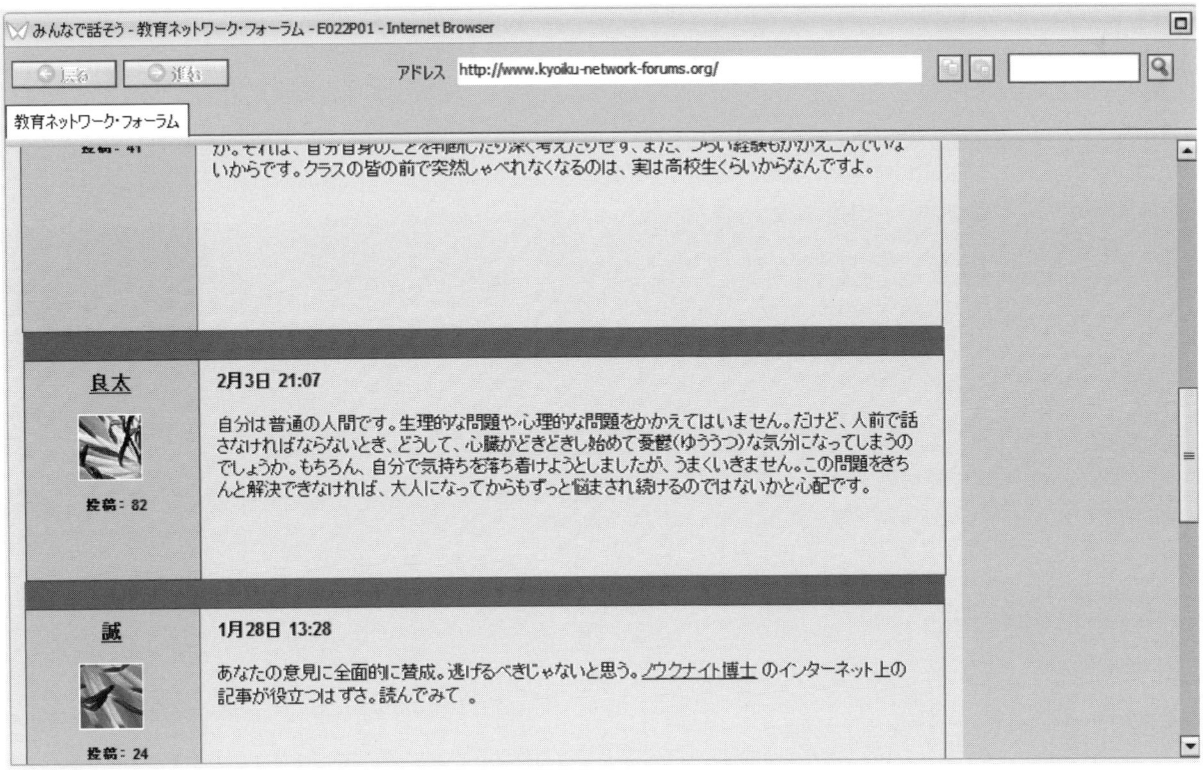

みんなで話そう - 教育ネットワーク・フォーラム - E022P01 - Internet Browser

アドレス http://www.kyoiku-network-forums.org/

教育ネットワーク・フォーラム

いからです。クラスの皆の前で突然しゃべれなくなるのは、実は高校生くらいからなんですよ。

良太

投稿：82

2月3日 21:07

自分は普通の人間です。生理的な問題や心理的な問題をかかえてはいません。だけど、人前で話さなければならないとき、どうして、心臓がどきどきし始めて憂鬱(ゆううつ)な気分になってしまうのでしょうか。もちろん、自分で気持ちを落ち着けようとしましたが、うまくいきません。この問題をきちんと解決できなければ、大人になってからもずっと悩まされ続けるのではないかと心配です。

誠

投稿：24

1月28日 13:28

あなたの意見に全面的に賛成。逃げるべきじゃないと思う。ノウクナイト博士 のインターネット上の記事が役立つはずさ。読んでみて 。

スクリーン 1D

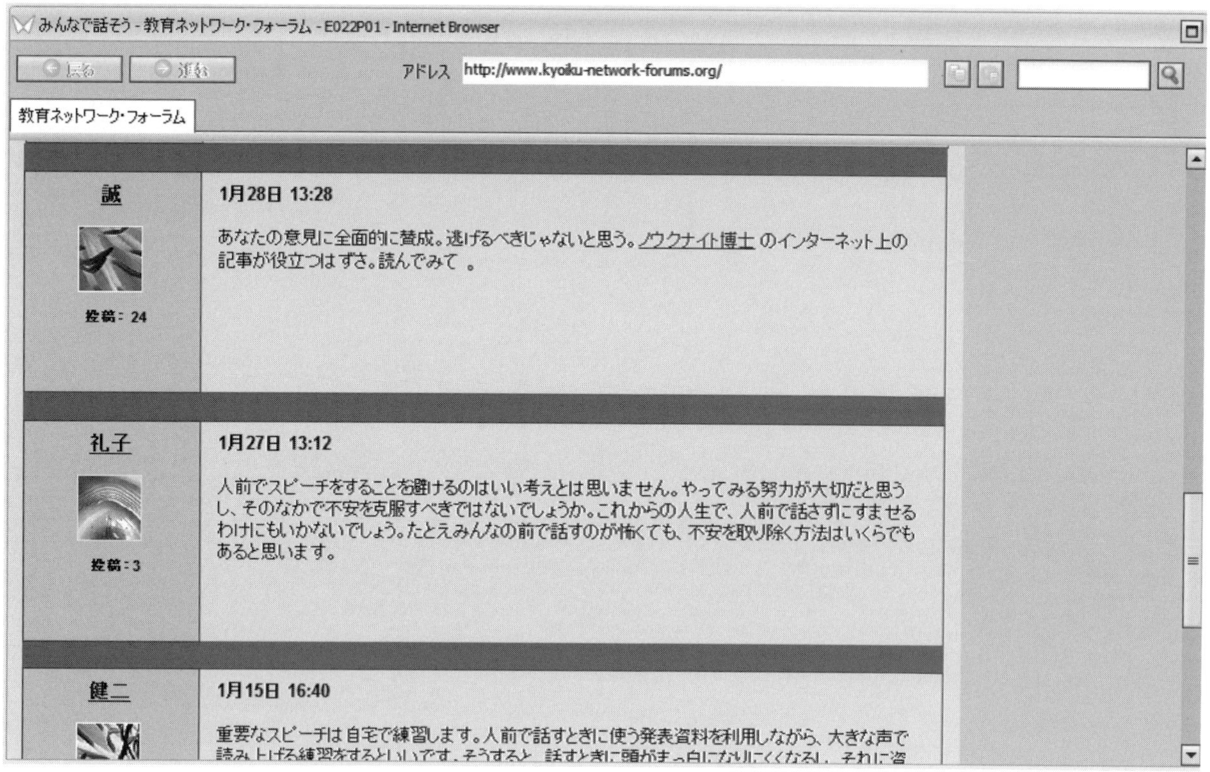

スクリーン 1E

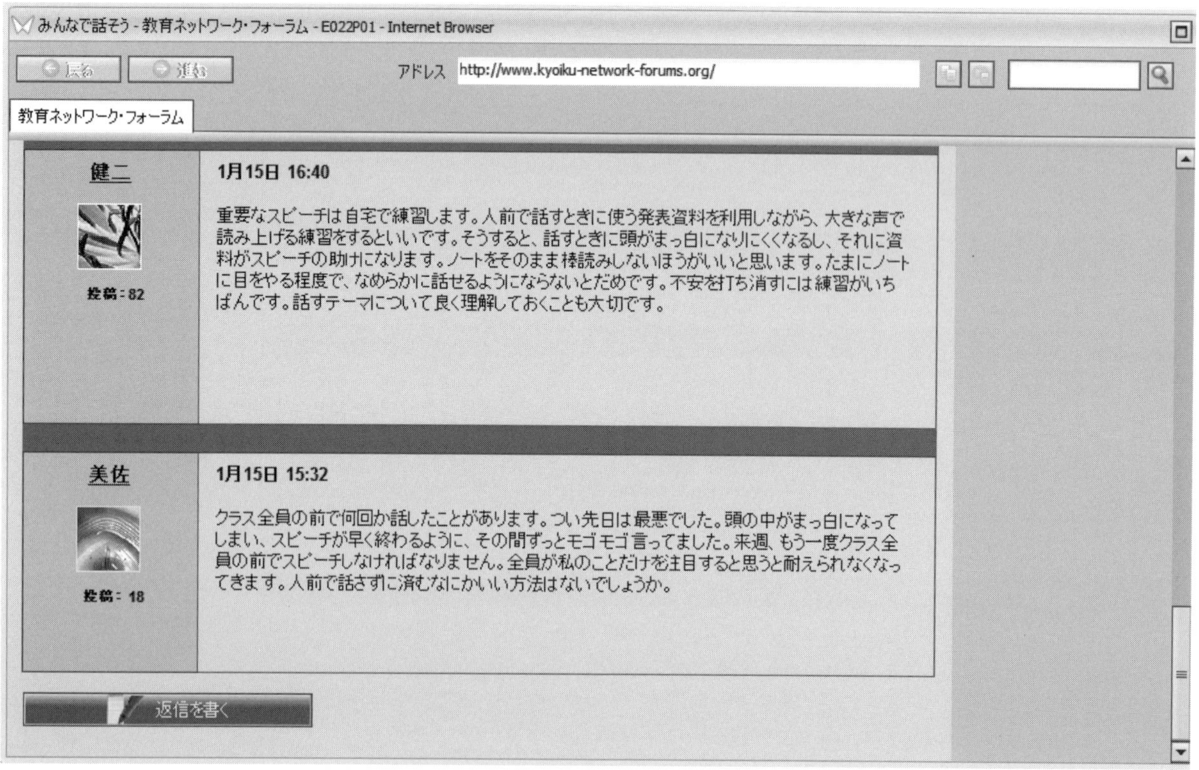

スクリーン 2A

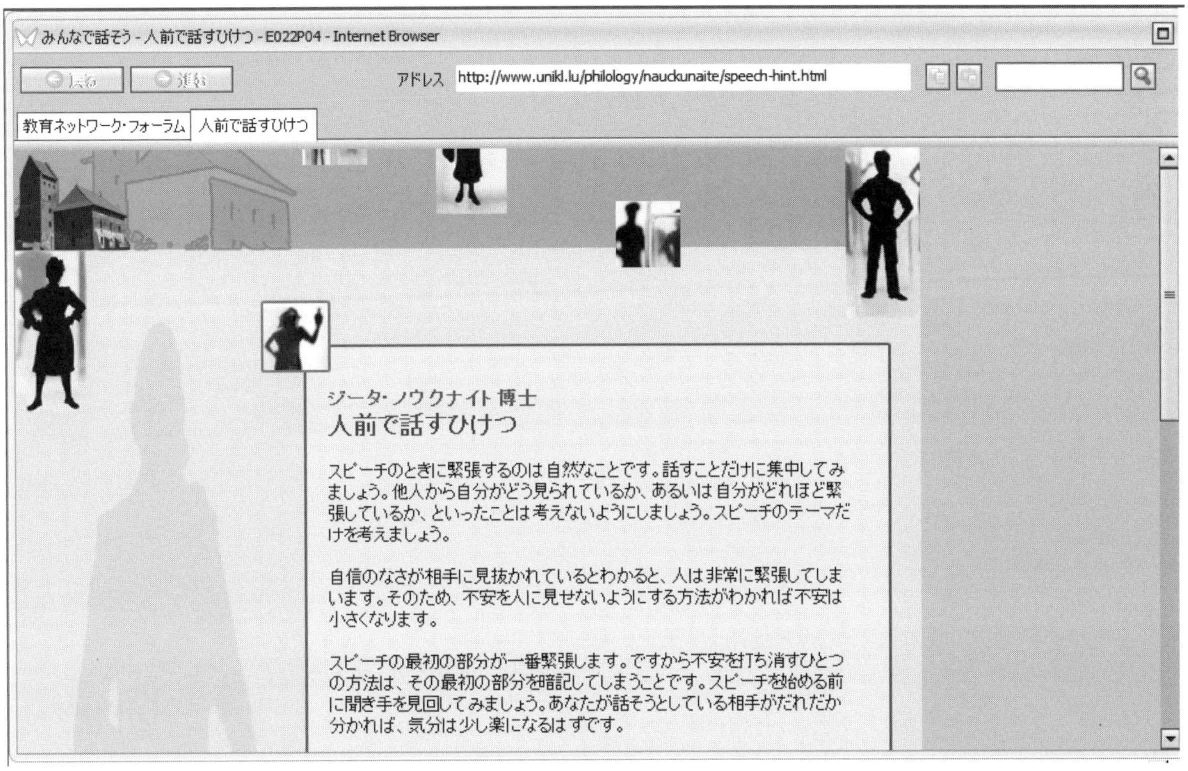

ジータ・ノウクナイト 博士
人前で話すひけつ

スピーチのときに緊張するのは 自然なことです。話すことだけに集中してみましょう。他人から自分がどう見られているか、あるいは 自分がどれほど緊張しているか、といったことは 考えないようにしましょう。スピーチのテーマだけを考えましょう。

自信のなさが相手に見抜かれているとわかると、人は 非常に緊張してしまいます。そのため、不安を人に見せないようにする方法がわかれば 不安は小さくなります。

スピーチの最初の部分が一番緊張します。ですから不安を打ち消すひとつの方法は、その最初の部分を暗記してしまうことです。スピーチを始める前に聞き手を見回してみましょう。あなたが話そうとしている相手がだれだか分かれば、気分は少し楽になるはずです。

スクリーン 2B

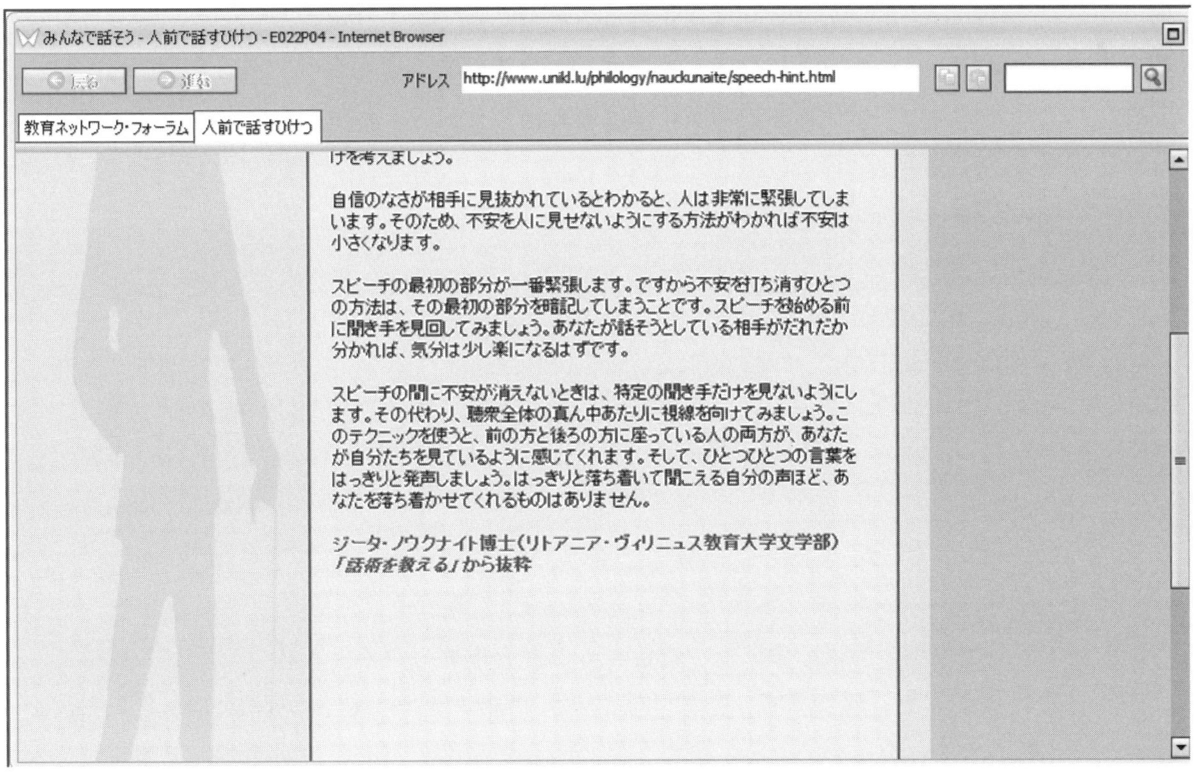

けを考えましょう。

自信のなさが相手に見抜かれているとわかると、人は 非常に緊張してしまいます。そのため、不安を人に見せないようにする方法がわかれば 不安は小さくなります。

スピーチの最初の部分が一番緊張します。ですから不安を打ち消すひとつの方法は、その最初の部分を暗記してしまうことです。スピーチを始める前に聞き手を見回してみましょう。あなたが話そうとしている相手がだれだか分かれば、気分は少し楽になるはずです。

スピーチの間に不安が消えないときは、特定の聞き手だけを見ないようにします。その代わり、聴衆全体の真ん中あたりに視線を向けてみましょう。このテクニックを使うと、前の方と後ろの方に座っている人の両方が、あなたが自分たちを見ているように感じてくれます。そして、ひとつひとつの言葉をはっきりと発声しましょう。はっきりと落ち着いて聞こえる自分の声ほど、あなたを落ち着かせてくれるものはありません。

ジータ・ノウクナイト博士（リトアニア・ヴィリニュス教育大学文学部）
*「話術を教える」*から抜粋

スクリーン３

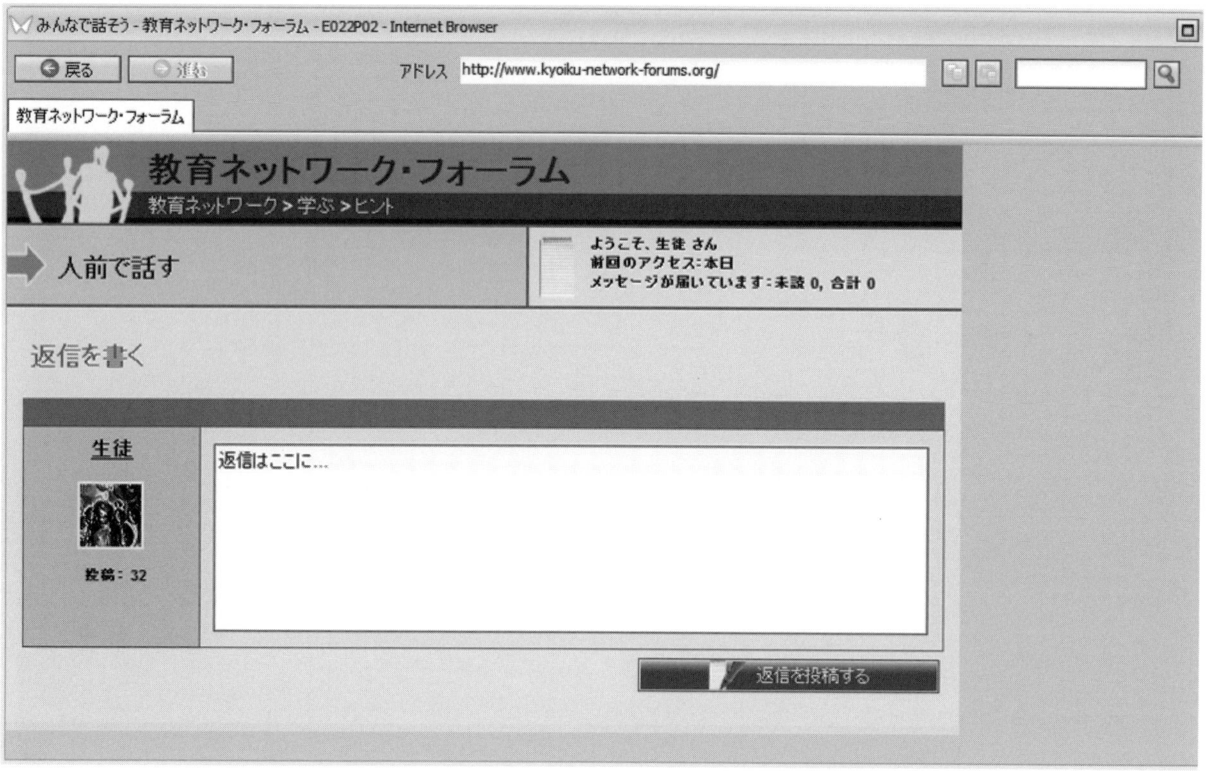

PISA2009 年予備調査で出題された，このデジタル読解力問題の大問には幾つかの問いが含まれており，生徒はウェブサイトの構成を理解し，主要なアイディアを複数の投稿の間と個々の投稿内の両方から見つけ出し，ぶつかり合う意見があることを認識するよう求められる。最後の問いは，最新の投稿（討議フォーラムのページ最上部にある）を読むよう導くものである。この投稿は，想像されたシナリオにおいて，美佐が提供された全ての情報を読み，最終的なアドバイスの整理を求めるものである。この問いを以下に示す。

問い：みんなで話そう

3 月 10 日の美佐の書き込みをよく読んでください。「返信を書く」をクリックして、美佐に返信を書いてください。返信では、美佐の質問をいちばん良く理解している人の返信にふれながら、美佐からの質問に答えてください。また、そのように答えた理由も説明してください（掲示板に戻るには「戻る」をクリックします）（訳注：原著では割愛されているが，本書では実際に使用された問題文をそのまま掲載している。また，ここでいう「掲示板」とは，フォーラムのことを指す）。返信を書いたら「返信を投稿する」をクリックして、あなたの返信を掲示板に追加してください。

この問いでは，幾つかの情報を探求し，統合することを求められる。美佐は二度目の投稿で，読者に四つの短いテキスト（順子，誠，心理学者 O.L.，ノウクナイト博士が書いたテキスト）をよく検討し，比較することを求めている。また，専門的な信頼性，あるいは議論の内在的な質や説得の観点から，それぞれの意見を評価しなければならない。この問題は**複雑な課題**に分類されるが，それは**探求・取り出し**，**統合・解釈**，**熟考・評価**の三つの側面全てに関連しているからである。

表 2.7　デジタル読解力調査問題「みんなで話そう」の分析

ステップ	開始ページ / 求められるテキスト処理 / テキストの複雑さの程度	必要なナビゲーションのツール・機能	側面 / テキスト処理の記述	行動
1	スクリーン 1A 一つの短い議論的テキスト 複雑さの程度：中	スクロールバー	解釈：美佐の3月10日のメッセージにある質問を理解すること 探求：最初のブロガーの名前（「順子」）が既に画面上に見えていることから，スクロールによって美佐のメッセージで触れられている四つのメッセージに到達できることを推測すること	スクロールダウンする
2	スクリーン 1B 二つの短い議論的テキスト 複雑さの程度：中	スクロールバー	取り出し：美佐のメッセージにある二つの名前（「順子」と「心理学者OL」）と一致させる。 解釈：順子と心理学者OLの投稿で示されている主要なアイディアを幅広く理解すること 探求：スクロールによってそれ以外の必要なブロガーの投稿に到達できることを推測すること	スクロールダウンする
3	スクリーン 1C 短い議論的テキストで強調されている二つの用語 複雑さの程度：低	挿入されているリンク	探求・取り出し：誠の投稿（blog）に挿入されているノウクナイト博士のリンク先に到達すること	誠の投稿（blog）に挿入されているリンク先をクリックする
4	スクリーン 2A 解説的要素及び指示的要素からなるフォーマルなテキスト 複雑さの程度：中～高	スクロールバー	解釈：ノウクナイト博士のページの最初に見える部分に示されている主要なアイディアを幅広く理解すること 探求：記事がスクリーンの下の方に続いていることを推測すること	スクロールダウンする
5	スクリーン 2B 解説的要素及び指示的要素からなるフォーマルなテキスト 複雑さの程度：中～高	「戻る」ボタン	解釈：ノウクナイト博士のページの2番目に見える部分に示されている主要なアイディアを幅広く理解すること 探求：「戻る」ボタン（課題に明確に示されているナビゲーションの指示）を使って討議フォーラムのページに戻ること	「戻る」ボタンをクリックする
6	スクリーン 1A ～ 1E 八つの短い議論的テキスト（ざっと目を通すこと） スクリーン 1E 二つの議論的テキストのうちの一つ 複雑さの程度：中	スクロールバー	探求：美佐の最新の投稿に到達するには，更にスクロールする必要があると推測すること 取り出し：美佐のメッセージにある名前（「健二」）と一致させること 解釈：健二の投稿に示されている主要なアイディアを幅広く理解すること	スクロールダウンする
7	スクリーン 1E 「返信を書く」ボタン 複雑さの程度：非常に低い	「返信を書く」ボタン	探求：美佐への返信を書くページに到達すること	「返信を書く」ボタンをクリックする
8	スクリーン 3 「返信を書く」ボタンのあるテキストボックス（スクリーン 1A，1B，1C の三つの短い議論的テキストと，スクリーン 2A，2B の解説的要素及び指示的要素からなるフォーマルなテキストを思い起こすこと） 複雑さの程度：非常に高い	なし	熟考・評価：あらかじめ持っている知識と，三つの短い議論的テキスト及び一つの長い解説的 / 指示的テキストの情報を結び付けることによって，最も信頼できるテキストの評価を行うこと	返信のテキストを入力する
9（オプション）	スクリーン 3 「返信を投稿する」ボタン	「返信を投稿する」ボタン	適用なし	「返信を投稿する」ボタンをクリックする

この課題に求められる次元としてはさらに，スクロールすることや，テキストに埋め込まれたリンク先をクリックすること，最終的には返信を書くために他のリンク先（ボタン）をクリックすることなど，相互発信型環境の形式的構造及びナビゲートの決まりごとを処理する能力を生徒が示す必要がある。「返信を書く」をクリックすると，スクリーン3に示すように，返信を入力できるテキストボックスが表示される。

PISA2009年予備調査におけるこの問題の採点は，生徒が「返信はここに」と書かれたテキストボックスに入力するテキストの解答に対して行われる（「返信を投稿する」をクリックしない場合でも，完全正答が得られることに注意。――こうした細かいステップは，実生活と変わらない真正な問題（authenticity）にする目的で加えられているだけである）。しかしながら，この問題を開発するに当たり，求められるテキスト処理とナビゲーションは慎重に操作された。このことは，この課題が評価の情報欄に記入すべき事項が多い課題となったことに最大限寄与している。表2.7は，テキスト処理とナビゲーションの構成要素の観点から，「みんなで話そう」の課題がどのように分析できるかを簡単に示したものである。

しかしながら，ステップ8以外は，順序を変更しても，全く同じ結果を得ることができる。例えば，ステップ1の次にステップ3をやってもよいし，（シーケンスは）ステップ7から始めることもできる（ただし，スクリーン1Aにある「返信を書く」ボタンを使い，次に「戻る」ボタンで討議フォーラムのメインページに戻ること）。この他にも様々な順序で取り組むことが可能だ。この課題が示すように，リンクするページが比較的限られていても，電子媒体の読み手は，情報に到達し処理する順序という点で，ある程度は読み手自身のテキストを構成するのである。完全正答の場合，ステップ8を完了すれば，デジタルテキストを読む上での優れたナビゲーション技能（ステップ1～7）に加え，しっかりとしたテキスト処理技能も持っているということになる。なぜなら，解答するには複合型テキストを処理・統合・評価することが必要とされ，少なくともそのうちの一つはかなり要求度の高いものだからである（ステップ4，5参照）。

この課題について，九つの異なるステップが記述されている（最後のステップ9はオプション）。

4.2　デジタル読解力調査における課題の提示のコントロールについて

「みんなで話そう」の課題のスクリーンショットが示すように，デジタル読解問題の大問のインターフェースには二つの異なるエリアがある。問いや指示が記載された画面底部の問いのエリアと，課題文が記載された画面上部のブラウザーエリアである。問いのエリアの問いは，一つの問いが継続されているときは固定されており，生徒は問いをやり終えるまでの間，ブラウザーエリアをたどって別の模擬ウェブページやアプリケーションにアクセスすることができる。

デジタル読解力調査では，大問も大問の中にある問いも決まった順で提示されるが，これを「融通の利かない（lockstep）」方式ということができるかもしれない。融通の利かない方式とは，生徒は一度「次の問い／大問」に進むと「前の問い／大問」には戻れないことを意味する。課題提示の設計におけるもう一つの特徴は，各問いを始める際に，ブラウザーエリアの中で見えるページが固定されていることだ。すなわち，前に終了した問いがどれであっても，新たに与えられた問いを開始するときには，どの生徒も同じページを見る。これらの二つの特徴によって，問いの独立性が確保される。

第5節　筆記型読解力及びデジタル読解力における習熟度の尺度

5.1　筆記型読解力

PISA調査では，政策目的とも解釈できる習熟度尺度によって，結果が報告される。PISA2012年調査では，読解力は中心分野ではないので，参加する生徒に出題する読解力の問いの数は多くない。筆記型読解力の全般的な総合尺度に基づいて，一本化された筆記型読解力の尺度が報告されている。

PISA2012年調査の複雑さと難易度を経年的に捉えるために，この筆記型読解力の総合尺度はPISA2009年調査時の総合尺度を基にしており，七つのレベルに分けられている。図2.2は，筆記型読解力の七つの習熟度レベルを説明している。レベル6が最も高い習熟度を表すレベルである(2009年より前の読解力調査ではレベル5が最高であった)。測定される習熟度レベルで最も低いのはレベル1bである（PISA2009年調査以来，それまでのレベル1はレベル1aとなり，新たにレベル1bが加えられた。レベル1bは，それまで「レベル1未満」とされていた生徒を表している)。このように習熟度レベルを変更したことによって，非常に高い，また非常に低い習熟度を持つ生徒がどういった課題に取り組む力を持っているかについて，参加国はより多くを知ることができる。レベル2，3，4，5については，PISA2012年調査でも2000年調査時から変わっていない。

5.2　デジタル読解力

デジタル読解力調査の実施を選択した参加国に向けて，PISA2009年調査以来，デジタル読解力の課題のみに基づく尺度が加えられ，新たな動向の始まりとなった。PISA2012年調査に向けて準備した問いの数が（2009年調査に対し）比較的少ないことを受け，デジタル読解力の課題の難易度は四つの読解力習熟度レベル，すなわちレベル2，レベル3，レベル4，レベル5以上として表すことができる。図2.3は，デジタル読解力における四つの習熟度レベルについて説明している。レベル2の習熟度にある生徒は，その難易度幅以内の課題をうまくやり通すことができるが，それより高いレベルの課題はやり通すことができないと見られる。レベル4に該当する得点の生徒は，レベル4を含むそれより低いレベルの課題をうまくこなすことができると見られる。

図 2.2　PISA2012 年調査における筆記型読解力の七つの習熟度レベルに関する概要説明

レベル	得点の下限	当該レベル以上の課題ができる生徒の割合（OECD 平均）	課題の特徴
6	698	0.8%	習熟度レベル 6 の生徒は，次のことができる。 詳細かつ正確に複雑な推論や比較あるいは対照すること。一つ以上のテキストについて，詳細かつ十分な理解を示し，二つ以上のテキストから情報を統合すること。明らかに競合する情報が示される中で見慣れないアイディアを扱い，その理解を抽象的なカテゴリーで示すこと。熟考・評価は，複合的な基準や視点を考慮したり，テキスト以外から精選された理解を適用しながら，見慣れないトピックに関する複雑なテキストについて仮説を立てたり，批判的に評価すること。探求・取り出しは，テキストの中の明白でない細部を正確に分析したり，適切な注意を払ったりすること。
5	626	7.6%	習熟度レベル 5 の生徒は，次のことができる。 情報の取り出しに関して，テキストの情報が適切であるかどうかを推論しながら，深く組み込まれた情報の幾つかを探し出し，整理すること。熟考に関して，特定の知識を導きながら，批判的な評価あるいは仮説を立てること。解釈に関して，見慣れない内容や形式のテキストについて，詳細かつ十分に理解すること。予測に矛盾する概念を扱うこと。
4	553	28.3%	習熟度レベル 4 の生徒は，次のことができる。 情報の取り出しに関して，深く組み込まれた情報の幾つかを探し出し，整理すること。解釈に関して，テキストを全体として考慮することによって，テキストのある一節にある言葉のニュアンスをとらえること。また，見慣れない状況においてカテゴリーを理解し，適応すること。熟考に関して，テキストについて仮説を立てたり，批判的に評価するために，フォーマルな知識や一般的な知識を用いること。見慣れない内容あるいは形式を持つ，長文あるいは複雑なテキストを正確に理解していることを示すこと。
3	480	57.2%	習熟度レベル 3 の生徒は、次のことができる。 複数の条件を満たす情報の幾つかの関係を認識すること。解釈に関して，主要なアイディアを認識し，関係を理解し，一つの言葉や文の意味を解釈するために，テキストの幾つかの部分を統合すること。比較・対照したり，カテゴリー化する上での多くの特徴を考慮すること。熟考に関しては結び付けたり，比較したり，予測したりすること，すなわちテキストの特徴を評価すること。見慣れた，日常的な知識に関連したテキストを正確に理解していることを示すこと。テキストの詳細を幅広く理解することは求められないが，余り一般的ではない知識を導き出すこと。このレベルでは，求められる情報が余り明確でなかったり，競合する情報がたくさんあったりすることが多い。予想に反するアイディアや否定的な言葉など，障害となるテキストが他にある。
2	407	81.2%	習熟度レベル 2 の生徒は、次のことができる。 推論が必要で，幾つかの条件を満たさなければならない一つ以上の情報を探し出すこと。一つのテキストにある主要なアイディアを認識し，関係を理解し，情報が明白でなく低いレベルの推論が必要なテキストの限定された部分において，意味を推論すること。テキストにおけるある一つの特徴に基づいて比較・対照すること。個人的な経験，態度を導き出すことによって，テキスト同士や外部の知識を比較したり結び付けたりすること。
1a	335	94.3%	習熟度レベル 1a の生徒は、次のことができる。 明確に述べられた情報について，一つ以上の独立した部分を探し出すこと。見慣れた情報について一つのテキストにおける主なテーマあるいは著者の目的を認識すること。テキストにおける情報及び一般的で日常的な知識同士を単純に結び付けること。このレベルでは，情報は明白で情報が競合する場合はほとんどない。読み手は，課題やテキストにおける適切な要素を検討することに明白に導かれる。
1b	262	98.9%	習熟度レベル 1b の生徒は、次のことができる。 物語あるいは簡単なリストなど，文章の構成上，見慣れた状況やテキスト形式を持つ単純で短いテキストにおいて，明白な場所にある，明白に述べられた一つの情報を探し出すこと。解釈に関して，隣り合った情報を単純に結び付けること。このレベルでは，テキストは情報の繰り返し，絵，あるいは見慣れたシンボルなどによって，読み手を補助している。競合する情報は最小限しかない。

図 2.3　PISA2012 年調査におけるデジタル読解力の四つの習熟度レベルに関する概要説明

レベル	得点の下限	当該レベル以上の課題ができる生徒の割合（OECD 平均）	課題の特徴
5以上	626	7.8%	習熟度レベル 5 以上の生徒は次のことができる。曖昧な状況で，見慣れない文脈に関連した情報を探し出し，分析し，批判的に評価すること。テキストを評価する基準を作り出すこと。明確な指示がなくても，複合的なサイトでナビゲーションを行ったり，様々な形式のテキストから詳細な情報を得ること。
4	553	30.3%	習熟度レベル 4 の生徒は次のことができる。様々な形式のテキストで構成される幾つかのサイト間をナビゲーションしたり，見慣れた個人的あるいは実際的な文脈に関連した，評価のための基準を作り出したりしながら，幾つかの情報源から情報を得て，それを評価すること。科学的，技術的な文脈において，わかりやすい基準に従って複雑な情報を解釈すること。
3	480	60.7%	習熟度レベル 3 の生徒は次のことができる。わかりやすい対象となる情報を見つけるために，幾つかのサイト間をナビゲーションしたり，課題が明白には示されていない場合，単純なカテゴリーを創り出したりしながら，情報を統合すること。ほぼ直接的に到達できる情報や，入手可能な情報の一部のみが求められる場合，評価することができる。
2	407	83.1%	習熟度レベル 2 の生徒は次のことができる。通常見慣れた文脈に関連した，わかりやすい情報を探し出し，解釈すること。明確な指示が与えられている，あるいは求められる推論のレベルが低いものだけである場合，限られた数のサイト間でナビゲーションを行ったり，ドロップダウンメニューなどのウェブ上にあるナビゲーションのツールを応用したりすること。明確に定義付けられたカテゴリーに適合する例を認識しながら，異なる形式で示された情報を統合すること。

第 6 節　まとめ

PISA 調査の本質的な機能は，経年的な動向についての情報を政策立案者に提供することにある。PISA2009 年調査以来，筆記型読解力の課題のみに基づいた尺度及び下位尺度を構築することにより，動向を記録し，分析する助けとなってきた。デジタル読解力調査の結果報告には別の尺度を構築し，可能であれば，筆記型読解力調査とデジタル読解力調査の結果を一本化して報告することで，今後のサイクルに向けて，新たな動向を探るための基盤を提供する。結果報告に関する様々な選択肢を想定した上で，PISA 読解力分野の枠組みと調査は，政策立案者，教育者，研究者の仕事にとって得るところの多い，豊富なデータを提供するのである。

PISA2012 年読解力の枠組みは，PISA2009 年調査の枠組みから変更されていない。PISA 調査における読解力の概念は，単に生徒が文字情報を解読し，理解する能力を測定することだけにはとどまらない。PISA 調査における読解力とは，自らの目標を達成し，社会に積極的に参加するために，書かれたテキストを理解し，利用し，熟考し，これに取り組むことを意味するのである。

第7節　筆記型読解力の問題例

7.1 「図書館の案内図」

この大問の基礎となっている「図書館の案内図」は，仕事上や，私的，公的，教育的な場面でしばしば出会う，日常的な非連続型テキストの一例である。この例の状況は，公的と定義付けられる。なぜなら，この案内図は地域社会（公立図書館）の活動と関連していて，読み手との匿名的な接触を想定しているからである。テキストのタイプは，記述に分類される。なぜなら，案内図に含まれる情報は，事物の空間的特性と，互いの関係性を示しているからである。

図 2.4 「図書館の案内図」

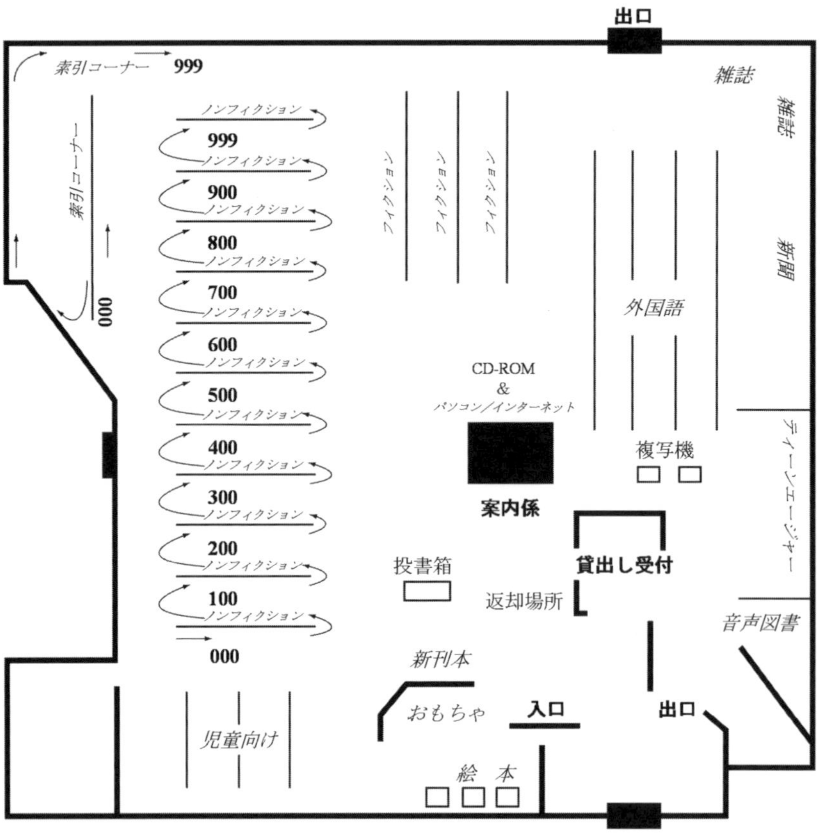

問 1

学校の課題で英語の小説を読まなければなりません。適した本が見つかる可能性が高いのはどのコーナーですか。案内図に○を書き入れてください。

枠組みの特徴は以下のとおりである。

- **状況**：公的
- **媒体**：紙
- **テキストの形式**：非連続型
- **テキストのタイプ**：記述
- **側面：探求・取り出し**：情報の取り出し
- **出題の意図**：レベルの低い推論を用いて，一つの要素に適合する情報を見つけ出すこと
- **出題形式**：短答

正答

コード１：「外国語」という言葉又はその近くの線（棚）に○をつけている。

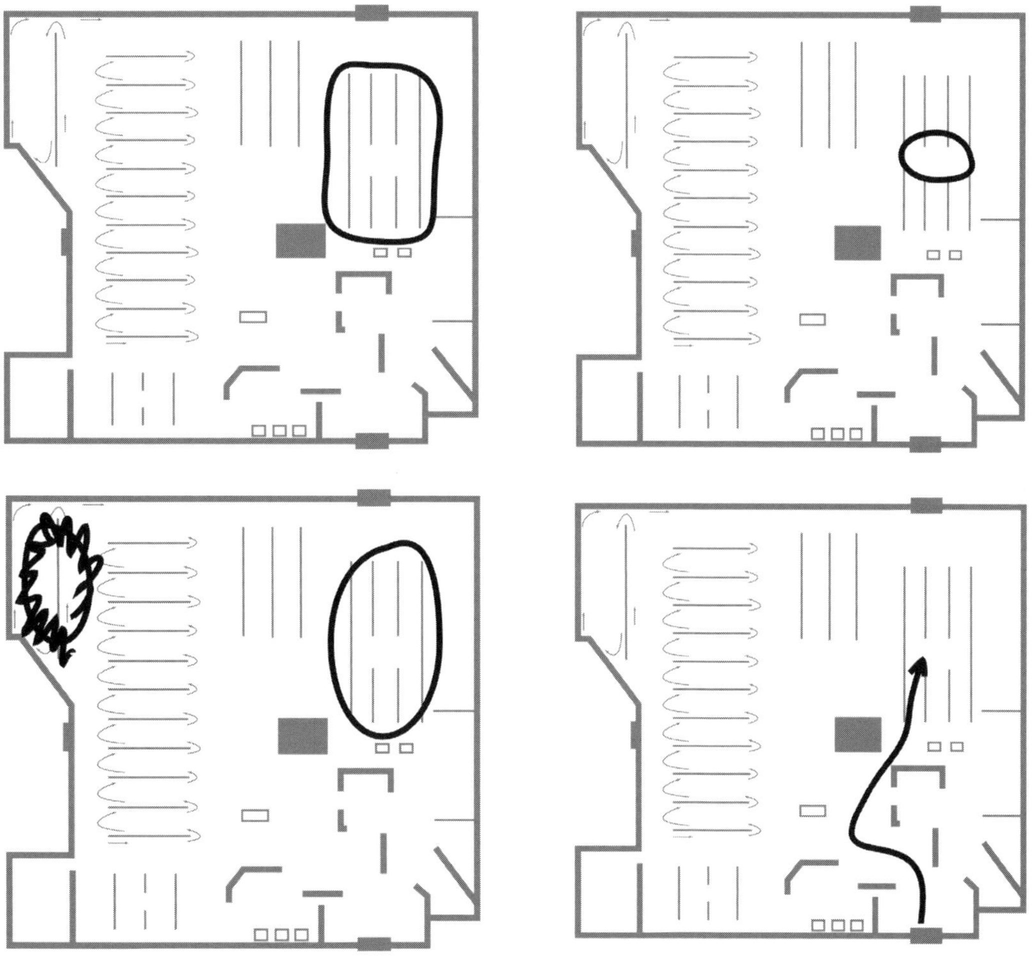

（消した答えは無視する。）

誤答／無答

コード0：その他の答え。案内図のその他の部分を含めて○をつけても不可（たとえ正答が書かれていても）。

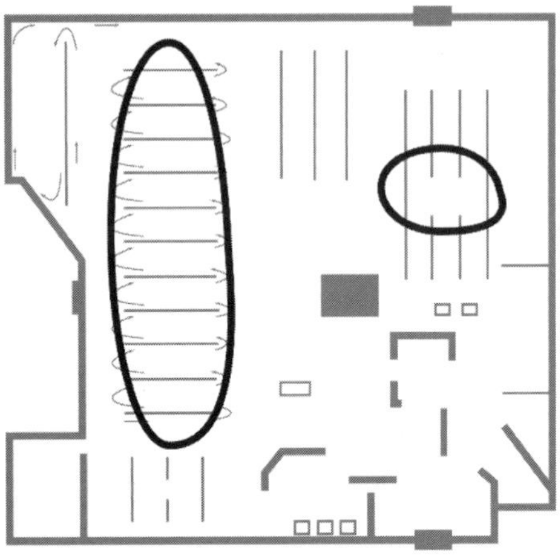

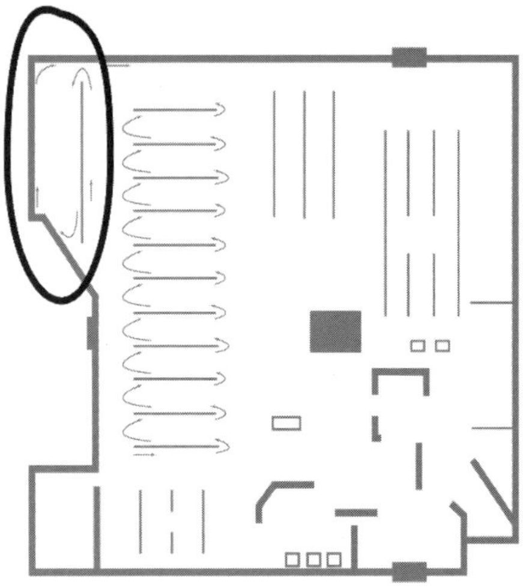

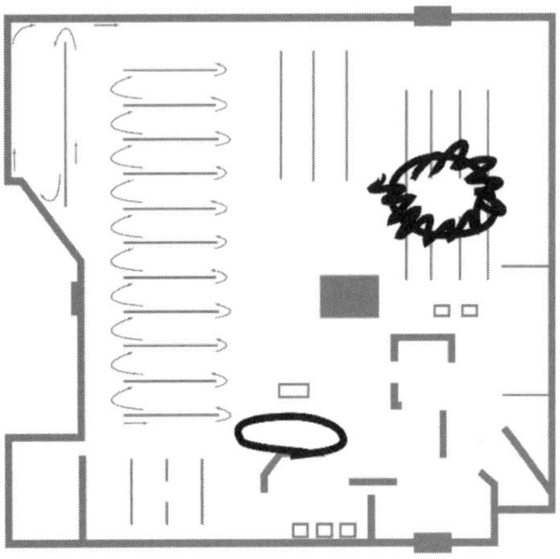

コード9：無答

この短答形式の問題では，読み手は情報空間から適切な情報を探し，位置を突き止め，選択しなければならない。ここでの情報空間とは，案内図である。必要となる情報は，複数の場所ではなく一つの場所の中で見つけられる。このことは，難易度を低減する要因となるだろう。一方，問いで使われている言葉と案内図にある記述は，文字通りには一致していない。つまり，読み手は「英語」を「外国語」に含める推論をしなければならない（国際センターによる翻訳時の指示では，この問いの国内版を作成する際，問いの中で言及されている言語は，学校で通常教えられている外国語にすべきであるとされている）。とはいえ，これは比較的易しい問題であり，予備調査に参加した生徒の5分の4以上が正しい分類場所を見つけることができた。採点基準にある正答例が示すように，生徒は答えを示すのに様々な異なる方法でテキストに印を付けることができる。問いでは丸で囲んで答えを示すように明記してあるが，解答の形状がどうであるかは，採点基準においては問われていない。重要なことは，解答が出題の意図にはっきりと合っているかどうか，つまり「レベルの低い推論を用いて，一つの要素に適合する情報を見つけ出す」ことである。

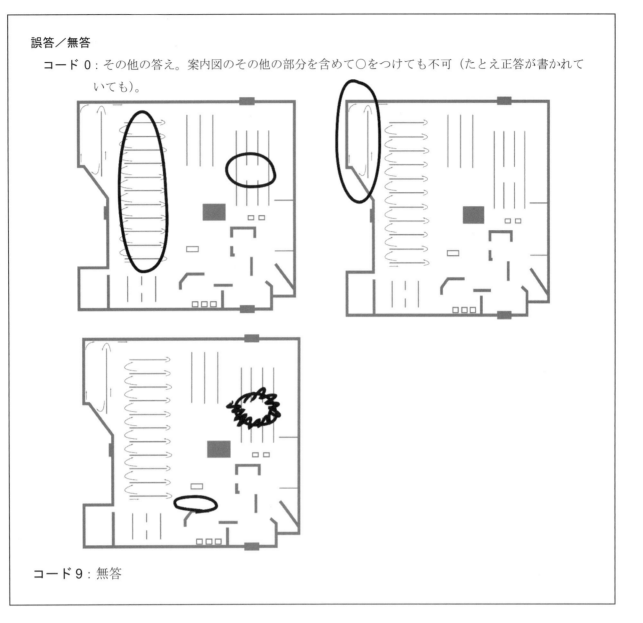

問 2A

新刊本 は次のうち、どこにありますか。

A　フィクションコーナー

B　ノンフィクションコーナー

C　入口の近く

D　案内係の近く

正しい答えはC「入口の近く」である。この問いは，次の問いのための情報であるだけで，独立して生徒の得点につながるものではない。この問いの答えは，問 2B の解答を採点する際に考慮される。

問 2B

新刊本 がその場所に置かれているのは、なぜですか。

……………………………………………………………………………………………………

……………………………………………………………………………………………………

枠組みの特徴は以下のとおりである。

- **状況**：公的
- **媒体**：紙
- **テキストの形式**：非連続型
- **テキストのタイプ**：記述
- **側面**：**熟考・評価**：テキストの内容の熟考・評価
- **出題の意図**：個人の知識と経験を利用して，案内図の特徴的な場所に関する仮説を立てること（訳注：本書の翻訳に際し，原文に忠実な訳に修正した）
- **出題形式**：自由記述

完全正答

コード 2：問 2A を正しく回答している。「入口の近く」という答えに沿って説明している。

・図書館に足を踏み入れるとすぐに目にとどまる。

・他の蔵書から離れているので，利用者が容易に見つけることができる。

・一番初めに見ることができる。（新刊本が入口の近くにあることを認識していることが暗にわかる。）

・非常に目立つから。

・はっきりと目立ち，本棚のかげに隠れないから，探さなくてもすむ。

・フィクションコーナーに行く途中，そこを通過する。

又は：問 2B を正しく回答している。図書館内の入口以外の場所に関連付けて，新刊本の場所についての理解を示す説明をしている。

・大人が新刊本を見ている間，子供は遊んでいられるから。（新刊本がおもちゃコーナーの近くにあることを認識している。）

・借りた本を返却する際に，新刊を目にすることになる。

部分正答

コード 1：問 2A を正しく回答していない。問 2A の答えに沿って説明している。

・（問 2A の答えが「フィクションコーナー」の場合）図書館の中でも一番利用者が多いコーナーなので，新刊本に気付くだろう。

・（問 2A の答えが「案内係の近く」の場合）案内係の近くに新刊本があるので，図書館員は新刊本について質問に答えることができる。

誤答／無答

コード 0：問 2A の回答が正解か不正解かに関係なく，不十分若しくは漠然とした説明をしている。

・そこはもっとも良い場所だから。

・新刊本も入口近くにある。（新刊本の場所を述べ，説明をしていない。）

・新刊本は投書箱の近くにある。（新刊本の場所を述べ，説明をしていない。）

又は：問 2A の回答が正解か不正解かに関係なく，課題文の理解が不正確，又は説得力のない説明，無関係な説明をしている。

・新聞を読んでいるときに新刊本に気付くだろう。（不正確 － 新刊本が新聞コーナーの近くにあると考えている。）

・他に置く場所がないから。（説得力がない。）

・新刊本を読むのが好きな人もいる。（質問とは無関係の答え。）

（問 2A の答えが「フィクションコーナー」の場合）その場所なら見つけやすいから。（問 2A の答えと無関係な答え。）

コード 9：無答

この課題についての採点基準は，やや複雑である。生徒は二つの問いを問われる。多肢選択形式と記述形式の問いだ。ただし，直接採点されるのは後者のみである。この課題は**熟考・評価**の尺度に関係しているので，主に情報の取り出しを求める多肢選択形式の部分は，それだけでは得点の対象とならない。しかし，多肢選択形式の問いは，二つ目の記述形式の問いを採点する際に考慮される。

完全正答を得るには，案内図の正確な読み取り（新刊本は入口の近くにある）と，そうした場所に新刊本が置かれる理由についての仮説の両方が解答に含まれていなくてはならない。そのような仮説を立てるには，読み手は自身の経験や知識に頼る必要があり，ここでは，図書館がどのように機能し，一般の人々にどのように利用されているかということについてである。PISA 調査の文脈において，求められる外部の知識は，想定される 15 歳児の経験の範囲内に収まるようになっている。

案内図上に新刊本の場所を正確に示すことはできなくても，新刊本が特定の場所に置かれる理由についての妥当な仮説を示した場合，その生徒には部分正答のみ与えられる。完全正答を得られる解答と同様に，このような解答は，この課題の要点である内容を熟考するというねらいを満たしているのである。

これは易しい問いで，予備調査に参加した生徒の 5 分の 4 以上が完全正答であった。

7.2 「スーパーマーケットからのお知らせ」

図 2.5 「スーパーマーケットからのお知らせ」

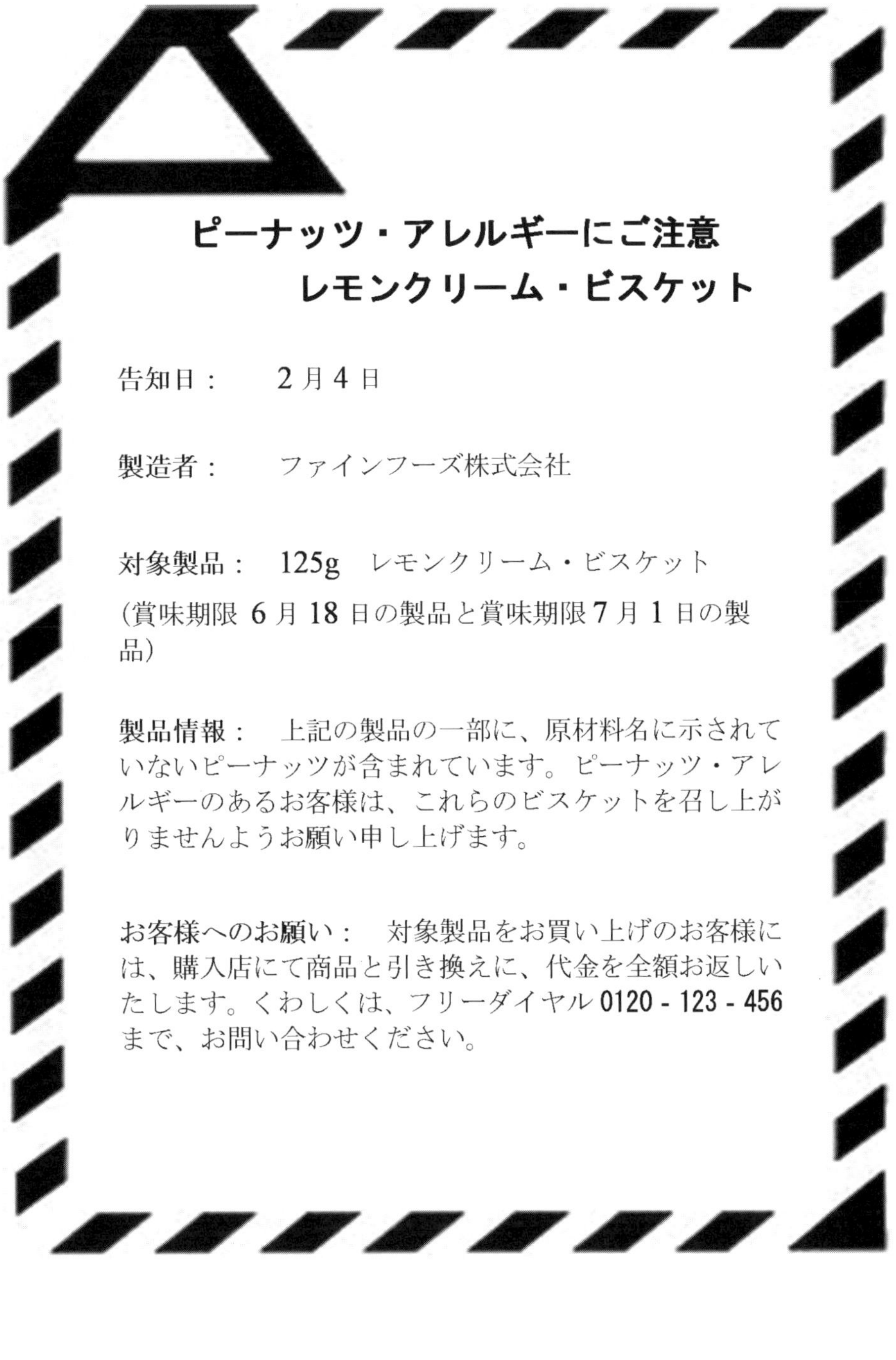

ピーナッツ・アレルギーにご注意
レモンクリーム・ビスケット

告知日：　2 月 4 日

製造者：　ファインフーズ株式会社

対象製品：　125g　レモンクリーム・ビスケット
(賞味期限 6 月 18 日の製品と賞味期限 7 月 1 日の製品)

製品情報：　上記の製品の一部に、原材料名に示されていないピーナッツが含まれています。ピーナッツ・アレルギーのあるお客様は、これらのビスケットを召し上がりませんようお願い申し上げます。

お客様へのお願い：　対象製品をお買い上げのお客様には、購入店にて商品と引き換えに、代金を全額お返しいたします。くわしくは、フリーダイヤル 0120 - 123 - 456 まで、お問い合わせください。

このお知らせは，日常的な役割を持つ非常に短いテキストで構成されている。つまり，消費者に対してある製品の危険性を警告し，代金を払い戻すので返品するよう助言するものである。課題文の書式は，国際標準の製品リコール告知に倣っているが，多くの生徒はこの種の通知を目にしたことがないであろう。とはいえ，警告の内容は明確に提示され，使用される単語数も最小限に抑えられている。レモンビスケットが製品として選ばれたのは，親しみやすくて生徒の興味を引きそうだからである。非常に短くて易しい問題を開発する場合，テスト開発者は親しみやすい内容で単純な課題文を使うことを念頭に置いている。このことは，単に問いの認知的負担を軽くするためだけでなく，読解力の習熟度が低い生徒が敬遠しないようなテキストにするためでもある。なぜなら，そのような読み手は，難しそうだとか，長そうだと感じただけで，読もうとする気さえ簡単になくしてしまうからだ。「スーパーマーケットからのお知らせ」は，説明事項のリストで構成されているので，テキストの形式は**非連続型**に分類される。また，テキストのタイプは指示に分類される。この製品を買ってしまったらどうすべきかについて指示を与えているからである。

問1

このお知らせは、どのような目的で出されたものですか。

A　レモンクリーム・ビスケットを宣伝するため

B　ビスケットがいつつくられたのかを知らせるため

C　ビスケットについて人々に注意をうながすため

D　レモンクリーム・ビスケットをどこで買えばいいのかを説明するため

枠組みの特徴は以下のとおりである。

- **状況**：公的
- **媒体**：紙
- **テキストの形式**：非連続型
- **テキストのタイプ**：指示
- **側面**：統合・解釈：幅広い理解の形成
- **出題の意図**：隣り合わせの情報を結び付けて，短いテキストの主要なアイディアを認識すること
- **出題形式**：多肢選択

正答～無答

コード1：C　ビスケットについて人々に注意をうながすため

誤答／無答

コード0：その他の答え

コード9：無答

この問いに正しく答えるには，生徒は全体の目的を捉えるために，テキストについて包括的な理解を形成しなくてはならない。特に，誤答の選択肢AとDを避けるために，テキストには特定の製品について書かれているが，宣伝ではなく警告であることを認識しなくてはならない。この問いは簡単であった。これは，テキスト全体が非常に短かったという事実によるものである。

問2

このビスケットをつくった会社の名前は何ですか。

……………………………………………………………………………………

枠組みの特徴は以下のとおりである。

- **状況**：公的
- **媒体**：紙
- **テキストの形式**：非連続型
- **テキストのタイプ**：指示
- **側面**：探求・取り出し：情報の取り出し
- **出題の意図**：短いテキストから同義関係にある言葉を見つけ出すこと
- **出題形式**：求答

正答

コード1：製造者の名前（ファインフーズ/ファインフーズ株式会社）を正確に判別している。

誤答／無答

コード0：その他の答え

コード9：無答

この問いにうまく答えるには，生徒は，問いの指示とテキストの中にある同義語（会社／製造者）を用いて，テキストで明確に述べられた単一の情報を見つける必要がある。テキスト全体が非常に短いことと，必要な情報がテキストの冒頭部近くにあることによって，この課題はさらに易しくなっている。この課題の出題形式は，正答を得られる答えが一つしかない（若干の異形は含める。「ファインフーズ」あるいは「ファインフーズ株式会社」）ので，求答形式といえる。

第2章

問３
もし、あなたがこのビスケットを買っていたとしたら、どうしますか。

……………………………………………………………………………………

なぜそのようにするのですか。

スーパーマーケットからのお知らせの中にある情報を用いて答えてください。

……………………………………………………………………………………

……………………………………………………………………………………

枠組みの特徴は以下のとおりである。

- **状況**：公的
- **媒体**：紙
- **テキストの形式**：非連続型
- **テキストのタイプ**：指示
- **側面**：熟考・評価：テキストの内容の熟考・評価
- **出題の意図**：テキストの情報に基づき，自分の行動の手順について仮説を立てること
- **出題形式**：自由記述

正答

コード 1：3A：ビスケットを返品すれば返金されることを十分に理解していることを示す答え。ビスケットを食べたこと，食べていないこと，返品したこと，何らかの他の方法でビスケットを処分したことに言及してもよい。

かつ

3B：課題文と 3A での答えに矛盾しない説明を行っている。ピーナッツに潜在的な問題があるという考えと一貫していなければならない。

・(3A)

返金を求める

(3B)

そのようにするように書いてある

私はピーナッツ・アレルギーだ

彼らは間違ったことをしている

何か（他に）問題があるかもしれない

ピーナッツが好きではない

・(3A)

捨てる

(3B)

私はピーナッツ・アレルギーだ
何か問題があるかもしれない

・(3A)
食べる
(3B)
ピーナッツを食べても私には問題ない
私はピーナッツ・アレルギーではない
私はピーナッツが好きだ

・(3A)
クラスの友達にあげる
(3B)
彼女はピーナッツ・アレルギーではない

・(3A)
何もしない
(3B)
私はピーナッツ・アレルギーではない
店まで返品しにいくのは面倒だ

3A：課題文の適切な箇所から引用し，あるいは言い換えをしているが，それ以上の説明をしていない（課題文には，とるべき行動が書かれており，それ以上の説明は必要ないというに触れている）。

・(3A) 購入店にて商品と引き換えに，代金を全額お返しいたします。くわしくは，フリーダイヤル 0120 - 123 - 456 まで，お問い合わせください。
(3B)（無答）

・(3A) お買上げの場所で御返品くだされば，代金を全額お返しいたします
(3B)（無答）

・(3A) くわしくは，0120 - 123 - 456 まで，お問い合わせください
(3B)（無答）

・(3A) さらに情報を求めて，その電話番号に電話をかける
(3B)（無答）

3A：無答　**かつ** 3B：何も行動しないことについて説明している。

・(3A)（無答）
(3B) 私はピーナッツ・アレルギーではない

・(3A)（無答）
(3B) 店まで返品しにいくのは面倒だ

誤答／無答

コード 0：不十分な答え，若しくは漠然とした答えをあげている。

・(3A) 知らない
(3B) ピーナッツが入っているだろう

・(3A) 食べる
(3B) ピーナッツが入っているだろう

課題文の理解が不正確，又は説得力のない答え，無関係な答えをあげている。

・(3A)（無答）

(3B) ナッツが入っているかどうか調べる

・(3A) 食べる

(3B) 食べても大丈夫そうに見える

・(3A) 誰かにあげる

(3B) 問題にはならない

・(3A)（無答）

(3B) 私はピーナッツ・アレルギーだ

・(3A)（無答）

(3B) ピーナッツは危険かもしれない

・(3A) 捨てる

(3B) 賞味期限を過ぎている

コード 9：無答

この問いでは，生徒はテキスト中の情報に対し，自分の取りそうな対応について仮説を立てる必要がある。この問いは，個人的な好み，あるいは取りそうな態度に基づく判断が求められるため，**熟考・評価**に分類される。採点ガイドによると，解答がテキストの二つの中心的考えと矛盾しない限り，幅広い解答が正答となる。二つの中心的考えとは，第一に，ビスケットの返品が可能であること，第二に，ビスケットが潜在的な危険を引き起こすことである。この問いの難易度は低く，予備調査に参加した生徒の5分の4以上が正答であった。この問いが易しい理由の一つは，なされる熟考のレベルが低いことによる。つまり，食品という親しみやすい話題に関する一連の行動について，個人的な好みによる選択を説明することに，専門的知識を必要としないからである。

問 4

なぜ、このお知らせには「**賞味期限**」の日付が書かれているのですか。

……………………………………………………………………………………………………

……………………………………………………………………………………………………

枠組みの特徴は以下のとおりである。

- **状況**：公的
- **媒体**：紙
- **テキストの形式**：非連続型
- **テキストのタイプ**：指示
- **側面**：統合・解釈：解釈の展開
- **出題の意図**：短いテキストに含まれる型にはまった特性の目的を判別すること（訳注：本書

の翻訳に際し，原文に忠実な訳に修正した）

●**出題形式**：自由記述

> 正答
>
> コード1：賞味期限によって，対象となるビスケットを判別することができることに言及している。
>
> ・対象となる商品を区別するため
>
> ・そうすれば，ピーナッツが入っているかどうかがわかるから
>
> 誤答／無答
>
> コード0：いつビスケットを食べるべきかということに言及している。
>
> ・食べるべき時期だから
>
> ・いつ食べるべきかを教えるため
>
> ・余り長い間保存しないため
>
> ・いつまでもつかを教えるため
>
> 不十分な答え，若しくは漠然とした答えをあげている。
>
> ・日付です
>
> 課題文の理解が不正確，又は説得力のない答え，無関係な答えをあげている。
>
> ・これで，いつお知らせが無効になるかがわかる
>
> コード9：無答

この問いに正しく答えた生徒は3分の1に満たなかった。テキストの短さと単純さから考えて，この結果は，テキストの特徴は問いの難しさを部分的にしか説明できないことを示している。この問いでは，生徒はテキストの特定された部分，すなわち「賞味期限」の日付の目的を理解する必要がある。この問いが難しいのは，特定されたこのテキストにおいての目的に注目しなくてはならないことによる。この表示の通常の目的（すなわち，この製品をいつまでに消費すべきかを消費者に伝えること）を答えた生徒には得点が与えられない。こうした点で，正答となる解答は予想に反しており，問いの難しさを認める指標となっている。

7.3 「目的地はブエノス・アイレス」

「目的地はブエノス・アイレス」は，アントワーヌ・ド・サン＝テグジュペリの1931年の小説『Vol de Nuit』（英語では『Night Flight』として出版されている）からの抜粋である。PISA調査においては，オリジナルのテキストに「パタゴニア」に関する脚注のみ付け加えられた。この地名に対してどれほどなじみがあるかは，生徒によって明らかに異なると考えられたからである。注釈の説明によって，生徒がテキストを処理しやすくする文脈が与えられている。抜粋部分は，ブエノス・アイレスにある飛行機の着陸地が舞台であり，仕事の責任の重さに打ちひしがれた人物リヴィエールを独立して描写している。この小説が書かれたのは1931年であるが，人間のテーマは依然なじみ深いものである。

図 2.6 「目的地はブエノス・アイレス」

こうして、パタゴニア[1] とチリとパラグアイから、３機の郵便《ゆうびん》飛行機が、南と西と北から、ブエノス・アイレスに向けて戻るところだった。ブエノス・アイレスでは、真夜中にヨーロッパ行きの飛行機が離陸できるように、３機の積み荷の到着を待っていた。

３人のパイロットは、荷を運ぶ船のように重々しいエンジンの後ろで、夜をさまよいながら、自分のフライトに集中していた。やがて巨大な都市に近づけば、荒れくるう空から、あるいは静まりかえった空から、まるで山からおりてきた見知らぬ農民のように、ゆっくりと降下することだろう。

この仕事全体の責任者であるリヴィエールは、ブエノス・アイレスの飛行場をうろうろと歩きまわっていた。 彼は無言だった。なぜなら、３機の飛行機が到着するまで、何か悪いことが起こるのではないかと思っていたからだ。刻一刻と電報がとどくたびに、彼は何かを運命からつかみとり、徐々《じょじょ》に分からないことが減っていって、パイロットたちを夜から陸地へと導《みちび》きよせていることを実感していた。

ひとりの部下が、リヴィエールのところへ、無線連絡の内容を伝えにきた。

「チリからの飛行機が、ブエノス・アイレスの光が見えると言ってきました。」

「そうか。」

まもなく、リヴィエールには、この飛行機のエンジン音が聞こえてくることだろう。もうすぐ夜は１機を返してくれる。引き潮と満ち潮と不思議でふくれあがった海のような夜は、長い間もてあそんでいた宝物を、この陸地へと返してくれるのだ。いずれ、ほかの２機も返してくれることだろう。

そうすれば、この日の仕事も終わる。つかれきったパイロットたちは眠りにつき、新たなパイロットたちと交替する。しかし、リヴィエールに休みはない。今度はヨーロッパからの郵便《ゆうびん》飛行機が、彼を大いに心配させるのだ。いつまでも、そうだろう。いつまでも。

Antoine de Saint-Exupéry. Vol de Nuit. © Éditions Gallimard
サン＝テグジュペリ『夜間飛行』より

[1]アルゼンチンとチリの南部の地域のこと

問１

リヴィエールは自分の仕事について、どう思っているでしょうか。課題文にもとづきながら、そのように考えた理由も説明してください。

……………………………………………………………………………………………

……………………………………………………………………………………………

枠組みの特徴は以下のとおりである。

- **状況**：私的
- **媒体**：紙
- **テキストの形式**：連続型
- **テキストのタイプ**：叙述
- **側面**：統合・解釈：解釈の展開
- **出題の意図**：物語文の情報を結び付けて，根拠を挙げながら，登場人物の心境を一般化すること（訳注：本書の翻訳に際し，原文に忠実な訳に修正した）
- **出題形式**：自由記述

正答

コード 2：ストレス，粘り強さ，重責を負っていること，任務遂行のための努力などにふれながらリヴィエールの気持ちを描写し，かつ，課題文の関連する部分に触れながら説明している。課題文全体の内容に触れてもよいし，言い換えてもよいし，課題文からそのまま引用してもよい。引用は，描写した感情と対応する部分でなければならない。

- 彼はすっかり参っています。最終行から分かるように，彼は全然休めません。
- 彼はストレスを感じています。その 1 日は「何か悪いことが起こるのではないかと思っていた」からです。
- 彼は仕事に重圧を感じています。一日中，3 機の飛行機のことを心配し，そのあとヨーロッパ便の心配もしなければならないからです。
- 彼はあきらめています。最後の「いつまでも」から分かるように，彼は事態が変わらないと考えています。
- 彼は本当に仕事を大事にしています。全員が無事と分かるまで，リラックスできないからです。（課題文全体の内容に触れている）

部分正答

コード 1：ストレス，粘り強さ，重責を負っていること，任務遂行のための努力などに触れながらリヴィエールの気持ちを描写しているが，課題文に触れながら説明していない。

- 彼は起こったできごとに，本当に責任を感じています。
- 彼はストレスを感じています。

誤答／無答

コード 0：不十分な答え，若しくは漠然とした答えをあげている。

課題文の理解が不正確，又は説得力のない答え，無関係な答えをあげている。

- 彼は自分の仕事が好きです。なぜなら，たくさんのことを管理しているからです。（課題文に裏付けられていない）
- 彼はかっこいいと思っています。なぜなら，飛行機を見守ることができるからです。（課題文に裏付けられていない）

コード 9：無答

この問いについて採点ガイドでは，得点に結びつく解答が2種類あることが示されている。問いに正確に答え，テキストを使って説明ができていれば，完全正答となる。問いに正確に答えているが，解答に対する説明ができていない場合は，部分正答となる。部分正答のコードから，不完全な答えの方が不正確な答えより評価が高いことが認められる。予備調査では，この問いで完全正答を得た生徒は半数に満たなかった。しかし，部分正答を得た者が4分の1いたので，この問いではおよそ4分の3の生徒が何らかの得点（完全正答又は部分正答）を得たことになる。この問いは**統合・解釈**に分類される。なぜなら，生徒はテキスト中に明確には述べられていない解答を作り出すよう求められるが，問いに答えるために必要な全ての情報がテキストの中にあるからである。

問2

「目的地はブエノス・アイレス」は1931年に書かれたものです。現在であっても、リヴィエールは同じように心配すると思いますか。そのように考えた理由も書いてください。

....

....

枠組みの特徴は以下のとおりである。

- **状況**：私的
- **媒体**：紙
- **テキストの形式**：連続型
- **テキストのタイプ**：叙述
- **側面**：熟考・評価：テキストの内容の熟考・評価
- **出題の意図**：物語の文脈の変化が登場人物に与える影響について仮説を立てること（訳注：本書の翻訳に際し，原文に忠実な訳に修正した）
- **出題形式**：自由記述

正答

コード1：「はい」あるいは「いいえ」と答え（若しくは，答えがそれとなくわかる内容になっている），時間を基準にした比較対照に触れて，かつ自分の考えを裏付けている。技術の進歩や安全性の向上など物質的な問題に触れてもよいし，あるいは不安など心理的な問題に触れてもよい。答えは，課題文の正確な読解と矛盾しないものでなければならない。

- いま，パイロット（飛行機）は方向指示のための高度な機器を持っており，気象条件が悪いときに技術的な問題を解決してくれます。
- いいえ。現在，飛行機にはレーダーと自動操縦システムがついていて，それで危険な状況を避けることができます。
- はい。他の交通手段と同じく，飛行機は今でも危険です。事故やエンジンの故障などの危険は決してなくなりません。
- いま，新しい科学技術と技術的進歩は，地上においてと同じように航空機にとっても非常に重要です。

・はい。今でも事故の危険があります。

・いいえ。以前はテロ攻撃の危険はありませんでした。

誤答／無答

コード 0：不十分な答え，若しくは漠然とした答えをあげている。

・いいえ。現在の心配ごとは違います。

・はい。多少の進歩はしています。

・ある意味ではそうだが，現代の視点でみればそうではない。（曖昧）

・時間をかけて，人々はそれを変えるでしょう。（曖昧）

課題文の理解が不正確，又は説得力のない答え，無関係な答えをあげている。

・いいえ。なぜなら現在では夜は旅行しないからです。（常識からして正しくない）

・いいえ。現在では，パイロットは以前よりもよく訓練されているからです。（無関係）

・いいえ。リヴィエールは本当に喜んで仕事をしていますが，現在では，テロリストのことが心配です。（課題文を正確に理解していない）

コード 9：無答

この問いはある程度難しい。半分をやや上回る生徒が正しく答えた。この問いでは，生徒はテキストが書かれた文脈を熟考し，自身の文脈と比較することを求められる。問いの目的は熟考を後押しすることである。したがって，解答がテキストの正しい読解に矛盾していない限り，そして現代という時代の文脈について妥当な立場を示している限り，どちらの立場を選択しても，幅広い解答が正答となる。

問 3

この課題文では、主人公に何が起こっていますか。

A　不快なことがらに驚いている

B　仕事を変えようと心に決めている

C　何かが起こることを待っている

D　他人の言葉に耳をかたむけようとしている

枠組みの特徴は以下のとおりである。

- **状況**：私的
- **媒体**：紙
- **テキストの形式**：連続型
- **テキストのタイプ**：叙述
- **側面**：統合・解釈：幅広い理解の形成
- **出題の意図**：物語文の重要な行動を認識すること
- **出題形式**：多肢選択

正答

コード1：C　何かが起こることを待っている。

誤答／無答

コード0：その他の答え

コード9：無答

この問いは易しい。約4分の3の生徒が正しく答えた。この問いでは，生徒はテキストの主要なアイディアを明確にすることで，幅広い理解を示すことを求められる。また，テキスト全体をつなぎ合わせ，全体的な行動について一般化することを要求される。この問いが簡単なのは，テキストの主要なアイディアがテキスト全体に暗示され，強化されているからである。

問4

最後から2番目の段落（「まもなく、……」）によれば、夜と海は、どのようなところが似ているというのですか。

A　どちらもその中にあるものをかくす

B　どちらもうるさい

C　どちらも人間によって支配されている

D　どちらも人間にとって危険である

E　どちらも静かである

枠組みの特徴は以下のとおりである。

- **状況**：私的
- **媒体**：紙
- **テキストの形式**：連続型
- **テキストのタイプ**：叙述
- **側面**：統合・解釈：解釈の展開
- **出題の意図**：隠喩に使われている比較の重要性を理解すること
- **出題形式**：多肢選択

正答

コード1：A　どちらもその中にあるものをかくす。

誤答／無答

コード0：その他の答え

コード9：無答

この問いでは，生徒は隠喩を解釈する必要があるが，「隠喩」という語は意図的に設問文の中では避けられている。なぜなら，このようなメタ言語的用語は，違った教育背景を持つ生徒にとって親しみやすさが異なると考えられ，また，このようなメタ言語的知識は，PISA 調査における読解力の習熟度として説明される部分ではないからである。一方，比喩的な言語を解読する能力は，テキスト，特に文学的テキストを解釈する上での重要な要素であると考えられる。言語と文化を超えてこの能力を反映させることは，国際的な読解力調査に特有の課題とされている。この問いで，設問文の中で比喩的言語として使われている語（「海」と「夜」）は，普遍的になじみがあると考えることができ，この物語の引用部分での文脈において，文化を超えて類似した言外の意味を持っている。予備調査の結果からわかったのは，この問いには強い計量心理学的性質があり，国と言語を超えて成績は似通っていたということである。この問いによって，比喩的言語などのテキストの文学性に焦点を当てた問題を国際調査においてうまく構成することも，ときには可能であることが示された。さらに，PISA 調査の多肢選択形式問題は 4 択の場合が最も多いが，ときには 5 択以上の選択肢が設けられる場合があることを，この問いは示している。この問いはやや難しく，正しく答えた生徒は 3 分の 2 に満たなかった。

注記

1．本節では，特に記述がない限り，紙媒体と電子媒体，両者の読解を指す。

2．これは，一つの課題で複数のテキストを使うことを避けるという意味ではなく，それぞれのテキストには一貫性がなくてはならないことを意味する。

3．ハイパーテキストのリンクは，膨大なデジタル文書の中の情報単位をつなぐ方法として 1980 年代に出現した技術である（Conklin, 1987; Koved and Shneiderman, 1986; Lachman, 1989; Weyer, 1982）。ハイパーテキストのリンク及びハイパーリンクは，一つの情報（語や句，又は絵やアイコン）であり，もう一つの情報（通常はページ）と論理的につながっている。ハイパーリンクを使うことは，ネットワーク構造を持ったマルチページ文書の創造を念頭に置いている。

参考文献・資料

Binkley, M. and **P. Linnakylâ**（1997）, “Teaching Reading in the United States and Finland”, in M. Binkley, K. Rust and T. Williams（eds.）, *Reading Literacy in an International Perspective,* US Department of Education, Washington D.C.

Bruner, J.（1990）, *Acts of Meaning,* Harvard University Press, Cambridge, Massachusetts.

Conklin, J.（1987）, “Hypertext: An Introduction and Survey”, *Computer,* Vol. 20, pp.17- 41.

Coulombe, S., J-F. Tremblay and **S. Marchand**（2004）, *Literacy Scores, Human Capital, and Growth Across Fourteen OECD Countries,* Statistics Canada, Ottawa.

Council of Europe（1996）, *Modern Languages: Learning, Teaching, Assessment. A Common European Framework of Reference,* CC LANG（95）5 Rev. IV, Council of Europe, Strasbourg.

Cunningham, A.E. and **K.E. Stanovich**（1998）, “Early Reading Acquisition and its Relation to Reading Experience and Ability 10 Years Later”, *Developmental Psychology,* Vol. 33, pp. 934-945.

Dole, J.G. Duffy, L. Roehler and D. Pearson（1991）, “Moving from the Old to the New: Research on Reading Comprehension Instruction”, *Review of Educational Research,* Vol. 16（2）, pp. 239-264.

Fastrez, P.（2001）, “Characteristic（s）of Hypermedia and how they Relate to Knowledge”, *Education Media International,* Vol. 38, pp. 101-110.

Halpern, D.F.（1989）, *Thought and Knowledge: An Introduction to Critical Thinking,* Lawrence Erlbaum Associates, Hillsdale, New Jersey.

Holloway, J.H.（1999）, “Improving the Reading Skills of Adolescents”, *Educational Leadership,* Vol. 57（2）, pp. 80-82.

Hubbard, R.（1989）, “Notes from the Underground: Unofficial Literacy in one Sixth Grade”, *Anthropology and Education Quarterly,* Vol. 20, pp. 291-307.

Kirsch, I.（2001）, *The International Adult Literacy Survey: Understanding What Was Measured,* Educational Testing Service, Princeton,New Jersey.

Kirsch, I. and **P.B. Mosenthal**（1990）, “Exploring Document Literacy: Variables Underlying the Performance of Young Adults”, *Reading Research Quarterly,* Vol. 25（1）, pp. 5-30.

Koved, L. and **B. Shneiderman**（1986）, “Embedded Menus: Selecting Items in Context”, *Communications of the ACM,* Vol. 29（4）,pp. 312-318.

Lachman, R.（1989）, “Comprehension Aids for Online Reading of Expository Text”, *Human Factors,* Vol. 31, pp. 1-15.

Legros, D. and **J. Crinon**（eds.）（2002）, *Psychologie des apprentissages et multimedia,* Armand Colin, Paris.

Leu, D. (2007), *Expanding the Reading Literacy Framework of PISA 2009 to include Online Reading Comprehension,* unpublished manuscript.

OECD (2009), *PISA 2009 Assessment Framework: Key Competencies in Reading, Mathematics and Science,* PISA, OECD Publishing.（『PISA2009年調査 評価の枠組み：OECD生徒の学習到達度調査』経済協力開発機構（OECD）編著，国立教育政策研究所監訳，明石書店，2010年）

Pew Internet and American Life Project (2005), *Internet: The Mainstreaming of Online Life, Trends 2005,* Washington, D.C.

Reinking, D. (1994), "Electronic Literacy", *Perspectives in Reading Research,* Vol. 4.

Shetzer, H. and **M. Warschauer** (2000), "An Electronic Literacy Approach to Network-based Language Teaching", in M. Warschauer and R. Kem (eds.), *Network-based Language Teaching: Concepts and Practice,* Cambridge University Press, New York, pp. 171-185.

Smith, M.C., L. Mikulecky, M.W. Kibby and M.J. Dreher (2000), "What will be the Demands of Literacy in the Workplace in the Next Millennium?", *Reading Research Quarterly,* Vol. 35 (3), pp. 378-383.

Sticht, T.G. (ed.) (1975), *Reading for Working: A Functional Literacy Anthology,* Human Resources Research Organization, Alexandria, Victoria.

Stiggins, R.J. (1982), "An Analysis of the Dimensions of Job-related Reading", *Reading World,* Vol. 82, pp. 237-247.

Sweets, R. and **A. Meates** (2004), *ICT and Low Achievers: What does PISA tell us?,* Hungarian Ministry of Education and OECD,Budapest and Paris.

Warschauer, M. (1999), *Electronic Literacies: Language Culture and Power in Online Education,* Lawrence Erlbaum Associates, Mahwah, New Jersey.

Werlich, E. (1976), *A Text Grammar of English,* Quelle and Meyer, Heidelberg.

Weyer, S.A. (1982), "The Design of a Dynamic Book for Information Search", *International Journal of Man-Machine Studies,* Vol. 17, pp. 87-107.

■ 第 3 章 ■

科学的リテラシー

本章は PISA2012 年調査の科学的リテラシーの評価を特徴付ける考え方を示したものである。最初に，科学的リテラシーの定義について述べ，次に PISA 調査における科学的リテラシーの構造について概観するとともに，調査問題の状況・文脈を示す。また，本章では調査の中核を成す知識・技能，すなわち「科学的な疑問を認識する」「現象を科学的に説明する」及び「科学的な証拠を用いる」の三つについて述べる。さらに，知識と態度という要素が PISA 調査の科学的リテラシーにおいてどのように取り上げられているのかについて解説する。調査問題は，PISA 調査の科学的リテラシーの分類，形式及び構造を示すために，本章全体を通じて例示されている。

はじめに

この枠組みは，PISA調査において用いられる**科学的リテラシー**の定義を説明し，問いの文脈を示している。科学的リテラシーは，PISA2012年調査の中心分野ではない。この分野の定義は，PISA 2006年調査から変更されていない。PISA2006年調査において，科学的リテラシーは初めて中心分野として評価された（OECD, 2006; Bybee and McCrae, 2009）。しかし，用語については幾つかの変更がある。これはPISA調査で用いられる用法とDeSeCoプロジェクト（OECD, 2003）で用いられている言葉の整合性を保たせるためである。

この枠組みにおいて，「科学的リテラシー」は，三つの科学的能力から成っている。能力（コンピテンシー）は，知識と技能以上のものである（OECD, 2003）。ここで言う能力とは，一定の文脈において認知的・非認知的資源を用いることを指す。科学的能力の認知的側面を議論する場合，現在のPISA調査のサイクルにおける科学的リテラシーの評価に合わせて，生徒の示す適切な科学的知識と技能として言及されている。PISA2006年調査で確立したPISA調査の科学的リテラシーの下位尺度（OECD, 2006）では，科学的能力と参照されている。

今回の調査において科学的リテラシーは中心分野となっていないことから，PISA2006年調査では含まれていた，生徒の科学に対する態度についての質問項目は生徒質問紙に含まれていない。また，同様に，調査のブックレットには，認知的能力や知識と併せて態度に関する質問も含まれていない。PISA2009年調査と同様に，PISA2012年調査の科学的リテラシーの枠組みの改訂版において，科学的リテラシーの評価はこうした変更を反映したものとなっている。また，尺度に関する議論も更新されており，枠組みを示すためにPISA2006年調査の公開問題も含めている。

科学とテクノロジーの理解は，若者が今日の社会生活に備えるために不可欠である。その理解は，科学とテクノロジーが重要な役割を果たしている社会に，個人がうまく参加していくことを可能にしてくれる。さらに，科学とテクノロジーの問題が生活に影響を与えている公共政策の意思決定に，個人が適切に参加することを可能にするのである。すなわち，科学とテクノロジーに対する理解は，全ての人々の個人的，社会的，専門的，そして文化的生活に重要な貢献をするのである。

日々の生活の中で個人が遭遇する状況や問題，課題のかなりの部分において，我々は科学とテクノロジーに関するある程度の理解を求められる。しかも状況が十分に理解され，問題の所在が明確になる前にである。我々は，科学とテクノロジーに関する問題に，個人のレベル，コミュニティのレベル，国のレベル，ひいては世界的なレベルにおいて直面している。したがって，国のリーダーは，それぞれの国において全ての個人がこうした問題にどの程度備えなければならないのか，問うことが求められる。つまり，重要なのは若者が学校から社会へ出たときに科学的な質問にどの程度答えられるかである。生徒たちがその後の人生において科学とテクノロジーが絡む様々な状況にどの程度対応できるだろうかという点について，15歳における評価は，その最初の指標を提供してくれる。

したがって，15歳の生徒の国際調査の基本として，次のように問うことが適当である。すなわち，「科学とテクノロジーが絡む状況において，市民は何を知り，何を評価することが重要であり，そして何ができることが大切なのか」という問いである。この問いに対する答えが生徒の評価の基礎となる。すなわち，生徒たちの現在の知識，価値及び能力が，未来において彼らが必要となるものにどうつながっているのかについてである。この問いに対する答えが，まさにPISA調査における科学的リテラシーの評価の中心に置かれている能力（コンピテンシー）である。

- **科学的な疑問を認識する**
- **現象を科学的に説明する**
- **科学的な証拠を用いる**

これらの能力は，生徒が科学に関する疑問に直面し，それに反応するときに，一方では知識と認知的能力を，他方では態度や価値観，動機を示すことを必要とするものである。

市民が科学とテクノロジーが絡む状況において，何を知っていて，何に価値を認め，何をすることができるかを特定するという課題は，簡単で直接的なものに見える。そうすることは科学的な理解についての疑問を提起するが，全ての科学的知識の習得を意味するものではない。この枠組みは，市民が何を必要とするかに言及しようとするものである。市民にとって，どんな知識が最も適切か。この問いへの答えには，科学の学問上の基本的な概念を含むのは確かであるが，その知識は個人が生活で遭遇するような状況で用いられなければならない。また，人はしばしば，知識を生み出し，自然界に関する説明を提案する一つの過程の中で，科学に対する理解を必要とする状況に遭遇する[1]。さらに，人は，科学とテクノロジーの補完的な関係，及び科学に基づくテクノロジーがいかに普及し，現代の生活に影響を与えているかについて認識しなければならない。

市民が，科学とテクノロジーに関して何に価値を認めることが重要であろうか。その答えには，科学及び科学に基づくテクノロジーの社会に対する役割及び貢献と，様々な**個人的**，**社会的**，**地球的**な文脈における科学とテクノロジーの重要性が含まれなければならない。したがって，個人が科学に対して興味や関心を持つこと，科学的探究のプロセスを支持すること，及び天然資源と環境に対して責任ある行動をとることを期待することは理にかなっていると考えられる。

個人にとって，科学に関連して，何ができることが重要であろうか。人はしばしば，与えられた証拠と情報から適切な結論を導かねばならない。証拠に基づいて，他者の主張を評価しなければならない。さらに個人的な意見と証拠に基づく言明を区別しなければならない。含まれている証拠はしばしば科学的であるが，科学はより一般的な役割も果たす。というのは，科学は，証拠に照らして考えや理論を検証する際の合理性に関わるからである。もっとも，科学には創造力や想像力が含まれること，そして科学は，世界についての人間の理解を深める上で常に中心的な役割を果たしてきているという特質を持っていることを否定するものではない。

市民は，科学的と考えられる要求と科学的とは考えられない要求を区別することができるだろうか。一般市民は通常，科学に関する主要な理論や潜在的発展の価値についての判断を求められることはない。しかしながら，広告における事実，法的問題における証拠，健康に関する情報，地域の環境や天然資源に関する疑問点を基盤として意思決定することを求められる。教養ある市民は，科学者が答えられる種類の疑問及び科学に基づくテクノロジーによって解決できる種類の問題と，このような方法では答えることのできないものとを区別できなければならない。

第1節　科学的リテラシーの定義

科学（理科）教育の望ましい成果に関する現在の考え方は，科学的知識（探究への科学的アプローチの知識を含む）と，社会に対する科学の貢献を評価することを強調している。これらの結果は，科学の重要な概念と説明を理解し，世界における科学の長所と限界について理解することを求めている。それらは，科学に対する批判的な立場と思慮深いアプローチを含んでいる（Millar and Osborne, 1998）。

こうした目標は，万人のための科学教育を目指し，これを強調している（Fensham, 1985）。PISA 調査で評価される能力は広い範囲にわたるとともに，個人としての利用，社会的責任，科学的知識の内在的価値及び外在的価値に関する側面を含むものである。

上述の議論は，PISA 調査における科学的リテラシーの評価の核心部分を形成している。すなわち，この調査は，合理的かつ適切な**個人的**，**社会的**，**地球的**な文脈において，15 歳の生徒が何を知り，価値付け，行動することができるかを明らかにする能力に焦点を当てるべきだということである。この視点は，専ら学校の科学のプログラムの見地だけに基づくものや，広範な科学の学問分野にしか基づかないものとは異なる。だが，その視点は教育的な文脈や職業的な文脈に位置付けられる諸問題を含むとともに，科学的な原理を定義付ける知識，方法，態度及び価値が本質的には重要であると認めている。PISA 調査の科学の評価における全般的な目的を最もよく表している用語が，「科学的リテラシー」である（Bybee, 1997a; Fensham, 2000; Cräber and Bolte, 1997; Mayer, 2002; Roberts, 1983; UNESCO, 1993）。

PISA 調査は，生徒の「科学的リテラシー」の認知的側面及び情緒的側面の両者に関心を持っている。認知的側面には，生徒の知識及びこの知識を効果的に用いることのできる能力が含まれる。すなわち，**個人的**，**社会的**あるいは**地球的**規模で関連する科学や科学的探究に特徴的な認知プロセスを行うことのできる能力である。科学的能力を評価する上で，PISA 調査では，科学的知識が寄与できるような疑問とともに，現在あるいは将来に生徒が意思決定に巻き込まれるような疑問を扱う。生徒の科学的能力の観点から見れば，生徒は，疑問に関連する科学的知識を理解することによって，また情報にアクセスし評価する能力や，その疑問に関係する証拠を解釈する能力によって，さらにはその疑問の科学的側面及び技術的側面を認識する能力によって，そうした疑問に答えるのである（Koballa *et al.*, 1997; Law, 2002）。PISA 調査はまた，非認知的側面にも関心を持っている。すなわち，生徒が情意面でいかに反応するかという点である。彼らの反応の態度に関する側面は，彼らの興味を引き，彼らが支持を維持し，そして，彼らが行動を起こす動機となる（Schibeci, 1984）。

PISA 調査の科学的リテラシーの評価は，連続する科学的知識や，科学的探究に関連した認知的能力を含み，多元的な内容を組み込み，そして科学とテクノロジーとの間の関係性を取り上げている。PISA 調査は，科学的知識を活用する能力を評価することで，生徒の科学的リテラシーの評価を提供するのである（Bybee, 1997b; Fensham, 2000; Law, 2002; Nayer and Kumano, 2002）。

コラム 3.1　科学的知識とは：PISA 調査の用語

「科学的知識」（scientific knowledge）とは科学の知識（knowledge of science）及び科学についての知識（knowledge about science）の両者を指す用語であり，この枠組み全体を通じて用いられている。科学の知識とは，物理，化学，生物科学，地球・宇宙科学及び科学を基盤とするテクノロジーという主な領域にまたがる自然界の知識を指している。科学についての知識とは，科学の方法（「科学的探究」）と目標（「科学的説明」）についての知識を指している。

コラム 3.2　PISA 調査における科学的リテラシー

PISA 調査の目的において，「科学的リテラシー」は個人の次の能力に注目する。

- 疑問を認識し，新しい知識を獲得し，科学的な事象を説明し，科学が関連する諸問題について証拠に基づいた結論を導き出すための科学的知識とその活用。
- 科学の特徴的な諸側面を人間の知識と探究の一形態として理解すること。
- 科学やテクノロジーが我々の物質的，知的，文化的環境をいかに形作っているかを認識すること。
- 思慮深い一市民として，科学的な考えを持ち，科学が関連する諸問題に，自ら進んで関わること。

1.1　定義の説明

以下で，PISA 調査の目的において示した科学的リテラシーの定義の意味をより明確にする。

「科学」ではなくて「科学的リテラシー」という用語を使用することで，伝統的な学校理科での知識を単に再生するよりも，むしろ様々な生活場面の状況に合わせて科学的知識を適用することに重点を置くという PISA 調査の考え方を強調している。知識を有効に活用することは，科学と科学的探究に特徴的なプロセス（科学的能力）を適用することを必要とし，またそれは科学的な事柄に関する個人の認識や興味・関心，価値観，及び行動に左右されている。生徒が科学的能力を発揮するには，**科学の知識**と，知識を獲得する方法としての科学の特徴の理解（すなわち，**科学についての知識**）の両方が必要である。また，科学的リテラシーの定義はこうした科学的能力が発揮される傾向が個人の科学に対する態度と，科学が関係する諸問題に取り組む意欲に依存することを認めている。

疑問を認識し，新しい知識を獲得し，科学的な事象を説明し，証拠に基づいた結論を導き出すための知識とその活用

科学的リテラシーの定義において，「知識」とは，情報，事実や名称について想起する能力よりもはるかに多くのことを含意する。定義には**科学の知識**（自然界に関する知識）と**科学についての**

知識とが含まれる。**科学の知識**は基本的な科学的概念と理論を理解することであり，**科学についての知識**は人間の活動としての科学の本質，及び科学的知識の力と限界に対する理解を含んでいる。科学的探究によって答えられる疑問であるかどうかを区別することもまた，**科学についての知識**とともにある特定の主題に関する科学的知識を要求している。重要な点は，個人が自身による科学的探究を通してではなく，しばしば，図書館やインターネットなどのリソースを通じて新しい知識を獲得しなければならないということである。証拠に基づき結論を導き出すとは，情報とデータを知り，選択し，評価することを意味するが，同時に，明確な結論を出すために必要な情報がしばしば十分でないこと，したがって，利用可能な情報について注意深く意識的に考察することが不可欠であるとことを意味する。

人間の知識と探究の一形態としての科学の特徴的な側面

ここで表現されるように，科学的リテラシーを持っているということは，科学者がいかにデータを得て，説明を提示するかについて生徒がある程度理解するべきであり，科学的な調査の重要な特徴と，合理的に科学から導かれると期待される種類の解について，生徒が認識すべきであることを意味している。例えば，科学者は，自然界の事物，生物，現象に関するデータを収集するために，観察や実験を行う。データは，一般的な知識となって，人間の様々な活動形態に使用されるような説明を提示するために使われる。科学の重要な特徴に含まれるものを幾つか挙げると，データの収集とその活用（データの収集はアイディアと概念（しばしば仮説と呼ばれる）によって導かれ，適切性，文脈，精度といった問題も含まれる），主張される知識の暫定的性質，懐疑的な見方を率直に受け入れる姿勢，論証の活用，現在の知識と歴史上の知識との関連付け，証拠を獲得する際に用いた方法と手順を報告することなどである。

科学とテクノロジーが我々の物質的，知的，文化的環境をいかに作っているか

この文の主旨は，科学が人間の努力のたまものであり，我々の社会と個人に影響を与えているということである。さらに，技術の発展もまた人間の努力のたまものである（Fleming, 1989）。その目的やプロセス，及び産物からみて科学とテクノロジーは異なるが，両者は相互に密接な関係を持ち，多くの点で補完的であるというのが実際のところである。この点から，ここで提示した科学的リテラシーの定義には，科学の本質，テクノロジーの本質，及び両者の補完的な関係が含まれている。個人として，我々は公共政策を通じて決定を下し，科学とテクノロジーの方向性に影響を与えている。科学とテクノロジーは，社会的に矛盾するような役割をする。すなわち，疑問に対する答えを提示したり，問題に対する解決方法を示したりすると同時に，新しい疑問や問題を生み出すのである。

思慮深い一市民として，科学的な考えを持ち，科学が関連する諸問題に，自ら進んで関わること

この文の「科学が関連する諸問題に，自ら進んで関わること」の意図するところは，注目するとか，必要とされて行動をとるよりも広い。すなわち，現在及び将来の科学を基盤とする諸問題に興味を持ち続けたり，それに対して意見を持ったり，それに参加したりすることを意味している。こ

の文の「思慮深い一市民として，科学的な考えを持ち」の部分は，個人の科学に対する態度や価値の様々な側面を示している。この表現は，科学的な話題に興味を持ったり，科学に関する諸問題について考えたり，テクノロジーや資源，環境に関する問題に関心を持ったり，個人的な立場や社会的な立場での科学の重要性について熟考するような個人を意味している。

科学的能力は必然的に，「読解力」及び「数学的リテラシー」を必要とする（Norris and Phillips, 2003）。例えば，「数学的リテラシー」はデータを解釈する状況で必要となる。同様に，「読解力」は，生徒が科学用語を理解していることを示す際に必要である。科学的リテラシーとPISA 調査の他の分野における定義と評価の交差は避けられないが，この分野における各調査問題では，明確に科学的能力に関係する側面が測定の中心となるべきである。

第２節　分野の体系化

ここで提案されている科学の分野の定義においては，程度の差はあるものの，個人は科学的リテラシーを持つと想定される連続体として規定され，科学的にリテラシーを持っているか，あるいは持っていないかのどちらかである，とは見なされない（Bybee, 1977a, 1997b）。したがって，例えば「科学的リテラシー」があまり発達していない生徒は，結論を導き出したり，評価したりする際に，単純な科学的な事実に基づく知識を思い出したり，広く知られた科学的知識を用いたりすることができるかもしれない。また，科学的リテラシーがより発達している生徒の中には，予測したり，説明したり，科学的な調査を分析したり，データを証拠として関連付けたり，同じ現象に関する別の説明を評価したり，結論について正確に伝達したりするために，概念的なモデルを構築して，これを用いることのできる能力を示す者がいるであろう。

評価の目的からみれば，PISA 調査における科学的リテラシーの定義は，次の四つの相互に関係した観点から特徴付けることができる（図 3.1 参照）。

- **文脈**：科学とテクノロジーが関係する生活場面を認識すること
- **知識**：自然界に関する知識と**科学についての知識**の両者を含む科学的知識に基づいて，自然界を理解すること
- **能力**：**科学的な疑問を認識する**，**現象を科学的に説明する**，**科学的な証拠を用いる**ことを含む能力を示すこと
- **態度**：科学に対する興味や関心，科学的探究の支持，天然資源や環境に対して責任ある行動をとるための動機付けを示すこと

以下のセクションでは，このような科学的リテラシーの相互に関係する側面について改めて詳述する。これらの側面に着目することで，PISA 調査の科学的リテラシーの枠組みは，科学教育の成果を評価することに焦点を当てていることを強調してきた。次に挙げた質問を通じて，PISA 調査の科学的リテラシーの枠組みが確立された。

- 15 歳の生徒を評価するにはどのような文脈が適切か？
- 15 歳の生徒が示すことを無理なく期待できる能力とはどのようなものか？
- 15 歳の生徒が示すことを無理なく期待できる知識とはどのようなものか？
- 15 歳の生徒が示すことを無理なく期待できる態度とはどのようなものか？

図 3.1　PISA 調査における科学的リテラシーの評価の枠組み

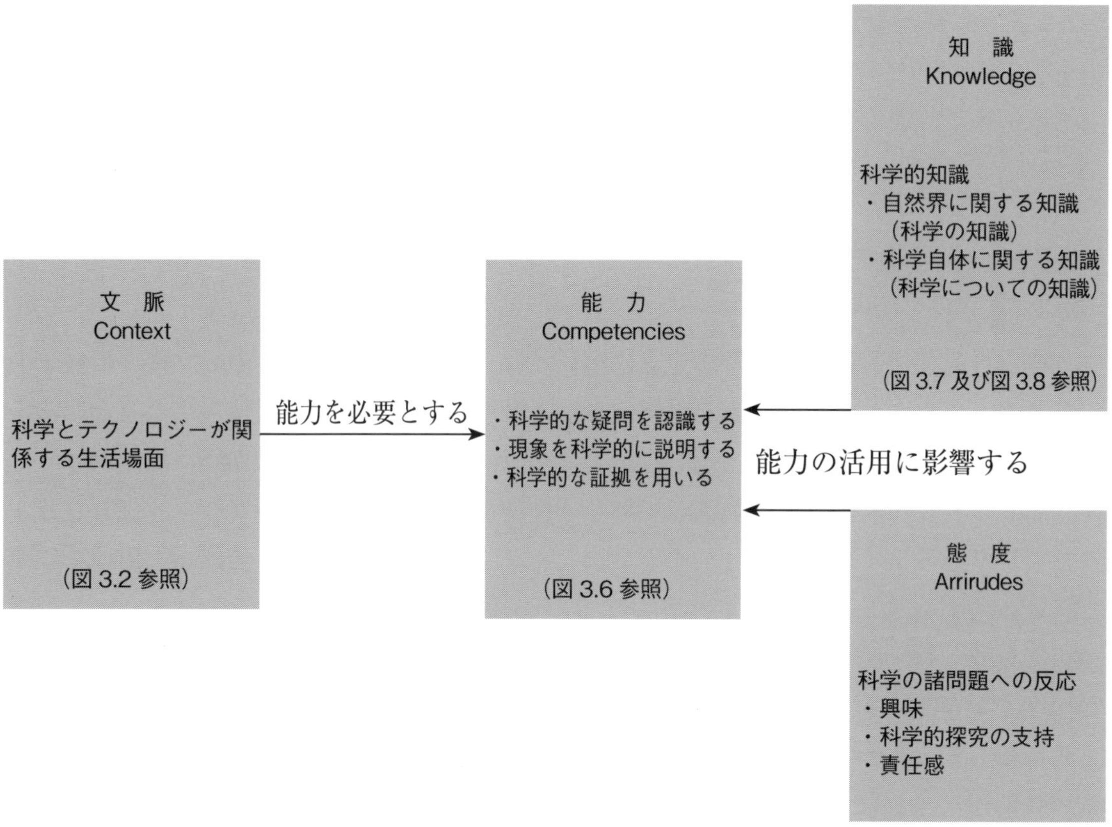

訳注：2009 年の枠組みから原文に変更はないが，翻訳に当たっては専門家による検討を経て，この図が意味する内容をより明確に示すため訳を変更した。

2.1　状況・文脈

PISA 調査における科学的リテラシー評価における重要な側面の一つは，様々な状況において科学に取り組むことである。科学的疑問を扱う際に，方法や表現の選択は，その疑問が提示されている状況にしばしば左右される。

状況とは，課題が設定されている生徒側の世界である。調査問題は，一般的な生活状況を設定しているが，それは学校生活に限定されない。PISA 調査の科学的リテラシーの評価において，調査問題は，自分自身，家族及び仲間集団（**個人的**），地域社会（**社会的**）及び世界にまたがる生活（**地球的**）に関連する状況に焦点を当てている。さらに，幾つかの課題にふさわしいもう一つの状況は，歴史的な状況であり，それによって科学的知識の発展に関する理解を評価することができる。

PISA 調査では，調査参加国のカリキュラムに共通しているかどうかには制約されず，調査参加国の科学教育カリキュラムに関連する重要な科学的知識を評価する。その評価は，世界の状況を反映した重要な場面において，PISA 調査の焦点に沿って，科学の知識と技能をうまく使えるどうかの証拠を求めることで行われる。また，これは，自然界及び科学自体についての選択された知識の適用，科学的事象に対する生徒の態度の評価が含まれる。

図 3.2 は，調査問題において，文脈や特定の状況として用いられる，**個人的**，**社会的**，及び**地球的**な状況における主な科学の適用を示している。だが，これ以外の状況（例えば，技術的な状況あるいは歴史的な状況）や適用領域も用いられる。適用領域とは，「健康」「天然資源」「環境」「災害」及び「科学とテクノロジーのフロンティア」である。これら適用領域において，科学は，生活の質を維持・向上させ，公共政策を発展させる上で，個人及び地域社会にとって価値がある。

PISA 調査における科学的リテラシーの評価は，文脈を評価するものではない。評価されるのは，能力，知識及び態度であり，これらは文脈に示されているかあるいは文脈に関連したものである。その文脈を選択するに当たっては，評価の目的が，義務教育修了段階までに生徒が身に付けている科学的能力，理解力及び態度を評価することにあることを，留意しておくことが重要である。

PISA 調査の問題は，問いの文脈を確定する共通の課題文を基にした大問から構成されている。用いられる文脈は，生徒の興味や関心及び生活への関連という観点から選ばれている。科学的リテラシーの調査問題は，調査参加国における言語的及び文化的違いに配慮しながら開発されている。

図 3.2　PISA 調査における科学的リテラシーの「文脈」

	個人的な状況 （自分自身，家族及び仲間集団）	社会的な状況 （地域社会）	地球的な状況 （世界にまたがる生活）
健康	健康の管理，事故，栄養	病気の予防，地域広報，食品の選択，地域保健	伝染病の流行（りゅうこう），感染症のまん延
天然資源	物質とエネルギーの個人消費	人口の維持，生活の質，安全，食糧の生産と配分，エネルギー供給	再生可能・非再生可能エネルギー源，自然のシステム，人口増加，持続可能な種のはたらき
環境	環境に配慮した行為，物資の使用と廃棄	人口分布，廃棄物処理，環境への影響，地域の気象	生物多様性，生態系の持続可能性，環境汚染の制御，土壌の生成と流失
災害	自然と人間に起因する危険要素，住居の決定	急激な変化（地震，悪天候），漸進的変化（沿岸の浸食，沈降），リスク評価	気候変動，現代戦争の影響
科学とテクノロジーのフロンティア	自然現象に関する科学的説明への興味，科学的趣味，スポーツやレジャー，音楽と個人向けのテクノロジー	新素材，装置と処理過程，遺伝子操作，兵器テクノロジー，輸送	種の絶滅，宇宙探査，宇宙の起源と構造

2.2　PISA 調査の科学的リテラシーの問題例

ここでは，PISA2006 年調査で使用した三つの問題例を紹介する。これらは，この章の様々な文脈，PISA 調査の問題が扱う科学的能力や科学的知識，出題形式，との関係でも取り上げる。さらに，各問いの採点基準も示している（習熟度レベルについての説明は図 3.10 参照）。

2.2.1 「酸性雨」

この問題例において，場面が設定された課題文は，アテネのアクロポリスの像の写真で，酸性雨による劣化のためにオリジナルの像はアクロポリスの博物館に移動させられたことについての簡単な説明がなされている。適用領域は，「災害」の**個人的**及び**社会的**な状況である。

図 3.3 「酸性雨」

下は 2500 年以上前に，アテネのアクロポリスに建てられた女人像柱の彫刻の写真です。彫刻は大理石といわれる種類の岩石からできています。大理石は炭酸カルシウムでできています。

1980 年に本物の彫刻はアクロポリス博物館に移され，代わりに複製が置かれました。本物の彫刻は酸性雨に浸食されつつあったのです。

問 1

通常の雨は，大気中の二酸化炭素をいくらか溶かしているために弱い酸性となっています。酸性雨は，同様に硫黄《いおう》酸化物や窒素《ちっそ》酸化物の気体を溶かしているため，通常の雨よりも酸性度が強くなっています。

大気中の硫黄酸化物や窒素酸化物はどのようにして生じたものですか。

………………………………………………………………………………………………

………………………………………………………………………………………………

正答（レベル 3：506 点）

車の排気ガス，工場排出物，石油，石炭などの化石燃料の**燃焼**，又は火山の噴火やこれらに該当するもののうち，いずれかについて触れた解答。**又は**，汚染の原因として間違い及び正解を含む解答。又は，「汚染や公害」を指摘しているが，酸性雨の重要な原因となるものについて述べていない解答。

酸性雨が大理石に与える影響は，大理石のかけらを一晩，酢につけることによって確かめることができます。酢と酸性雨はほぼ同じ酸性度を持っています。大理石のかけらを酢に入れると，気泡が発生します。実験の前後で，乾いた大理石のかけらの質量を調べることができます。

問 2

酢に一晩中つける前の大理石のかけらの質量は，2.0 グラムでした。翌日，そのかけらを取り出して，乾かしました。乾いた大理石のかけらの質量はどうなっていますか。次のうちあてはまるものに一つ○をつけてください。

A　2.0 グラムより小さい

B　ちょうど 2.0 グラム

C　2.0 グラムから 2.4 グラムの間

D　2.4 グラムより大きい

正答（レベル 2：460 点）

A　2.0 グラムより小さい

問 3

この実験を行った生徒たちは，大理石のかけらを，蒸留水にも一晩中つけてみました。
実験にこの手順を含めるのはなぜですか。説明してください。

……………………………………………………………………………………

……………………………………………………………………………………

完全正答（レベル 6：717 点）

反応を起こしているのは酸（酢）であることを示すためであることを述べた解答。

部分正答（レベル 3：513 点）

酸につけた大理石の実験との比較はされているが，この比較は反応に酸（酢）が必要であることを示すために行われていることが明らかでない解答。

2.2.2 「温室効果」

この大問は，地球の平均気温の上昇について扱っている。場面が設定された課題文は，「温室効果」という用語を使用する短いテキストと，地球の平均気温に関するグラフ，そして地球の二酸化炭素排出量に関するグラフから構成されている。

適用領域は，「環境」で**地球的**な状況である。

図 3.4 「温室効果」

次の課題文を読んで，以下の問に答えてください。

温室効果 ― 事実かフィクションか

生物は，生きるためにエネルギーを必要としている。地球上で生命を維持するためのエネルギーは，太陽から得ている。太陽が宇宙空間にエネルギーを放射するのは，太陽が非常に高温だからである。このエネルギーのごく一部が地球に達している。

空気のない世界では温度変化が大きいが，地球の大気は地表をおおう防護カバーの働きをして，こうした温度変化を防いでいる。

太陽から地球へくる放射エネルギーのほとんどが地球の大気を通過する。地球はこのエネルギーの一部を吸収し，一部を地表から放射している。この放射エネルギーの一部は大気に吸収される。

その結果，地上の平均気温は，大気がない場合より高くなる。地球の大気は温室と同じ効果がある。「温室効果」というのはそのためである。

温室効果は 20 世紀を通じていっそう強まったと言われている。

地球の平均気温は確かに上昇している。新聞や雑誌には，二酸化炭素排出量の増加が 20 世紀における温暖化の主因であるとする記事がよく載っている。

太郎さんが，地球の平均気温と二酸化炭素排出量との間にどのような関係があるのか興味をもち，図書館で次のような二つのグラフを見つけました。

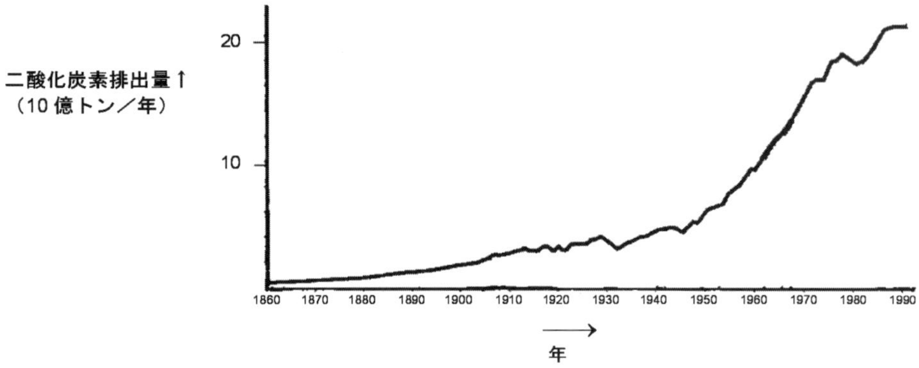

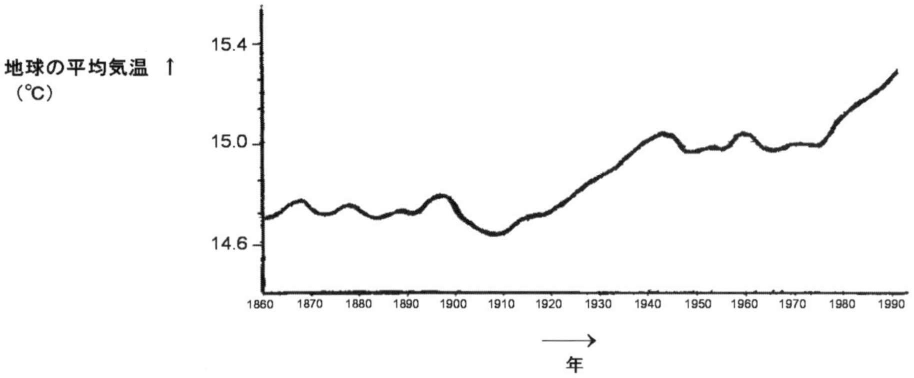

太郎さんは，この二つのグラフから，地球の平均気温が上昇したのは二酸化炭素排出量が増加したためであるという結論を出しました。

問1

太郎さんの結論は，グラフのどのようなことを根拠にしていますか。

……………………………………………………………………………………

正答（レベル3：529点）

全体として，平均気温が上昇していることと，二酸化炭素の排出量も増加していることの両方を述べている。又は，気温と二酸化炭素排出量の間の正の相関を述べている。

問2

花子さんという別の生徒は，太郎さんの結論に反対しています。花子さんは，二つのグラフを比べて，グラフの一部に太郎さんの結論に反する部分があると言っています。

グラフの中で太郎さんの結論に反する部分を一つ示し，それについて説明してください。

……………………………………………………………………………………

完全正答（レベル5：659点）

グラフの特定の部分で両者が同時に増えたり同時に減ったりしていないことを指摘し，それに照応する説明をしている。

部分正答（レベル4：568点）

言及している時期は正しいが，説明を行っていない。又は，基準を満たす説明がなされているが，特定年度（期間ではない）のみに言及している。又は，グラフの中の，太郎さんの結論に反する部分に言及しているが，その時期が誤っている。又は，二つの曲線の相違を述べているが，時期を特定していない。又は，片方のグラフについて，不規則性を指摘している。又は，二つのグラフの相違を述べているが，説明がない。

問3

太郎さんは，地球の平均気温が上昇したのは二酸化炭素排出量が増加したためであるという結論を主張しています。しかし花子さんは，太郎さんの言うような結論を出すのはまだ早すぎると考えています。花子さんは，「この結論を受け入れる前に，温室効果に影響を及ぼす可能性のある他の要因が一定であることを確かめなければならない」と言っています。

花子さんが言おうとした要因を一つあげてください。

……………………………………………………………………………………

正答（レベル6：709点）

太陽から来るエネルギーないし放射熱のことを述べて，一つの要因としている。又は，天然の成分又は汚染物質が存在する可能性について述べて，一つの要因としている。

2.2.3 「運動」

この大問は，個人の身体に与える運動の影響について扱っている。

図 3.5 「運動」

定期的に無理のない運動をすることは，健康にとって良いことです。

問 1

定期的な運動をすることの良い点は何ですか。それぞれについて「はい」または「いいえ」に○をつけてください。

次のことは定期的な運動の良い点ですか？	はい または いいえ
運動は心臓など循環系の病気を予防するのに役立つ。	はい ／ いいえ
運動は健康的な食事をすることにつながる。	はい ／ いいえ
運動は太りすぎにならないことに役立つ。	はい ／ いいえ

正答（レベル 3：545 点）

上から，はい，いいえ，はいの順

問 2

筋肉が運動するときに何が起こりますか。それぞれについて「はい」または「いいえ」に○をつけてください。

次のことは筋肉が運動する時に起こりますか？	はい または いいえ
筋肉への血液の流れが増える。	はい ／ いいえ
筋肉で脂肪が形成される。	はい ／ いいえ

正答（レベル 1：386 点）

上から，はい，いいえの順

問 3

休んでいる時に比べ，運動をしている時にはより呼吸が荒くなるのはなぜですか。

....

正答（レベル 4：583 点）

体内に増加した二酸化炭素の量を減らし，かつ，体内により多くの酸素を取り込むため。体内に増加した二酸化炭素の量を減らすこと，又は，体内により多くの酸素を取り込むためのいずれかしか答えていない。

2.3　科学的能力

PISA 調査における科学的リテラシーの評価は，図 3.6 に示す能力に重点を置いている。その能力とは，科学的に方向付けられた疑問を認識する能力，科学的知識に基づいて現象を記述したり，説明したり，予測したりする能力，証拠と結論を解釈し，科学的証拠を用いて意思を決定したり，それを伝達したりする能力である。PISA 調査においてこれらの能力を示すには，科学的知識――知識のある形態及び探究の方法としての，**科学の知識**と**科学についての知識**の両者――の適用が必要となる。

幾つかの認知プロセスには，特別な意味があり，**科学的リテラシー**に関連している。科学的能力を伴う認知プロセスの中には，帰納的推論（詳細な事実から普遍的な原理への推論）と演繹的推論（普遍的原理から個別事象への推論），批判的思考と統合的思考，変換可能な表現（データを表に，表をグラフになど），データに基づく建設的で伝達可能な主張と説明，モデルの観点からの考察，数学的なプロセス・知識・技能の活用が含まれる。

図 3.6　PISA 調査における科学的リテラシーの「能力」

科学的な疑問を認識する（Identifying scientific issues）

- 科学的に調査可能な疑問を認識すること。
- 科学的情報を検索するためのキーワードを特定すること。
- 科学的な調査について，その重要な特徴を識別すること。

現象を科学的に説明する（Explaining phenomina scientifically）

- 与えられた状況において科学の知識を適用すること。
- 現象を科学的に記述したりして，変化を予測したりすること。
- 適切な記述，説明，予測を認識すること。

科学的証拠を用いる（Using scientific evidence）

- 科学的証拠を解釈し，結論を導き，伝達すること。
- 結論の背景にある仮定や証拠，推論を特定すること。
- 科学やテクノロジーの発展の社会的意味について考えること。

PISA 調査において図 3.6 の科学的能力を強調する根拠は，科学的な調査におけるこれらの能力の重要性による。それらは，論理，推論，及び批判的分析に基礎を置いている。次に科学的能力について詳細を述べるが，それらの能力が前節の例題においてどのように評価されたかに言及する。

2.3.1　科学的な疑問を認識する

科学的な疑問と内容を，他の形式の疑問と区別できることが重要である。重要なのは，科学的な疑問そのものが，科学的な証拠に基づく答えに役立たなければならないということである。**科学的な疑問を認識する**能力には，与えられた状況において科学的に調査できるような疑問を認識すること，及び与えられたテーマに関する科学的情報を検索するためのキーワードを特定することが含まれる。さらに科学的な調査の重要な特徴を認識することも含まれ，例えば，比較すべきものは何か，変化し統制されるべき変数は何か，付加する情報として何が必要か，あるいはどのようにすれば適切なデータを得られるかなどである。

科学的な疑問を認識することは，**科学についての知識**それ自体を持つよう求めることであるが，同時に，様々な程度で**科学の知識**も必要とする。例えば，「酸性雨」の問 3 は，科学的な研究における制御についての問いに答えることを生徒に求めている。生徒は，酸が原因であることを確かめるために酸（酢）の反応と蒸留水の反応を比較することが必要である。

2.3.2　現象を科学的に説明する

生徒は，与えられた状況において，適切な**科学の知識**を適用することにより**現象を科学的に説明する**能力を示す。この能力には，現象を記述し，解釈し，変化を予測することが含まれるとともに，適切な記述と説明及び予測を認識したり，特定したりすることが含まれる。例えば，PISA 調査の問題の一例であるが，「酸性雨」の問 1 は現象を科学的に説明することを求めていて，生徒は大気中の硫黄酸化物や窒素酸化物がどのように生じたのかを説明しなければならない。その他の例としては，「温室効果」の問 3 では，地球の平均気温の上昇がもたらす要因を認識することを，また「運動」の問 3 では，身体の循環器の仕組みの知識を適用することを求めている。

2.3.3　科学的な証拠を用いる

科学的な証拠を用いることには，科学的情報にアクセスし，科学的証拠に基づく主張と結論を生み出すことが含まれる（Kuhn, 1992; Osborne *et al.*, 2001）。求められる解答には，**科学についての知識**あるいは**科学の知識**の両者が含まれる。「酸性雨」の問 2 では，生徒は，大理石に対する酸性雨の影響の簡単なモデルとして，大理石に対する酸の影響についての結論を形成するために与えられた情報を用いることが求められる。その他の例としては，「温室効果」の問 1 と問 2 で，両者とも二つのグラフに示された証拠を解釈することを求める問題となっている。

また，この能力には，対立する結論から証拠に関係する別の結論を選択すること，データから結論が導かれるプロセスの観点から与えられた結論に賛成あるいは反対する理由を示すこと，及び結論に達するために立てられた仮定を特定することが含まれる。さらに，この能力の別の側面として，科学的あるいは技術的な発達の社会的意味を考えることが挙げられる。

生徒は，ある特定の人々に対して自分自身の言葉，図表，あるいはその他の適切な表現手段によって，自らの証拠と決定を表現するように求められる。手短に言えば，生徒は，証拠と結論あるいは決定の間の関係を明確にかつ論理的に示すことができなければならない。

2.4　科学的知識

先述のとおり（コラム 3.1 参照），科学的知識（scientific knowledge）とは**科学の知識**（knowledge of science）（自然界に関する知識）と**科学についての知識**（knowledge about science）を指す。

2.4.1　科学の知識

PISA 調査の科学的リテラシーにおいて評価された生徒の**科学の知識**について，ここで挙げている例は一つのみであるが，評価される知識の選択を明確な基準を用いて導くことは重要である。さらに，PISA 調査の目的は，生徒の生活に関連する文脈において，どの程度生徒が自らの知識を適用することができるかを明らかにすることである。そのため，評価される知識は，物理，化学，生物学，地球・宇宙科学及びテクノロジーといった主な領域から，以下三つの基準に従って選ばれている。

- 実際の生活場面との関連：科学的知識は，個人の生活にどの程度役に立つかという点で異なる。
- 選ばれた知識は重要な科学的概念を表しており，それゆえに恒久的な実用性を持つこと。
- 選ばれた知識は 15 歳児の発達段階に適切であること。

図 3.7 は，こうした基準を適用した結果，選ばれた**科学的知識**のカテゴリーと内容例を示している。この知識は自然界を理解し，**個人的**，**社会的**，**地球的**な状況における経験の意味を理解するのに必要である。これらの理由により，PISA 調査の枠組みにおいて，主要分野の記述では「科学」ではなく「システム（体系）」という用語を用いる。その意図は，市民が物理科学，生命科学，地球・宇宙科学及びテクノロジーの概念を様々に異なる状況において理解しなければならいという理念を伝えることである。

図 3.7 に挙げた例はカテゴリーの意味を示しているが，**科学の知識**の各カテゴリーに関する全ての知識を包括的に列挙する意図はない。

「酸性雨」の問 2 は「物理的システム」における生徒の**科学の知識**を評価するものである。

「温室効果」の問 3 は「地球と宇宙システム」の知識に関連していて，「運動」の問 1，問 2，問 3 は「生命システム」の知識を評価する。

図 3.7　PISA 調査における「科学の知識」のカテゴリー

物理システム

- 物質の構造（例：粒子モデル，結合）
- 物質の性質（例：状態変化，熱と電気の伝導性）
- 物質の化学変化（例：反応，エネルギーの移動，酸とアルカリ）
- 運動と力（例：速度，摩擦）
- エネルギーとその変換（例：保存，散逸，化学反応）
- エネルギーと物質の相互作用（例：光と電波，音波，地震波）

生命システム

- 細胞（例：構造と機能，DNA，植物と動物）
- ヒト（例：健康，栄養，サブシステム（消化，呼吸，循環，排せつ，それらの関係），病気，繁殖）
- 個体数（例：種，進化，生物多様性，遺伝的多様性）
- 生態系（例：食物連鎖，物質とエネルギーの流れ）
- 生物圏（例：生態系の助け，持続可能性）

地球と宇宙のシステム

- 地球システムの構造（例：地圏，大気圏，水圏）
- 地球システムにおけるエネルギー（例：エネルギー源，地球気候）
- 地球システムの変化（例：プレートテクトニクス，地球化学的循環，構成的な力と破壊的な力）
- 地球の歴史（例：化石，起源と進化）
- 宇宙における地球（例：重力，太陽系）

テクノロジーのシステム

- 科学に基づくテクノロジーの役割（例：諸問題の解決，人間の必要性や希望をかなえる助け、調査の計画と実行）
- 科学とテクノロジーとの関係（例：テクノロジーは化学の発展に貢献する）
- 概念（例：能率化，トレードオフ，コスト，リスク，利益）
- 重要な諸原理（例：基準，制約，革新，発明，問題解決）

2.4.2　科学についての知識

図 3.8 は**科学についての知識**のカテゴリーと内容例を示している。最初のカテゴリーは「科学的探究」で，科学の中心的なプロセス及びそのプロセスを構成する多様な要素としての探究を柱としている。二つ目のカテゴリーは，「科学的説明」であり，探究に密接に関係している。「科学的説明」は「科学的探究」の結果である。科学の手段としての探究（科学者がいかにデータを得るか），及び科学の目標としての説明（科学者がいかにデータを使うか）と考えることもできる。図 3.8 に示された例は，このカテゴリーの一般的な意味を伝えるものであり，それぞれのカテゴリーに関連付けられた全ての知識を包括的に示そうとする意図はない。

「酸性雨」の問 3 は「科学的探究」における**科学についての知識**に分類される問題例であるが，生徒は幾らか「物理的システム」の**科学の知識**も持つことが期待されているような問いである。この問いは，探究を統制するために可能な目的を認識することを求めたものである（能力：**科学的な疑問を認識する**）。

「温室効果」の問 1 及び問 2 は**科学についての知識**に関する問題である。両者とも「科学的説明」に分類されるが，問 1 では生徒は二つのグラフに示された証拠を解釈し，二酸化炭素排出量の増加によって地球の平均気温が上昇していることを説明するグラフについて論じなければならない。問 2 は，異なる結論を支持する同じグラフから証拠を用いることが求められている。

図 3.8　PISA 調査における「科学についての知識」のカテゴリー

科学的探究（Scientific enquiry）

- 発端（例：好奇心，科学的な疑問）
- 目的（例：科学的な疑問に答えるのに役立つ証拠を得ること，探究を方向付ける今日的な発想やモデルや理論）
- 実験（例：異なる疑問が異なる科学的調査を提案する，実験計画）
- データのタイプ（例：定量的（測定），定性的（観察））
- 測定（例：固有の不確実性，複製可能性、変動（変異）性，装置と手順の正確性と精度）
- 結果の特性（例：経験的，暫定的，検証可能な，反証可能な，自己修正的）

科学的説明（Scientific explanations）

- タイプ（例：仮説，理論，モデル，法則）
- 構成（例：データの表現，既存の知識と新たな証拠の役割，創造性と想像力，論理）
- ルール（例：論理的に一貫しなければならない，証拠に基づく，歴史的知識と今日的知識）
- 成果（例：新しい知識の生成，新しい手法，新しいテクノロジー，新しい疑問と調査を導く）

2.5　科学に対する態度

個人の態度は，広く科学とテクノロジー，及び特に自らに影響を及ぼす諸問題に対して，自らが示す関心，注目及び反応に重要な役割を演じる。科学教育の目的の一つは，生徒が科学的な諸問題に関わろうとする態度を育み，その結果，科学的知識及び技術的知識を獲得して，それを**個人的**，**社会的**，**地球的**規模の利益のために適用することである。

PISA 調査では科学に対する態度に注目しているが，これは，個人の科学的リテラシーには，ある種の態度，信念，動機付けの方向性，自己効力感，価値そして最終的な行動が含まれるという考えに基づいている。PISA2006 年調査のために選ばれた態度とその特定領域は，態度に関する研究（例えば，Gardner, 1975, 1984; Gauld and Hukins, 1980; Blosser, 1984; Laforgia, 1988; Osborne *et al.*, 2003; Schibeci, 1984））や生徒の環境への態度の研究（例えば Bogner and Wiseman, 1999; Eagles and Demare, 1999; Weaver, 2002; Rickinson, 2001）の検討や Klopfer（1976）の科学教育における情意的領域の構造といったものに支持され，かつそれらを基礎としている。

科学的リテラシーが中心分野であった PISA2006 年調査では，生徒の態度や価値観の評価が生徒質問紙及び多くのテスト問題の直後に問題が扱う内容に関連する質問を聞く形で含められていた（OECD, 2006）。これらの背景質問はテスト問題で扱う課題に関連させたものであった。しかしながら，PISA2012 年調査において科学的リテラシーは中心分野ではないので，その評価では，状況的な態度に関する質問は含まれない。

第 3 節　PISA 調査における科学的リテラシーの評価

3.1　調査の特徴

PISA 調査における「科学的リテラシー」の定義によれば，調査問題（問い）は，ある文脈（図 3.2 参照）の中で科学的能力（図 3.6 参照）を用いることを求めている。これは科学的知識の適用（図 3.7 及び図 3.8 参照）を含む。

図 3.9 は，図 3.1 に変更を加えたもので，PISA 調査の科学的リテラシーの評価の枠組みにおける基本的な構成要素を表したものである。そこでは，PISA 調査の枠組みを評価問題（大問）の構造と内容に結び付けられるようになっている。図 3.9 は，評価活動を企画する道具として総合的に用いることも，また標準的な評価活動の結果を検討する道具として分析的に用いることもできるだろう。大問を構成する出発点として，場面が設定された課題文としての文脈，質問や疑問に反応するために必要とされる科学的能力，又は評価活動の中心となる科学的知識について検討することができる。

図 3.9　大問及び問いを構成し，分析するツール

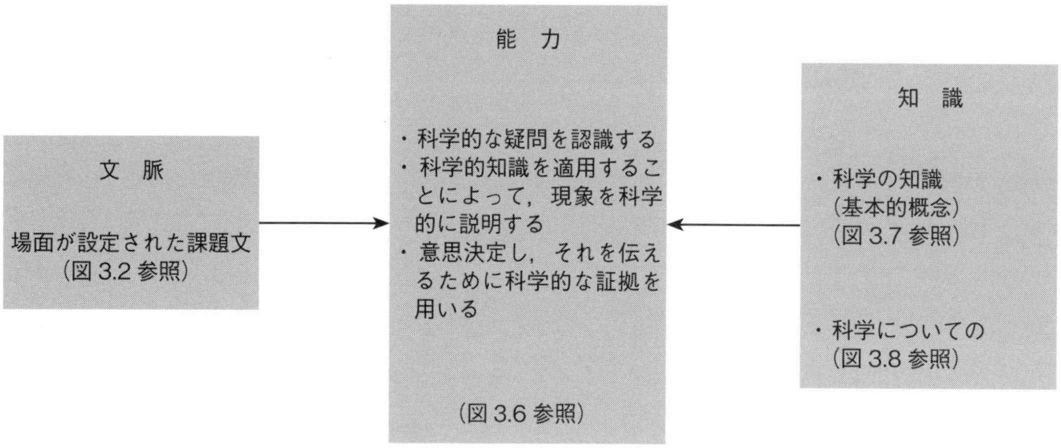
文　脈
場面が設定された課題文
（図 3.2 参照）
能　力
・科学的な疑問を認識する
・科学的知識を適用することによって，現象を科学的に説明する
・意思決定し，それを伝えるために科学的な証拠を用いる
（図 3.6 参照）
知　識
・科学の知識
（基本的概念）
（図 3.7 参照）
・科学についての
（図 3.8 参照）

大問は，問いの文脈を定める場面が設定された課題文と，それに続く様々な出題形式をとり独立して採点される一連の問いからなる。文脈を設定するために多様な形式の課題文が用いられる。それらは，短い文章，写真，表，グラフ，及びダイヤグラムを含み，多くの場合それらが組み合わされる。この章で紹介した三つの問題例はその多様性を示している。「温室効果」は半ページのテキストと二つのグラフを使ったものであり，一方「運動」は簡潔で視覚に訴える典型的な課題文である。

PISA 調査がこうした問題構成を用いる理由は，文脈をできるだけリアルに機能させるよう促し，その文脈が，調査時間を有効に使いつつ実際の状況の複雑さを反映できるようにするためである。様々な状況について別々の問題を立てるよりも，幾つかの問いが課せられる状況を用いることで，生徒が各問いに関連する素材に慣れるのに必要な時間を短縮する。しかしながら，一つの大問内で他とは別にそれぞれ点数をつけることの必要性が考慮されなければならない。この方法は異なる評価の文脈の数を減らすので，文脈をある適切な範囲まで確保することで，文脈の選択に起因するバイアスを最小限に抑えることの重要性についても認識する必要がある。

PISA2012 年調査の大問には生徒の科学的能力を見る認知的問題が四つまで組み込まれている。各問いは，科学的能力の一つを主として用い，**科学の知識**又は**科学についての知識**を必要としている。ほとんどの場合，複数の能力及び複数の知識カテゴリーが，一つの大問において（異なる問いにより）評価された。

PISA 調査の枠組みで示される能力と科学的知識を評価するために，四つのタイプの調査問題が用いられた。すなわち，選択肢形式問題，複合的選択肢形式問題，求答形式問題，論述形式問題の四つである。選択肢形式問題は全体の約 3 分の 1 で，四つの選択肢から一つを選ぶものである。例えば「酸性雨」に関する問 2 はその一例である。また，求答形式と複合的選択肢形式問題が約 3 分の 1 あり，「運動」に関する問 1 及び問 2 は，各項目に「はい／いいえ」で答えることを求める，典型的な複合的選択肢形式問題となっている。残りの 3 分の 1 は，「酸性雨」及び「運動」のこれら以外の問題及び「温室効果」のように論述形式問題であり，幾分長い文による解答を求めている。

問題の大部分は正答か誤答という二つの得点基準によって採点されるが，論述形式問題の問題には部分正答もあり，問いに正しく答えている部分もあるが，全体が正しいわけではないという場合に，その部分に対して得点が与えられる。部分正答がある問いの場合，採点基準において「完全正答」「部分正答」「誤答」が詳細に述べられている。「完全正答」「部分正答」「誤答」という分類は，生徒がその問いに答えることのできる能力を示しているかどうかという観点から，生徒の解答を三つのグループに分けるものである。「完全正答」は必ずしも完全に科学的に正しくなくても，科学的リテラシーを持っている 15 歳の生徒にふさわしいテーマを理解しているレベルを示すよう求める。あまり洗練されていない解答，若しくは十分に正答とは言えない解答は「部分正答」とされ，完全に不正解で関係のない答え若しくは誤った答えは「誤答」とみなされる。「酸性雨」の問 3 及び「温室効果」の問 2 には部分正答がある。

生徒が科学的リテラシーに関して書かれた問題を理解し，これに答えるためには，ある程度の「読解力」が必要となるため，必要とされる「読解力」のレベルが課題となる。場面が設定された課題文と問いにはできるだけ簡潔でわかりやすい言葉を使いつつ，意味が適切に伝わるようにしている。各段落に導かれている多くの概念は限定され，主に読解力あるいは数学的リテラシーを評価する問いにはならないようにした。

3.2　科学的リテラシーの評価の構造

PISA 調査では，科学的リテラシーの枠組みの様々な要素を評価する問題がバランスよく含まれていることが重要である。表 3.1 は，科学的リテラシーが中心分野であった PISA2006 年調査と PISA2012 年調査において，**科学の知識**及び**科学についての知識**の得点配分を合計得点の割合で示したものである。

表 3.1　知識別に見た科学の得点配分

	得点の割合	
	PISA2006 年調査	PISA2012 年調査
科学の知識		
物理的システム	17%	13%
生命システム	20%	16%
地球と宇宙のシステム	10%	12%
テクノロジーのシステム	8%	9%
小計	55%	50%
科学についての知識		
科学的探究	23%	23%
科学的説明	22%	27%
小計	45%	50%
合計	100%	100%

科学的能力に関する望ましい配分は表 3.2 に示すとおりである。

表 3.2　科学的能力別に見た科学の得点配分

	得点の割合	
	PISA2006 年調査	PISA2012 年調査
科学的能力		
科学的な疑問を認識する	22%	23%
現象を科学的に説明する	46%	41%
科学的な証拠を用いる	32%	37%
合計	100%	100%

問題の文脈は**個人的**，**社会的**，**地球的**規模の状況にわたっており，その割合はおよそ 1 対 2 対 1 で，表 3.2 に示すような適用領域が大体この割合で選ばれている。

出題形式別の割合は表 3.3 に示されている。

表 3.3　出題形式別に見た科学の得点配分

	得点の割合	
	PISA2006 年調査	PISA2012 年調査
出題形式		
選択肢形式	35%	32%
複合的選択肢形式	27%	34%
求答形式	4%	2%
論述形式	34%	32%
合計	100%	100%

第４節　科学的リテラシーにおける習熟度の尺度

PISA 調査の結果は，Adams ら（1997）によって説明される一般化された形のラッシュモデルを用いて構成される尺度を用いて報告されている。各調査分野（読解力，数学的リテラシー，科学的リテラシー）は，OECD 平均が 500 点，標準偏差が 100 点となるように尺度が作られていて，これに対応して，OECD 加盟国の生徒の 3 分の 2 が 400 点から 600 点の間に入るような設計となっている。

科学的リテラシーは PISA2006 年調査において初めて中心分野となり，科学的リテラシーの六つの習熟度レベルが尺度として定義付けられることとなった。また，これと同じ習熟度レベルが，PISA2012 年調査においても科学的リテラシーの結果の報告において用いられる。六つのレベルから成る習熟度は，それぞれのレベルに到達した生徒に求められる一連の科学的能力に関連して理解することができる。図 3.10 は様々な習熟度レベルで生徒が持っている科学的能力と技能を示したもので，レベル 6 が最も高いレベルとなる。各レベルには PISA2006 年調査で使用された三つの問題の大問から問いが得点とともに示されている。なお，これらの問題については，この章を通じて例示されている。

PISA2006 年調査のレベル 1 未満の生徒（OECD 平均で約 5.2％の生徒がこれに該当）については，この範囲に位置付けられた科学的リテラシーの問題数が十分とは言えないため，確かな形では記述ができなかった。レベル 2 は科学的リテラシーの土台となるレベルで，科学やテクノロジーに関連した生活状況において積極的に参加することを可能にする科学的知識と技能を示し始めるレベルである。

科学の習熟度を評価する上で，問題の難易度を決定する要因には次のものが含まれている。

- 文脈の一般的な複雑さ。
- 科学的な考え，過程及び含まれる専門用語への精通度。
- 問いに対する解答に求められる論理の流れの長さ。つまり，十分な答えに到達するために必要なステップの数，及び各ステップが前のステップに依存する程度。
- 抽象的な科学的考えや概念が，答えを作る過程で求められる程度。
- 判断や結論，説明を行う上で用いる推論，洞察，一般化の程度。

「温室効果」の問 3 は難しい問題の例で，レベル 6 に位置付けられている。この問いは，**科学的な疑問を認識する**及び**現象を科学的に説明する**能力の二つの能力を組み合わせたものとなっている。この問いを解くに当たっては最初に，変化と測定された変数を認識し，その他の要因の影響を認識するために研究方法を十分に理解しなければならない。さらに，そのシナリオに気付き，主な要素を認識することが求められるが，これには地球の気温と大気中の二酸化炭素の排出量との関係に影響している「その他」の要因が何かを決定するために，多くの概念とその関係を認識することが含まれている。こうして，正答するためには，生徒は変化し測定された変数以外の要因を制御す

図3.10　科学的リテラシーにおける六つの習熟度レベル

レベル	得点の下限	レベルごとの問題例	習熟度レベル別にみた生徒の特徴
6	707.9	酸性雨　問3 完全正答（717点） 温室効果　問3（709点）	習熟度レベル6の生徒は，次のことができる。 複雑な生活の場面において科学の知識と科学についての知識を一貫して認識したり，説明したり，応用したりすること。異なる情報源と説明を結び付け，自らの決定を正当化するためにそれらの情報源を証拠として用いること。高度な科学的思考と推論を一貫して明解に行うこと。遭遇したことのない科学的・技術的な問題に対して，その解決を支持するために，自らの科学的理解を用いようとすること。個人的，社会的，地球的な問題を中心とした勧告や意思決定を支持するために科学的知識を用いたり，議論を行ったりすること。
5	633.3	温室効果　問2 完全正答（659点）	習熟度レベル5の生徒は，次のことができる。 複雑な生活場面での科学的構成要素を認識し，科学的概念と科学についての知識を応用すること。生活場面に応じた適切な科学的証拠を比較し，選び，評価すること。十分に発達した探究能力を用いて，知識を適切に結び付け，これらの場面に対して批評的な洞察を示すこと。証拠に基づいた説明や批判的分析に基づいた議論を行うこと。
4	558.7	運動　問3（583点） 温室効果　問2 部分正答（568点）	習熟度レベル4の生徒は，次のことができる。 科学あるいはテクノロジーの役割についての推論を必要とする現象や疑問に効果的に取り組むこと。科学あるいはテクノロジーの様々な学問分野から説明を選び，統合し，それらの説明を生活場面に直接結び付けること。自らの行動を振り返ってみたり，科学的知識と科学的証拠を用いた意思決定を伝えたりすること。
3	484.1	運動　問1（545点） 温室効果　問1（529点） 酸性雨　問3 部分正答（513点） 酸性雨　問1（506点）	習熟度レベル3の生徒は，次のことができる。 状況に応じて，科学的な疑問を明確に認識すること。現象を説明するために事実や知識を選び，簡単なモデルや探究の方略を応用すること。異なる領域の科学的概念を解釈し使用するとともに，それらを直接的に適用すること。事実を用いて短文を作成し，科学的知識に基づいた決定を下すこと。
2	409.5	酸性雨　問2（460点）	習熟度レベル2の生徒は，次のことができる。 身の回りの状況について説明をしたり，簡単な調査に基づいた結論を導いたりするための適切な科学的知識を持っていること。直接的な推論をしたり，科学的探究や技術的な問題解決の結果を文字どおりに解釈したりすること。
1	334.9	運動　問2（386点）	習熟度レベル1の生徒は，次のことができる。 限定された状況にのみ結び付いた科学的知識を持っていること。与えられた証拠から直接的な科学的説明を行うこと。

る必要があることを理解しなければならないし，制御されるべき要因のうち少なくとも一つを認識するために，「地球のシステム」の十分な知識を持たなければならない。「地球のシステム」の十分な知識は批判的な科学的技能を必要とするので，この問いは**現象を科学的に説明する**ものとして分類されるのである。

「運動」の問1は，簡単な問題の例で，PISA調査の科学的リテラシー習熟度レベルの基礎的なレベルよりも低いレベル1に位置付けられている。得点を得るためには，生徒は身体における筋肉の動きと脂肪の構造についての知識，特に，筋肉が運動することによって血液の流れが増え，脂肪が形成されなくなるという事実を，正しく思い出さなければならない。この知識によって，生徒はこの複合的選択肢形式問題の最初の文が正しく，次の文が間違っていることに気付くのである。この問いでは，分析に必要な文脈はなく，必要な知識は広く知られていて，探索したり何かを構築したりすることとは関係付けられない。

PISA2006年調査の結果は，三つの科学的能力に応じて三つの下位領域で報告された。これらの下位領域は，「科学的リテラシー全体」と同様に六つの習熟度レベルが用いられたが，それぞれのレベルの内容は特徴ある記述であった。さらに，各国の平均得点は**科学についての知識**，及び**科学の知識**における主な三つの知識（「物理的システム」「生命システム」及び「地球と宇宙のシステム」）を基本にして比較された。

これら比較の分析は重要であるが，同じ問題を独立しない二つの方法で分類してデータを得たため，能力と知識を得点で関連付ける際には注意が必要である。**科学的な疑問を認識する**能力を評価するものとして分類された全ての問題は**科学についての知識**であり，**現象を科学的に説明する**問題は全て**科学の知識**であった（OECD, 2009, p.44）。

第５節　まとめ

PISA調査の「科学的リテラシー」の定義は，現代の社会への備えとして15歳の生徒が何を知り，何に価値を認め，何をすることができるべきかという検討を出発点としている。「科学的リテラシー」の定義とその評価の中心は，科学及び科学的探究を特徴付ける能力で，すなわち**科学的な疑問を認識する**，**現象を科学的に説明する**，**科学的証拠を用いる**ことである。これらの能力を発揮できる生徒の能力は，科学的知識，すなわち自然界の知識（例えば，化学，生物学，地球・宇宙科学，テクノロジーの知識）と，**科学ついての知識**そのもの（例えば，科学的探究及び科学的説明についての知識），及び科学の諸問題に対する態度によるのである。

この枠組みは，PISA2012年調査（図3.11参照）において評価される科学的能力，知識及び態度，そして調査問題の状況を説明するものである。

PISA2012年調査の結果も，平均点が500点，標準偏差が100点という尺度と，PISA2006年調査で科学的リテラシーが初めて中心分野となったことにより定義が可能となった六つの習熟度レベルを用いて報告される予定である。科学的リテラシーにおいて最も高いレベルがレベル6であり，レベル2が習熟の基礎となるレベルである。レベル2に到達しない生徒は，科学及びテクノロジーに関連する生活状況において積極的に参加することを可能にするような科学的能力と技能を示すことができないということになる。

PISA 調査における科学的リテラシーの問題は，それぞれの問いの背景を成す場面が設定された課題文から始まる大問に分類することができる。科学の適用が，個人の生活や地域社会の生活の質を向上させるような特別な価値を持つような状況に焦点を当てているのである。選択肢形式問題と論述形式問題を組み合わせ，部分正答を設けている問題もある。PISA2006 年調査とは異なり，PISA 2012 年調査には態度を測る問題は含まれていない。

図 3.11　PISA 調査における科学的リテラシーの主な要素

能　力

- 科学的な疑問を認識する
- 現象を科学的に説明する
- 科学的な証拠を用いる

知　識

- 科学の知識：
  - 物理的システム
  - 生命システム
  - 地球と宇宙のシステム
  - テクノロジーのシステム
- 科学についての知識：
  - 科学的探究
  - 科学的説明

態　度

- 科学への興味・関心
- 科学的探究の支持
- 資源と環境に対する責任

注記

1. 本書を通じ,「自然界」には,テクノロジーよって設計され形成される「物質的世界」を含む人間活動によってもたらされる様々な変化を含んでいる。

参考文献・資料

Adams, R.J., M. Wilson and **W.C. Wang** (1997), "The multidimensional random coefficients multinomial logit model", *Applied Psychological Measurement,* No. 21, pp. 1-23.

Blosser, P. (1984), *Attitude Research in Science Education,* ERIC Clearinghouse for Science, Mathematics and Environmental Education, Columbus, Ohio.

Bogner, F. and **M. Wiseman** (1999), "Toward measuring adolescent environmental perception", *European Psychologist,* No. 4, Vol. 3, pp. 139-151.

Bybee, R. (1997a), "Towards an understanding of scientific literacy", in W. Gräber and C. Bolte (eds.), *Scientific Literacy: An International Symposium,* Institute for Science Education at the University of Kiel (IPN).

Bybee, R. (1997b), *Achieving Scientific Literacy: From Purposes to Practices,* Heinemann, Portsmouth.

Bybee, R.W. and **B.J. McCrae** (eds.) (2009), *PISA Science 2006: Implications for Science Teachers and Teaching,* NSTA Press, Arlington, Virginia.

Eagles, P.F.J. and **R. Demare** (1999), "Factors influencing children's environmental attitudes", *The Journal of Environmental Education,* No. 30, Vol. 4, pp. 33-37.

Fensham, P.J. (1985), "Science for all: A reflective essay", *Journal of Curriculum Studies,* No. 17, Vol. 4, pp. 415-435.

Fensham, P.J. (2000), "Time to change drivers for scientific literacy", *Canadian Journal of Science, Mathematics, and Technology Education,* Vol. 2, pp. 9-24.

Fleming, R. (1989), "Literacy for a Technological Age", *Science Education,* No. 73, Vol. 4

Gardner, P.L. (1975), "Attitudes to science: A review", *Studies in Science Education,* No. 2, pp. 1-41.

Gardner, P.L. (1984), "Students' interest in science and technology: An international overview", in M. Lehrke, L. Hoffmann and P.L. Gardner (eds.), *Interests in Science and Technology Education* (pp. 15-34), Institute for Science Education at the University of Kiel (IPN).

Gauld, C. and **A.A. Hukins** (1980), "Scientific attitudes: A review", *Studies in Science Education,* No. 7, pp. 129-161.

Gräber, W and **C. Bolte** (eds.) (1997), *Scientific Literacy: An International Symposium,* Institute for Science Education at the University of Kiel (IPN).

Klopfer L.E. (1976), "A structure for the affective domain in relation to science education", *Science Education,* Vol. 60 (3), pp. 299-312.

Koballa, T., A. Kemp and **R. Evans** (1997), "The spectrum of scientific literacy", *The Science Teacher,* No. 64, Vol. 7, pp. 27-31.

Kuhn, D. (1992), "Thinking as Argument", *Harvard Educational Review,* No. 62, Vol. 2.

LaForgia, J. (1988), "The affective domain related to science education and its evaluation", *Science Education,* Vol. 72, No. 4, pp. 407-421.

Law, N. (2002), "Scientific literacy: Charting the terrains of a multifaceted enterprise", *Canadian Journal* *of Science, Mathematics, and Technology Education,* No. 2, pp. 151-176.

Mayer, V.J. (ed.) (2002), *Global Science Literacy,* Kluwer Academic Publishers, Dordrecht.

Mayer, V.J. and **Y. Kumano** (2002), "The Philosophy of Science and Global Science Literacy", in V.J. Mayer (ed.), *Global Science Literacy,* Kluwer Academic Publishers, Dordrecht.

Millar, R. and **J. Osborne** (1998), *Beyond 2000: Science Education for the Future,* King's College London, School of Education, London.

Norris, S. and **L. Phillips** (2003), "How literacy in its fundamental sense is central to scientific literacy", *Science Education,* No. 87, Vol. 2.

OECD (2003), "Definition and Selection of Competencies: Theoretical and Conceptual Foundations (DeSeCo)", Summary of the final report *Key Competencies for a Successful Life and a Well-Functioning Society,* OECD Publishing.（『キー・コンピテンシー：国際標準の学力をめざして』ドミニク・S・ライチェン，ローラ・H・サルガニク編著，立田慶裕監訳，今西幸蔵ほか訳，明石書店，2006年）

OECD (2006), *Assessing Scientific, Reading and Mathematical Literacy: A Framework for PISA 2006,* OECD Publishing.（『PISA2006年調査 評価の枠組み：OECD生徒の学習到達度調査』経済協力開発機構（OECD）編著，国立教育政策研究所監訳，ぎょうせい，2007年）

OECD (2009), *PISA 2006 Technical Report,* OECD Publishing.

Osborne, J., S. Erduran, S. Simon and **M. Monk** (2001), "Enhancing the Quality of Argumentation in School Science", *School Science Review,* No. 82, Vol. 301.

Osborne, J., S. Simon and **S. Collins** (2003), "Attitudes towards science: a review of the literature and its implications", *International Journal of Science Education,* No. 25, Vol. 9, pp. 1049-1079.

Rickinson, M. (2001), "Learners and learning in environmental education: A critical review of the evidence", *Environmental Education Research,* No. 7, Vol. 3, pp. 207-208.

Roberts, D. (1983), *Scientific Literacy: Towards Balance in Setting Goals for School Science Programs,* Science Council of Canada, Ottawa.

Schibeci, R.A. (1984), "Attitudes to science: An update“, *Studies in Science Education,* No. 11, pp. 26-59.

UNESCO (1993), *International Forum on Scientific and Technological Literacy for All: Final Report,* UNESCO, Paris.

Weaver, A. (2002), "Determinants of environmental attitudes: A five-country comparison“, *International Journal of Sociology,* No. 32, Vol. 1, pp. 77-108.

■ 第４章 ■

問題解決能力

本章は，評価の論理的根拠，枠組みの研究基盤，問題解決能力の定義を初めとするPISA2012年調査における個人の問題解決能力のコンピュータ使用型調査の基本的な枠組みを提示する。定義は，評価にとって最も重要な三つの側面である，問題の文脈，問題状況の特徴及び認知プロセスとして詳細に論じられる。

調査の全体構造及び採用されたテストインターフェース及び出題形式などコンピュータ使用型調査について論じる。各問題状況の特徴，文脈，及び認知プロセスに照らして問題配分を詳細に述べる。問題解決者に対して，問題状況と相互作用的に関わりながら明示的に開示されていない必須の情報を明らかにすることを要求する問題を含めることを強調する。問題例を（コンピュータ使用型調査によって収集された）解答データがどのように採点に活用されたかも含め，解説を交えて提示する。

はじめに

問題解決能力（problem-solving competency）は，多くの国の教育プログラムにおける中心的課題である。より高いレベルの問題解決能力を習得することは，将来の学習，社会への実効的な参加，個人的な活動の実践のための基盤を提供する。市民は自分が学習したことを新しい状況に応用する能力が必要である。個人の問題解決の強みに関する研究は，人生における難題に直面するための基本的思考や他の一般的な認知アプローチを採用するという能力への視座を提供する（Lesh and Zawojewski, 2007）。

0.1　2012年調査の背景

PISA2003年調査においては，問題解決能力は3分野に追加して行われた分野であった。この調査の主要な知見は以下のとおりであった（OECD, 2005）。

- 一部の国では，70％の生徒が比較的複雑な問題を解決することができた一方で，他の幾つかの国では同じ問題を5％未満の生徒しか解決できなかった。
- ほとんどの国では，10％以上の生徒が基準レベルの問題を解決することができなかった。
- OECD加盟国では平均して，半数の生徒が基準レベルより難しい問題を解決することができなかった。
- 生徒の問題解決能力の習熟度において，国内でのばらつきの類型は各国間で相当な違いがあった。
- 問題解決能力と主要分野（数学的リテラシー，読解力，科学的リテラシー）に関連した習熟度の差の国内における類型は各国間で相当な違いがあった。

『The 2003 problem solving assessment framework（邦題：PISA2003年調査 評価の枠組み 第4章 問題解決能力）』が開発されて以来（OECD, 2003a），複雑な問題解決，転移，問題解決能力のコンピュータ使用型調査，そして問題解決能力の大規模調査の各領域で多くの研究が行われてきた（例えば，Blech and Funke, 2005; Funke and Frensch, 2007; Greiff and Funke, 2008; Klieme, 2004; Klieme *et al.*, 2005; Leutner *et al.*, 2004; Mayer, 2002; Mayer and Wittrock, 2006; O'Neil, 2002; Osman, 2010; Reeff *et al.*, 2006; Wirth and Klieme, 2004）。この研究は，個人の問題解決能力の理解及び測定に進展をもたらした。

加えて，ソフトウェア開発ツールの進歩及びネットワークで結ばれたコンピュータの使用によって調査の効率性と実効性が高まったが，そこには動的かつ相互作用的な問題を管理すること，生徒の関心をより十分に惹き付けること，問題解決のプロセスに関する情報を捉えることが可能になったことが含まれる。最後の点について，コンピュータ使用型調査は，生徒が問題に解答する際の行動の種類，頻度，長さ，順序等に関するデータの記録を可能にする。

したがって，再度，問題解決能力をPISA調査の調査分野とする。しかしそうする際に，新しい枠組みを考案し，生徒の能力を同時に捉えることが可能な新たな評価方法論を備えることが適切である。とりわけ，コンピュータの使用と，生徒と問題との相互作用的な関わりがPISA2012年調査における問題解決能力の主要な特徴である。

PISA2012年調査の問題解決能力調査は，個人の問題解決能力を評価するものである。協調的問題解決（collaborative problem-solving）の技能，すなわち，問題解決のために集団の一員として求められる技能は，将来の仕事で成功するための本質的要素である。そこにおいて，個人は，別々の場所で働く多様な専門家から成るチームの一員であることが多い。しかしながら，PISA調査のような大規模な国際調査に協調的な課題（collaborative tasks）を含めることに伴う測定上の大きな困難（Reeff *et al.*, 2006）と適切なコンピュータ使用型調査プラットフォームの開発に要する時間とを理由に，これらを2012年調査の特徴とすることはできなかった。

一貫して見られる研究上の知見は，専門分野の問題解決がその分野固有の知識（domain-specific knowledge）と方略に依存しているということである（例えば，Mayer, 1992; Funke and Frensch, 2007）。PISA2012年調査では，問題解決の基本となる認知プロセスの測定に集中するため，専門知識の必要性をできる限り回避するものとする。これにより，問題解決能力の評価は，PISA調査の主要分野である読解力，数学的リテラシー，科学的リテラシーにおける問題解決能力の評価とは区別される。主要分野はそれぞれの分野における専門知識を必要とするからである。

近年の研究から得られたもう一つの結論は，真正（authentic）かつ比較的複雑な問題，特に，問題解決者に対して，関連情報を明確化及び発見するために直接的な相互作用的な関わりを要求する問題が，PISA2012年調査における問題解決能力の中心的特徴であるべきであるということである。例としては，家電用リモコン，個人用デジタルデバイス（例えば，携帯電話），家電及び自動券売機といったなじみのないデバイスに直面したときの問題である。他の例としては，運動トレーニング，畜産，植物栽培，社会的交流といった状況で生じる。問題解決能力は，このような状況に対処する際に規準レベルを上回る水準が必要であり，また，伝統的な推論に基づく問題解決（reasoning-based problem solving）に関わる技能に加えてさらなる技能が要求されることを示す証拠がある（例えば，Klieme, 2004）。このような「相互作用的な問題」が大規模な国際調査に含められたのは初めてのことであり，これは，コンピュータ使用型調査によって可能になったのである。

問題解決能力は質の高い教育によって発達させることができる。問題に基づく学習（problem-based learning），探索学習（inquiry-based learning），個人や集団のプロジェクト活動といった進歩的教授法（progressive teaching methods）を用いることによって，深い理解を促し，生徒に対して自分の知識を新しい状況に応用しようとする心構えを持たせることができる。優れた教授活動は，自己調整学習（self-regulated learning）及びメタ認知を促進し，問題解決能力を支える認知プロセスを発達させる。優れた教授活動は，生徒に対して，なじみのない状況において効果的な推論を行い，未知のシステムの観察，探索，相互作用的な関わりによって自分の知識とのギャップを埋めるよう準備させる。PISA2012年調査における問題解決能力のコンピュータ使用型調査は，生徒が，これまでの知識・学習では十分ではない，将来の未知の困難に対処する準備がどれだけできているかを分析することに焦点を当てる。

0.2 OECD国際成人力調査（PIAAC）における問題解決能力

OECD国際成人力調査（PIAAC）は，読解力，数的思考力及びITを活用した問題解決能力を評価するものである。この調査は16～65歳の成人を対象にした対面式の標本調査であり，2011年に初めて実施され，その結果は2013年に公表される予定である。

PIAAC調査の「ITを活用した問題解決能力」とPISA2012年調査の問題解決能力には二つの大きな相違点がある[1]。第一に，PIAAC調査では情報が大量に提供されている点である。例えば，PIAAC調査では，インターネット又はソーシャルネットワーキングサービス（SNS）上で必要な情報を探索し，評価することが求められる。

第二の大きな違いは，PIAAC調査において問題解決に至る過程では，複数のコンピュータソフト（ファイル管理，インターネットブラウザ，電子メール，表計算ソフト）を使用する能力が求められることである。PISA調査の問題解決能力では，コンピュータの操作は必要であるが，そのための能力は問題解決能力の定義の中には含まれない。PISA調査の問題解決能力では，キーボードを使用した文字や数字の入力，マウスでクリックしたり，ドラッグ＆ドロップしたりといった，基本的なコンピュータ操作（ICT技能）のみが要求される。コンピュータソフトは，「ITを活用した問題解決能力」にとっては，共通かつ強力な助けとなるものであり，このデジタル時代において高いレベルのICT活用能力は不可欠である。しかしながら，PISA調査は，ICTの活用の有無にかかわらず，問題解決へ至る認知プロセスのみに，焦点が当てられている。

第1節　問題解決能力領域の定義

PISA2012年調査における問題解決能力調査の目的は，個人の問題解決**能力**（competency）を調査することである。この文脈における「問題解決能力」という用語の意味を定義する前に，この分野の研究者によって「問題」及び「問題解決」という用語が何を意味しているのかを明らかにすることが重要である。

1.1 問題の定義

問題とは，ある人が目標を持っているものの，それを達成する方法がわからない場合に存在する（Duncker, 1945）。図4.1においてこの定義を詳説する。初期状態（given state）とは，その人が着手時に問題について持っている知識であり，操作（operators）は，利用可能な道具（tools）の助けを借りて目標（goal state）を達成するために実行することが許容される行動である。克服しなければならない障害（barriers）（例えば，知識又は明白な方略の欠如）が，目標を達成する妨げとなっている。障害の克服には，認知的要因だけでなく動機付け要因や感情的要因も関与するだろう（Funke, 2010）。

例として，予想される移動時間が記入された地図と計算機が与えられており，二つの町の間を最速で移動する経路を見つけるという単純な問題（最速経路問題）を考えてみよう。初期状態は与えられた情報，すなわち経路が記されていない地図であり，目標は必要な答え，すなわち最速経路である。操作は，考えうる経路の選択，合計時間の計算及び，その経路の時間と他の経路の時間とを比較することである。計算を助ける道具として計算機が利用可能である。

図 4.1　問題状況

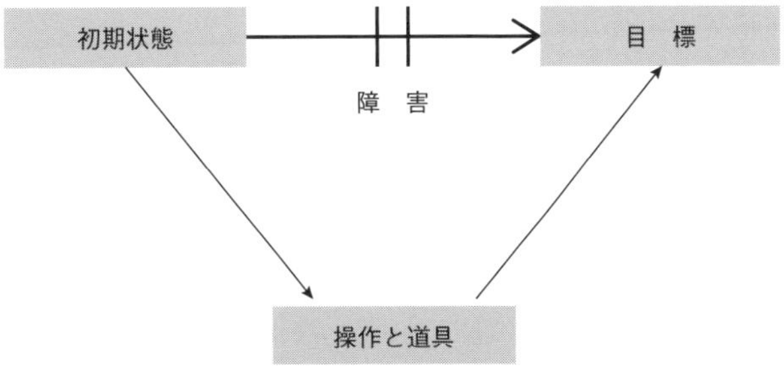

出典：Frensch and Funke（1995）

1.2　問題解決の定義

問題の定義の理解と一貫して，Mayer（1990）は問題解決を，明白な解決方法が利用できないときに初期状態を目標へと転換することを可能にする認知プロセスであると定義している。この定義は問題解決能力の研究者集団（the problem-solving community）において広く受け入れられている（例えば，Klieme, 2004; Mayer and Wittrock, 2006; Reeff *et al.*, 2006 参照）。

1.3　問題解決能力の定義

PISA2012 年調査における問題解決能力の定義は，これら一般的に受け入れられている「問題」及び「問題解決」の意味に根ざしている。定義は，以下のとおりである。

問題解決能力とは，解決の方法がすぐにはわからない問題状況を理解し，問題解決のために，認知プロセスに取り組む個人の能力であり，そこには建設的で思慮深い一市民として，個人の可能性を実現するために，自ら進んで問題状況に関わろうとする意思も含まれる。

当然のことながら，「解決の方法がすぐにはわからない問題状況を理解し，問題解決のために，認知プロセスに関わろうとする個人の能力であり」という定義の一節は，2003 年の問題解決能力に用いられていたものとほぼ同じである[2]。しかし 2003 年調査が問題解決能力の認知的側面に注目し，分野横断的な性質（cross-curricular nature）を強調していたのに対し，2012 年調査は OECD によって承認された能力（competency）の定義と一致する感情的要因を定義に含めている（OECD, 2003a）。

PISA2003年調査と比べて2012年調査における問題解決能力調査を特徴付けるものは，問題解決能力の定義の違いよりもむしろ，調査実施形態（コンピュータ使用型調査）の違いであり，かつ，問題解決者が問題状況との相互作用を行い，必要な情報を探索し，理解しなければ解決できない問題も含めることが可能になっていることである。

以下の段落において，調査との関連において問題解決能力の意味を明らかにするための一助となるよう，PISA2012年調査における問題解決能力の定義を順に検討する。

問題解決能力とは……

能力（competency）には，蓄積された知識の基本的再生（basic reproduction）をはるかに上回るものが含まれる。これは，認知的・実践的技能（cognitive and practical skills），創造的能力（creative abilities）及び，態度，動機付け，価値観などその他の心理社会的なリソースを動員することが含まれる（OECD, 2003b)。PISA2012年調査の問題解決能力調査は，分野に基づく知識（domain-based knowledge）の単純な再現の試験を行うのではなく，人生において遭遇し[3]，伝統的なカリキュラム領域の外側にある，なじみのない問題を解決するために求められる認知的技能に焦点を当てている。

問題を解決することにおいて既有知識（prior knowledge）は重要である。しかしながら，問題解決能力には，新しい知識を獲得，使用するか，あるいは，今までにない問題（すなわち定型的でない問題）を解決するために新しい方法で古い知識を使用する能力（ability）が含まれる。

……認知プロセスに取り組む個人の能力であり……

問題解決は，個人の認知システムの内部で発生し，その人の行動及び成果によってのみ間接的に推論される。問題解決は，問題解決者の認知システムにおいて様々な種類の知識を表現，操作することを伴う（Maye and Wittrock, 2006)。調査問題に対する生徒の解答，すなわち，生徒の探索の方略（exploration strategies），問題のモデリングの際に採用する表現，数値的及び非数値的解答，又は問題を解決した方法に関する広範な説明は，生徒が採用した認知プロセスについて推論するために用いられる。

創造的（拡散的）思考及び批判的思考は問題解決能力の重要な構成要素である（Mayer, 1992)。創造的思考とは，新しい問題の解決策の発見をもたらす認知的活動である。批判的思考は，創造的思考と同時に存在し，考えうる解決策を評価するために用いられる。PISA2012年調査は双方の要素を対象としている。

……問題状況を理解し，問題解決のために……

個人がどの程度，問題状況の困難に対処でき，かつ，その解決に向かうことができるか。問題に対する明確な解答に加えて，調査は，生徒の各問題に対する解答そのものを測るだけでなく，問題解決者の問題解決に用いる方略やそこに至る過程といった行動に関するデータも調査問題配信システムによって収集されている。システムとの相互作用の種類，頻度，長さ，順序を収集し，生徒の解答の採点又はその後の分析に用いることができる。

問題解決は，問題状況が存在することを認識し，問題状況の特徴を理解することから始まり，解くべき問題を同定し，解決策を計画・実行し，活動全体を通して問題解決の過程を観察・評価することが求められる。

現実世界の問題では，多くの場合，固有の解決策又は，正しい（exact）解決策がない可能性がある。加えて，問題状況は，もしかすると問題解決者の問題との相互作用的な関わりを理由として，あるいは，問題そのものの動的な性質の結果として問題解決のプロセスの中で変化するかもしれない。この複雑性は，状況の真正性と調査の実用性の間でバランスをとることを目指し，調査課題を設定する際に対処されことになる。

……解決の方法がすぐにはわからない……

解決の道筋（solution path）を発見する手段は，問題解決者にとってすぐにわかるものではないだろう。妨げとなる様々な種類の障害又は不明な情報があるだろう。調査の関心は，非定型的な問題にあるのであって，定型的な問題（すなわち，前に学習した解決の手順が明らかに適用可能な問題）ではない。問題解決者は，問題を積極的に探索，理解し，かつ，解決策を目指して，新しい方略を考案するか，又は，異なる文脈において学習した方略を応用しなければならない。

問題の状況，すなわち問題が定型的であるか否かは，問題解決者の問題への精通度によって決まる。ある人にとっての「問題」であっても，このような問題を解決した経験があったり，実践したりしたような別人は明らかな解決策を持っているかもしれない。したがって，大多数の15歳にとって非定型的となるべき問題を設定するよう注意が払われた。

必ずしも，文脈や目標が問題解決者にとってなじみがないとは限らない。重要なことは，特定の問題が新奇であること，若しくは，目標達成の方法がすぐにはわからないことである。問題解決者は，問題の解決を試みる前に問題状況を探索するか又は問題状況と相互作用的に関わる必要があるかもしれない。直接の相互作用的な関わりは，PISA2012年調査におけるコンピュータ使用型調査によって実現可能となる。

……自ら進んで問題状況に関わろうとする意思も含まれる……

問題解決は個人的であり，かつ，方向付けられている。換言すれば，問題解決者の処理過程（problem solver's processing）は自身の個人的な目標によって導かれる（Mayer and Wittrock, 2006）。問題解決者個人が持つ知識や技能は，解決策への障害の克服が困難か，容易かを判断するのに役立つ。しかしながら，このような知識や技能の操作は，問題解決能力に関する個人の関心や能力についての信念（例えば，自信）や感情といった動機付け要因及び感情的要因の影響を受ける（Mayer, 1998）。

さらに，問題の文脈（問題になじみがあり，それを理解しているか否か），問題解決者が利用可能な外部リソース（道具の利用など），及び問題解決者が操作する環境（試験の場面（examination setting）など）が，ある人が問題に取り組む方法に影響するだろう。

動機付け要因や感情的要因は，問題解決能力のテスト問題（cognitive assessment）では測定されないが，生徒質問紙には「問題に取り組む際の忍耐力」と「問題解決における柔軟性」を測定する質問群が含まれている。さらに質問調査には，特定の問題状況に直面した際の生徒の問題解決方略（例えば，便利な誰かに聞く，指導を求める，目的の定まらない行動をする，諦める）に関する情報を収集する幾つかの質問が含まれる。

……建設的で思慮深い一市民として，個人の可能性を実現するために……

能力（competency）は，個人が単に社会に対処するだけでなく社会を形作るのに役立つことから重要な要因である。すなわち，「……主要な能力（key competencies）は個人及び社会の両方にとって利益となりうる」(Rychen and Salganik, 2003)。個人は，「自身の生活条件と勤務条件とをコントロールすることによって，有意義かつ責任あるやり方で生活にうまく対処する」べきである（同書）。個人は，建設的で，関心を持ち，内省的な市民としての自己の可能性を実現するためには，習熟した問題解決者である必要がある。

1.4　調査の範囲

PISA2012年調査における問題解決能力調査には，問題解決のために専門知識を要求する問題は含まれない。とりわけ，PISA調査の主要3分野のいずれかに入ることが適切な問題は含まれない。調査課題は，日常的な状況を中心に据え，既有知識一般の影響を統制するために広範な文脈を採用している。

多くの日常的な状況において新しい問題を解決するためには，予備知識の動員だけでは十分ではない。過去に習得した知識の単純な適用ではなく，ある範囲の推論能力を用いて，既存の知識を再編し，新しい知識と組み合わせる必要がある。知識のギャップは問題状況の観察と探索とによって埋める必要がある。多くの場合，これは，規則を発見するための新しいシステムとの相互作用を伴う。そして，今度はこの規則が，問題を解決するために適用されることになる。このような問題はPISA2012年調査における問題解決能力調査の主要な焦点であり，コンピュータ使用型調査によって可能となった。

第2節　問題解決能力分野の構成

次に，この分野をどう記述するかを考えることが重要となる。なぜなら，分野の記述と構成の仕方によって，調査がどう設計され，最終的に生徒の習熟度についてどのようなデータが収集・報告されるかが決まってくるからである。多くの要素が構成概念の一部であるが，PISA調査のような一つの調査がそのすべてを考慮に入れ，扱うことができるわけではない。難易度に適度な幅があり，その分野を幅広く扱うことのできるような問題を含んだ調査を構成できるよう諸要素の中から最重要と思われるものを選び出し，それらに多様性を持たせる必要がある。

PISA2012年調査における問題解決能力調査の最も重要な側面は以下のとおりである。

- **問題の文脈**：テクノロジーデバイスを伴うか否か，問題の焦点が**個人的**か，又は，**社会的**か。
- **問題状況の特徴**：**相互作用的**か，又は，**静的**か。
- **問題解決のプロセス**：問題解決に伴う認知プロセス。

問題は，様々な文脈における異なる2種類の問題状況で様々な問題解決のプロセスを用いる際に，生徒がどれだけうまく遂行しているかを測定するために，開発された。これら三つの側面を，以下の節で論じ，解説する。

2.1　問題の文脈

ある個人の問題の文脈に対する精通度及び理解は，その個人にとっての問題解決の難易度に影響する。調査課題が，15歳の生徒に対して実生活と変わらなく（authentic）かつ関心を引く広範な文脈から抽出していることを保証するために，二つの要素が特定されている。その要素とは，状況（setting）（テクノロジー／非テクノロジー）と用途（focus）（個人的／社会的）である。

テクノロジーに分類される問題は，例えば，携帯電話，家電用リモコン，券売機等といったデバイスを使用する状況である。これらのデバイスについての内部構造に関する知識は必要としないが，デバイスをコントロールすることや，問題状況を解決するための前提として，生徒は，デバイスの機能を探索し，理解するよう求められる。一方**非テクノロジー**に分類される問題は，出発地から目的地までの経路決定やスケジュール作成，意思決定といった状況を含んでいる。

個人的に分類される問題は，主に生徒自身や家族，親しい友人に関わるものである。**社会的**に分類される問題は，地域社会や社会といったより広い社会的な状況に関わるものである（勤務時及び職業訓練等の継続教育を受けているときを含む）。例えば，デジタル時計の時刻設定に関する問題の文脈は，**テクノロジー**と**個人的**に分類される。一方，バスケットボールチームの名簿の作成を求める問題の文脈は，**非テクノロジー**と**社会的**に分類される。本章の第6節「問題解決能力の調査問題例」に他の問題例を掲載している。問題例1は，MP3プレーヤーの機能を制御する規則性に焦点を当てており，問題の文脈は**テクノロジー**と**個人的**である。問題例2は，バースデイ・パーティーの席順決めに関するもので，問題の文脈は**非テクノロジー**と**社会的**である。

2.2　問題状況の特徴

問題の提示方法は，問題をどのように解決できるかに関して重要な影響をもたらす。非常に重要なことは，問題を解決するために必要なすべての情報が，問題解決者に最初から開示されているかどうかである。これは，先に論じた最速経路問題に当てはまる（1.1「問題の定義」参照）。我々はこのような問題状況を**静的**に属するものとしている。第6節「問題解決能力の調査問題例」に掲載した問題例「バースデイ・パーティー」は**静的**な問題の例である。

これに対して，問題状況が**相互作用的**であるということは，すなわち，問題解決に関係する全ての情報は開示されておらず，問題状況を探索し，関係する情報を発見しなければならないということである[4]。GPSシステムを用いたリアルタイムナビゲーションは，交通渋滞が自動的又は問合せによって報告されるものであり，このような状況を表している。「問題解決能力の調査問題例」に掲載した問題例「MP3プレーヤー」は**相互作用的**な問題の例である。

相互作用的な問題状況は，コンピュータ使用型調査において仮想的に提示することができる。PISA2012年調査におけるコンピュータ使用型問題解決能力調査に，相互作用的な問題状況を含めたことによって，筆記型調査よりも，広範でより現実的に，実生活のシナリオに即して提示することが可能になった。生徒が仮想的に提示された環境を探索し，管理する問題が，この調査の顕著な特徴である。

調査には一連の静的な問題状況も含まれている。このような問題の調査は伝統的には筆記型調査で行われてきた。しかしながら，コンピュータ使用型調査には，アニメーションなどマルチメディア要素を含み，より広範なシナリオを提示する能力，オンラインツールが利用可能なこと，及び，自動採点可能な出題形式の広範な使用を始め，多くの利点がある。

さらに，研究の中には，相互作用的な環境で問題を探索する際の知識獲得，及び，知識が適用される方法は，静的な問題を解決する際に用いられる典型的な技能とは明確に異なる能力であることを示唆するものもある（Klieme, 2004; Wirth and Klieme, 2004; Leutner and Wirth, 2005 参照）。したがって，PISA2012 年調査では相互作用的な問題と静的な問題を混合することによって，筆記型調査によって可能であったものよりも広範な問題解決能力の測定を行うことになる。

2.2.1　相互作用的な問題状況

多くの場合，相互作用的な問題状況は，携帯電話，エアコン又は自動券売機といったハイテクデバイスに初めて直面する場合，とりわけそれらの説明書がよくわからないか又は入手できない場合に発生する。このようなデバイスの操作方法を理解することは，日常生活において例外なく直面する問題である。これらの状況では，幾つかの問題解決に関係する情報が最初に明らかでない場合が多い。例えば，ある操作を加えること（例えば，リモコン上のボタンを押す）の結果はわかっていないかもしれないし，推測できないかもしれない。むしろ，実際に操作を行い（ボタンを押す），その結果に基づいて機能についての仮説を立てることを通して，シナリオと相互作用的に関わることによって推論する必要がある。一般に，デバイスを操作するために必要な知識を獲得するには，幾つかの探索又は実験を行う必要がある。別のよくあるシナリオは，デバイスの故障あるいは不具合を解決する必要がある場合である。この場合は，一定の実験を行って，デバイスが故障する状況についてのデータを収集する必要がある。

相互作用的な問題状況は動的となりうる。すなわち，その状態は問題解決者が制御不能な影響によって（すなわち，問題解決者による介入なしに）独自に変化するかもしれない[5]。例えば，自動券売機の場合，取引中に 20 秒間ボタンが押されないと，機械はリセットされる可能性がある。問題解決者はこのようなシステムの自律行動を観察，理解する必要があり，したがって，望まれる目標（切符の購入）を達成するために考慮する。

2.2.2　静的な問題状況

静的な問題状況は，良定義問題あるいは不良定義問題にも生じうる。最速経路問題（1.1「問題の定義」参照）といった良定義問題では，初期状態，目標及び許容される操作が明確に規定されている（Mayer and Wittrock, 2006）。問題状況は動的ではなく（すなわち問題解決の過程において独自に変化しない），最初に問題解決に関係する全ての情報が開示され，単一の目標がある。

他の良定義問題の例として，ハノイの塔問題や水瓶の問題のような伝統的な論理パズル（例えば，Robertson, 2001 を参照），問題解決者が，制約を満たす意思決定を行うために多数の明確に定義された選択肢及び制約を伴う状況を理解するよう求められる意思決定問題（例えば，患者，病状，利用可能な鎮痛剤の十分な情報が与えられた中から，正しい鎮痛剤を選択する），及び家の建築あるいはコンピュータソフトの作成のようなプロジェクトのためのスケジューリング問題では，作業期間と作業間との依存関係を含む作業一覧が提供されるものがある。

Mayer and Wittrock（2006）は，「教育で用いられる題材は良定義問題を頻繁に強調しているものが主であることが多く，現実の問題の大部分は定義が不明確である（すなわち『定義が明確』ではない）」と指摘している。後者の不良定義問題は，問題状況の特徴が相互作用的でも静的であっても起こりうるが，多くの場合，矛盾する複数の目標を伴っており，一つの目標へ向けた進捗が他の目標への進捗を損なう可能性がある。問題解決者は各目標間のバランスを達成するために優先順位の判断と綿密さが求められる（Blech and Funke, 2010）。最速経路問題の例は２地点間の「最良の」経路を発見する問題である。これは最短経路であるべきか。最速で行けそうな経路か。最も単純明快な経路であるべきか。時間のばらつきが最小な経路であるか等である。より複雑な例は，車の設計であり，高効率，低コスト，高安全性及び環境に与える負荷が少ないこと（footprint）の全てが望まれる可能性がある。

2.3　問題解決プロセス

様々な研究者が，問題解決に関与する認知プロセスを様々に考え出しているが，彼らの考え方には多くの部分での共通性がある。特定された認知プロセスは，認知心理学者による問題解決及び推論に関する研究（例えばBaxter and Glaser, 1997; Bransford *et al.*, 1999; Mayer and Wittrock, 1996, 2006; Vosniadou and Ortony, 1989），そして，Polya（1945）の影響力を持った研究から導き出されている。さらに，近年の複雑で動的な問題解決に関する研究（Blech and Funke, 2005, 2010; Funke and Frensch, 2007; Greiff and Funke, 2008; Klieme, 2004; Osman, 2010; Reeff *et al.*, 2006; Wirth and Klieme, 2004）が考慮されてきた。

ある特定の問題を解決する際に関係するプロセスが連続的なのかや，提示されたプロセスが一つの問題を解決する際に全て関係しているのかについては何も想定されていない。個人が，新たに生じる人生における欲求を表現する真正の問題に直面し，その問題を構造化し，表現し，解決する際には，直線的で段階的なモデルの境界線を超えた方法で解決策に移行する可能性がある。人間の認知システムの機能に関する情報のほとんどは，今や，認知システムが並列情報処理能力を持つとの考え方を支持している（Lesh and Zawojewski, 2007）。

PISA2012年調査の問題解決能力調査で測定される認知プロセスは以下の四つに分類されている。

- **探索・理解**（exploring and understanding）
- **表現・定式化**（representing and formulating）
- **計画・実行**（planning and executing）
- **観察・熟考**（monitoring and reflecting）

探索・理解

問題状況を観察し，それと相互作用して情報を求め，制約又は障壁を見つけ出す。与えられた情報及び問題状況との相互作用を通じて，見つけ出した情報を理解していること，問題解決にとって重要な概念を理解していることが示される。

表現・定式化

問題状況の各側面を表現するために，表やグラフ，記号，言語を用いたり，表現の形式を変換したりする。問題解決にとって重要な要因とその相互関係を特定し，仮説を立てる。情報を組織化し批判的に評価する。

計画・実行

最終的な目標及び必要であればそれに向けての小さな目標を設定し，問題を解決するためにどのような段階を踏むか等の計画又は方略を決定して，それに従い行動する。

観察・熟考

問題解決へと至るそれぞれの段階・過程を観察する。途中経過と最終的な結果を確認し，想定していない出来事に遭遇した場合，必要な処理を行う。解決策を様々な観点から振り返り，想定や別の解決策を批判的に評価し，追加情報や明確化の必要性を認識し，進捗状況について適切な方法で伝える。

2.3.1　推論能力

それぞれの問題解決のプロセスは，一つ以上の推論能力を利用している。問題解決者は，問題状況を理解する際に事実と意見を区別する必要があるかもしれない。問題解決者は，解決策を定式化する際に変数間の関係を識別する必要があるかもしれない。問題解決者は，方略を選択する際に因果関係を考慮する必要があるかもしれない。また問題解決者は，結果を伝える際に，理路整然と情報を体系化する必要があるかもしれない。これらのプロセスと関連した推論能力が問題解決能力に組み込まれている。推論能力は，教室での指導において教授及びモデル化できるので，PISA 調査の文脈において重要である（例えば，Adey *et al.*, 2007; Klauer and Phye, 2008）。

問題解決能力に用いられる推論能力の例には，演繹的，帰納的，定量的，相関的，類推的な推論能力，それらの組合せ及び多面的な推論能力が含まれる。これらの推論能力は相互排他的ではなく，与えられた問題の解決策を見いだすために，他の複数の方法がある中で主要な一つの方法に落ち着く前に，実際は多くの場合，問題解決者が，証拠を収集し，潜在的な解決の道筋を試行する際に一つの技能から別の技能へと移行した後，一つの方法に落ち着く。推論能力は調査問題において幅広く扱われている。その理由は，ある問題の困難さは，その解決に関与する推論の複雑さと種類によって影響されるからである。

第3節 問題解決能力調査の概要

3.1 調査方法

PISA2012年調査のコンピュータ使用型調査で行われる問題解決能力調査の時間は40分である。合計80分間の問題解決能力の問題が20分ずつ四つの問題群に分かれている。コンピュータ使用型数学的リテラシー及びコンピュータ使用型読解力の国際オプション調査非参加国の生徒は，指定された問題群の組合せに応じて問題群のうち二つを行う。コンピュータ使用型数学的リテラシー及びコンピュータ使用型読解力の国際オプション調査参加国の生徒は，別の問題群の組合せに応じて四つの問題解決能力の問題群から二つ以下（0～2）の問題群に解答する。

PISA調査に共通のことであるが，各問題は問題状況を記述する共通の課題文に基づいて大問に分類される。要求される読解力のレベルを最小化するために，課題文（及び発問（task statements））はできる限り単純明快で短いものとする。冗長な文章を避けるために，アニメーション，写真又は図が用いられてきた。例えば，必要に応じて計算結果を提示することで，要求される数的思考力も最小限に抑えてきた。

問題解決能力の問題は，特定の文脈を持つ16問の大問として構成し，適度に難易度にばらつきのある約40問の問いからなっている。これによって，問題解決能力に関わる認知プロセスについていまだ明らかにされていない母集団及び主要なサブグループの長所及び短所を，測定できるだろう。

3.2 コンピュータ使用型調査によって提供される機能性

コンピュータ使用型調査による問題解決能力の測定の主な利点は，中間結果及び最終結果の収集，採点に加えて，解答のプロセスと方法に関連するデータを収集，分析する機会が得られることである。このことは，PISA2012調査における問題解決能力調査に大きく貢献する可能性が高い。適切な問題開発によって，分析のために，生徒がとる行動の種類，頻度，長さ，及び順序といったデータを収集することができる。

調査では，キーボードの使用，マウス又はタッチパッドの使用，ラジオボタンのクリック，ドラッグ&ドロップ，スクロール，プルダウンメニューやハイパーリンクの使用といった基本的なICT技能のみが前提とされる。ICT活用能力の要求やICTで提示することよって問題解決能力の測定が妨害されることが最小限になっていると保証できるよう注意が払われることとなる。

大問及び問いは，いずれも，定められた順序，又は「融通の利かない（lockstep）」方式で配信されることとなる。融通の利かない方式の手順とは，ひとたび生徒が次の問い又は大問に進むと前の問い又は大問には戻れないことを意味する。生徒が**「次へ」**ボタンをクリックするたびに，ダイアログボックスが，次の問題へ移ると，前の問題に戻ることはできないことという警告を表示す

図 4.2　テスト画面

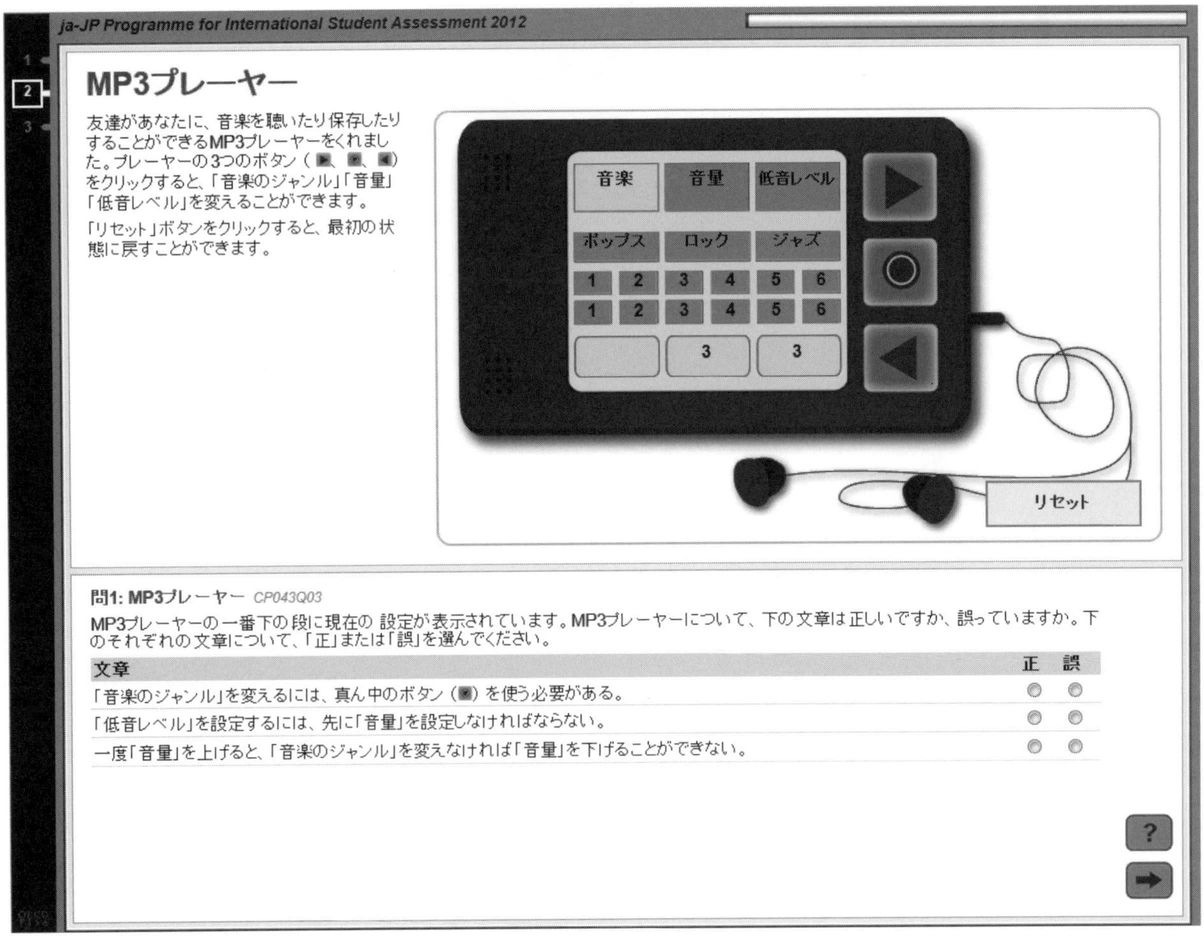

る。このとき，生徒は，移動したいのか，又は，キャンセルして現在の問題に戻りたいのかを確認することができる。

調査問題画面の外見は異なる問題でも一貫している（図 4.2 参照）。各問題において，課題文が画面上部に表示される。設問は画面下部に表示され，枠囲いによって，課題文と設問とは視覚的に分離している。画面が 2 分割され，小問ごとに下部の内容が変化していく設定になっているため，すべての情報を見るためにスクロールする必要はない。

画面右上には，タイムバーが表示され，調査の残り時間が示される。画面左端には，進捗を示すタスクバーが表示される。タスクバーでは番号が大問ごとに記載され，現在の大問番号が枠囲みされている。

3.3　課題の特徴及び難易度

一般的に，各問いはできる限り単一の問題解決プロセスに焦点を当てる。したがって，問いの中には，問題を認識したことをはっきりと示せばそれで十分な問いもあるだろう。他の問いでは，解決方法を記載することで十分だろう。多くの問いでは，効果や効率性が問われる実際の解決策を要求される。さらに別の問いでは，提案された解決策を評価し，提示された問題に対する最も適切な解決策を決定することが課題となるだろう。一つのプロセスに焦点化する問いを含めることは適切である。なぜなら，教室での指導では実行することがしばしば強調されるが，ほとんどの問題解決者にとっての主たる難しさは，表現，計画，自己調整に関わっているからである（Mayer, 2003）。

問題の中には本質的に他の問題よりも複雑な問題がある（Funke and Frensch, 2007）。さらに，複雑さが高まることは一般に難易度がより上がることを意味する。表4.1は課題の特徴を要約しているが，調査においては問題が適切な難易度の範囲をカバーしていること保証するために，ばらつきを持たせている。これらの特徴は互いに排他的でなく，PISA2012年調査の問題設定を分析する際に四つの要因を形成すると考えることができる（Philpot *et al.*, 2012）。

表4.1　課題の特徴

特徴（characteristic）	課題の難易度における影響
情報の総量	考慮されなければならない情報が多いほど，課題の難易度が高まる可能性がある。
情報の表現	なじみのない表現及び複合的な表現（特に異なる表現で提示された情報を関連付ける必要がある場合）は難易度が高まる傾向にある。
抽象度	シナリオが抽象的あるいは具体的である程度は，課題の難易度に影響する。シナリオが抽象的であるほど課題の難易度が高まる可能性がある。
文脈の親しみやすさ	文脈が問題解決者にとってなじみやすい場合，問題解決者は問題に取り組むための準備ができていると感じる可能性がある。
情報の開示	発見しなければならない関連する情報（例：操作，自律的行動，予想外の障害の影響）が多いほど，課題の難易度が高まる可能性がある。
内的複雑性	課題の内的複雑性は，構成要素又はその数が増加するほど，そして，それらの相互関連（依存関係又は制約による）が強いほど高まる。内的複雑性のレベルの高い課題は，それが低い課題よりも難易度が高い可能性がある。
目標への距離	問題解決に必要な段階（step）が多くなるほど，難易度が高まる可能性がある。
推論能力の要求	課題の難易度は，解決にかかる推論能力の複雑性と種類との影響を受ける。幾つかの種類の推論の適用を要求する課題（例：組合せの推論）は，そうでない課題よりも難易度が高い可能性がある。

3.3.1　出題形式と採点方法

問題のおよそ3分の1は，生徒に対して，ラジオボタンをクリックするか，プルダウンメニューから選択することによって，解答するよう要求している。この出題形式は，与えられた選択肢の中から一つの答えを選択する多肢選択形式，二つ又は三つの別々の選択を行う必要がある複合的選択肢形式，及び，例えばリスト又は複数のプルダウンメニューから二つ以上の正しい解答を選択する，その他の選択肢形式が含まれる。これらの問題は全てが自動的に採点される。

ちょうど半分を上回る問題が，生徒に対して，自分の解答を入力するよう求める形式になっているが，これらは，数値の入力，又は図形をドラッグして動かしたり（ドラッグ＆ドロップ），点と点を結ぶ線を描いたり，図の一部を強調された表示（反転表示）にするなどの操作を使って解答する問題であり，自動採点になっている。

残りの問題は，生徒に対して，解答をテキストボックスに入力する自由記述形式になっており，採点者による採点が必要である。このような問題は，とりわけ，生徒に対して解答方法を説明するか，選択した解答を正当化するよう求めることが重要と考えられる場合に用いられる。

採点者による採点を支援するために，オンライン採点システム（online coding system）が開発された。これによって，個別のデータ入力の必要性がなくなり，データクリーニングの必要性を最小限とし，必要に応じて採点を「オフサイト（off site）」で行うことができる。

問題ごとの採点基準によって，複数の正答が完全正答に必要な場合や正しい解答方法が採用されているが適切に実行されていない場合など，必要に応じて部分正答とすることが可能となる。課題の要求の達成よりも信頼性の高い問題解決能力の証拠を提供する（探索方略など）特定の行動が捉えられ，得点化に寄与することとなる。

3.3.2　相互作用的な問題

相互作用的な問題は，基礎となる形式モデル上に構築することができる。モデルのパラメータは難易度に幅を持たせるために体系的にばらつきを持たせることができる。よく利用される二つのパラダイムは，線型差分方程式（linear difference equations）及び有限状態機械（finite state machines）である。

線型差分方程式（線型構造方程式とも呼ばれる）によってモデル化された問題状況[6]では，問題解決者は一つ以上の入力変数（例えば，エアコンの制御）を操作し，この操作が一つ以上の出力変数（温度及び湿度等）に及ぼす影響を検討する必要がある。出力変数がそれ自身に影響を及ぼす可能性があり，その結果，システムは動的となる。文脈の例には，リモコン，サーモスタット，塗料の混合，エコシステムが含まれる。

有限状態機械は，有限個の状態，入力信号と出力信号とを備えたシステムである[7]（Buchner and Funke, 1993）。システムの次の状態（及び出力信号）は現在の状態と特有の入力信号によって固有に決定される。有限状態機械によってモデル化された問題状況では，問題解決者は，問題の構造を理解しようと，（通常は一連のボタンを押す操作によって）入力信号を供給して，その結果システムの状態に生じる影響を見定め，目標状態へと近付けようとする必要がある。日常使う多くのデバイスと文脈は，有限状態機械構造のルールによって制御又は制約されている。例には，デジタル時計，携帯電話，電子レンジ，MP3プレーヤー，自動券売機，洗濯機が含まれる。

このような相互作用的な問題の典型的な課題の要求は以下のとおりである（詳細はBlech and Funke, 2005; Greiff and Funke, 2008を参照）。

- **探索**：能動的な探索又は指示された探索（相互作用）のいずれかによってシステムの構成についての知識を獲得する［**探索方略は，コンピュータ使用型調査によって追跡し，捉えることができる**］。
- **識別**：探索中に形成される，システムのメンタルモデルの表現を提供するか又は完成させること。これは，描画形式でもテキスト形式でもよい［**モデルの精度が高いと得られた原因についての知識の評価において役立つ**］。
- **コントロール**：獲得した知識の実践的な応用。すなわち，初期状態を目標へと変え，（適切なシステムの）目標を長い期間をかけて維持する。過去の問題への依存を最小化するために，システムの正しいモデルが提供されてもよい［**獲得した知識の転移がこのような方法で評価される**］。

- **説明**：目標を達するために用いられた解決方略を記述したり，システムがどう機能するかを説明したり，デバイスの不具合の原因を提案したりする。

生徒は，実在する類似のデバイスになじみがあるので，問題状況でのシステム変数間の関係について何らかの考えを既に持っている可能性がある。このような既有知識は人によってばらつきがある。したがって，この影響を克服する助けとなるよう，調査全体としては多様性のある，一般的・日常的な問題の文脈が用いられる。さらに，これよりやや一般的でないが，システム変数の関係性の操作及び観察によってのみ推論する必要があるゲームのような，興味をそそる文脈も含められる。

このような種類の問題の難易度は，問題状況の基礎となる形式モデルの内的複雑性に大きく依存している。この複雑性を体系的にばらつかせることによって，難易度の異なる諸問題を設定することができる。複雑性は，関与する変数の数及びそれら変数がどのように関連するかによって決まる。例えば，わずかな変数のみに関わる問題は，入力変数と出力変数との直接的な影響のみが関わっているならば，非常に平易なものとなるが，一方，出力変数間の複数の影響や副次的影響を含めると極めて難解なものとなりうる。

3.4　問題の配分

本調査での，問題解決能力に関する認知プロセスに準じた得点配分率を表4.2に示す。括弧内は，問題解決能力の国際専門家委員会（Problem Solving Expert Group）によって推奨される範囲である。結論を成功に導く解決策を遂行できることの重要性から，**計画・実行**に最も高い重み付けが与えられている。**観察・熟考**の重み付けが平均より低いのは，このプロセスは他の三つのプロセスにおいて不可欠な一部でもあり，したがって，それらのプロセスを対象とした問題においても（間接的に）評価されることが理由である。

表4.2　認知プロセス別問題解決能力のおおよその得点配分

探索・理解	表現・定式化	計画・実行	観察・熟考	合計
21.4% (20 - 25%)	23.2% (20 - 25%)	41.1% (35 - 45%)	14.3% (10 - 20%)	100%

表4.3は，他の重要な二つの側面である問題の文脈と問題状況の特徴の得点配分率を示す。ここでも，推奨される範囲を括弧内に示している。静的な問題よりも相互作用的な問題が明らかに強調されている（およそ2対1の比率）ことは，この重要な種類の問題に集中するという決定を反映している。相互作用的な問題はコンピュータ使用型調査の利点により初めて大規模な国際調査に含めることが可能となった。非テクノロジーよりもテクノロジーが強調されているのは，日常生活においてハイテクデバイスが果たす役割がますます増えていることと，コンピュータ使用型調査での仮

想場面の提示に適していることの両方を認識しているからである。

表 4.3　問題の文脈と問題状況の特徴別に見た問題解決能力のおおよその得点配分

	テクノロジー	非テクノロジー	問題の文脈の合計
静的	11% (10 - 15%)	20% (15 - 20%)	31% (25 - 35%)
相互作用的	45% (40 - 45%)	25% (25 - 30%)	70% (65 - 75%)
問題状況の特徴の合計	55% (50 - 60%)	45% (40 - 50%)	100%

＊合計値の食い違いは，数値を丸めたことによるものである。

「個人的」と「社会的」とはほぼ均等になることが推奨されているが，バランスは表 4.2 と表 4.3 に表された三つの側面の推奨される得点配分を満たすために課せられる制約の影響を受ける。本調査における実際の得点配分は，「個人的」が 59%，「社会的」が 41%である。

第 4 節　問題解決能力の報告

PISA 調査の他の分野と一貫して，問題解決能力調査の結果を平均得点 500 点，標準偏差 100 点の単一の合成スケール上にまとめる。

より簡単な課題はスケールの下端部に現れ，より難解な課題はスケールの上端部に現れる。課題の難易度の連続性を捉え，まとめるために，スケールを複数のレベルに分けることとする。

個人の問題解決能力がどのように成長，発達するかを示すとともに，参加国内及び異なる参加国間の生徒の得点比較を可能にする六つの習熟度レベルを論じる。この調査において，サブ・スケールについて報告する十分な数の問題はない。

各習熟度レベルでの典型的な生徒の能力を特徴付ける説明が，当該習熟度レベルで課題に解答するために求められる知識と技能，そして，それら課題の特徴を分析することによって開発された（表 4.1 参照）。以下の能力が得点の高い生徒を特徴付けると期待されている。

- 解決策を計画，実行する能力。多くの工程を前もって考え，複数の制約を満たし，複雑な推論能力を適用し，解決プロセス全体にわたって目標への進捗を監視し，必要な場合は計画を修正することを伴う。
- ばらばらな情報を，たとえなじみのない表現を使用して提示された場合であっても，理解し，関連付ける能力。
- 未開示の情報を発見するために体系的かつ意図的に問題と相互作用的に関わる能力。

まだ基準レベルに到達していない生徒が持つ特徴は，最大でも以下のとおりであると推定される。

●少数の段階を伴う解決策を計画，実行する能力。
●1～2個の変数を伴うが制約のない問題，又は単一の制約のみを伴う問題を解決する能力。
●単純な規則を定式化し，非体系的な方法で探索することにより未開示の情報を発見する能力。

第5節　まとめ

PISA2012年調査における問題解決能力調査は，PISA調査において2度目の個人の問題解決能力調査である。PISA2003年調査では，複数分野に関わる問題解決能力の筆記型調査が調査の一部であった。これに対して，PISA2012年調査はコンピュータ使用型調査であり，その結果，問題解決者に対して，問題状況と相互作用的に関わることを要求する問題を含めることが可能になった。さらに，解決策のために専門分野の知識を要求する問題は，問題解決能力の基本となる認知プロセスの測定に焦点を当てるべく回避されている。

PISA2012年調査では，問題解決能力は，解決方法がすぐにはわからない問題状況を理解し，解決するために，認知プロセスに取り組む個人の能力と定義されている。この能力には，建設的かつ思慮深い一市民として，個人の可能性を実現するために，自ら進んで問題状況と関わろうとする意志も含まれる。

調査問題を開発する際に非常に重要な側面は，問題の文脈が**テクノロジー**であるか**非テクノロジー**であるか，**個人的**であるか**社会的**であるか，問題状況の特徴が，相互作用的であるか静的であるか，そして問題解決のプロセス，すなわち問題解決に関わる認知プロセスであり，探索・理解，表現・定式化，計画・実行，観察・熟考である。

問題状況の特徴は，最初に問題状況について問題解決者に完全な情報が開示されているか否か（静的な問題），又は，問題状況との相互作用的な関わりが追加情報を明らかにするための解決活動にとって必要な一部であるか否か（相互作用的な問題）によって決定される。相互作用的な問題の例には，新しい携帯電話又は自動券売機といったなじみのないデバイスを使用する際に一般的に直面する問題が含まれる。このような相互作用的な問題は，コンピュータ使用型調査によって可能となり，大規模な国際調査に含められたのは初めてのことである。

各調査問題は1問ごとに，それぞれの課題文とともに，コンピュータ画面全体に表示され，生徒は問題から問題へと「融通の利かない（lockstep）」方式で進む。例えば，自動採点できる選択肢形式，求答形式（例えば，ドラッグ＆ドロップ），及び採点者による採点を必要とする記述形式といった様々な出題形式が採用されている。問題の中には，信頼性の高い問題解決能力の証拠を提供する行動データ（例えば，探索方略）が収集されるものがあり，このデータは採点に寄与する。次の節では，問題例をコメントとともに提示する。

第6節　問題解決能力の調査問題例

PISA2012年予備調査に含められた二つの大問をこの節で説明する[8]。各大問の課題文のスクリーンショットを，大問の文脈の簡単な説明とともに掲載する。その後，その大問に含まれる問いのスクリーンショット及び説明が続く。

6.1 「MP3プレーヤー」

図4.3 「MP3プレーヤー」課題文

MP3プレーヤー

友達があなたに、音楽を聴いたり保存したりすることができる**MP3**プレーヤーをくれました。プレーヤーの**3**つのボタン（▶、◉、◀）をクリックすると、「音楽のジャンル」「音量」「低音レベル」を変えることができます。

「リセット」ボタンをクリックすると、最初の状態に戻すことができます。

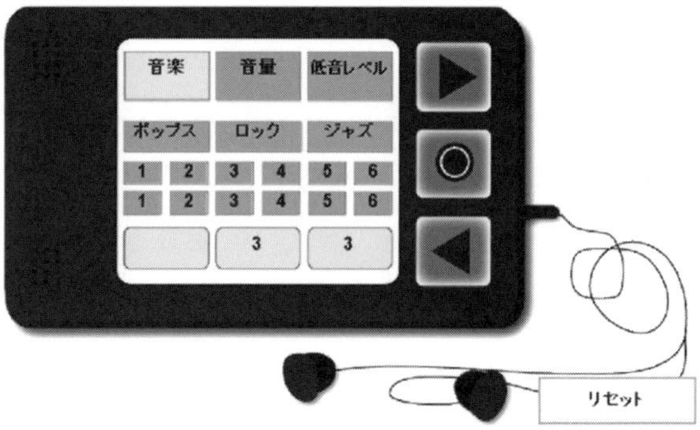

大問MP3プレーヤーでは，生徒はMP3プレーヤーを友人からもらったと説明される。生徒はそれがどのように動作するかを知らず，それを見いだすべくこのデバイスと相互作用的に関わる必要がある。したがって，この大問における各問いの問題状況の特徴は相互作用的である。この大問の焦点は，個人使用を目的としたデバイスを制御するルールを発見することであるので，各問いの**文脈**は**テクノロジー**かつ**個人的**である。

図4.4 「MP3プレーヤー」問1

問1: MP3プレーヤー *CP043Q03*

MP3プレーヤーの一番下の段に現在の 設定が表示されています。MP3プレーヤーについて、下の文章は正しいですか、誤っていますか。下のそれぞれの文章について、「正」または「誤」を選んでください。

文章	正	誤
「音楽のジャンル」を変えるには、真ん中のボタン（◉）を使う必要がある。	○	○
「低音レベル」を設定するには、先に「音量」を設定しなければならない。	○	○
一度「音量」を上げると、「音楽のジャンル」を変えなければ「音量」を下げることができない。	○	○

問1では，生徒には，MP3プレーヤーがどのように動作するかに関する一連の説明文が与えられ，それらの正誤判定を求められる。説明文は生徒がMP3プレーヤーの動作を探索するための足

場を提供する。この問いの問題解決の**プロセス**は，**探索・理解**であり，探索は誘導されるが制限されない。「リセット」ボタンが利用可能であり，このボタンによって，生徒はいつでもプレーヤーを初期状態に戻し，必要に応じて解決のための探索を再開することができる。これを実行できる回数に制限はない。予備調査では，平均的な問題よりもやや難しく，生徒の38%が完全正答（正，誤，誤）を得た。恐らくこれは，三つの解答全てに正答することが必要であることと，明らかにする必要のある情報の程度（最初にデバイスについていかなる情報もわかっておらず，したがって，デバイスの動作ルールに関する全ての知識は，デバイスと相互作用的に関わることで得なければならない）とが理由であろう。この問題には部分正答は設定されなかった。

図 4.5 「MP3 プレーヤー」問 2

問2: MP3プレーヤー *CP043Q02*
MP3プレーヤーを「ロック、音量4、低音レベル2」に設定してください。
このとき、クリックする回数をできる限り少なくしてください。「リセット」ボタンはありません。

問2は，**計画・実行**に分類される。この問題において生徒は，どのように目標を達成するかを計画した上で実行する必要がある。この部分正答が与えられる問題に関して興味深いことは，コンピュータ使用型調査によって収集されたプロセス情報（この場合，目標への到達に成功するまで生徒が幾つのステップを取るか）が得点に寄与する点である。課題はできる限り少ないクリック数で完了させるものとし，「リセット」ボタンを押してデバイスを初期状態に戻すことはできない。用いられたクリック数（13回以下）で，生徒が効率的に目標に到達したことを示す場合は，生徒は完全正答を得る。しかし，生徒が効率の悪いやり方で目標を達成した場合は，部分正答を得る。効率要件があるため，この問題に対する完全正答を得ることが平均よりも幾分難しくなっている。ただし，部分正答を得るのはかなり容易である。予備調査では，約39%の生徒が完全正答を得て，約33%が部分正答を得た。

図 4.6 「MP3 プレーヤー」問 3

問3: MP3プレーヤー *CP043Q01*
下の4つの絵はMP3プレーヤーの画面を示しています。このうち、3つの画面はMP3プレーヤーが正しく動いていれば表示されることはありません。残りの1つは、正しく動いているときの画面です。
MP3プレーヤーが正しく動いている時の画面は、下のどれですか。

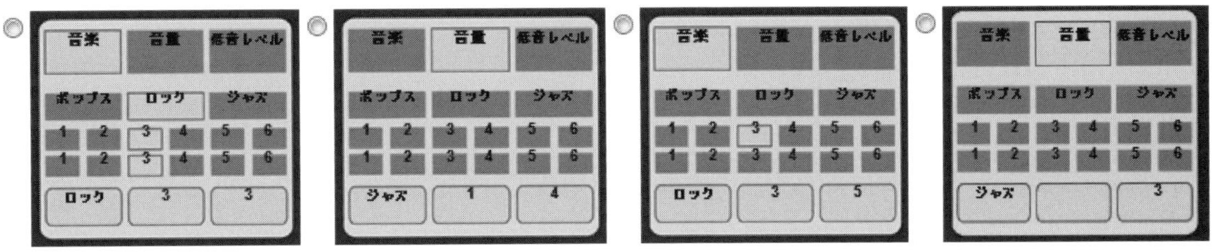

問 3 は**表現・定式化**に分類される。その理由は，生徒は，与えられた四つの選択肢のいずれがこのデバイスにとって起こりうる状態を示しているかを識別するために，このデバイス全体の作動の仕方について心的表象（mental representation）を形成する必要があるからである。デバイスを初期状態に戻す機能は問 1 には存在したが，問 2 ではなくなり，問 3 で再度利用できる。したがって，生徒は，必要に応じてこのデバイスと好きなだけ，制限なしに相互作用的に関わってもよい。この問題に対して，部分正答は設定されなかった。また，問 3 は予備調査において，問 1 と類似した難易度であり，39％の生徒が正答（B）を選択した。

図 4.7 「MP3 プレーヤー」問 4

問4: MP3プレーヤー *CP043Q04*

一番下のボタン（■）がなくても、MP3プレーヤーが使えるようにするには、操作方法をどのように変えたら良いのか述べてください。ただし、今までと同じように「音楽のジャンル」「音量」「低音レベル」はすべて変えられるようにしなければなりません。

問 4 は，**観察・熟考**に分類され，生徒に対して，デバイスの作動をどのように再概念化するか検討するよう求める。この問題は，数少ない記述形式の問題の中の一つであり，採点者による採点を必要とする。完全正答を得る解答は，どのようにしたら MP3 プレーヤーがボタン一つでも作動しうるかを示唆するものである。唯一の正答はなく生徒は解決策を考案する際に創造的に考えてもよいが，最も明白な解決策は，一番上のボタン（▶）の動作を，ひとたび表示が画面の右側に到達すると，もう 1 回押すことによって画面の左側に移動できるようにする変更を提案することである。問 4 は予備調査におけるこの大問中で圧倒的に難しい問題であり，正答は生徒の 25％のみであった。これは疑いもなく，記述形式であること，そして，この問題の抽象度が理由である。生徒は，起こりうる代替機能を説明するためには，仮説シナリオを想像し，そのシナリオを現在デバイスがどのように作動しているかという心的表象と結びつける必要がある。この問題に対する部分正答は設定されなかった。

6.2 「バースデイ・パーティー」

図 4.8 「バースデイ・パーティー」課題文

バースデイ・パーティー

晃さんはバースデイ・パーティーを開きます。

晃さん以外の参加者は7人で、全員が丸いテーブルに座ります。

以下の条件をすべて満たすように座席を決める必要があります。

- 愛さんの隣は、晃さん。
- 和也さんの隣は、かおりさん。
- 智さんは、多恵子さんか夏美さんの隣。
- 晴子さんは、多恵子さんの隣。
- 愛さんと晃さんは、和也さんとかおりさんのどちらの隣にも座らない。
- 和也さんは、智さんと晴子さんのどちらの隣にも座らない。
- 多恵子さんと夏美さんは、隣同士にはならない。
- 晃さんは、多恵子さんと夏美さんのどちらの隣にも座らない。
- 愛さんと智さんは、隣同士にはならない。

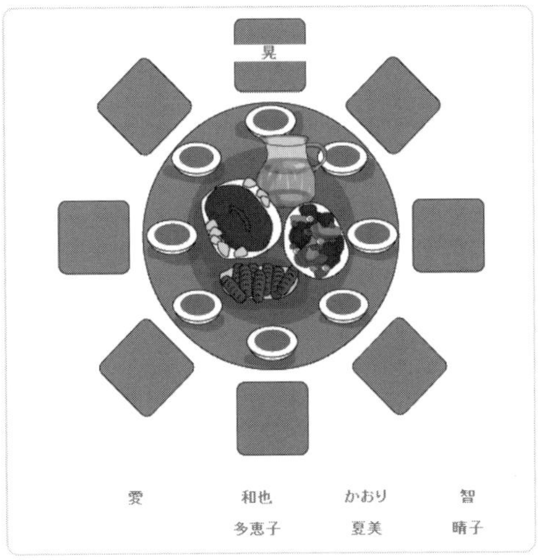

この大問のシナリオは，バースデイ・パーティーの招待客に関わっており，彼らは九つの指定された条件を満たすよう，夕食の席を囲まなければならない。問題の文脈は**非テクノロジーかつ社会的**である。

図 4.9 「バースデイ・パーティー」問 1

問1: バースデイ・パーティー *CP013Q01*

上のすべての条件を満たすように座席を考えましょう。参加者の名前を座席までドラッグして、座席を決めてください。

この問題においてのみ，生徒は，与えられた九つの条件にしたがって座席表の案を作成するために，名前をドラッグ＆ドロップする必要がある。したがってこの問題は**計画・実行**に分類される。問題解決のために必要な全ての情報が生徒に初めに与えられているので，この問題は**静的**に分類される。この問題が**静的**であるのは，問題状況の特徴における定義の観点のみから見た場合であることに留意されたい。出題形式（ドラッグ＆ドロップ）はコンピュータ使用型調査の利点を活用している。生徒は，この問題の筆記型において可能であることよりもはるかに容易に解決策を構築，見直し，修正することができる。この問題には部分正答がある。完全正答のためは，九つ全ての制約を満たす12の可能な解決策のうち一つを見いだす必要がある（例：晃，愛，夏美，和也，かおり，智，多恵子，晴子)。部分正答は九つの制約のうち八つのみを満たす解決策に与えられる（例：晃，愛，夏美，和也，かおり，多恵子，晴子，智。ここでは智は多恵子又は夏美の隣に座るという制約を満たしていない)。予備調査では，この問題に関して少なくとも54%の生徒が部分正答を得て，43%が完全正答を得た。この問題の難しさは，課せられる条件が多数であること，そして，完全な解決策が見つかるまで，部分解を制約に照らして観察，調整するために推論能力が求められることにある。

注記

1. PIAAC調査では，**ITを活用した問題解決能力**を以下のとおり定義している。すなわち，「情報を獲得・評価し，他者とコミュニケーションをし，実際的なタスクを遂行するために，デジタル技術，コミュニケーションツール及びネットワークを活用する能力」（PIAAC Expert Group in Problem Solving in Technology-Rich Environments, 2009, p.7）である。
2. 「問題解決能力とは，解決の筋道が直ちに明らかにされず，適用可能なリテラシー領域又はカリキュラム領域が数学，科学又は読解の単一領域の中に存在しないような，現実の教科横断的状況に直面した場合，これを解決するために認知プロセスを使用できる能力のことである」（OECD, 2003a, p.156）。
3. 勤務時及び職業訓練等の継続教育を受けているときに遭遇する文脈を含む。
4. 「透明でない（intransparent）」という用語は，問題状況についての完全な情報が最初から利用できないとき，問題を説明するためにしばしば用いられる（Funke and Frensch, 1995 参照）。
5. 「動的な」という用語は，問題解決者が相互作用的に関わり，かつ，フィードバックを受けることができるあらゆる仮想的に提示された物理システムを説明するために，一部の研究者によって用いられている。このような場合には，自律変化する問題状況はしばしば「固有動的（eigendynamic）」とされる（例えば，Blech and Funke, 2005 を参照）。
6. これらシステムを説明するために「MicroDYN」という用語を使用するGreiff and Funke（2008）を参照。このようなシステムをより早期に実装することはダイナミス（Dynamis）として知られている（Blech and Funke, 2005 参照）。
7. 調査の目的のための有限状態機械は「MicroFin」の名称で実装された（http://www.psychologie.uniheidelberg.de/ae/allg_en/forschun/probleml.html 参照）。
8. 二つの大問「MP3プレーヤー」及び「バースデイ・パーティー」は，ログインID「public」及びパスワード「access」を用いてホームページ http://cbasq.acer.edu.au で閲覧可能である。MP3プレーヤーの相互作用的な特徴は，試行することで最もよく理解することができる。

参考文献・資料

Adey, P., B. Csapó , A. Demetriou, J. Hautamäki and **M. Shayer**（2007），“Can we be intelligent about intelligence? Why education needs the concept of plastic general ability”, *Educational Research Review 2*, pp. 75-97.

Baxter, G.P. and **R. Glaser**（1997），*An approach to analysing the cognitive complexity of science performance assessments*（*Technical Report 452*），National Center for Research on Evaluation, Standards and Student Testing（CRESST），Los Angeles, California.

Blech, C. and **J. Funke**（2005），*Dynamis review: An overview about applications of the Dynamis approach in cognitive psychology*, Deutsches Institut für Erwachsenenbildung, Bonn, *http://www.die-bonn.de/esprid/dokumente/doc-2005/blech05_01.pdf.*

Blech, C. and **J. Funke**（2010），“You cannot have your cake and eat it, too: How induced goal conflicts affect complex problem solving”, *Open Psychology Journal 3*, pp. 42-53.

Bransford, J.D., A.L. Brown and **R.R. Cockling**（**eds.**）（1999），*How People Learn: Brain, Mind, Experience, and School*, National Academy Press, Washington, D.C.（『授業を変える：認知心理学のさらなる挑戦』米国学術研究推進会議編著，21世紀の認知心理学を創る会訳，北大路書房，2002年）

Buchner, A. and **J. Funke**（1993），Finite-state automata: Dynamic task environments in problem-solving research, *The Quarterly Journal of Experimental Psychology*, Vol. 46A, No. 1, pp. 83-118.

Duncker, K.（1945），“On problem solving”, *Psychological Monographs*, Vol. 58, No. 3（Whole No. 270）.

Frensch, P. A. and **J. Funke**,（1995），“Definitions, traditions, and a general framework for understanding complex problem solving”. In P. A. Frensch and J. Funke（eds.），*Complex problem solving: The*

European perspective, Hillsdale, NJ: Lawrence Erlbaum Associates, pp. 3-25.

Funke, J. (2010), "Complex problem solving: A case for complex cognition?", *Cognitive Processing*, Vol. 11, pp. 133-142.

Funke, J. and **P. A. Frensch** (2007), "Complex problem solving: The European perspective – 10 years after", in D. H. Jonassen (ed.), *Learning to Solve Complex Scientific Problems*, Lawrence Erlbaum, New York, New York, pp. 25-47.

Greiff, S. and **J. Funke** (2008), *Indikatoren der Problemlöseleistung: Sinn und Unsinn verschiedener Berechnungsvorschriften. Bericht aus dem MicroDYN Projekt* [*Measuring Complex Problem Solving: The MicroDYN approach*], Psychologisches Institut, Heidelberg.

Klauer, K. and **G. Phye** (2008), "Inductive reasoning: a training approach", *Review of Educational Research*, Vol. 78, No. 1, pp. 85-123.

Klieme, E. (2004), "Assessment of cross-curricular problem-solving competencies", in J.H. Moskowitz and M. Stephens (eds.), *Comparing Learning Outcomes. International Assessments and Education Policy*, Routledge Falmer, London, pp. 81-107.

Klieme, E., D. Leutner and **J. Wirth** (**eds.**) (2005), *Problemlösekompetenz von Schülerinnen und Schülern. Diagnostische Ansätze, theoretische Grundlagen und empirische Befunde der deutschen PISA 2000 Studie*, VS Verlag für Sozialwissenschaften, Wiesbaden.

Lesh, R. and **J.S. Zawojewski** (2007), "Problem solving and modeling", in F. Lester (ed.), *The Handbook of Research on Mathematics Teaching and Learning* (2nd ed.), National Council of Teachers of Mathematics, Reston, Virginia, and Information Age Publishing, Charlotte, North Carolina (joint publication), pp. 763-804.

Leutner, D., E. Klieme, K. Meyer and **J. Wirth** (2004), "Problemlösen", in M. Prenzel *et al.* (PISA-Konsortium Deutschland) (eds.), PISA2003: *Der Bildungsstand der Jugendlichen in Deutschland – Ergebnisse des zweiten internationalen Vergleichs*, Waxmann, Münster, pp. 147-175.

Leutner, D. and **J. Wirth** (2005), "What we have learned from PISA so far: a German educational psychology point of view", *KEDI Journal of Educational Policy*, Vol. 2, No. 2, pp. 39-56.

Mayer, R.E. (1990), "Problem solving", in M. W. Eysenck (ed.), *The Blackwell Dictionary of Cognitive Psychology*, Basil Blackwell, Oxford, pp. 284-288.（『認知心理学事典』M.W. アイゼンク編，野島久雄，重野純，半田智久訳，新曜社，1998 年）

Mayer, R.E. (1992), *Thinking, Problem solving, Cognition* (2nd ed.), Freeman, New York.

Mayer, R.E. (1998), "Cognitive, metacognitive, and motivational aspects of problem solving", *Instructional Science*, Vol. 26, pp. 49-63.

Mayer, R.E. (2002), "A taxonomy for computer-based assessment of problem solving", *Computers in Human Behavior*, Vol. 18, pp. 623-632.

Mayer, R.E. (2003), *Learning and Instruction*, Merrill Prentice Hall, Upper Saddle River, New Jersey.

Mayer, R.E. and **M.C. Wittrock** (1996), "Problem-solving transfer", in R. Calfee and R. Berliner (eds.), *Handbook of Educational Psychology*, Macmillan, New York, pp. 47-62.

Mayer, R.E. and **M.C. Wittrock** (2006), "Problem Solving", in P. A. Alexander and P. H. Winne (eds.), *Handbook of Educational Psychology* (2nd ed.), Lawrence Erlbaum Associates, Mahwah, New Jersey, Chapter 13.

OECD (2003a), *The PISA 2003 Assessment Framework: Mathematics, Reading, Science and Problem*

Solving Knowledge and Skills, PISA, OECD Publishing.（『PISA2003年調査 評価の枠組み』経済協力開発機構（OECD）編著，国立教育政策研究所監訳，ぎょうせい，2004年）

OECD（2003b）, The definition and selection of competencies（DeSeCo）: Executive summary of the final report, OECD Publishing, *www.oecd.org/dataoecd/47/61/35070367.pdf.*（『キー・コンピテンシー：国際標準の学力をめざして』ドミニク・S・ライチェン，ローラ・H・サルガニク編著，立田慶裕監訳，今西幸蔵ほか訳，明石書店，2006年）

OECD（2005）, *Problem Solving for Tomorrow's World: First Measures of Cross-Curricular Competencies from PISA 2003*, PISA, OECD Publishing.

O'Neil, H.F.（2002）, "Perspectives on computer-based assessment of problem solving", *Computers in Human Behavior*, Vol. 18, pp. 605-607.

Osman, M.（2010）, "Controlling uncertainty: A review of human behavior in complex dynamic environments", *Psychological Bulletin*, Vol. 136, pp. 65-86.

Philpot, R., D. Ramalingam, J. Dossey and **B. McCrae**（2012）, Paper presented at the 30th International Congress of Psychology, Cape Town, 22-27 July.

PIAAC Expert Group in Problem Solving in Technology-Rich Environments（2009）, "PIAAC Problem Solving in Technology-Rich Environments: A Conceptual Framework", *OECD Education Working Papers*, No. 36, OECD Publishing.

Polya, G.（1945）, *How to Solve It*, Princeton University Press, Princeton, New Jersey.（『いかにして問題をとくか（第11版）』G. ポリア著，柿内賢信訳，丸善，1975年）

Reeff, J.-P., A. Zabal and **C. Blech**（2006）, *The Assessment of Problem-Solving Competencies: A Draft Version of a General Framework*, Deutsches Institut für Erwachsenenbildung, Bonn, *http://www.die-bonn.de/esprid/dokumente/doc-2006/reeff06_01.pdf, accessed 8 May 2008.*

Robertson, S. I.（2001）, *Problem Solving*, Psychology Press, East Sussex.

Rychen D. S. and **L. H. Salganik**（**eds.**）（2003）, *Key Competencies for a Successful Life and a Well-Functioning Society*, Hogrefe and Huber, Göttingen.（『キー・コンピテンシー：国際標準の学力をめざして』ドミニク・S・ライチェン，ローラ・H・サルガニク編著，立田慶裕監訳，今西幸蔵ほか訳，明石書店，2006年）

Vosniadou, S. and **A. Ortony**（1989）, *Similarity and Analogical Reasoning*, Cambridge University Press, New York.

Wirth, J. and **E. Klieme**（2004）, "Computer-based assessment of problem solving competence", *Assessment in Education: Principles, Policy and Practice*, Vol. 10, No. 3, pp. 329-345.

■ 第5章 ■

ファイナンシャル・リテラシー

PISA2012 年調査は，若者のファイナンシャル・リテラシーを評価する最初の大規模な国際調査である。この枠組みは，問題の開発，評価のデザイン，ファイナンシャル・リテラシー議論のための共通言語提供のための明瞭な計画を提供することによって，国際的な射程でのファイナンシャル・リテラシーの評価を構築する最初のステップである。

この枠組みは，ファイナンシャル・リテラシーの実用に適した定義を提供し，15 歳の生徒の評価に関連した内容，プロセス，文脈を中心として体系化する。この枠組みによって論じられる内容分野には，「金銭と取引」「ファイナンスに関する計画と管理」「リスクと報酬」並びに「ファイナンスに関する情勢」が含まれる。この枠組みは，「ファイナンスに関する情報の識別」「ファイナンスに関する文脈における情報の分析」「ファイナンスに関する論点の評価」「ファイナンスの知識と理解とを適用する」，及び「教育と仕事」「家庭と家族」，そして「個人的」「社会的」といった文脈を扱う。これら領域は 10 個の問題例で解説される。さらに，この枠組みは，ファイナンシャル・リテラシーと，非認知的技能，そして，数学的リテラシーと読解力の両方との関係，及び，生徒のファイナンス上の行動と経験の測定を論じる。

はじめに

0.1　ファイナンシャル・リテラシーの重要性

近年，先進及び新興国・地域は自国民のファイナンシャル・リテラシーのレベルについてますます関心を持つようになった。この高まりは，とりわけ，縮小する官民の支援制度，少子高齢化など人口統計の変化，そして，金融市場における広範な開発に端を発する。懸念は，困難な経済及びファイナンス上の文脈（economic and financial context）によっても強調され，ファイナンシャル・リテラシーの欠如がファイナンス上の重要性を理解しないままに意思決定に寄与する要因の一つであること，そして，これらの決定が今度は莫大な負の波及効果を有しうることが認識されている（OECD INFE, 2009; OECD, 2009a）（ファイナンシャル・リテラシーと住宅ローン不履行の実証的分析についてはGerardi *et al.*, 2010も参照）。その結果として，ファイナンシャル・リテラシーは今や，経済とファイナンス上の安定及び発展の重要な要素として世界的に認められている。このことは，最近のG20がOECD/INFE（International Network on Financial Education：金融教育に関する国際ネットワーク）金融教育の国家戦略に関するハイレベル原則（G20, 2012; OECD INFE, 2012）を承認したことに反映されている。

一連の目に見える傾向は，主要な生きるための技能（key life skill）としてのファイナンシャル・リテラシーへの世界的な関心の高まりを裏付けている。これらを以下に要約する。

0.1.1　リスクの移転

政府と雇用主の双方から個人へのリスク移転が進んできた。多くの政府が公的年金を減額しつつあるか，又は既に減額済みであり，政府の中には，医療費給付を減額しているものもある。確定拠出型年金が確定給付型年金に急速に取って代わりつつあり，退職後のファイナンス上の保証を確保する責任を労働者へ転嫁している。伝統的な賦課方式（PAYG: pay-as-you-go）年金制度は新しいスキームによって補われるが，この制度において，個人は収入と投資のリスクの両方の影響を受ける。ほとんどの調査は，大多数の労働者が現在直面しなければならないリスクを知らず，また，仮に知っていてもこのようなリスクにうまく対処するための十分な知識又は技能を有していないことを明らかにしている（OECD, 2008）。さらに，ファイナンス上の影響を伴う数々のリスクが増加している。例えば，個人は長寿，信用取引，金融市場や医療費の個人負担分に関連したリスクに直面する。

0.1.2　増大した個人の責任

市場と経済が変化した結果，個人が行わなければならないファイナンス上の決定の数が増加している。例えば，長寿化は，個人が，はるかに長い退職後の期間を埋め合わせる貯蓄を確保する必要があることを意味する。また，人々は，個人又は家族の医療ニーズの資金調達のために，より大きな責任を負わなければならない。さらに，教育費が増加するため，親が子供の教育のために適切な金額を計画，投資することが重要になっている。個人が金融仲介機関やファイナンシャル・アドバイザーのサービスを利用する場合であっても，何が提案又は助言されているのかを理解する必要がある。個人は，自分が購入を決定したファイナンス商品に対して責任を負い，そして選択のすべての結果と対峙することとなる。個人はどこにあっても情報に基づいた，責任のある決定を行うためにファイナンシャル・リテラシーを備える必要がある。

0.1.3　増加した広範なファイナンス商品・サービス供給

あらゆる国において，さらに多くの消費者が，様々な供給者から様々な手段を介して提供される広範なファイナンス商品とサービスとにアクセスしている。新興経済地域におけるファイナンス上のサービスにアクセスすることに関する改善（financial inclusion：金融包摂），テクノロジーの発展，そして規制緩和の結果，当座預金，送金商品からリボ払い，株式投資まであらゆる種類のファイナンス商品を利用する機会が広がりつつある。利用可能なファイナンス商品も複雑さを増しており，個人は手数料，金利の受払い，契約期間，リスク負担のような多数の要因について比較することが求められる。また個人は，地域団体，伝統的金融機関，ネット銀行（online banks），携帯電話会社を含む無数の可能性から適切な供給者と受け渡し手段を識別する必要がある。

0.1.4　増加したファイナンス商品・サービス需要

経済的・技術的発展は，コミュニケーションとファイナンス取引とにおいてだけでなく，社会的相互作用と消費者の行動とにおいて，より大きな世界的なつながりと大規模な変化をもたらした。このような変化によって，個人がファイナンスに関する供給者と相互作用的に関われることがより重要となった。とりわけ，消費者はしばしば，収入，送金，オンライン取引といった電子的な支払の授受を行ったり，現金や小切手がもはや好まれない社会で対面での取引を行ったりするために，ファイナンスに関するサービス（銀行や郵便局のような他の供給者など）を利用する必要がある。このようなサービスを利用できない者はしばしば，貸金業者又は小切手換金業者といった非公式なファイナスに関するサービスを使用して，取引のためにより多くの支払をすることとなる（例えば，Kempson *et al.*, 2005 を参照）。

これらの傾向のすべてによって，主要なファイナンスの決定の責任が個人へと移転した。同時に，これらの傾向によって，（新しいファイナンスに関する消費者を含む）多くの人に対する選択肢が広がるとともに，彼らが直面する複雑性のレベルが上昇した。こうした状況を背景に，個人は，自身と親族を保護し，自らのファイナンスに関する厚生（financial well-being）を確保するために必要不可欠な対策を講ずるために十分なファイナンシャル・リテラシーを備えるよう期待されている。

0.2　期待されるファイナンス教育の利点とファイナンシャル・リテラシーレベルの向上

既存の経験的証拠によれば，先進経済地域と新興経済地域のいずれにおいても，ファイナンス教育を受けた成人はそうでない者よりも，その後の退職に備えて貯蓄，計画する可能性が高いことを示している（Bernheim *et al.*, 2001; Cole *et al.*, 2011; Lusardi, 2009）。この証拠は，ファイナンス教育と成果との間に起こりうる関連性を示唆しており，また，ファイナンシャル・リテラシーレベルの向上によって肯定的な行動の変化をもたらすことができることを明らかにしている。

おおむね先進国，とりわけアメリカから始まった他の諸研究は，ファイナンシャル・リテラシーを備えることによる多数の潜在的利点を示唆している。より高いファイナンシャル・リテラシーを備える者は，自己の金銭をよりうまく管理し，株式市場に参加し，自己の株式投資の選択によりよく対処すること，そして，このような者はより低い手数料で投資信託を選択する可能性が高いという，ますます多くの証拠がある（Hastings and Tejeda-Ashton, 2008; Hilgert *et al.*, 2003; Lusardi and Mitchell, 2008, 2011; Stango and Zinman, 2009; van Rooij *et al.*, 2011; Yoong, 2011）。さらに，より多くのファイナンス上の知識を持つ者はより多くの財産を蓄積する可能性が高い（Lusardi and Mitchell, 2011）。

ファイナンシャル・リテラシーレベルが高いことは，資産形成だけでなく負債やその管理にも関係があることがこれまでにわかっている。ファイナンシャル・リテラシーレベルの高い個人は，より低コストの住宅ローンを選択し，高利の支払や追加手数料を避けている（Gerardi *et al.*, 2010; Lusardi and Tufano, 2009a, 2009b; Moore, 2003）。

個人に特定された利点に加えて，ファイナンシャル・リテラシーは多くの理由から経済及びファイナンス上の安定にとって重要である。ファイナンシャル・リテラシーを備えた消費者は，より情報に基づいた決定を行い，より質の高いサービスを要求することができ，このことは，市場における競争とイノベーションを促進するだろう。またそのような消費者は，予測できない方法で市場状況に反応したり，根拠のない苦情を申し立てたりする可能性が低く，自己に移転したリスクを管理するために適切な手段を講じる可能性が高い。これらの要因のすべてが，より効率的なファイナンシャル・サービス部門と，潜在的に低コストとなりうるファイナンスの規制，監督の要求につながる。これら要因は，究極的には，賢明でないファイナンス上の意思決定を行った者や意思決定を全く行わなかった者に対する政府の援助（及び課税）を低減するのに役立ちうる。

0.3　ファイナンス教育に関係するOECDの活動

2002年，OECDは，ファイナンシャル・リテラシーレベルが低いことによって起こりうる結果に対して生じている政府の新たな懸念に対処するために，広範なファイナンス教育プロジェクトを開始した。このプロジェクトは，OECDの金融市場委員会（CMF: Committee on Financial Markets）と保険及び私的年金委員会（IPPC: Insurance and Private Pensions Committee）によってサービスが提供され，さらに教育政策委員会（Education Policy Committee）など他の関連機関とも連携している。このプロジェクトは，ファイナンス・消費者問題に対して包括的な取組を行っており，ファイナンスに関する利用可能性の向上，適切な消費者保護及び規制の枠組みとあいまって，ファイナンス教育がファイナンシャル・リテラシーのより良い成果（outcome）を上げるに当たって，どのように相補的な役割を果たすかを強調している。

ファイナンス教育プロジェクトの幾つかあるうちの最初の一里塚は，OECD理事会（OECD, 2005a）による「金融教育と意識向上の原則と良い慣行（Good Practices）に関する理事会勧告」の採択である。これら勧告と並行して，OECD（2005b）による『Improving Financial Literacy:

Analysis of Issues and Policies』は，ファイナンス教育に焦点を当てる理由を詳説し，様々な国で行われているファイナンス教育の初めての国際的な動向を提供している。またこの報告書は，自国でのファイナンシャル・リテラシーレベルの向上を求める政策立案者や他の関係者のための基準と優れた実践も含んでいる。この報告書は，ファイナンス教育に関する世界的な情報センターであるOECDファイナンス教育国際ゲートウェイ（http://www.financial-eduation.org/home.html）によって補完される。このゲートウェイは世界中のファイナンス教育の論点とプログラムに関するデータ，リソース，研究，ニュースを収集している。

OECDは，ファイナンシャル・リテラシー及びファイナンス教育に関する論点が世界的な問題となりつつあることを認識し，2008年に先進及び新興経済地域の経験と専門知識から利益を得るために，金融教育に関する国際ネットワーク（INFE）を創設した。現在は100か国以上から220以上の公的機関がINFEに加盟している。加盟団体は年に2度の会合を持ち，自国での最新の進展状況を議論し，証拠を収集したり，分析的研究及び比較研究，方法論，優れた実践，政策手段，そして主要な優先度の高い分野での実践的な助言を開発したりしている。この文脈において，学校におけるファイナンス教育プログラムとファイナンシャル・リテラシーの国際的な測定とが，OECDとINFEによって優先度が最上位の論点として特定され，専属の専門家サブグループが創設されて，集中的なデータ収集や開発作業を開始した。

0.4　若者向け及び学校におけるファイナンス教育

若者向け及び学校におけるファイナンス教育により具体的な焦点を当てるのは新しいことではない。前述したように，ファイナンシャル・リテラシーはますます不可欠な生きるための技能（essential life skill）と考えられるようになってきており，OECD理事会勧告は2005年には早くも，「ファイナンス教育は学校で始めるべきである。人々は人生においてできる限り早くファイナンス上の事柄について教育を受けるべきである」と勧告している（OECD, 2005a）。二つの主要な理由がこの勧告を裏付けている。すなわち，若者に焦点を当てることの重要性，及び，ファイナンス教育を学校で提供する効率の良さである。またOECDとINFEは学校におけるファイナンス教育のガイドライン及びファイナンス教育に関する学習の在り方に関する助言も開発した。これらは，2012年8月のアジア太平洋経済協力（APEC）財務大臣会合によって支持され，2012年末までに公開される見込みである[1]。

0.4.1　若者に焦点を当てる

若年世代は，ファイナンス商品，サービス，市場において高まる一方の複雑性に直面する可能性が高いだけではなく，成人後には親よりも大きなファイナンスに関するリスクを負う可能性も高い。とりわけ若年世代は，自分自身の退職後の貯蓄や投資，医療ニーズへの対応の必要などの計画により大きな責任を負う可能性が高い。さらには，より高度かつ多様なファイナンス商品を扱う必要に迫られるであろう。

市場や社会保障制度（social welfare systems）（そして，特に年金制度）が変化したので，現世代は過去世代から学ぶことができる可能性が低い。現世代は自分自身の知識に頼るか，若しくは，所与の新しい制度の複雑性を，専門的なファイナンス上の助言による情報に基づいて利用しなければならないだろう。職場又は他の環境でのファイナンス上の知識を得させるための取組も，早期のファイナンス教育や継続的なファイナンス教育の利点への認知がなければ，非常に限定的なものとなりうる。したがって，ファイナンシャル・リテラシーの基盤を確立するための早期の機会を提供することが重要である。

若者に成人後の生活に対して準備させることに加えて，学校におけるファイナンス教育は，若者が直面する喫緊のファイナンスに関する問題も扱うことができる。子供たちは多くの場合，若年からファイナンス上のサービスの消費者である。ティーンエイジャーになる前にオンライン決済を利用できる口座を持つこと，又は，（様々な支払選択のある）携帯電話を使用するのはまれなことではない。また，このようなファイナンス商品を使用する際にファイナンシャル・リテラシーの技能が彼らにとって利益となりうるのは明白である。学校を卒業する前であっても，彼らは車両保険，貯蓄商品，当座借り越しといった問題についての意思決定に直面するかもしれない。

多くの国では，若者（とその親）はおよそ15～18歳までの年齢において，最も重要なファイナンスの決定の一つ，すなわち，中等教育以降の第3段階教育（高等教育など）に投資するか否かを迫られる。多くの経済圏では大卒労働者と非大卒労働者との間の賃金格差が広がった。同時に，学生とその家族が負担する教育費も増加し，多くの場合，借入れに依存している（OECD, 2011）。イギリスで2010年3月に発表された大学を卒業予定のイギリスの全学生のうち半数が15,000英ポンド以上の借金を負っていることを示唆している（Smithers, 2010）。

大きな金融取引や契約に携わる前にファイナンシャル・リテラシーを備えることは人々にとって重要である。若者のための質の高いファイナンス教育プログラムは，学生の正しいファイナンスの知識や行動を若年から学ばせ，今後数年のうちに利用できるようにするべく，必須のものとしうる（Ministerial Council for Education Early Childhood Development and Youth Affairs［Australia］, 2011）。

0.4.2　ファイナンス教育を学校で提供する効率性

研究では，ファイナンシャル・リテラシーと家庭の経済的，教育的背景との関連性が示唆されている。より高いファイナンシャル・リテラシーを備えた者は，高学歴であり，広範なファイナンス商品を保有する家庭の出身であることが非常に多い（Lusardi *et al.*, 2010）。機会の平等を提供するためには，さもなければ，ファイナンス教育を受ける機会がないであろう者にファイナンス教育を提供することが重要である。すべての人口層のファイナンシャル・リテラシーを高め，かつ，ファイナンシャル・リテラシーの（世代間を含む）格差及び不平等を低減するためには，学校は望ましい存在である。

若者に対するファイナンシャル・リテラシーの重要性と，より高い技能と知識を備えた将来世代を創出するための学校プログラム特有の可能性とを認識して，ファイナンス教育プログラムの開発に着手した国が増加している。これらプログラムは，若者一般向けの専用プログラムか，あるいは学校を通じて提供されており，また，国，地域，地方レベルのプログラムと試行的な課題（pilot exercise）を含んでいる。欧州委員会（European Commission）が後援した個人向けファイナンシャル・リテラシースキームに関する調査（Habschick *et al.*, 2007）は，大部分のプログラムが子供と若者を対象としていることを明らかにし，INFEの学校におけるファイナンス教育に関するサブグループが開始した広範な実績評価によると，調査に寄与した32か国・地域のうち21か国・地域が学校における幾らかのプログラムを持っていることを明らかにした（OECD, 2012）。

0.5　データの必要性

政策立案者，教育者，研究者は，優先順位を識別し，経時的な変化を測定することによって，ファイナンス教育の戦略を提供し，ファイナンス教育プログラムを学校で実施するために，ファイナンシャル・リテラシーレベルに関する信頼性の高いデータを必要とする。

幾つかの国は成人人口に対してファイナンシャル・リテラシーの全国調査を既に行っており，OECDは近年，国際レベルで成人のファイナンシャル・リテラシーレベルを捉えるようデザインされた質問調査を企画した（Atkinson and Messy, 2012; OECD INFE, 2011）。しかしながら，18歳未満の若者のファイナンシャル・リテラシーレベルに関するデータ収集の取組はほとんどなく，異なる国の間で比較できるものは全くない。これは重大な欠落である。というのも，若者はじきに成人に達して，より複雑だが重大なファイナンス上の決定を行う必要がある。また，これらの困難へ対処する能力に関するデータの利用可能性は，新しく，そして変化する経済環境に対して若者がどの程度準備ができているかに関する我々の知識を深めるために必要不可欠である。

若者のファイナンシャル・リテラシーレベルの確実な評価尺度によって，ファイナンス教育に対する現在の取組方法が効果的か否かを示すことが可能な国レベルの情報を提供することができる。とりわけ，この評価尺度は，学校又は課外活動で対応を必要とする問題，又は，成人期においてファイナンス上の決定を行うべく適切かつ公正に準備できるようにするプログラムの識別に役立ちうる。評価尺度はまた，今後，成功を測定し，学校や他のプログラムを見直すための基準値として用いることができる。

国際的な研究によって，政策立案者や他の利害関係者に対して追加的な利益を提供する。ファイナンシャル・リテラシーレベルを異なる国の間で比較することによって，いずれの国が最も高いファイナンシャル・リテラシーレベルを有するのかがわかり，特に効果的な国家戦略と優れた実践を識別することができる。共通の困難を認識し，直面した問題への国際的な解決策を見いだす可能性の調査研究も可能である。

これを背景に，生徒集団において確実で国際比較が可能なファイナンシャル・リテラシーのデータを収集することによって，政策立案者，教育者，カリキュラムやリソースの開発者，研究者，並びに，その他の人々に対して，以下を提供すると予想される。

- より的を絞ったプログラムと政策の開発を伝えることができるような若者のファイナンスの知識格差に関する情報。
- 学校で既存のファイナンス教育が提供されている場合は，それが高いレベルのファイナンシャル・リテラシーに関連しているか否かについての指標。
- 異なる国の間のファイナンス教育戦略を比較する手法。
- ファイナンシャル・リテラシーレベルの観点から各国の順位を見ることによって，優れた実践を探索する機会。

- 究極的には，学校におけるファイナンス教育に関する取組の影響の評価と，現在進行中の効率改善のための選択肢の識別を可能にする，経時的に比較可能なデータ。

ファイナンシャル・リテラシーについての国際的な測定から得られる別の利点がある。とりわけ，異なる国で適用可能なファイナンシャル・リテラシーの評価の枠組みの開発によって，国内研究の資金調達を行う必要なく，国内当局に対して，ファイナンシャル・リテラシーの適用範囲と運用上の定義に関する詳細な助言を提供している。「Financial Literacy and Education Research Priorities」という論文に記述されたように，ファイナンシャル・リテラシーについての研究には「プログラムの成功を定義，測定する方法に関する研究者間の一貫性の欠如に関する」格差がある。「ファイナンス教育を受けた」の意味の明確な理解を研究者たちが発展させる必要がある（Schuchardt *et al.*, 2009）。

0.6　PISA 調査におけるファイナンシャル・リテラシーの測定

PISA2012 年調査は，若者のファイナンシャル・リテラシーを評価する最初の大規模な国際研究である。PISA 調査は，多くの国や地域の 15 歳の生徒から，認知的情報やその他の情報を収集，分析することによって，生徒の義務教育後の人生に対する準備と，とりわけ知識と技能を使用する彼らの能力を評価する。したがって，政策立案者や他の関係者が証拠に基づいた決定を行う際に使用できる豊かな比較データ一式を提供することができる。ファイナンシャル・リテラシーに関する国際比較データは，「若者が，よりグローバルで複雑になりつつある新しいファイナンスシステムに対してどれだけ十分に準備ができているか」「若者のファイナンシャル・リテラシーの観点から誰がリーダーとなるか？」といった問いに答えることができる。

PISA 調査の中心分野である読解力，数学的リテラシー，科学的リテラシーと同様，PISA 調査におけるファイナンシャル・リテラシーの主な焦点は，15 歳の生徒が知識と技能を明示し，適用する際の習熟度を測定することである。また，他の PISA 調査分野と同じく，ファイナンシャル・リテラシーは，妥当で，信頼でき，説明できるデータを提供するためにデザインされた手段（instrument）を用いて評価される。

これら三つの広範な基準を満たす評価を構築することにおける最初の段階は，評価の枠組みを開発することである。評価の枠組みを構築することによる主な利点は，測定が改善されることである。なぜなら，この枠組みは，個別の問題を開発し，分野の評価に用いられる道具をデザインするための明瞭に記述された計画を提供するからである。更なる利点として，この枠組みは，分野の議論のために共通言語を提供し，それによって測定対象の理解を深める。評価はまた，該当分野における能力と関連する知識と技能の種類についての分析を促進し，その結果，習熟度レベルの説明，又は，結果の解釈に用いることができる尺度を構築するための基盤を提供する。

PISA 調査における評価の枠組みの策定は以下の六つの段階を順に並べて，論じることができる。

- 分野のための実用的な定義，及び定義の根底にある仮定に関する記述の開発。

- 国際的に使用される調査課題を構築する際に考慮すべき一連の主要な特性の特定。
- テストの構成において用いる一連の主要な特性の操作化（operationalisation）。同時に，他の大規模調査で実施した既存の文献と経験に基づく定義を含む。
- 各評価分野における 15 歳の生徒の習熟度に関する参加国の政策決定者や研究者への報告のための，構築された一連の課題を体系化する方法の評価。
- 変数の妥当性検証，並びに，異なる参加国間での課題の難易度を理解するために各変数が寄与する度合いの評価。
- 結果のための習熟度レベル説明書の作成。

第１節　ファイナンシャル・リテラシーの定義

国際専門委員会は，国際的なファイナンシャル・リテラシー評価のデザインの基盤を築くために使用できる，ファイナンシャル・リテラシーの実用に適した定義を策定するに当たり，既存の PISA 調査のリテラシーの定義，及びファイナンス教育の性質の明確な表現の両方を検討した。

PISA 調査では，リテラシーを，主要分野（key subject areas）において知識と技能を適用するとともに，様々な状況において問題を呈示，解決，解釈する際に，効果的に分析，推論，コミュニケーションを行う生徒の能力と考えている。PISA 調査は，将来を見越し，単なる特定のカリキュラムの内容の習得度合いよりも，若者が実生活の困難に対応するために自分の知識と技能を使用する能力に焦点を当てている（OECD, 2010a）。

OECD は「金融教育と意識向上の原則と良い慣行に関する理事会勧告（Recommendation on Principles and Good Practices for Financial Education and Awareness）」において，ファイナンス教育を「ファイナンスの消費者 / 投資家が，ファイナンス商品，概念，リスクの理解を深め，そして，情報，指導及び / 又は客観的な助言を通じて技能や自信を発達させることによって，金融のリスクや機会の認知を高め，情報に基づく選択を行い，どこで支援を得るべきかを知り，自己のファイナンスに関する厚生（financial well-being）を高めるための他の効果的な行動をするプロセス」と定義した（OECD, 2005a）。

ファイナンシャル・リテラシー国際専門委員会（FEG）は，「理解（understanding）」「技能（skills）」，そして，理解や技能を適用する概念（「効果的な行動」）がこの定義の主要な要素であることに合意した。しかしながら，ファイナンス教育の定義は成果よりもむしろプロセス，すなわち教育を説明していることが認識されていた。評価の枠組みに求められたのは，習熟度又はリテラシーの観点からそのプロセスの成果を包含する定義であった。

PISA2012 年調査のファイナンシャル・リテラシーの実用に適した定義レベルは以下のとおりである。

ファイナンシャル・リテラシーとは，広範なファイナンスに関する文脈において効果的な意思決定を行い，個人や社会のファイナンスに関する厚生を向上し，経済生活への参加を可能にするために，ファイナンスの概念とリスクに関する知識と理解と，このような知識と理解を適用する

技能，動機付け，自信である。

この定義は，他のPISA調査分野の定義と同じように，二つの部分から成る。第一の部分は分野を特徴付ける思考や行動の種類を指す。第二の部分は特定のリテラシーを開発する目的を指す。

以下の段落では，PISA2012年調査のファイナンシャル・リテラシーの定義を，評価と関連した意味を明確にするための一助となるよう，各部を順々に検討する。

ファイナンシャル・リテラシーとは……

リテラシーとは，個人が人生を通して構築する，拡大する一連の知識，技能そして方略と考えられ，固定量や，一方がイリテラシーでもう一方がリテラシーという超えるべき線ではない。リテラシーには，蓄積された知識の基本的な再生をはるかに上回るものが含まれるが，評価においてファイナンスの予備知識の測定は重要である。リテラシーには，認知的技能，実践的技能及び，態度，動機付け，価値といった他のリソースの動員（mobilisation）が含まれる。PISA2012年調査におけるファイナンシャル・リテラシーの評価は，現代社会において日常生活のファイナンスの需要に対処する能力の開発に関連した広範な知識と技能を利用する。

……ファイナンスの概念とリスクの知識と理解

このようにファイナンシャル・リテラシーは，主要なファイナンス概念，並びに，ファイナンス商品の目的や基本的特徴をはじめとする，ファイナンス上の世界の基本要素に関する一定の知識と理解に左右される。ファイナンシャル・リテラシーは，ファイナンスに関する厚生や保険証券，年金を脅かしうるリスクも含んでいる。15歳の生徒は，この知識を獲得し，彼らが自身と家族が暮らし，大きなリスクに直面するファイナンスに関する環境（financial environment）の経験を得始めていると想定できる。全ての生徒が，日用品又は個人用品の購入のためにショッピングをしたことがある可能性が高い。生徒の中には，金銭についての，また，欲しい物が本当に必要なのかどうか，若しくは，買う余裕があるのかどうかに関する家族の話合いに参加したことがあるだろう。かなりの割合の生徒が，既に収入を得て，貯蓄を始めているだろう。生徒の中には，銀行口座又は携帯電話契約により既にファイナンス商品及び契約上の責務を経験しているであろう。利息，インフレ，コストパフォーマンスといった概念の把握は，まだそうではないかもしれないが，じきに彼らのファイナンスに関する厚生にとって重要となるだろう。

……及び技能

これら技能には，ファイナンスに関する文脈に適用される，情報へのアクセス，比較と対照，推定と評価といった一般的な認知プロセスが含まれる。技能には，百分率を計算し，又は，通貨から別の通貨へ換算する能力など数学的リテラシーや，広告や契約文を読み，解釈する能力などの言語的技能といった，基本的技能も含まれる。

……動機付け及び自信

ファイナンシャル・リテラシーは，ファイナンスに関する論点を扱うための知識，理解及び技能だけでなく，非認知的特性（non-cognitive attributes），すなわち，ファイナンスに関する活動に携わるために情報及び助言を求める動機付け，それを行う自信，ファイナンスに関する意思決定に影響する感情的及び心理的要因を管理する能力を伴う。これら特性はファイナンス教育の目標と考えられているが，同時にファイナンスに関する知識と技能の構築に有益である。

……効果的な意思決定を行うために，このような知識と理解を適用する

PISA 調査は，知識の再生よりもむしろ実生活の状況で知識と理解を働かせ，適用する能力に焦点化する。この能力は，ファイナンシャル・リテラシーを評価する際には，若者がパーソナル・ファイナンスから自己が学習したことを効果的な意思決定に移転（transfer），適用する能力の測定尺度に置き換えられる。「効果的な意思決定」という用語は，与えられた必要性を満たす情報に基づく，責任のある意思決定を意味する。

……広範なファイナンスに関する文脈において

効果的なファイナンスに関する意思決定は，若者の現在の日常生活や経験に関連した様々なファイナンスに関する文脈（contexts）に適用されるが，彼らが近い将来成人として講じる可能性の高いステップにも適用される。例えば，現在の若者は小遣いをどのように使うか，又は，せいぜい，どの携帯電話の契約を選択するかといった比較的単純な決定を行っている可能性がある。しかし，すぐに教育と仕事の選択肢に関する長期的なファイナンスに関する影響を伴う決定に直面する可能性がある。

……個人や社会のファイナンスに関する厚生を向上し

PISA 調査におけるファイナンシャル・リテラシーは，主として個人のファイナンシャル・リテラシーと考えられており，需要と供給の理論，市場の構造のような広い概念を含む経済的リテラシー（economic literacy）とは区別されている。ファイナンシャル・リテラシーは，個人が自己とその世帯（多くの場合，自分の家族を意味する）のファイナンスに関する私事を理解，管理，計画する方法に関係している。しかしながら，個人の優れた理解，管理，計画はより広い社会に対する一定の集団的な影響も有し，国家的及び世界的な安定，生産性，発展にも寄与する。

……及び経済生活への参加を可能にする

他の PISA 調査のリテラシーの定義と同じように，ファイナンシャル・リテラシーの定義は，思慮に富み，積極的に関わる社会の一員としての個人の役割の重要性を示唆している。高いレベルのファイナンシャル・リテラシーを備えた個人は，自分にとって利益となる意思決定を行うことや，自分が生活する経済社会（economic world）を建設的に支持，批評するための備えもよりよくできている。

第２節　分野の構成

分野を表現し，体系化する方法によって，問題開発をはじめとする評価のデザイン及び，究極的には，収集，報告できる生徒の習熟度についての証拠が決定される。多くの要素は，ファイナンシャル・リテラシーの概念の一部であるが，その全てをPISA調査のような調査において考慮し，変化させることはできない。適切な範囲の難易度，そして，広範な分野から成る評価の構成を最もよく保証する要素を選択する必要がある。

過去の大規模研究，そして，特にPISA調査において採用された取組方法と根拠を見直すと，ほとんどの研究は，評価の内容，プロセス，文脈はその研究が評価したいものとして規定しているものであることを示した。図5.1に示すように，内容，プロセス，文脈は，評価対象の領域（areas）についての三つの異なる観点であると考えることができる。

図5.1　評価の枠組みのために分野を構造化するためのモデル

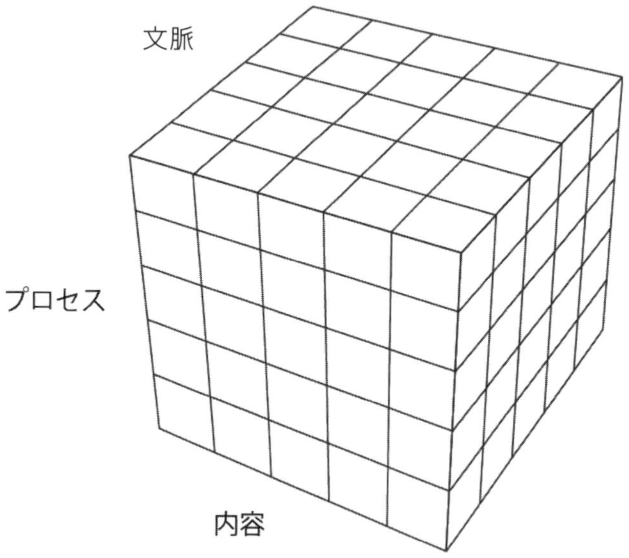

- **内容**は，問題におけるリテラシーの領域で必要不可欠な知識と理解の領域から成る。
- **プロセス**は，問題に解答するために要求される心的方略又は取り組み方法を説明する。
- **文脈**は，分野の知識，技能，理解が適用される，個人的から世界的までに至る状況を意味する。

各観点の中で異なる要素又はカテゴリーを識別，重み付けするステップ，次いで評価の一連の課題がこれらカテゴリーを適切に反映していることを保証するステップは，評価の対象範囲と妥当性を保証するために用いられる。この三つの観点は，当該領域における達成の報告方法について考える際にも有益である。

以下の節は，三つの観点のそれぞれと各観点が分割される枠組みのカテゴリーについての議論を提示する。この節には，生徒が完了させるよう求められうる課題の種類も含まれている。

PISA2012年調査の予備調査から得た問題例が，観点やカテゴリーを例示するために含まれている。これらは，本調査で用いられた例を代表しているが，これら特定の問題例は本調査の問題には用いられていない。厳重に保管された未公開の問題のみが，本調査に用いられ，生徒の習熟度測定のために収集されるデータの整合性を保護する。

2.1　内容

ファイナンシャル・リテラシーの内容は，ある特定の課題を実行するために利用する必要がある知識と理解の領域であると考えられている。幅広い国々（オーストラリア，ブラジル，イングランド，日本，マレーシア，オランダ，ニュージーランド，北アイルランド，スコットランド，南アフリカ）における既存のファイナンシャル・リテラシーの学習の枠組みの内容の見直しによって，「ファイナンシャル・リテラシー」の内容領域（content areas）についての一定の意見の一致があることを示した（OECD, 2012）。データ分析は，学校でのファイナンス教育の内容が，文化的な違いはあるものの比較的類似していたこと，そして，これら枠組みに一般的に含められる一連の題材を識別することが可能であったことを顕著に示した。これらはPISA調査のファイナンシャル・リテラシーの四つの内容領域，すなわち「金銭と取引」「ファイナンスの計画と管理」「リスクと報酬」「ファイナンスに関する情勢」を形成する。

2.1.1　金銭と取引

この内容領域は，金銭の異なる形態や目的と，日々の支払，消費，コストパフォーマンス，カード，小切手，銀行口座，通貨といった単純なファイナンス取引への認知度を含んでいる。この内容領域における課題は，例えば，生徒に対して以下を示すよう求めることである。

●**金銭の異なる形態や目的を知っている。**
- 紙幣と硬貨を認識する。
- 金銭が物やサービスを交換するために用いられることを理解する。
- 物品の支払のための対面又はインターネット経由の様々なやり方を識別できる。
- 他人から金銭を受け取り，人又は組織の間で送金するための様々なやり方を認識する。
- 金銭は貸借できること，そして利息を授受する理由を理解する。

●**取引を管理し，監督する自信と能力がある。**
- 物品の購入のために，現金，カード，他の支払方法を利用できる。
- 現金を引き出すことや，口座残高を取得するために現金自動預け払い機を利用できる。
- 正しい釣銭を計算することができる。
- 個人の具体的なニーズや状況を考慮して，異なる大きさの二つの消耗品のいずれがより良いコストパフォーマンスを提供するかの答えを出すことができる。
- 銀行の取引明細書に記載された取引を確認し，異常を指摘できる。

問題例「市場で」からの次の例題は，生徒に対して，コストパフォーマンスの概念を適用するよう求める課題を説明している。この問題や他の多くの問題での通貨単位は仮想のゼット（Zed）である。PISA 調査の問題は多くの場合，架空の国ゼットランド国（Zed land）で起こる状況に言及し，ゼットは，ゼットランド国の通貨単位である。（試験時間の開始時に生徒に情報が伝えられるという）この工夫は，異なる国の間の比較可能性を高めるために導入された。

図 5.2　問 1「市場で」

キログラム単位、もしくは箱単位で買うことができます。

1kg当たり2.75ゼット

10kgの箱で22ゼット

問

箱のトマトの方が、箱に入っていないものよりもお買い得だよ。

この主張を支持する理由を書いてください。……………………………………

……………………………………………………………………………………

……………………………………………………………………………………

この問題は，日常生活にある文脈である食料雑貨品の買物を用いて，コストパフォーマンスの基本概念を扱っている。財の購入に関する問題は，一般に金銭と取引の内容領域にあるものとして分類される。この問題の正答を得るためには，生徒は，一般的な比較の概念を使用して，トマトを購入する二つの方法を比較したことを示す必要がある。正答となる解答例は以下のとおりである。

- 箱に入っていないトマトは 2.75 ゼット／kg だが，箱入りトマトはわずか 2.2 ゼット／kg である。
- 箱に入っていないトマトは 10kg の価格であれば，27.50 ゼットだから。
- 箱で購入した場合は，支払った 1 ゼットあたり多くのトマトが得られる。

予備調査では，すべての生徒のうち 4 分の 3 が情報を分析し，箱入りトマトの 1kg あたりの価格が箱に入っていないトマトの 1kg あたりの価格よりも低いことを説明できた。

2.1.2　ファイナンスに関する計画と管理

収入と財産には，短期と長期両方の計画と管理が必要である。この内容領域には以下が含まれる。

- **収入と支出を監督する知識や能力**

・様々な種類の収入と収入の測定尺度（例えば，小遣い，給料，手数料収入，給付金，時給，総利益及び純利益）を識別する。
・日常的な消費や貯蓄を計画するための予算を作成する。

●**ファイナンスに関する厚生を高めるために，短期，長期の収入と他の利用可能なリソースを活用する知識や能力**

・予算の様々な要素を巧みに扱う方法を理解する。例えば，収入が計画した支出に満たない場合に優先順位を識別する，又は，貯蓄額を増加させるために，支出を減らすか収入を増加させるための選択肢を発見する。
・異なる消費計画の影響を評価し，短期，長期の消費の優先順位を設定できる。
・将来の出費の支払を前もって計画する。例えば，特定の物を購入するために毎月貯蓄するべき金額を求める。
・クレジットを利用する目的，並びに，借金又は貯蓄によって支出を経時的に平準化する方法を理解する。
・富を構築する考え方，複利の貯蓄への影響，投資商品の良い点，悪い点を理解する。
・長期的目標又は（独立して生活する等）予想される状況変化のための貯蓄の利益を理解する。
・政府の税金や給付が金融の計画と管理に及ぼす影響を理解する。

以下に提示する問題例「消費選択」では，15歳の生徒に関連した状況において，近い将来の自分の生活について考える際に**ファイナンスの計画と管理**を扱う問題を示す。

図 5.3　問 2「消費選択」

クレアと友達は、一軒の家を借りています。
彼女たちはみな、2か月間働きづめでした。
貯金はまったくありません。
賃金は毎月支払われ、ちょうどそれを受け取ったところです。
彼女たちは下の「やること」リストを作成しました。

やること
・ケーブルテレビを手に入れる
・家賃を支払う
・家の外に置く家具を買う

問
リストの課題の内、クレアと友達がすぐにやらなければならない課題はどれでしょうか。

それぞれの課題について、「はい」または「いいえ」に○をつけてください。

課題	すぐにやらなけれはならなければならない課題ですか。
ケーブルテレビを手に入れる	はい/いいえ
家賃を支払う	はい/いいえ
家の外に置く家具を買う	はい/いいえ

消費選択におけるこの問題は，生徒に対して，消費を予算内に収め，欲しいものと必要なものを区別する場合に，家庭での消費の優先順位を評価するよう求めている。したがってこの問題は**ファ**

イナンスに関する計画と管理の内容領域に分類される。予備調査ではすべての生徒のうち４分の３以上が，この問題に関して「いいえ」「はい」「いいえ」の順番で丸を付けることによって，すなわち，三つの課題のうち，クレアと友達がすぐにやらなければならない課題は，家賃を支払うことだけであると識別して完全正答となった。

ファイナンスに関する計画と管理の内容カテゴリー（content category）の他の問題例が，後述される，問題例**旅費**では，生徒に対して，将来の支出を支払うために消費や貯蓄を計画するよう求めている。

2.1.3　リスクと報酬

リスクと報酬はファイナンシャル・リテラシーの主要領域（key area）であり，リスクを管理し，バランスを取り，補償するやり方を識別する能力，そして，様々なファイナンスの文脈における利益又は損失の可能性の理解を包含している。この分野には，とりわけ重要な２種類のリスクがある。第一のリスクは，途方もなく高額な又は反復されるコストに起因するような個人が負担することができないファイナンス上の損失に関係する。第二のリスクは，変動金利での借入れ契約等，ファイナンス商品又は投資商品に固有のものである。

この内容カテゴリーには以下が含まれる。

- **様々なリスクを管理，相殺するために（異なるニーズと状況に応じて）所定のファイナンス商品（保険など）やプロセス（貯蓄など）を利用できることを認識する。**
  - ・保険が利益となりうるか否かを評価する方法を知っている。
- **多角化の利益，請求書や借入れ契約の支払不履行による損害などリスクの管理方法の知識を，以下に適用する。**
  - ・個人資本に対するリスクを限定する決定。
  - ・公式のファイナンス商品や保険商品など，必要に応じて，様々な種類の投資や貯蓄手段についての決定。
  - ・非公式及び公式の借入れ，無担保及び担保付の借入れ，循環期限及び固定期限の借入れ，固定金利又は変動金利の借入れをはじめとする，様々な形態の借入れについての決定。
- **人生上の出来事，経済及び他の外部要因に関連した，以下のような潜在的な影響など，リスクと報酬を知っている，あるいは管理する。**
  - ・個人の物品の盗難又は紛失，失業，子供の誕生又は養子縁組，健康の悪化。
  - ・金利，為替レートの変動。
  - ・他の市場の変化。
- **ファイナンス商品の代わりになるもので，とりわけ以下に関連したリスクと報酬について知っている。**
  - ・現金貯蓄，又は，資産，家畜又は金の購入。
  - ・非公式な金融業者からの借入れ。

リスクと報酬の内容カテゴリーの説明は，問題例「バイク保険」で提供される。

図 5.4　問 3「バイク保険」

去年、スティーブは、PINSURA保険会社のバイク保険に加入しました。
保険証書によれば、バイクの事故による損害、盗難に対する保証が付いていました。

問
スティーブは今年もPINSUR保険会社の保険を更新するつもりでしたが、さまざまな要因から去年と保険料が変わっていました。下の三つの要因は、スティーブのバイクの保険料にどのような影響を与えると考えられますか。

それぞれの要因について、「高くなる」、「安くなる」または「変わらない」に○をつけてください。

要因	スティーブの保険料にどのような影響を与えますか。
スティーブは、古いバイクから、かなりパワーのあるバイクに買い替えた	高くなる / 安くなる / 変わらない
スティーブは、バイクを違う色に塗り替えた	高くなる / 安くなる / 変わらない
スティーブは、去年二つの交通事故を起こした	高くなる / 安くなる / 変わらない

バイク保険は，**リスクと報酬**の内容領域に分類される。その理由は，保険は，保険がなければ個人が負担できないであろうリスクと金銭上の損失から個人を保護する目的で具体的に作られた商品だからである。問題は，生徒が，ある測定可能な基準に関するリスクが高いほど，適切な保険を購入する費用が高くなることを理解するか否かによって決まる。予備調査では，全ての生徒のうち半数が，一番目及び三番目の要因が保険のコストを増大させる一方，二番目の要因は影響を及ぼさないことを認識して，この問題について完全正答を得た。

リスクと報酬の内容カテゴリー別の説明が，問題例「**株式**（*SHARES*）」において提供されている。この問題例では，生徒に対して，潜在的にリスクのある商品の仕組みについてなじみを持つことを求めている。

2.1.4　ファイナンスに関する情勢

この内容領域は，ファイナンス上の世界の特性と特徴に関連している。この領域は，ファイナンス市場，及び，一般的なファイナンスに関する環境における消費者の権利と責任，そして，ファイナンス契約の主要な含意を知ることを取り扱っている。情報リソースや法的規制もこの内容領域に関連する題材である。また**ファイナンスに関する情勢**という領域は最広義において，金利，インフレ，課税又は福祉給付の変化といった経済条件や公共政策における変化の影響を理解することを組み入れている。この内容領域に関連した課題には以下が含まれる。

●**権利と責任の知識，並びに，その知識を適用する能力。**
・買手と売手が，救済を申請することができるような権利を有することを理解する。
・買手と売手が，以下をはじめとする責任を有することを理解する。
－消費者／投資家はファイナンス商品を求める際に正確な情報を提供する。
－供給者は，全ての重要事実を開示する。
－消費者／投資家は，一方の当事者がそれを行わない場合の影響を知っている。

・ファイナンス商品又はサービスを購入する際に提供される法的文書の重要性と，内容を理解する重要性を認識する。

●以下を含む，ファイナンスに関する環境の知識と理解。

・いずれの供給者が信頼できるか，又はいずれの商品やサービスが規制又は消費者保護法を通じて保護されているかを識別する。

・ファイナンス商品を選択する際に誰に助言を求めるか，又はファイナンスに関する事柄に関連して誰に援助を求めるかを識別する。

・なりすまし犯罪や詐欺といったファイナンス犯罪の認知や，適切な予防措置を取る方法の知識。

●他人に対する影響も含めた，ファイナンスに関する意思決定が及ぼす影響の知識と理解。

・個人が消費や貯蓄の選択を行うことと，それぞれの行為が個人や社会に影響を及ぼすことを理解する。

・個人のファイナンスに関する習慣，行為，決定が個人，コミュニティ，国内，国際レベルでどのように影響するかを認識する。

●経済的要因及び外部要因の影響の知識。

・経済情勢を認識し，卒業後訓練の資金調達に関連した改革などの政策変更の影響を理解する。

・財産の構築や，借入れを利用する能力が，金利，インフレ，信用度の点といった経済的要因によって決まることを理解する。

・広告，同業者（peer）からの圧力といった様々な外部要因が個人のファイナンスに関する選択に影響しうることを理解する。

問題例「**銀行の失敗**」で，ファイナンス犯罪に焦点を当ててファイナンスに関する情勢を反映した問題を説明する。

インターネットバンキングは，生徒が現在又は近い将来参加する可能性が高い，より広い**ファイナンスに関する情勢**の一部である。この環境において生徒はファイナンス詐欺に遭う可能性もある。「**銀行の失敗**」は，生徒が適切な予防措置を取る方法を知っているか否かを調べる。この問題では，生徒は，ファイナンス詐欺の電子メールに適切に回答するよう要求される。生徒は提示される選択肢を評価し，２番目のアドバイスのみが良いものと考えられると認識する必要がある。予備調査では，40％強の生徒が「いいえ」「はい」「いいえ」の順序で回答し，この問題に対する完全正答を得た。

図 5.5　問 4「銀行の失敗」

デビットは、ゼット銀行に口座を持っています。彼は下のメールを受け取りました。

ゼット銀行預金者の皆様へ
ゼット銀行のサーバーに障害が発生し、あなたのログイン情報が失われてしまいました。
そのため、あなたはインターネットでのお取引ができない状態になっています。
最も重要なことですが、あなたの口座はもはや安全ではありません。
下のリンクをクリックし、お取引再開のための操作手順に従ってください。
あなたのインターネットでのお取引に関する詳細な情報のご提供をお願い申し上げます。
https://ZedBank.com

問
下の文章は、デビットの役に立つアドバイスでしょうか。
それぞれの文章について、「はい」または「いいえ」に○をつけてください。

文章	この文章はデビットの役に立つアドバイスでしょうか
メールに返信し、インターネットでの取引に関する詳細な情報を提供する	はい / いいえ
銀行に連絡して、メールについて聞いてみる	はい / いいえ
リンクが銀行のサイトと同じアドレスならば、リンクをクリックし、操作手順に従う	はい / いいえ

2.2　プロセス

プロセスカテゴリーは認知プロセスに関連する。このカテゴリーは，分野に関連する概念を認識，適用する生徒の能力を説明し，解決策を理解，分析，推論，評価，提案するために用いられる。PISA 調査のファイナンシャル・リテラシーでは，四つのプロセスカテゴリー，**ファイナンスに関する情報の識別**，**ファイナンスに関する文脈における情報の分析**，**ファイナンスに関する論点の評価**，**ファイナンスに関する知識及び理解の適用**が定義された。ここで用いられる動詞（verbs）はBloom（1956）の教育目的のカテゴリーにおける動詞と幾分の類似性があるものの，重要な違いは，ファイナンシャル・リテラシーの構成概念におけるプロセスは技能のヒエラルキーとして操作化されていないことである。その代わりに，ここでのプロセスは，並列的かつ必要不可欠な認知アプローチであり，そのすべてがファイナンシャル・リテラシーを備える個人の様々な能力の一部である。ここで各プロセスが提示される順序は，典型的な思考プロセスや行為の順序に関連しており，難易度又は困難さの程度の順序ではない。同時に，ファイナンス上の思考，決定，行為は，この節で論じられるプロセスの帰納的で相互作用的な混合にしばしば最も依存していることが認識されている。この評価の目的のために，各課題は，その完了のために最も中心的であると判断されるプロセスと同一であるとされる。

2.2.1　ファイナンスに関する情報の識別

このプロセスは，個人がファイナンスに関する情報源を検索・接続し，関連性を識別又は認識する場合に関わる。PISA2012 年調査において，情報は契約，広告，図，表，書式，取扱説明書といった印刷された文の書式である。典型的な課題では，生徒に対して，仕入れ送り状の特徴を識別するか，又は，銀行取引明細書の残高を認識することを想定している。より難解な課題では，複雑な法的言語を使用する契約書を検索して，ローンの支払不履行の結果を説明する情報を見いだすよう求めるかもしれない。このプロセスカテゴリーは，「インフレ」という用語を価格が時間とともに上昇することを説明するために用いられるものとして認識するなど，ファイナンスの専門用語を認識することに関わる課題にも反映されている。

問題例５**「給与明細」**はファイナンス情報を特定，解釈することに焦点を当てた問題を示す。

図 5.6　問５「給料明細」

毎月、ジェーンの雇用主は、ジェーンの銀行口座にお金を振り込んでいます。
これがジェーンの六月の給与明細です。

従業員給与明細: ジェーン・シティズン		
職階: マネージャー	6月1日から6月31日	
税込給与	2 800 ゼット	
控除額	300 ゼット	
支給額	2 500 ゼット	
今年度の税込給与の総額	19 600 ゼット	

問
ジェーンの雇用主は、6月31日にジェーンの銀行口座にいくら振り込んだでしょうか。

A. 300 ゼット
B. 2 500 ゼット
C. 2 800 ゼット
D. 19 600 ゼット

生徒は，単純な給与明細中の**ファイナンスに関する情報の識別**を求められる。予備調査では正答の 2,500 ゼットを，半数を少し上回る生徒が選択した。

2.2.2　ファイナンスに関する文脈における情報を分析する

このプロセスは，ファイナンスに関する文脈で行われる，提供された情報の解釈，比較対照，合成，情報からの推定など，広範な認知的活動を取り扱う。本質的に，このプロセスは明示的でないものを認識する，すなわち，あるファイナンスに関する文脈における問題の基礎となっている想定又は意味合いを識別することを伴う。例えば，ある課題は，異なる携帯電話契約から提示される条件を比較するか，又は，あるローン広告に記載されていない条件が含まれている可能性が高いか否か答えを出すことに関わるかもしれない。このプロセスカテゴリーにおける問題を問題例**「株式」**

において，以下で説明する。

図 5.7　問 6「株式」

下のグラフは、リッチロック社の12か月間の株価を示しています。

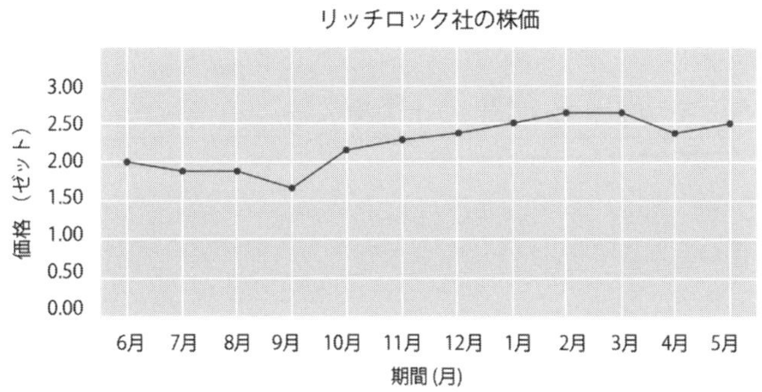

問
グラフに関する下の文章の内、正しいものはどれですか。

それぞれの文章について、「正」または「誤」に○をつけてください。

文章	文章は正しいですが、誤っていますか
株を買うのに一番良い月は、9月だった	正 / 誤
株価はこの年、約50%高くなった	正 / 誤

生徒に対して，ある投資商品に関する折れ線グラフの情報を考慮することによって**ファイナンスに関する文脈における情報の分析**を求めているこの問題は，二つの部分に分けられる。グラフは株価が1年間にどのように変化したかを示している。設問1は，株式は株価が低いときに購入するべきであるという生徒の理解を評価する（この場合9月）。設問2は，生徒が株価の上昇を正しく識別し，経時的な百分率の変化を計算できるか否かを評価する。予備調査では，すべての生徒のうち半数を少し上回る生徒が，設問1における「正」，設問2における「誤」に丸を付けて，両方の部分に正しく解答した。

2.2.3　ファイナンスに関する論点の評価

このプロセスでの焦点は，ファイナンスに関する正当化や説明を認識又は構築し，ファイナンスの知識及び理解を指定された文脈に適用して利用することである。このプロセスには，説明，評価，一般化といった認知的活動を伴う。このプロセスでは，生徒が，知識，論理，説得力のある推論を利用して，ファイナンスに関連する問題を理解するか，又は，それについて考えを形成する必要がある場合に，批判的思考が活用される。このような問題に対処するために求められる情報は，課題文に部分的に提供されるかもしれないが，生徒はこのような情報を以前から持っている自己のファイナンスに関する知識及び理解と結び付ける必要があるだろう。PISA 調査の文脈では，問題を理解するために求められるあらゆる情報は，15 歳の経験の予想される範囲内，すなわち，直接経験，又は，容易に想像，理解できる経験となるよう意図されている。例えば，15 歳の生徒は，何かを欲した経験により，必要不可欠でないもの（新しい音響システムなど）を識別できる可能性が高いと想定されている。このシナリオに基づく課題では，与えられた規定のファイナンスに関する事情において，購入又は保留の相対的なファイナンス上の利点に基づいた意思決定をする際に考慮されうる要因について，問うことも可能であろう。

次の問題例**「市場で」**は，PISA 調査ファイナンシャル・リテラシーの問題例 1 と同じ課題文に基づいており，生徒に対して，日常の予備知識を利用することによって情報を評価するよう求めている。

図 5.8　問 7「市場で」

問

人によっては、トマトを箱で買うことが金銭的に悪い選択といえるかもしれません。

その理由を説明してください。……………………………………………………………………

この問題の目的は，まとめて購入することは，人によっては無駄となり，短期的には手頃な価格ではない可能性を認識することである。生徒は提示された状況において，あるファイナンスに関する論点を評価し，より多くのトマトをより安い価格で購入することは優れたファイナンス上の意思決定ではない可能性があることを説明できた場合に完全正答を得る。以下のような無駄に言及した解答が完全正答を得た。

- トマトは全部消費する前に腐るかもしれない。
- トマトは 10kg も必要ないかもしれない。

完全正答を得た別の種類の解答は，個人がまとめ買いする経済的な余裕がないことに焦点を当てていた。

- 22 ゼット（1kg に 2.75 ゼット又は 2kg に 5.50 ゼットではなく）を消費しなければならないが，それほどの量を使わないかもしれない。
- 箱入りのトマトを支払わなければならないので，何か他のものをやめる必要があるかもしれない。

予備調査では，80％以上の生徒が，無駄又は経済的な余裕のいずれかに言及し，この問題に対して完全正答を得た。

「新規借入れ」は**ファイナンスに関する論点の評価**のカテゴリーに含まれる，より難解な問題例である。

「新規借入れ」は，生徒に対して，ある一連のローン条件から別の条件に変更すること，すなわち 15 歳の生徒にとっては**「市場で」**において提供された文脈よりもなじみがある可能性が低い状況の影響について，熟考，評価するよう求める。**「新規借入れ」**の場合，問題において必要な情報のすべては提供されているが，正答を得るためには，生徒は，関連性のある情報を識別し，ある特定の措置を取った影響を熟考する必要がある。多くの種類の解答に完全正答が与えられる。予備調査では，最もよく見られた正答は，ジョーンズ夫人の負債が増えることであった。同等に許容される解答は，（ローン期間全体の）支払う利息の合計が大きくなること，ローンの期間が長くなること，ローン業者の変更に関連して手数料がかかるかもしれないことといった，ローンの具体的な条件に言及する解答である。

図 5.9　問 8「新規借入れ」

ジョーンズさんは、ファーストゼット金融に8000ゼットの借入をしています。その金利は年15%です。
彼女の毎月の返済額は、150ゼットです。

一年後、ジョーンズさんにはまだ7400ゼットの返済義務があります。

ゼットベストという別の金融会社は、ジョーンズさんに金利が年13%で10000ゼットの貸出を提案しています。
この場合も、彼女の毎月の返済額は150ゼットになります。

問

ジョーンズさんがゼットベストから借入をした場合、どのような金銭上の悪い結果が考えられますか。……………

……………………………………………………………………………………………………

予備調査では 40%を少し上回る生徒がこの問題に対する正答を得た。

評価プロセスカテゴリーに該当する課題の三つ目の問題例は，PISA 調査ファイナンシャル・リテラシーの問題例 2「**消費選択**」で提供されている。ここで生徒は，掲載されている課題のいずれが即座の注意を必要とするかを評価するためにファイナンスに関する文脈において説得力のある推論をしなくてはならない。

2.2.4　ファイナンスの知識と理解とを適用する

第 4 のプロセスは，ファイナンシャル・リテラシーの定義「このような（ファイナンスの）知識と理解を適用する」から用語を抽出している。このプロセスは，ファイナンス商品及びファイナンス上の文脈の知識，そして，ファイナンス概念の理解を利用して，あるファイナンスに関する情勢において効果的な措置を取ることに焦点を当てる。このプロセスは，多くの場合複数の条件を考慮して，計算し，問題を解決することを伴う課題に反映されている。この種の課題の一例は，2 年間のローンの利息を計算することである。このプロセスは，ある特定の文脈において予備知識との関連性を認識するよう要求する課題にも反映されている。例えば，ある課題は生徒に対して，価格が所定の割合で変化しつつある場合に購買力が経時的に低下するか又は上昇するかについて答えを出すよう要求することを想定している。この場合，インフレについての知識を適用する必要がある。

以下の問題例「**旅費**」は**ファイナンスの知識及び理解の適用**のプロセスカテゴリーに該当する。

図 5.10　問 9「旅費」

ナターシャは、週三回夜、レストランで働いています。
彼女の一回の勤務は4時間で、時給10ゼットを稼いでいます。
また、ナターシャはチップとして週80ゼット稼いでいます。
ナターシャは、週ごとの収入のちょうど半分を貯金しています。

問

ナターシャは、長期休暇のために600ゼット貯金したいと思っています。

ナターシャが600ゼット貯めるには、何週間かかるでしょうか。

この課題は，生徒に対して，将来の支出を前もって計画しながら，一連の条件と制約を検討するよう，すなわち，毎週定まった金額を貯蓄するという条件で，休暇のために貯蓄するのにどれだけの時間がかかるかの答えを出すよう求めている。正答は「6 週間」である。予備調査では，問題に対して正答を得たのは，調査対象の半数未満であった。

2.3　文脈

枠組みを構築し，この枠組みに基づいて調査問題を開発，選択する際には，当該分野のリテラシーが行使される文脈の広がりが着目される。ファイナンス上の論点に関する決定は，多くの場合，その論点が提示する文脈や状況によって決まる。課題を様々な状況に位置付けることによって，この評価は，21 世紀において個人が機能する必要がある様々な状況において，可能な限り最も広い範囲の個人の関心と関連付ける可能性を提供する。

ある状況は，他の年代よりも 15 歳の生徒の方がよりなじみがあるだろう。PISA 調査において，評価課題は，日常生活の状況で組み立てられており，これは学校の文脈を含みうるがそれに限定されない。焦点は，個人，家族，又は，同僚集団（peer group），より広いコミュニティ，又はより広くは世界的な規模に当ててもよい。

出発点として，ファイナンシャル・リテラシー国際専門委員会（FEG）は国際成人力調査（PIAAC: Programme for the International Assessment of Adult Competencies）のリテラシーの枠組みにおいて用いられる文脈，すなわち**教育と労働**，**家庭と家族**，**娯楽とレクリエーション**，**コミュニティと市民権**（OECD, 2009b）を検討した。ファイナンシャル・リテラシー分野の目的ために，**娯楽とレクリエーション**は，若者の携わるファイナンスの取引の多くが，携帯電話又はノート型コンピュータといった商品を使用し，娯楽施設を利用し，又はレクリエーションのための資金を調達する，個人消費者としての自分自身に関係しているという事実を反映するべく，**個人的**（individual）に置き換えられた。さらに**コミュニティと市民権**を**社会的**（societal）へと置き換えることも決定された。**コミュニティと市民権**は個人よりも広い観点での考え方を捉えている一方で，**コミュニティ**という用語は十分広いものではないと感じられた。これに対して**社会的**は，暗黙のうちに国内又は世界的な状況，あるいは，より地域的な状況も包含しており，ファイナンシャル・リテラシーの潜在的な射程により適合している。したがってファイナンシャル・リテラシーの評価のために特定された文脈は，**教育と労働**，**家庭と家族**，**個人的**，**社会的**である。

2.3.1　教育と労働

教育と労働（education and work）の文脈は若者にとって非常に重要である。PISA 調査の対象となる生徒は，定義によって，学校を基本とする母集団の標本であるので，教育の文脈は生徒と明白な関連性がある。実際のところ生徒の多くは，しばらくの間は教育又は訓練を継続するだろう。しかしながら，他の多くの 15 歳の生徒は 1 ～ 2 年以内に学校から労働力へと移行し，また，現在も 15 歳の生徒の多くは，授業時間外のアルバイトに積極的に関わっている。したがって，現在も，かつ中期的にも，職業的な文脈も生徒に関連している。15 歳の生徒のほぼ全員は，既存の収入を消費するか，将来の教育の選択肢を考慮するか，又は，自分の労働生活を計画するかのいずれであれ，じきに，教育と労働の両方に関連したファイナンス上の事柄について考え始めるであろう。

この文脈における典型的な課題には，給与明細の理解，第三段階教育（tertiary study）のための貯蓄の計画，学生ローンへの加入，利益とリスクの調査，職場の財産形成貯蓄制度（workplace savings scheme）への参加が含まれうるだろう。

「給与明細」の問 5 と**「旅費」**の問 9 は，**教育と労働**の文脈カテゴリーを反映するために設計された種類の課題を説明する。具体的には，これら課題は**労働**の文脈の問題例であり，生徒に対して，稼いだ収入に関連したファイナンス上の問題に取り組むよう求めている。第 1 の問題は生徒に対し給与明細の情報を識別するよう求め，収入の文脈を使用した第 2 の問題は貯蓄計画を作るよう求めている。

2.3.2　家庭と家族

家庭と家族（home and family）には，世帯の切り盛りにかかわるコストに関連したファイナンス上の論点が含まれる。15 歳の生徒にとって，家族が最も可能性の高い世帯環境である。しかしながら，このカテゴリーには，家族関係に基づいていない世帯，例えば，多くの場合若者が実家を離れて間もなく使用する共同宿泊施設の種類も含まれる。この文脈に入る課題には，家財道具又は家庭用日用品の購入，家族の消費の記録，家族行事の計画が含まれうる。消費の予算立て，優先度設定に関する決定もこの文脈の中に位置付けられうる。

問題例**「市場にて」**の二つの問題，問 1 及び問 7 は，日用品の買物は通常は世帯向けに行われるので，**家庭と家族**として分類される。**「消費選択」**の問 2 もこの文脈カテゴリーに該当する。設定は共同宿泊施設であり，行われる選択は世帯に影響するであろう（この場合，家族ではなく友人が宿泊施設を共有している）。

2.3.3　個人的

個人的な（individual）文脈はパーソナル・ファイナンスにおいて重要であるが，その理由は，個人が行う決定のうち多くは，完全に個人の利益又は満足のためのみに行われ，多くのリスクと責任を自身で負う必要があるからである。この文脈に当てはまると考えられる決定には，衣類，化粧品又は散髪といった個人的な商品やサービスの購入，電子又はスポーツ用品といった消費財の購入，定期券又はジムの会員権など契約上の義務が含まれる。これらの決定は，必要不可欠な個人のニーズから娯楽やレクリエーションの範囲にわたる。個人によって行われる決定は家族や社会の影響を受ける可能性はあるものの，銀行口座の開設又はローンの取得に関して言えば，このような決定に対して法的責任を負うのは個人である。したがって，**個人的**な状況には，銀行口座の開設，消費財の購入，レクリエーション活動の支払といった行事に関する契約的な事柄，そして，借入れ，保険などより大きな消費項目などに関連するファイナンス上のサービスを扱うことも含まれる。

「新しい銀行カード」は**個人的**な文脈カテゴリーの問題例である。

図 5.11　問 10「新しい銀行カード」

リサはニュージーランドに住んでいます。彼女は右の新しい銀行カードを受け取りました。

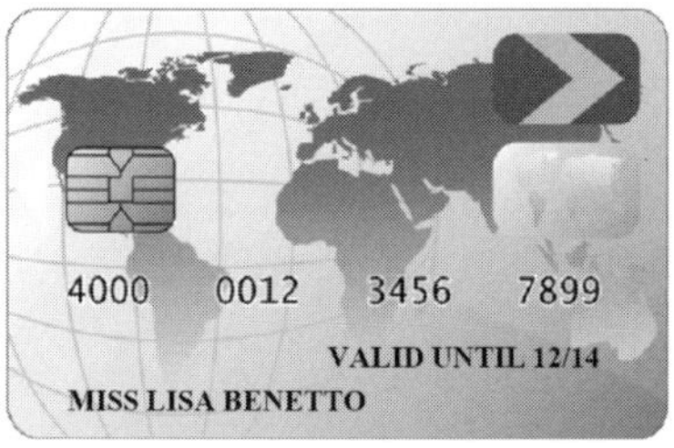

問

翌日、リサは銀行カードの暗証番号を受け取りました。

リサは、暗証番号に関して何をすべきでしょうか。

A. 暗証番号を便せんに書き、財布の中にしまっておく。
B. 暗証番号を友達に教える。
C. 暗証番号をカードの裏に書く。
D. 暗証番号を憶える。

この課題は，インターネットバンキングに接続・利用する場合に，セキュリティを維持する際の個人の責任について，生徒の理解を評価する。この問題は，生徒に対して，銀行カードを使用する場合に提示された四つの選択肢のうちいずれが最も優れた行為であるか評価するよう求める。予備調査では 90％を超える生徒が，正しい選択肢の（D）暗証番号を覚えるを選択した。

前述した**個人的**な文脈カテゴリーの他の問題例には，**「バイクの保険」**の問 3，**「株式」**の問 6，**「新規借入れ」**の問 8 が含まれる。その全てが個人に影響する決定（保険の更新，株式の購入，ローンの借換え）の例示である。

2.3.4　社会的

若者が暮らす環境は，変化，複雑性，相互依存性を特徴としている。グローバル化（globalisation）よって，新しい形態の相互依存性を作り出し，そこでは，行為が，個人や地域コミュニティをはるかに超える経済的な影響や結果に依存する。ファイナンシャル・リテラシー分野の中心がパーソナル・ファイナンスに焦点化される一方，**社会的**な（societal）文脈は，個人のファイナンスに関する厚生は社会のその他の部分とは完全に切り離すことができないことを認識している。個人のファイナンスに関する厚生は，地域コミュニティ，国内，さらには世界的な活動に対して影響を及ぼすとともに，それらからの影響をも受ける。この文脈におけるファイナンシャル・リテラシーには，消費者の権利と責任が伝えられていること，税金や地方政府課徴金の目的の理解，事業利益を知っていること，消費者購買力の役割の考慮といった事柄が含まれている。ファイナンシャル・リテラシーは，非営利団体や慈善事業への寄附といったファイナンス上の選択を検討することにも拡張される。

問題例**「銀行の失敗」**（問4，前述）は，社会全体を標的とした詐欺行動に関連しているので，**社会的**な文脈に該当するものとして分類される。

2.4　非認知的要因

PISA 調査における実用に適したファイナンシャル・リテラシーの定義には，非認知的な用語である**動機付け**と**自信**，すなわち一部の人の言うところの，金銭管理行動の態度における影響（Johnson and Staten, 2010）が含まれている。PISA 調査はファイナンス上の態度と行動との両方を，独立したファイナンシャル・リテラシーの側面として考えている。また態度と行動は，ファイナンシャル・リテラシーの認知的要素との相互作用の観点からも興味深い。15 歳の生徒のファイナンス上の態度と行動に関して収集された情報は，ファイナンス上の行動を含む成人のファイナンシャル・リテラシーの長期的調査にとっての有用な基準データを構成するだろう。

ファイナンシャル・リテラシー国際専門委員会（FEG）はこの枠組みに包含する四つの非認知的要因，すなわち**情報と教育への接続**，**金銭とファイナンス商品への接続**，**ファイナンス上の論点に対する態度と自信**，**消費行動と貯蓄行動**を特定した[2]。

2.4.1　情報と教育への接続

友人，親又は他の家族など，生徒が利用できる様々なファイナンス上の情報源がある。いずれの情報源に最も頻繁に接続するかを知っていること，並びに，高いレベルのファイナンシャル・リテラシーが特定の情報源と関連しているか否かを確認することが有用である。政策立案者も，この情報を利用して，ファイナンス上の論点に関するメッセージがどの程度うまく伝わっているか，そして，どこを新しい介入の標的とするべきかを確認することができる。

生徒が受ける教育や訓練も国内や異なる国の間で異なっている。ファイナンシャル・リテラシーのレベルと学校内外でのファイナンス教育間の関連性の度合いに関する情報は，ファイナンシャル・リテラシーを向上させるための教育プログラムを具現化するために，特に有用である可能性が高い。

2.4.2　金銭とファイナンス商品への接続

ファイナンスに係る事柄に対処するような個人的経験の多い生徒は，テストの成績が良いと予想されうる。手続に従って自己の金銭の管理方法に関する意思決定を行う者は，たとえ具体的な指導を受けたことがなくても，そうでない者よりも，ファイナンス上の事柄についてより知識がある可能性が高い。その経験は，金を稼いだこと，クレジットカード，デビットカード等のファイナンス商品，又は銀行制度への対処に由来する可能性がある。この領域での主要な政策的問題は「ファイナンスの世界での実経験が若者のファイナンシャル・リテラシーにどの程度影響するか」である。

2.4.3　ファイナンス上の論点に対する態度と自信

態度はファイナンシャル・リテラシーの重要な構成要素であると考えられている。さらに，個人の選好はファイナンス上の行動の重要な決定要因であり，ファイナンシャル・リテラシーと相互的に作用する可能性もある。行動心理学の研究はファイナンシャル・リテラシーに関して興味深い成果を生み出し，また，プログラムの効率を高めたい政策立案者により優れたものを伝える可能性があると仮定されている。調査の可能性があると特定された領域には，リスク許容度，すなわちより多くの利得を得るために損失の可能性を受け入れる用意があること（Barsky *et al.*, 1997; Holt and Laury, 2002）と時間感度，すなわち，すぐに得られる報酬を将来のより多くの利得と交換すること（Barsky *et al.*, 1997; Holt and Laury, 2002）が含まれる。

2.4.4　消費行動と貯蓄行動

テスト問題が，特定の消費や貯蓄について意思決定する生徒の能力を測定する一方で，生徒の実際の（報告された）行動は何か，すなわち，生徒が実際のところどのように貯蓄，消費するかについての測定尺度を持つことも有用である。PISA 調査のファイナンシャル・リテラシーは，15 歳の生徒が報告した行動と生徒のファイナンシャル・リテラシーのテスト結果との関係を見ることによって，ファイナンシャル・リテラシーの知識とファイナンス上の行動との関係の証拠を提供することとなる。

第３節　ファイナンシャル・リテラシーの評価

前節ではファイナンシャル・リテラシーの概念的な枠組みを概説した。ファイナンシャル・リテラシーにおける生徒の習熟度の証拠を収集するためには，この枠組みにおける各概念が課題や問いに順々に表される必要がある。この節では，我々は評価の構成，枠組みの項目全体にわたる課題の分布，出題形式の選択について論じる。これに続いて，ファイナンシャル・リテラシーに関して他の分野の知識と技能の影響，そして，この評価にとっての意味合いを手短に考察する。最後に，ファイナンス上の行動及び経験に関するデータの収集方法を記載する。

概念的な枠組みは，2012 年調査のためだけでなく，より広範に分野を位置付ける（mapping）ことに関わっている。この枠組みは定義，そして，評価手段において扱われる主要な項目（variables）を提示している。主要な考え方を，前節のサブトピックと問題例のリストに作り込んだ。これらの労作は 2012 年調査に含まれる課題のチェックリストとして解釈されるべきではない。PISA2012 年調査ではわずか１時間のファイナンシャル・リテラシーの調査問題が施行されていることを考慮すると，各項目のすべての詳細を扱う十分な余裕はない。将来の施行においては，分野の別の側面も評価課題に含められることが期待される。

3.1　評価の構成

PISA 調査の筆記型調査は，一つ以上の認知分野から 30 分ずつの問題群（clusters）四つでテスト問題が構成される 2 時間のテストとして設計されている。2012 年本調査には，ファイナンシャル・リテラシーに二つの問題群（すなわち 60 分の試験時間）が割り当てられた。予備調査における到達率の分析を用いて，大多数の生徒が 30 分以内に 20 問のファイナンシャル・リテラシーの問題を完了できることが期待できると決定された。予備調査で施行された 75 問のファイナンシャル・リテラシーの課題のうち，本調査のために 40 問が選択された。

PISA2012 年本調査では，二つの問題群のファイナンシャル・リテラシーの問題を含む各ブックレットには，一つの数学的リテラシーの問題群と一つの読解力の問題群も含められた。ブックレット中における各問題群の順序による全ての影響を低減するために，ファイナンシャル・リテラシーの各問題群を含む 4 種類のブックレットが作成され，ファイナンシャル・リテラシー，数学的リテラシー，読解力の各問題群が異なる位置に現れるようにした。

他の PISA 調査分野と同じく，ファイナンシャル・リテラシーの問題は，共通の課題文を中心に一つ又は二つの問題から構成される各大問にグループ分けされている。この選集には，練習問題，図表，表，図，図解など多様な形式のファイナンス面に的を絞った課題文が含まれている。

この評価は，様々な難易度を取り扱う広範な問題のサンプルから成り，これによって，生徒と主要なサブグループの強みと弱みを測定し，説明することができる。

3.2　出題形式と採点

PISA 調査の筆記型問題の中には，短い手書きの回答を要求するものや，一文，又は，二文の回答を要求するものもあるが，他の問題は解答に丸を付けるかチェックボックスに印を付けて解答することができる。データを収集する形式，すなわち，問題の出題形式に関する決定は，収集される証拠の種類を考慮すると何が適切と考えられるか，並びに，技術的かつ実用的な考慮事項に基づいて行われる。ファイナンシャル・リテラシーの評価では，他の PISA 調査と同じく，問題の二つの広範な出題形式，すなわち，記述形式問題と選択肢形式問題が用いられる。

記述形式問題は生徒に対して自分自身の解答を作成するよう要求する。解答形式（format of the answer）は，1 単語又は図，若しくは，より長い 2，3 の文又は計算式であってもよい。より長い解答を要求する記述形式問題は解答を説明し，あるいは，分析のプロセスを実演する生徒の能力に関する情報を収集するためには理想的である。**「旅費」**の問 9 は，単一の数値を求める記述形式問題を例示しており，正答となる解答の範囲は非常に限定的である。問題例**「市場にて」**からの問 1 及び問 7，そして**「新規借入れ」**の問 8 はより長い解答を要求する課題の典型であり，多くの異なる種類の解答が完全正答となる可能性がある。

「新規借入れ」の課題の採点において，例えば，異なる 4 種類の完全正答が特定されている。

1）ジョーンズ夫人が新しいローンの申出を受けた場合，より多くの負債を負うことになると言

及した解答

●彼女はより多くの借金を負う。

●彼女は消費を制御できない。

●彼女はさらに負債の深みにはまる。

2）ジョーンズ夫人がより多く利息を払う必要があることに言及した解答

● 10000の13%は8000の15%より大きい。

3）ジョーンズ夫人が負債を負う期間が長くなることに言及した解答

●ローンはより多額になるがそれぞれの支払は同額なので，ローンの支払により長い時間がかかる。

4）ジョーンズ夫人がファーストゼット金融との最初のローン契約を取り消した場合，取消し手数料を支払う必要がある潜在可能性に言及した解答

●ファーストゼットローンの前倒し払いに対する違約金を払う必要があるかもしれない。

出題形式と採点に関する問題の二種類目は，選択肢形式である。この種の問題は，生徒に対し，与えられた一連の選択肢から一つ以上の代替案を選択するよう求める。このカテゴリーにおける最も一般的な種類は単純な多肢選択形式問題であり，（通常は）四つの選択肢のうち一つの選択を要求している。例えば**「給与明細」**の問5及び**「新しい銀行カード」**の問10を参照されたい。選択肢形式問題の二つ目は複雑な複数の選択であり，生徒は一連の「はい／いいえ」型の問題に回答する。**「消費選択」**の問2は「はい／いいえ」の一連の選択を示している。この課題では，生徒が正答を得るための三つの独立した正しい選択をする必要がある。**「バイク保険」**の問3は類似の形式を有しており，正答を得るためには三つの独立した正しい選択をする必要があるが，この場合，典型的にはそれぞれの選択は三つの選択肢「コストを上げる」「コストを下げる」及び「コストへの影響はない」から行われる選択肢形式問題が情報の識別や認識に関連した問題の評価に最も適していると考えられているが，また，生徒自身が容易に表現できない可能性がある高次元の概念における生徒の理解の測定にも有用なやり方である。

特定の出題形式はそれ自体が特定の種類の問題に役立っているものの，出題形式が結果の解釈に影響しないよう注意を払う必要がある。ある研究は，異なる集団（例えば，男子と女子，及び様々な国の生徒）は様々な出題形式に異なった態様で解答することを示唆している。PISA調査のデータに基づいた出題形式の影響に関する研究の幾つかは，複数の選択肢形式問題と記述形式問題の混合を保つことを裏付ける有力な証拠を示唆している。IEAの読解力研究（IEARLS: IEA Reading Literacy Study）と比較したPISA調査における読解力の研究において，Lafontaine and Monseur（2006）は，出題形式は男女別の成績に有意に影響することを見いだした。別の研究では，各国は，PISA調査の読解力における異なる出題形式の問題に関して，同等の問題の難易度差を示すことが見いだされた（Grisay and Monseur, 2007）。この知見は，特定の出題形式に対して，国が異なれば，なじみがより深かったり，より薄かったりするという事実に関連している可能性がある。要するに，PISA調査のファイナンシャル・リテラシーの選択肢には，出題形式が生徒の習熟度に影響する潜在可能性を最小とするために，様々な出題形式が含まれている。このような影響は，意図された測定の対象，この場合，ファイナンシャル・リテラシーにとって本質的でないものであろう。

出題形式の配分（distribution of item formats）を検討する際，直前の段落で論じた公平さの問題と同じく，リソースの問題を考慮する必要がある。記述形式問題の最も単純な問題を除くすべての問題が専門の採点者（expert judges）によって採点されており，専門の採点者は訓練と監視を受ける必要がある。選択肢形式問題と非常に短い「求答」形式問題は，専門の採点者による採点を必要とせず，したがって，要求するリソースも少ない。

記述形式問題と選択肢形式問題の割合は，これらの事項のすべてを考慮に入れて決定される。PISA2012年調査の本調査のために選択される問題の大半は，専門の採点者による採点を要求しない。

大部分の問題は二分法（完全正答又は誤答）で採点されているが，必要に応じて，問題の採点システムは部分正答を認めている。部分正答によって，問題によるより微妙な採点が可能になる。解答の中には，不完全であっても，他の解答よりも優れた解答がある。ある特定の問題に対する不完全な解答が不正確な解答又は誤答よりも高いレベルのファイナンシャル・リテラシーを示す場合に，その問題に対して部分正答を認める採点システムが考案された。このような「部分正答」問題には2点以上得点を与える。

3.3　配点

この節では，我々は既に論じた三つの主要な枠組みにおける特徴の各カテゴリーへの配点を概説する。幾つかの部分正答問題が含まれているので，「問題」よりはむしろ「得点（score point）」という用語が用いられる。配点は範囲の観点から表現され，様々なカテゴリーのほぼ正確な重み付けを示している。

PISA調査のファイナンシャル・リテラシーの各問題が単一の内容，単一のプロセス，及び単一の文脈カテゴリーに準拠して分類されている一方で，PISA調査は実生活の状況及び問題を反映することを目的としているので，多くの場合，一つの課題に二つ以上のカテゴリー要素が存在している。このような場合には，その問題は課題への解答に成功するために最も不可欠であると判断されたカテゴリーであると識別される。

ファイナンシャル・リテラシーの内容領域に準拠した目標配点率（target distribution of score points）を表5.1に示す。

表5.1　内容別のファイナンシャル・リテラシーにおける配点率

金銭と取引	ファイナンスの計画とマネジメント	リスクと報酬	ファイナンス情勢	合計
30% - 40%	25% - 35%	15% - 25%	10% - 20%	100%

この配点は，**金銭と取引**が15歳の生徒にとって最も直接的に関連する内容領域であるとみなされていることを反映している。

表5.2は四つのプロセスごとの目標配点率を示す。

表 5.2　プロセス別ファイナンシャル・リテラシーにおける配点率

ファイナンス情報を特定する	あるファイナンスの状況において情報を分析する	ファイナンスの課題を評価する	ファイナンスの知識と理解を適用する	合計
15% - 25%	15% - 25%	25% - 35%	25% - 35%	100%

この重み付けは，より高い重要性がファイナンス上の論点の評価と，ファイナンスの知識と理解の適用にあることを示している。

表 5.3 は四つの状況ごとの目標配点率を示す。

表 5.3　状況別ファイナンシャル・リテラシーの配点率

教育と労働	家と家族	個人的	社会的	合計
10% - 20%	30% - 40%	35% - 45%	5% - 15%	100%

15 歳の生徒の個人のファイナンシャル・リテラシーの評価と一貫して，**個人的**が明確に強調されているが，家庭や家族の問題のファイナンス上の関心にも重み付けがなされている。**教育と労働**と**社会的**な状況への重み付けは小さいが，ファイナンス上の経験の重要な要素であるのでこの構想に含められている。

3.4　ファイナンシャル・リテラシーにおける他の分野の知識と技能の影響

3.4.1　数学的思考力

所定のレベルの数的思考力（numeracy）（あるいは数学的リテラシー）はファイナンシャル・リテラシーの必要条件とみなされている。Huston（2010）は「個人が算数の技能に苦労する場合は，その人のファイナンシャル・リテラシーに間違いなく影響するであろう。しかしながら，利用可能な道具（例えば，計算機）がこのような能力の不足を補うことができる。したがって，パーソナル・ファイナンスの誘導への成功に直接関連する情報は，ファイナンシャル・リテラシーの尺度のための数的思考力よりもより適正な焦点となる」と論じている。したがって，ファイナンシャル・リテラシーの評価には，尺度全体のうち一次的な焦点ではないが，数学的リテラシーの側面を備えた問題が含まれているのが一般的である。Lusardi *et al.*（2010）は，米国で実施された 1997 年青年全国縦断調査（National Longitudinal Survey of Youth）において，ファイナンシャル・リテラシーの三つの問題が「経験不足の解答者と洗練された解答者をうまく差別化した」ことを報告した。三つの問題のうち金利及びインフレについての二つの問題には，数学的リテラシーの幾つかの基本能力（basic competence）が要求される。数感覚（number sense），数の複数の表現方法になじんでいること，暗算の技能といった数学に関連した習熟度，推定，そして結果の合理性の評価は，ファイナンシャル・リテラシーの幾つかの側面に内在するものである。

他方では，数学的リテラシーの内容とファイナンシャル・リテラシーの内容が交わらないより大きな領域がある。PISA2012 年調査における数学リテラシーの枠組みで定義されたように，数学的リテラシーは四つの内容領域，**変化と関係**，**空間と形**，**量**及び**不確実性とデータ**を定義している。これらのうち，**量**のみがPISA調査におけるファイナンシャル・リテラシーの評価の内容と直接交わっている。生徒に対して確率の測定尺度と統計を適用するよう求めている数学的リテラシーの内容領域**不確実性とデータ**とは異なり，PISA調査では，ファイナンシャル・リテラシーの内容領域**リスクと報酬**は，リスク又は報酬を示す特定の状況又は商品の特徴の理解を要求している。これは，ファイナンスに関する厚生（financial well-being）が，偶然によって，そして，損失から保護する関連する商品と行為を認知することによって影響を受けうる態様の非数値的な理解である。ファイナンシャル・リテラシーの評価では，前に掲載した量に関連する習熟度は，数学的リテラシーの評価において期待されうる知識よりもより多くのファイナンス上の知識を要求する問題に適用されうる。同様に，ファイナンス上の事柄に関する知識，そして，このような知識と推論をファイナンス上の文脈に適用する際の能力は，（具体的な数学の内容が何もない場合）ファイナンシャル・リテラシーの四つの内容領域，すなわち**金銭と取引**，**ファイナンスの計画と管理**，**リスクと報酬**及び**ファイナンス情勢**の多くを特徴付けている。図5.12はPISA調査における数学的リテラシーの内容とファイナンシャル・リテラシーの内容を表している。

図 5.12　PISA 調査における数学的リテラシーの内容とファイナンシャル・リテラシー

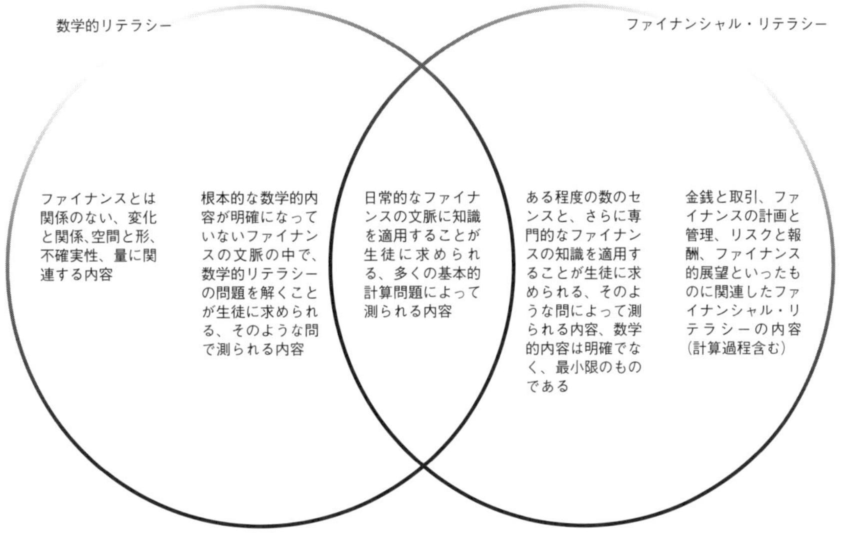

運用上，図の二つの円が交わるエリアに配分される問題はほとんどない。ファイナンシャル・リテラシーの評価において，期待される数学的リテラシーの種類は基本的な計算能力（arithmetic），すなわち四則演算（足し算，引き算，掛け算，割り算），整数，小数及び一般的な百分率である。このような計算能力はファイナンシャル・リテラシーの文脈に内在する一部として発生し，これによってファイナンシャル・リテラシーの知識を適用し，明示することができる。問題例「**市場で**」の問1は，このような算数の技能を必要とする問題を示している。関連する数学（10の因数で割る）は非常に基本的であり，大部分の15歳の生徒にとって十分手の届くレベルである。ファイナンスの公式（代数の能力を要する）の使用は適切とみなされていない。評価において計算への依存度は最小化した。課題は，相当量の又は反復的な計算の必要性を回避するやり方で

組み立てられている。学校の授業やPISA調査の数学的リテラシーの評価で生徒が用いる計算機は，ファイナンシャル・リテラシーの評価でも利用可能であるが，各問題での正誤は計算機の使用に依存しない。

3.4.2　読解力と語彙力

ファイナンシャル・リテラシーの評価に参加する全ての生徒は一定の基本的な読解力習熟度（reading proficiency）を有することが前提とされているが，一方では，過去のPISA調査から読解力が各国内や異なる国の間で大きく異なることがわかっている（OECD, 2010b）。要求される読解力のレベルを最小化するため，課題文と設問はできる限り明確，単純かつ短いよう一般的にデザインされている。しかしながら，場合によっては，課題文が複雑又は，幾分専門的な言葉を意図的に提示する可能性もある。ファイナンスに関する書類，又は，疑似的なファイナンスに関する書類の文言を読み，解釈する能力は，ファイナンシャル・リテラシーの一部とみなされている。**「銀行の間違い」**の問４は，メッセージが詐欺の一部である可能性を検出するために，電子メールメッセージの注意深い読み（reading）が求められる。

ファイナンスに係る事柄に関連した高度に技術的な専門用語は回避されている。ファイナンシャル・リテラシー国際専門委員会（FEG）は，15歳の生徒が理解するよう期待するのが合理的であると判断する用語を利用するように提言してきた。これらの用語の幾つかは評価課題の焦点となりうる。例えば，**「給与明細」**（問５）は，生徒が簡単な給与明細を読み「グロス」と「ネット」という用語を認識（又はその意味を推論）できるか否かを評価する。

3.5　金融的行動と経験についてのデータの収集

ファイナンシャル・リテラシーに関連した非認知的要因に関する情報は，テスト問題の最後にある生徒への短い質問調査から収集される。質問は，ファイナンシャル・リテラシー国際専門委員会（FEG）によって含めることを特定された四つの主要領域のうち三つの領域，すなわち**情報と教育への接続**，**金銭とファイナス商品への接続**，**消費行動と貯蓄行動**の各側面に対応している。質問調査は，ファイナンス上の事柄への生徒の関心及び経験の範囲と種類を探索する一連の少数の質問から成る。

短い質問調査は，既存のファイナンシャル・リテラシーに関する全国調査における質問に基づいている。ファイナンシャル・リテラシーの分布の理解に関する追加情報は，標準的なPISA調査における質問調査の生徒の背景情報から得ることができる。生徒の家庭状況（とりわけ家族の社会経済的背景）と学校経験に関するデータは，生徒のファイナンシャル・リテラシーの結果の理解と関連性があるだろう。さらに，PISA調査の対象校の全ての学校長が記入するよう要請される学校質問調査には，生徒がファイナンス教育を利用できるか否か，そして，教師のファイナンス教育に関する職能開発への接続についての質問が含まれている。

第４節 ファイナンシャル・リテラシーの報告

ファイナンシャル・リテラシーの評価データは，PISA 調査のメインデータベースとは別のデータベースに保管されている。このデータベースは標本抽出された生徒のファイナンシャル・リテラシー，数学的リテラシーと読解力のテスト結果，ファイナンシャル・リテラシーについての短い質問調査からの行動データ，そして，通常の生徒質問調査と学校質問調査からのデータを含んでいる。

したがって，ファイナンシャル・リテラシーを独立した結果として，数学的リテラシーの習熟度，読解力の習熟度，ファイナンス上の行動，そして，社会経済的背景や移民背景といった背景情報の項目と関連して報告することが可能である。この結果によって，OECD プロジェクトの後援を受けるファイナンス教育についての将来の研究開発も可能になる。

ファイナンシャル・リテラシーのテスト結果データは他の PISA 調査データと類似のやり方で評価される。評価のために使用されるモデル化技法の包括的な説明は，PISA2006 年調査テクニカルレポート（OECD, 2009c）に見いだすことができる。

各問題は，難易度を示す PISA 調査のファイナンシャル・リテラシーの測定尺度（scale）上の特定の点に関連しており，各生徒の成績は生徒の推定される習熟度を示す同じ尺度上の特定の点に関連している。

他の PISA 調査分野と同じく，あるテストにおける課題の相対的な難易度は，各問題を正しく理解した生徒の割合を考慮することによって推定される。特定のテストを受ける生徒の相対的習熟度は，彼らが正答したテスト問題の割合を考慮することによって推定される。問題の難易度と生徒の習熟度との関係を示す単一の継続的な測定尺度が構築されることとなる。

測定尺度は一連の統計学的原則に従ってレベル分けされ，次いで，各レベルに位置付けられた課題に基づいて，当該課題の完了の成功に必要な技能と知識の種類をまとめる記述が作成される。測定尺度と一連の記述は，記述された習熟度レベル（described proficiency scale）として知られている。

各問題の難易度を構成することによって，各問題が表現するファイナンシャル・リテラシーのレベルを位置付けることが可能である。各生徒の習熟度を同じ測定尺度上で示すことによって，生徒が持つファイナンシャル・リテラシーの度合いを記述することが可能である。記述された習熟度レベルは，生徒のファイナンシャル・リテラシーの得点が事実上何を意味するかを解釈する助けとなる。

PISA 調査の実践にしたがって，平均点 500 点，標準偏差 100 で尺度が構築されつつある（OECD 加盟 13 か国の参加に基づく）。2012 年調査での問題数（40 問）を考えると，ファイナンシャル・リテラシーにおける四つの習熟度レベルは，ファイナンシャル・リテラシーがどのように発達する能力かを報告する最初のステップとして説明されるであろう。その結果，各参加国・地域の内部と，異なる参加国・地域間での生徒の成績の比較ができるようになった。PISA2012 年調査のファイナンシャル・リテラシーのオプション調査は，PISA 調査及び OECD ファイナンス教育プロジェクトの両方にとって必要不可欠な入力とデータを提供するだろう。

注記

1. 2012年APEC財務大臣会合の共同大臣声明は，http://www.apec.org/MeetingPapers/Ministerial-Statements/Finance/2012_finance.aspx.より閲覧可能である。
2. 「ファイナンス上の論点に対する態度と自信」は，PISA2012年調査ファイナンシャル・リテラシーの評価の対象となっていない。

参考文献・資料

Atkinson, A. and **F. Messy**（2012），"Measuring Financial Literacy: Results of the OECD / International Network on Financial Education（INFE）Pilot Study", *OECD Working Papers on Finance, Insurance and Private Pensions*, No. 15, OECD Publishing.

Barsky, R.B., F.T. Juster, M.S. Kimball and **M.D. Shapiro**（1997），"Preference parameters and behavioural heterogeneity: An experimental approach in the health and retirement study", *Quarterly Journal of Economics*, No. 11, pp. 537-539.

Bernheim, D., D. Garrett and **D. Maki**（2001），"Education and saving: The long-term effects of high school financial curriculum mandates", *Journal of Public Economics*, No. 85, pp. 435-565.

Bloom, B.S.（ed.）（1956），*Taxonomy of Educational Objectives: The Classification of Educational Goals*, David McKay, New York.

Cole, S., T. Sampson and **B. Zia**（2011），"Prices or Knowledge? What Drives Demand for Financial Services in Emerging Markets?", *The Journal of Finance*, Vol. 66, No. 6, pp. 1933-1967.

G20（2012），*G20 Leaders Declaration, Los Cabos, www.g20mexico.org/images/stories/docs/g20/conclu/G20_Leaders_Declaration_2012.pdf.*

Gerardi, K., L. Goette, and **S. Meier**（2010），"Financial Literacy and Subprime Mortgage Delinquency: Evidence from a Survey Matched to Administrative Data", Federal Reserve Bank of Atlanta, Working Paper Series No. 2010-10.

Grisay, A. and **C. Monseur**（2007），"Measuring the equivalence of item difficulty in the various versions of an international test", *Studies in Educational Evaluation*, Vol. 33, No. 1, pp. 69-86.

Habschick, M., B. Seidl and **J. Evers**（2007），*Survey of Financial Literacy Schemes in the EU27*, Hamburg.

Hastings, J. and **L. Tejeda-Ashton**（2008），Financial Literacy, Information, and Demand Elasticity: Survey and Experimental Evidence from Mexico, NBER Working Paper, 14538, Cambridge, Massachusetts.

Hilgert, M.A., J.M. Hogarth and **S.G. Beverly**（2003），Household Financial Management: The Connection Between Knowledge and Behavior, *Federal Reserve Bulletin*, Vol. 89, No. 7, pp. 309-322.

Holt, C. and **S. Laury**（2002），"Risk aversion and incentive effects", *American Economic Review*, Vol. 92, No. 5, pp.1644-1655.

Huston, S.J.（2010），"Measuring financial literacy", *The Journal of Consumer Affairs*, Vol. 44, No. 2, pp. 296-316.

Johnson, C. and **M. Staten**（2010），*Do inter-temporal preferences trump financial education courses in driving borrowing and payment behaviour?*, Paper presented at the 1st Annual Boulder Conference on Consumer Financial Decision Making, June 27-29, 2010, Boulder, Colorado.

Kempson, E., S. Collard and **N. Moore** (2005), *Measuring financial capability: an exploratory study*, Financial Services Authority, London.

Lafontaine, D. and **C. Monseur** (2006), *Impact of Test Characteristics on Gender Equity Indicators in the Assessment of Reading Comprehension*, University of Liege.

Lusardi, A. (2009), U.S. Household Savings Behavior: The Role of Financial Literacy, Information and Financial Education Programs, in C. Foote, L. Goette and S. Meier (eds.), *Policymaking Insights from Behavioral Economics*, Federal Reserve Bank of Boston, pp. 109-149.

Lusardi, A. and **O.S. Mitchell** (2008), "Planning and Financial Literacy: How Do Women Fare? ", *American Economic Review*, Vol. 98, No. 2, pp. 413-417.

Lusardi, A. and **O.S. Mitchell** (2011), Financial Literacy and Planning: Implications for Retirement Wellbeing, in A. Lusardi and O. S. Mitchell (eds.), *Financial Literacy: Implications for Retirement Security and the Financial Marketplace*, Oxford University Press.

Lusardi, A., O.S. Mitchell and **V. Curto** (2010), "Financial literacy among the young", *The Journal of Consumer Affairs*, Vol. 44, No. 2, pp. 358-380.

Lusardi, A. and **P. Tufano** (2009a), "Debt Literacy, Financial Experiences, and Overindebtedness", NBER Working Paper No. 14808, Cambridge, Massachusetts.

Lusardi, A. and **P. Tufano** (2009b), Teach Workers about the Perils of Debt, *Harvard Business Review* (November), pp. 22-24.

Ministerial Council for Education Early Childhood Development and Youth Affairs (2011), National Consumer and Financial Literacy Framework, MCEETYA Consumer and Financial Literacy Working Party, Melbourne.

Moore, D. (2003), *Survey of Financial Literacy in Washington State: Knowledge, Behavior, Attitudes, and Experiences*, Social and Economic Sciences Research Center, Washington State University.

OECD (2005a), *Recommendation on Principles and Good Practices for Financial Education*, OECD Publishing.

OECD (2005b), *Improving Financial Literacy: Analysis of Issues and Policies*, OECD Publishing.

OECD (2008), *Improving Financial Education and Awareness on Insurance and Private Pensions*, OECD Publishing.

OECD (2009a), *Financial Literacy and Consumer Protection: Overlooked Aspects of the Crisis*, OECD Publishing.

OECD (2009b), "PIAAC Literacy: A Conceptual Framework", *OECD Education Working Paper* No. 34, OECD Publishing.

OECD (2009c), *PISA 2006 Technical Report*, OECD Publishing.

OECD (2010a), *PISA 2009 Framework: Key Competencies in Reading, Mathematics and Science*, OECD Publishing.（『PISA2009 年調査 評価の枠組み：OECD 生徒の学習到達度調査』経済協力開発機構（OECD）編著，国立教育政策研究所監訳，明石書店，2010 年）

OECD (2010b), *PISA 2009 Results: What Students Know and Can Do*, Vol. I, OECD Publishing.

OECD (2011), *Education at a Glance 2011: OECD Indicators*, OECD Publishing.（『図表でみる教育 OECD インディケータ（2011 年版）』経済協力開発機構（OECD）編著，徳永優子ほか訳，明石書店，2011 年）

OECD (2012), *Financial Education in Schools: Challenges, Case Studies and Policy Guidance*, OECD

Publishing.

OECD INFE (2009), *Financial Education and the Crisis: Policy Paper and Guidance*, OECD Publishing.

OECD INFE (2011), *Measuring Financial Literacy: Core Questionnaire in Measuring Financial Literacy: Questionnaire and Guidance Notes for conducting an Internationally Comparable Survey of Financial literacy*, OECD Publishing.

OECD INFE (2012), *OECD/INFE High-Level Principles on National Strategies for Financial Education*, OECD Publishing.

Schuchardt, J., S.D. Hanna, T.K. Hira, A.C. Lyons, L. Palmer and **J.J. Xiao** (2009), "Financial Literacy and Education Research Priorities", *Journal of Financial Counseling and Planning*, Vol. 20, No. 1, pp. 84-95.

Smithers, R. (2010), University students expect to graduate with debts in excess of £15,000, *The Guardian*, 18 March 2010, *www.guardian.co.uk/money/2010/mar/18/university-students-graduate-mouting-debts*.

Stango, V. and **J. Zinman** (2009), "Exponential Growth Bias and Household Finance", *Journal of Finance*, Vol. 64, No. 6, pp. 2807-2849.

Van Rooij, M.A., A. Lusardi and **R. Alessie** (2011), "Financial Literacy and Stock Market Participation", *Journal of Financial Economics*, Vol. 101, No. 2, pp.449-472.

Yoong, J. (2011), Financial Illiteracy and Stock Market Participation: Evidence from the RAND American Life Panel, in A. Lusardi and O. S. Mitchell (eds.), *Financial Literacy: Implications for Retirement Security and the Financial Marketplace*, Oxford University Press.

第5章

■ 第６章 ■

質問紙

PISA2012 年調査の質問紙の枠組みでは，教育政策と教育研究のための持続可能なデータベースとして，どのようにすれば PISA 調査がさらに発展していけるのかについて述べる。この枠組みでは，将来に向けて継続的に利用できるような PISA 調査の質問紙を精密に設計する。また，この枠組みは，既存の PISA 調査の特長を基礎とする設計や分析の側面について提言し，将来に向けたより強固な方針を計画する。最後に，この枠組みは，PISA2012 年調査のために開発された概念，尺度，指標の理論的及び科学的に厳密な基盤を提供する。この概念，尺度，指標は，参加各国で実施された様々な質問紙を基に構築されることとなる。とりわけ枠組みでは，新しい生徒のアウトカム指標――方略，信念，動機付け――について詳細に論じ，生徒・学校・制度の各レベルで，数学的リテラシーと学習機会と指導の質という革新的な指標と関連づけている。

はじめに

1990年代後半から開始されたOECD生徒の学習到達度調査（PISA）は，OECD加盟国及び非加盟の参加国・地域の教育政策の議論に重要な貢献をしてきたことで知られている。15歳時に測定された青年期のリテラシーと生きるための技能は，学校内外の双方で長期間の学習成果を捉えるものである。読解力，科学的リテラシー，数学的リテラシーは，学問的，職業的，市民的，社会的及び私的な文脈におけるそれぞれの成功のための重要な必要条件である。これらの技能の平均レベルは，制度や国ごとに報告されることで人的資本の重要な指標となり，結果的に社会全体の繁栄と幸福に影響をもたらす。性別，出自，社会経済的背景，地域に影響を受ける集団全体にこれらの技能がどのように分布しているかは，国内外での多様性と公平性を理解する上で役立つだろう。生きるための技能のレベル，多様性，公平性の情報を提供するために，PISA調査によって公表された成績データは生徒の背景情報と結び付けられてきた。政策立案者，研究者，教育者，保護者，生徒，及び一般の人々も同様に，PISA調査の定める基準を利用し，自国と他国の結果を比較することができる。これまで実施されてきた全てのPISA調査サイクルで，調査に参加した生徒に様々な質問を尋ね，必要な背景情報を引き出してきた。例えば，移民としての背景や性別についてだけでなく，保護者の教育と職業についてなどである。

リテラシーと生きるための技能は，主に家庭教育と学校教育の成果である。この学習状況を描き出し，生徒の成績への影響を理解するために，PISA調査では生徒，学校長，時には保護者に対して，学習状況に関する考え方についても尋ねてきた。こうした質問紙から得られる追加情報によって，PISA調査は次のような疑問に答えることができる。例えば，各国の教育観は異なっているのか，すなわち，各国の指導方法の特徴を特定することはできるか。同じ国内でも学校が異なれば受け持っている生徒集団も異なるのか，もしそうならば，学校の方針と実践はそれぞれの集団に的を絞ったものであるのか。生徒個人の成績の違いは，社会的特徴，家庭，学校リソース，指導方法，及び地域社会の違いによって説明できるのか。こういった疑問に対する答えはPISA調査によって示唆され，世界中の教育システムの質，有効性，効率に関する議論に大きな影響を及ぼした。過去10年間のPISA調査（2000年調査，2003年調査，2006年調査，2009年調査）は，政策を見通し，教育効果を評価するために用いられる最も重要なグローバルなデータベースの一つを確立してきた。目標の再設定，教育改革の優先順位の設定，リソースの再配分，新しい教育学的概念と組織的方略の推進，最終的には教育の改善についての政策決定を導くために，政策立案者はPISA調査から得た結果を利用することができる。PISA調査は教育システムを3年ごとに再評価するため，教育における変化についてモニタリングと情報提供の両方を行う。

PISA調査が第5サイクルに入った折，質問紙の開発を導く包括的な枠組み，及びその枠組みを用いてデータ分析と報告が行われる方法について，再考する時期に来ている。2000年から2009年までの間に，PISA調査の生徒質問紙は，例えば，家庭のリソースと活動，学校や教室の学習環境，生徒の信念と動機付けを網羅する70以上の指標（質問紙データから集めた尺度）のデータを収集した。しかしながら，過去4回の全サイクルを通して調査された尺度はなく，大多数（55以上の指標）は一度の調査で用いられたのみだった。このように，各調査年の中心分野に焦点を当てた学習背景に関する調査として，ある程度独立したかたちでPISA調査は設計されてきた。質問紙の内容は，長期的な政策や研究の目標よりもむしろ時代の優先順位によっておおむね決定されてきた。こうした設計方針は，PISA調査がいまだ開発途上にあり，新しい分野や革新的な尺度が出現し続ける限りにおいて有用であったことは間違いない。

調査の設計と分析枠組みは，社会や教育の変化に適応し続けていくことは明らかである。ここでいう変化とは，例えば学習のツールであり教科横断的な技能の領域としての情報通信技術（ICT）の重要性や，生徒の学習に対して複数の環境（学校，課外活動，eラーニング，ホームスクーリングさえも）を組み合わせる必要性が高まってきていることである。しかし，同時にPISA調査も成熟してきている。教育システムの国際比較調査と経年変化情報のための確かで安定した基盤であるPISA調査は，首尾一貫した構造を必要としている。それによって将来の質問調査では，安定と革新，分野に固有の質問と共通する質問との調和が得られる。本章の目的はPISA2012年調査の質問紙設計のための基礎を作ることである。

本章は五つの主要な節で構成されている。

- **第1節「PISA調査の目的と政策との関連性」**は，PISA調査の全体的な目的と政策的な目標について詳しく述べ，なぜ，どんな種類の文脈情報が調査目標を達成するために必要なのかを説明する。比較可能な制度モニタリングのツールとして，教育政策と教育実践の効果を把握するのに役立つ調査として，さらには政策に関連したデータベースとして，生徒レベル／家庭レベル，学校レベル，制度レベルでの様々な要因にPISA調査は対応する必要がある。公平性の問題は教育政策の中で特に関心が持たれるのは当然である。
- **第2節「全体的な知識ベース：教育効果の調査」**は，PISA調査がその機能を果たすために用いることができる全体的な知識ベースを策定する。この節は，様々なレベルで作用する構成要素と尺度の体系化に資するルーブリックを策定することから始まる。分類体系は教育効果の研究に基づいている。制度レベル，学校レベル，教師レベル，生徒レベルにおけるインプット・プロセス・アウトカムの尺度の選定の根拠を示す教育効果について，いくらか詳細に取り上げる。また，教育の生産性と効果についての一般的な知識についても，この節で提示する。
- **第3節「数学的リテラシーの学習条件」**は，PISA2012年調査の中心分野としての数学的リテラシーの調査に関連して，学習環境の研究を取り扱う。質問紙は，数学に対する態度と方略といったさらなるアウトカム尺度，生徒がPISA調査で用いられる問題のタイプに直面する可能性（すなわち，学習機会）を含む指導の質の指標，同様に学校レベル・制度レベルの文脈的な変数を加えるために設計される。
- **第4節「2012年調査の質問紙設計の詳細」**は知識ベースに基づき，PISA調査の調査目的に沿ってPISA2012年質問紙の設計を詳述する。以下の三つのステップが必須である。第一に，今後のPISA調査のための構成要素と尺度の包括的な構造が策定される。第二に，初期の作業としてトレンド情報を適切に使用し確立するために，今回と同様に数学的リテラシーが中心分野であったPISA2003年調査の尺度が再利用され，実証された質と関連性の尺度が同じである。最後に，調査実施上の課題を論じるが，今回PISA調査で新しく生徒質問紙にローテーション設計を取り入れ，より多くの質問を用いることが可能になる。過去の PISA 調査と同じく，全生徒が答える質問もあれば，一部の生徒しか答えないものもある。一方，学校質問調査はコンピュータ使用型で実施され，調査実施の面で回答しやすく，適応性が向上している。

- **第 5 節「PISA 調査の質問紙設計における妥当性の根拠，説明力，政策との関連性の確保」**は，今後 PISA 調査が革新し続けることと，尺度の妥当性を保証することに役立つであろう分析方針と設計を検討する。すなわち，効果を定義し識別するための複雑な統計モデルの手法，国際比較の同等性と尺度の妥当性の保証，学校レベルにおける変化を捉えるための PISA2003 年調査参加校の再サンプリング，並びに，学校教育による付加価値を適切に説明するための追跡調査あるいは縦断的調査の実施である。

付録 A で PISA2012 年調査において実施された質問紙及び国際オプションの質問紙を掲載する。

第 1 節　PISA 調査の目的と政策との関連性

1.1　PISA 調査の主な目標

PISA 調査の目的は多岐にわたる。参加各国の様々な関係者によって支持される知見は，以下に示す広範な領域に分類できる。

- PISA 調査はモニタリングのシステムであり，教育制度の比較に関する信頼できる情報を提供している。つまり，教育制度の機能と生産性（例えば，全体の成果なのか，それとも「産出量(yield)」なのか）のほか，教育制度の構造も説明している。PISA 調査のデータは，中等教育段階までの生徒の経験（キャリアパス），学校の特性，学校の管理運営，生徒の成績と動機付け，及び公平性の問題（性別や社会経済的背景による成績など）である。
- PISA 調査は教育効果に関する知識データベースに貢献する国際調査である。PISA 調査は教育のインプット・プロセス・アウトカムの間の関連パターンを実測する。それゆえ，PISA 調査はどのようにして教育的成果が生み出されるのかを理解する上で役立つ。第一に，PISA 調査によって，個人，学校，制度による生徒の成績の違いを分析することが可能になる。さらに，PISA 調査の各サイクルはこれら三つ（個人，学校，制度）のレベルに関わる複合的な要因についてデータを提供する。過去の調査によれば，この複合的な要因は，読解力，数学的リテラシー，科学的リテラシーにおける成績に影響することが予想されている。これらの要因を説明することに加え，PISA 調査は生徒の成績やその他のアウトカムへの直接的関係及び間接的関係を推定する。大規模な代表標本と洗練された統計モデルは，各国内と国際間の双方において知見の一般化を可能にする。
- PISA 調査は，全般的な教育の文脈についての研究（例えば，生きるための技能の開発において家庭教育，学校教育，学校外の教育がどのように相互作用するか）と経済的及び社会的な文脈における教育に関する変数についての研究（例えば，人口統計，経済的豊かさ，経済成長，人的リソースの関係）のための情報源を提供する。PISA2012年調査の情報が加わることで，数学的リテラシーについてもトレンドデータが利用可能となるため，このデータベースは一層有益な情報を提供し，十数年間を網羅するものとなる。

このように，PISA調査は政策に関連する3種類の「成果」を提供する。それは，1）教育システムの機能，生産性，公平性をモニタリングする指標，2）教育効果を決定する要因に関する情報，3）基本的な研究課題だけでなく政策を志向とした課題を研究するために世界中の研究者に提供する，信頼性が高く，持続可能であり，比較可能なデータベースである。

1.2　比較可能な制度モニタリング

PISA調査の主な目標は，非認知的アウトカム（生徒の動機付けや満足度など），教育歴，文脈的な変数（生徒の文化的，民族的，社会経済的背景など），また最終的には学校レベルや制度レベルでのプロセスの特徴（これには評価に関する政策と説明責任に関する政策，生徒の選択と配置，保護者の関わり，教師の協働，学習機会を含む）と同様に，生徒の成績（リテラシー，より一般的に言えば生きるための技能）に関して教育システムをモニタリングすることである。またPISA調査は，例えば，社会経済的背景と成績との関係の強さや教育リソースとアウトカムとの関係といった，いわゆる社会的格差などの要因間の関係を網羅する指標を提供する。PISA調査のデータの最も重要な活用は，OECD教育指標プログラムに提供可能なインプット・プロセス・アウトカムとそれらに関連する指標の開発に関係している。また，これらの指標が公の議論の引き金となり，教育政策を形作り，意思決定を伝える。

PISA調査は国際的な視点を提供する。この調査は生徒，学校，教育システムに関する詳細な情報を収集する国や地域の取組を発展させるために設計されている。PISA調査はそうした情報を国際的な基準の提供や各国からの起こりうる事例の提供によって補完する。経済的，社会的にグローバル化した世界において，これらの事例は国レベル，地方レベル，地域レベルでの教育政策に対して新しいアイディアと示唆的な証拠を提供できる。

この制度モニタリング調査の政策との関連性は，以下の三つに基づいている。1）各参加国内での教育目標の選択と優先付けに資する認知的及び非認知的アウトカム尺度を定義して測定できるようにする，2）政策と専門的実践によってコントロールされる要因（いわゆる柔軟な（影響されやすい）要因）の検討と報告，3）政策立案者が他国から学ぶことを可能にする国際的な基準の提供，である。指標の選択は一般的に政策要求によって導かれる。教育政策の決定は，学校制度の機能（学校に配分されたリソースなどの運用上の特性），生産性（生徒レベルアウトカムの全体的な水準など），最後に公平性（リソースをどのように配分するのかなど）を扱わなければならない。

政策に関連した指標を報告するには，数学的リテラシーなどの生徒の成績データの評価だけでなく，文脈・プロセス・非認知的アウトカムという広い範囲の尺度を網羅する生徒質問紙・学校質問紙・保護者質問紙に基づくデータもまた必要となる。本章は構成要素の選定や質問及び尺度の定義を導く理論と政策的な論拠について述べる。

PISA 調査に先行して，幾つかの比較教育学の定量的研究や定性的研究は，教育システムに関する歴史，機能，ある程度の効果について見識を提供してきた。しかしながら，PISA 調査は以下の特徴を組み合わせた点で他に類を見ない調査である。

- 教育システムのモニタリングのための厳密なデータと，世界的に統一された一連の指標を提供する。
- 義務教育修了時に測定した生徒の学習成果に明確に焦点を当てている。また，政策決定，政策介入，政策改善を主導する教育システム及び教育機関に影響のある特徴について報告することも目的としている。
- PISA 調査は経年指標も含んでいるので，その結果，ある国の経時的な成績レベルの変化の解説及び背景情報，プロセス，非認知的アウトカムの開発，並びに，これらの様々な構成要素間の関係の検討を考慮に入れる。PISA 調査はより回数を重ねれば重ねるほど，教育のインプット・プロセス・アウトカムの安定性と変化，及びそれらの長期的な関係について調査することにより，一層多くを反映することができる。

PISA 調査の文脈データに基づく複数の事例は，『図表でみる教育 OECD インディケータ』（OECD, 2007a, 2008, 2009a, 2011, 2012a）の各インディケータ（指標）において以下のように見いだすことができる。

- 移民としての背景又は社会経済的背景と生徒の成績との関係（2007 年版インディケータ A4, 2011 年版及び 2012 年版インディケータ A5）。
- 科学的リテラシーの得点が最も高い層にある生徒の科学に対する態度と動機付けを含む特徴（2009 年版インディケータ A4 及び A5）。
- 「趣味としての読書」と読解力の成績との関係（2011 年版インディケータ A6）。
- 教育への資源投資と成果の関係（2007 年版及び 2008 年版インディケータ B7），特に学級規模との関係（2008 年版インディケータ D2）。
- 職業プログラムと普通プログラムの成果（2007 年版及び 2008 年版インディケータ CI）。
- 学校制度における評価の活用（2008 年版インディケータ D5）。
- 学校の質に対する保護者の認識（2008 年版インディケータ A6）。
- 生徒の背景と高等教育就学（又は参加への動機付け）との関係（2007 年版インディケータ A4 及び A7，2008 年版インディケータ A3 及び A7）。

文脈の枠組みとその結果としての質問紙の開発に対する最も重要な課題の一つは，サイクル間で比較できる指標を保証することと同時に，新たな指標の導入と開発を可能にすることである。学習成果における各中心分野と主に関連した質問紙を用いた PISA 調査による 10 年の国際的な生徒調査を踏まえ，単一のサイクル内で，あるいは異なるサイクル間でのトレンド情報源として用いられる全ての構成要素と手法を構造化し，整理するときが来たといえる。将来的には，PISA 調査の政策との関連性の度合いはこの課題がどれだけうまく対処されたかによって決まる。

1.3　教育システムにおける効果パターンの理解

指標によって，国は教育システムのうち成功した分野とあまり成功していない分野，あるいは達成された目標と依然として課題を残している目標に直接注意を向けることができる。このように，主たる目的は本質的には教育政策における優先順位の設定や意思決定を導くことである。政策立案者は，各国の生徒の成績と指導や学校教育の条件に関する特長と課題の解説を得るだけでなく，なぜ生徒がある一定レベルの成績を達成するのかの要因も理解したいと考えている。重要な解釈上の目標に資するために，PISA 調査の質問紙は，この疑問への回答に役立つように設計されている。したがって，PISA 調査の質問紙は，個人レベル，学校レベル，制度レベルでの生徒の学習に関する最も重要なインプット・プロセス・アウトカムを網羅する必要がある。これらのマルチレベルデータを使用した統計的モデルは，これらのインプット・プロセスが生徒レベルのアウトカムとどのように相互作用するかに関する複雑な関係を理解することに役立つだろう。リソースと費用に関するデータが利用可能ならば，PISA 調査は効率（すなわち，投資に対する相対的な効果）を理解することに役立つかもしれない。

PISA 調査は最初の 10 年間，各サイクルでそれぞれの中心分野に特に関連した変数を用いた。例えば，読書経験，読書への興味・関心，国語の授業での指導等は 2000 年調査と 2009 年調査の重要な要素であった。対照的に，2003 年調査は数学の授業への態度と数学的活動を含み，一方，2006 年調査は様々なタイプの科学の指導及び科学に関連した信念と興味・関心を調査した。**授業の雰囲気の指標**と**教室での教師の支援の指標**は，2000 年調査と 2009 年調査には調査で使用されている国語の指導に関して測定され，2003 年調査は数学の指導に関して測定された。データを測定できるようにして分析することは分野特有のものであるが，構成要素，生徒レベルのアウトカム，データの解釈は教育効果の一般的理論によって報告される。

これら分野特有の文脈データを利用して，指導方法と政策の明確な重要性とともに多数の分析結果が得られた。OECD の経緯では，各サイクルは各サイクル最初の報告書をもって完了する（OECD, 2001, 2004, 2007b, 2010）。各サイクルにおいて OECD は多数のテーマ別報告書（Thematic Report）を刊行する。つまり，この詳細な報告書は，生徒レベル，学校レベル，行政レベルでの広範なテーマを網羅した PISA 調査データの綿密な分析を提供している。最近の報告書は以下のとおりである。『Untapped Skills: Realising the Potential of Immigrant Students』（OECD, 2012b），『Public and Private Schools: How Management and Funding Relate to their Socio-economic Profile』（OECD, 2012c），及び『Let's Read Them a Story! The Parent Factor in Education』（OECD, 2012d）。また，2012 年以降，OECD は『PISA in Focus』も発刊している。これは，月ごとに発刊される教育政策を中心とした記事であり，政策的に有用なテーマを簡潔に解説するために出されている[1]。最後に，OECD は『Strong Performers and Successful Reformers in Education』シリーズを開始し，OECD に接触のあった国に対して，その国に合う政策的な助言を提供したり，あるいはある成績の高い国の教育システムを取り上げて他国が学べるようにしたりしている[2]。

OECD の刊行物の他に，2009 年 9 月に行われた第 1 回 PISA 調査研究会（PISA Research Conference）での幾つかの興味深い報告がある[3]。その中には，異なる国間の分析に基づくものもあれば，一つの国のPISA調査データに基づくものもある。

- 生徒の読書意欲の全体的なレベルを上げることは，公平性を改善する手段となる（Baye *et al*., 2009）。
- 自己の可能性を最大限活用するよう学校が生徒を奨励することと同様に，学校のリソース条件も韓国の数学の成績に有意な予測因子である（Kaplan, 2009a）。
- スイスの学校において，学業要求度の高い学校を除き，指導時間は数学の成績と強い関係がある（Angelone *et al*., 2009）。
- 科学に関する生徒の能力開発の支援と科学に関する生徒の興味・関心に焦点を絞った科学の学習は，科学の活動範囲を広げるよりもうまくいっているようである（Kobarg *et al*., 2009）。
- 学校がどの程度まで科学分野の専門的職業の準備をするかは，生徒がどれだけ科学関連の専門的職業を希望するかと強く関連している（Lie and Kjaernsli, 2009）。
- 日本の生徒は探求に基づく学習に興味・関心を持っているが，高校レベルでの科学の指導はこの興味・関心に応えていない。この知見は，なぜ日本の生徒がPISA調査において，科学に対する肯定的態度のレベルが低いのかを示すことの理解に貢献できる（Yasusi, 2009）。

PISA調査のデータ分析は，教育政策と教育実践の知識ベースに重要な貢献ができるものの，それには限界があることも考慮する必要がある。最も重要なことは，PISA調査が学習成果の研究であるということである。PISA調査は幼児期から複数のレベルの学校教育を経て15歳になるまでの人生で蓄積されたリテラシーと技能を調査する研究なのである。PISA調査は生徒が現在在籍している中等教育段階の学校での学習量は確認していない。このような調査には，生徒の成績レベルを現在の学校の入学時に確認し，同じ生徒の現在の成績と比較することが必要となるだろう。それを行うことによって，この特定の学校での教育経験に関連した成績の伸びあるいは「付加価値」の尺度を得ることができるだろう。しかしながら，PISA調査において15歳になる前の生徒の成績は測定していない。教師の質とその生徒の成績への影響も，少なくとも現在まで10年以上実施されてきたPISA調査の設計では判断することができない。なぜなら，15歳の生徒の無作為抽出は学級内ではなく学校単位で行われるため，学級レベルの指導方略に関する情報は収集できないからである。最後に，PISA2006年調査に参加した国の5か国中1か国の割合で，大多数の生徒は対象の学校にごく最近入学したため，そのような国では学校の影響に関する直接的な結論を導き出すことは，事実上不可能であった。

Baker（2009）が述べるように，国際比較研究によって報告された政策決定の歴史には多数の短絡的な結論が見られ，それらは制度レベルでの成績の差の根拠に関してあまりに単純な仮説に基づいている。また，計量経済学者は教育の生産性に関する多くの論点を検討してきたが，研究の大部分は本質的に依然として記述的であり，因果的推論が可能ではない（Hanushek and Woessmann, 2010参照）。

実測的な調査とPISA調査において収集される類の調査データに基づいて，ある特定の教育政策又は教育実践が直接的あるいは間接的に生徒の成績に影響を及ぼすと結論付けるような因果的推論を導き出すことは極めて困難である（Gustafsson, 2007; Kaplan, 2009b）。例えば，仮に生徒の成績の高さと（学校レベルの方針として）一般に公開されている学校評価データとの間に関連が見られたとしても，この調査の設計では因果関係の十分な根拠とはならないだろう。その理由は，生徒の過去の成績など，少なくとも幾つかの潜在的に重要な要因に関するデータがPISA調査では収集できないからである。その結果，このような潜在的に重要な要因を分析に含めることはできず，そのため統計学的にはコントロールできない。したがってPISA調査は，ある政策がたまたま高い成績水準を持つ学校に適用されているのか，あるいはこの政策が実際に生徒のより高い成績をもたらしているのかどうかについては判断することはできない。根本的な問題は，（政策や実践といった）取組をランダムに割り当てることができないため，取組の選択や関与の結果に関わるまだ見ぬ要因があるのかどうかさえも分からないということである。つまり，因果関係の推論を導き出すことは，さらなる（しばしば検証不可能な）仮説を追加したいという研究者の意欲に依存する。すでに観察されている制御変数で対照群と処置群の生徒の比較を試み，比較できない生徒を見なかったことにする研究者も存在する。しかしながら，依然として問題なのは，実証されていない要因によって，取組が選択されるということである。いかなる場合であっても，研究者が，全ての仮説を明確に記載し，理論上これらの仮説に反する因果関係の推論の感度を算出することが不可欠である（これらの論点の幾つかに対応するよう意図された高度な分析方法と設計に関する考察は，第5節「PISA調査の質問紙設計における妥当性の根拠，説明力，政策との関連性の確保」を参照）。

調査の価値の多くは，モニタリング調査としてのPISA調査と他の調査で実施された厳密な効果研究との間の持続的な相互作用に基づいている。PISA調査の相関と他の探索的な結果は，その後の縦断的，実験的，又は介入的な研究において検証されるかもしれない。たとえそうであっても，研究文献で教育の効果又は効率について関連性を実証された要因は，PISA調査における継続的なモニタリングやOECDの教育指標のシステムへの組み込みに対する主要な候補となる（第2節「全体的な知識ベース：教育効果の調査」参照）。

1.4　政策に関連する調査のための持続可能なデータベースの構築

PISA調査の影響は既に，教育実践や教育政策，教育研究をはるかに超えたところまで及んでいる。PISA調査のデータは人的資本の経済成長への影響（Hanushek and Woessmann, 2009）や移民家庭の統合成功を予測する方法（Stanat and Christensen, 2006）といった広範な課題を検討するため，経済学者や社会科学者による利用も増えつつある。

政策に関連する調査のためのデータベースとしてPISA調査の適用範囲を拡大するには，生徒の社会経済的背景や移民としての背景といった全体的な構成要素を高度に洗練されたやり方で測定する必要がある。また，付加的情報やデータ（例えば，市民の価値観や健康に関するもの）が必要とされる場合があることも意味する。PISA調査の質問紙の内容を概念化する際には，PISA調査が作り出すデータベースがこれまで確立してきた指標の体系を超える要求に研究と政策決定の両方において満たすことを明らかにすべきである。

長期的にはPISA調査データベースの主要な貢献の一つは，トレンドデータの利用可能性である。過去の成績をはじめとする全ての関連する変数を設計に含めることは事実上不可能であり，教育的アウトカムに至る過程は横断的データからはほとんど把握することができない。しかしながら，国レベルの成績の変化（Gustafsson, 2007; Hanushek and Woessmann, 2010 参照）や，さらには学校レベルの成績の変化（5.3「学校レベルでの変化を研究するための標本の拡張（国際オプション）」参照），個々の生徒レベルの成績の変化（5.4「生徒レベルでの縦断的調査（今後の調査サイクルのための提言）」参照）は，ひとたびインプット・プロセスの変化のデータが利用可能になれば，相当程度解釈や説明ができるだろう。この目的のために，PISA 調査では今後数回のサイクルで継続される普遍的な一連の変数を定義することが必要となる（4.1「PISA 調査のサイクル間で使われている変数：教育全般に関する変数，分野特有の変数，拡張テーマの変数に関する全体的設計」参照）。

1.5　公平性への着目

公平性とは，様々な特徴を持つ学習者に対して，教育の提供，学習機会及び結果が，公平に分配されることを意味する（OECD, 2005a, p.14）。公平性を分析する最初のステップは，同一の学校内あるいは異なる学校間での認知的及び非認知的アウトカムのばらつきを研究することである。成績上位層と成績下位層の間の格差もまた関心の対象である。学校又は家庭の特性によって定義された特定の生徒グループを比較することもできる。このグループは多くの場合，地理的なこと（例えば，地域や都市部・郊外の違い），公立学校／私立学校への入学，社会経済的背景，性別，移民としての背景，及び家庭での使用言語によって分けられている。グループ間のアウトカムの差が小さいことは，高い公平性をしているといえる。さらに公平性は異なるグループ間の学校教育へのアクセス，学習リソース，学習機会の配分の観点から評価することもできる。公平性を高めることを目的とした政策は，リソースの均等な配分を目指すものかもしれないし，又は恵まれないグループのための追加支援を提供することかもしれない。最後に，公平性の「能力主義的（meritocratic）」な考え方をとる人は，生徒の多様性を許容するが，教育の機会とアウトカムの違いは，社会的な出自に左右されるべきではないと主張する（Cleary, 1968）。こうした公平性の様々な基準に対する教育制度の評価に役立つデータを PISA 調査は提供している。

公平性の度合いの調査に加えて，PISA2012 年調査は公平性に関連する可能性の高い教育政策を含め，制度や学校の特徴を調査することにも用いられる。制度レベルでは，そのような分析には能力別編成や学校の財源と経営の異なる制度間比較が含まれうる。公平性を推進することを目指した政策には，リソースの均等化，あるいは恵まれない生徒集団が存在する学校に焦点を当てた支援，補習指導における調整，言語学習や他の課外活動への支援の提供が含まれる。同様に，学校レベルでは特別な学習ニーズのある生徒に補助者を付けた能力別グループ分けの実践も関連していると思われる。学級レベルでは，適応させる指導及び支援的でよく構造化された学習環境が，公平性と関連している可能性がある。さらに，公平性の高い制度と低い制度の間でこのような特性の普及度合いを比較できる。

PISA 調査は最初の調査サイクルを 2000 年に実施して以来，公平性に関連する変数を必要不可欠な変数として含めてきた。したがって，公平性についてのトレンドを教育政策の変化や蓄積された学校レベルのプロセスとの関連と同様に分析できる。このようにして各国内あるいは他国間での公平性の変化に関して，10 年以上の期間を網羅した情報が取得される。

第2節 全体的な知識ベース：教育効果の調査

2.1 教育的アウトカムと予測因子のルーブリック

学校は様々な背景を持つ若者を学業，社会交流，文化活動及び一般的な市民生活への参加を認めることによって社会へと統合する。要するに，学校は現代社会における以下のような複数の機能を満たしている。

- 若者を指導し，学歴や職歴を含め，人生において成功するための準備をさせる。
- 学歴や職歴につなげるための成績と卒業証書を提供し，また，若者が自己の能力特性と個人の目標に合うようにキャリアパスを調整するのを助ける。
- 規則と規範の機関として，明示的にも，非明示的にも，学校は心と精神を教育する。

PISA 調査ではリテラシーを，生徒が問題に直面し，解釈し，解決し，実生活の状況で意思を決定する際に，様々な種類の文章や数学的ツール，科学に基づく推論を活用する能力，と定義している。現代において知識基盤社会のリテラシーは，学校教育の最も重要な目標とアウトカムの一つである。PISA 調査はまた，学習や思考のための方略と問題解決能力といった，より広い認知的技能の測定を試みている。学校において，あるいは人生において成功することは，価値観や信念の共有，他人の尊重と理解，学習や協働活動のための動機付け，学習行動の自己管理によって左右される。これらの要素は認知的学習の前提条件として理解できるが，OECD 報告書「コンピテンシーの定義と選択（DeSeCo）」で解説されているように，これらの要素自体を教育の目標と判断してもよい（Rychen and Salganik, 2003）。したがって，PISA 調査は態度，信念，動機付け，期待，及び学習に関連する行動といった非認知的アウトカムを扱っており，それには自律，方略，費やした時間などがある。そのような非認知的アウトカムの一つとして無断欠席は，生徒の学習機会の使用についての重要な（否定的な）指標であり，この指標はまた学校の中途退学及び逸脱行動の予測因子となるとされ，ますます注目を集めている（Kearney, 2008; Lee and Burkam, 2003）。これらの非認知的アウトカムは主として生徒質問紙で測定されるが，学校質問紙においても測定される。教育歴質問紙や ICT 質問紙などの国際オプションは，こうした尺度を多くの国にとって特に関心のある領域にまで拡大させている。

しかしながら，生徒質問紙，学校質問紙，並びに国際オプションの大半は，認知的あるいは非認知的アウトカムに関連する文脈上の要因に向けられている。これらの文脈上の要因は効果を理解し，指標を定義するために用いられる。これらの要因は，大まかにはインプット又はプロセスのどちらかに分類できる。インプットの大部分は一人一人の社会的背景と，個人的背景に関連している。また，学校の規模や財源といった構造的な特徴もインプットとして取り扱われる。プロセスは，学習と指導をプロセスの中核として含み，その量と質を捉えるために様々な変数が設計されている。さらに，学校の方針や実践と同じく，教師や学校長による専門的な活動もプロセス変数として分類される。

国際調査の特徴的な課題は，生徒の学習に影響を及ぼす文脈の要因は四つの異なる段階，つまり，生徒／家庭，学級，学校，国のレベルで生じるということである。教育的アウトカムに至る基本的な過程は以下のとおりである。

- **背景や構造的な要因（インプット）は相互作用や活動，方針（プロセス）を通して，成績や非認知的アウトカムへ**：例えば，生徒の数学の成績は恐らく授業中の数学に関連する活動の特徴によって決まり，この活動もまた教師の能力や学級の規模，技術や他のリソースが利用可能かどうかによって決まる。
- **より高い次元のレベル（教育システム，学校）から学級レベル，生徒レベルのプロセスとアウトカムへ**：意思決定権が学校か，あるいはより高い管理機関のどちらにあるのかについての問題は，指導方略と最終的には生徒の学習活動を形成する指導のリーダーシップと教師の協働を部分的に左右するだろう。

「インプット－プロセス－アウトカム」モデルの基本的構造は，国際教育到達度評価学会（IEA）のために1960年代に開発された（Purve, 1987）。表6.1に示すこの最新版のモデルは，これらの次元に対応している。最初の列は四つのレベル，すなわち生徒レベル，学級レベル，学校レベル，国レベルを示している。次いで，三つの生産段階，すなわちインプット・プロセス・アウトカムがそれぞれ残りの列に配置されている。各セルには要素の幾つかの例を記載している。このルーブリックは非常に包括的であり，PISA調査において過去に調査された要素の大部分を含み，実質的に全ての構成要素がこの枠組みの中に網羅されている。このルーブリックは教育効果に関する文献の中で論じられた広範の構成要素からの抜粋であるが，この表は調査設計の観点から見て，いまだ包括的である。最終的に取り上げられる要素の数は，質問紙のために与えられた時間と適用されるローテーション設計によって定められる。

アウトカムの要素には，かなり安定しており変更が困難なものもあれば，学校の開発活動又は政策決定によって形成可能なものもある。プロセスは，通常少なくとも（例えば，教師教育や職能開発によって）間接的にはより順応性があり，アウトカムはインプットとプロセスの効果を反映する。それにもかかわらず，この3種類の区分は決して明確ではない。ある教育の設定から生み出されたアウトカムは，次の設定のインプットとなる。一方で，幾つかのプロセスの側面（例えば，学習方略）は，与えられた理論的観点や調査設計，実際的な考察次第では，インプットあるいはアウトカムとして扱われるのが良いかもしれない。

学校の有効性についての動的モデル（Creemers and Kyriakide, 2008参照）を考えた場合には，アウトカムはさらなる発展のためのインプットとなる。例えば，数学に対する不安は学校教育のアウトカムともなりうるが，同時に生徒の宿題活動に影響するインプットともなりうる。さらに，インプットは互いに補完的な影響を有する場合もある。例えば，多くの教育システムでは学校の社会経済的構成は財源，保護者の関わり，さらには教師の質と相関している。これらの要因はそれぞれ，今度は提供されるべき他の（より優れた）教育—学習環境を作ることを可能にし，この環境によってより高い社会経済的背景を持つ生徒（あるいはむしろ保護者）を引き付ける。その結果，社会階層やリソース，プロセスの質は混合し，そのもつれをほどくのは困難である。

これらの関係と影響を正しく理解し，高度で，十分に定められた分析モデルを構築するには，我々は教育研究で蓄積された知識を参照しなければならない。特に重要な研究の領域は，一般的な教育効果に関する研究（以下で議論する）と学習と指導に関する分野特有の研究（第3節「数学的リテラシーの学習条件」参照）の二つである。

表6.1は，教育システムを構成する様々なレベルでの要因の集まりを示している。これらの相互作用は複雑で，完全には理解されていないが，各レベルは教育政策と起こりうる教育的アウトカムの形成において重要である。

表6.1　教育的アウトカムと予測因子の二次元分類

	インプット	プロセス	アウトカム
生徒	性別，学年レベル，社会経済的背景 教育歴，学年 移民としての背景，家庭環境と支援 ICT経験，態度，技能 開放性，問題解決スタイル	出席／無断欠席 課外活動（例：放課後プログラムの参加） 動機付け，やる気 学習と思考の方略，受験方略 学習時間（宿題と個別指導を含む）	数学の成績 数学に関連した態度，信念，動機付け 学校全般に関連した態度と行動（例：関わり，無断欠席） 学習の動機付け，教育上の期待
学級	学級の規模，社会経済的背景と民族の構成 教師教育／研修，専門的な知識	指導の質：構成，支援，挑戦 学習機会：実施されたカリキュラム，分業，数学関連の活動 学習時間，グループ分け，評価とフィードバック	集計された生徒レベルの変数
学校	社会経済的背景と民族の構成 地域社会の豊かさ 学校の財源，公立対私立 学校規模 保護者の関わり	学習到達指導，共有された規範，リーダーシップ，教師のモラールと共同，職能開発 入学と募集方針，能力別編成，課程の提供／学校のカリキュラム，評価 生徒と教師の関係，支援的環境	集計された生徒レベルの変数 進級／留年及び卒業の割合 出席
国（制度）	経済的豊かさ，社会的平等 多様な政策	学校財源，能力別編成と配分，専門的教師育成のための政策，特別支援や言語的マイノリティーの生徒への支援，採用と資格の政策 説明責任と評価の政策，意思決定の所在	集計された生徒レベルの変数 卒業レベルの平均

教育効果の研究の主たる目標は，「能力，社会経済的背景，過去の達成状況といった背景情報の特徴を考慮に入れて，学級レベル，学校レベル，学校以上の管理機関レベルといった様々なレベルにおいて，生徒レベルのアウトカムの差を直接的又は間接的に説明できる指導，カリキュラム，学習環境の要因」を特定することである（Creemers and Kyriakide, 2008, p.12）。しかしながら，学校に在籍する生徒全員にとって，あるいは全ての教育システムにおいて，各実践が同じように効果的と

は限らない。また，地方の状況や学校にとっても，それらが効果的とは言えない場合もある。さらに，強調されているアウトカムの種類によって，異なる結論が得られるかもしれない（Kyriakides and Tsangaridou, 2004）。したがって，教育効果に関する今日の研究では，インプットとの相互作用も考慮し，特異な効果と適応可能な実践を吟味している。この分野では相当な量の研究が行われてきた（例えば，Creemers and Kyriakide, 2008; Scheeren, 2000; Teddlie and Reynold, 2000）。以下の節では，表6.1に示される分類表の各セルについての成果を概説する[4]。また，構成要素を測定する方法と設計についての考察を各節の最後に論じる。

2.2　制度レベルのインプットとプロセス

ほとんどの国では，教育政策及びリソースの配分に関する意思決定は，国又は連邦政府の責任で行われている。より中央集権的な国の制度では，決定機関は究極的な権限を持った省であるかもしれないし，その一方で，連邦州政府あるいは行政区レベルの地方行政機関によってこの機能が行われる国もあるかもしれない。制度レベルの要因は，この分類表のインプット・プロセス・アウトカムによって体系化されるが，分析モデルにおけるそれらの役割は大抵調整変数としての役割だろう。すなわち，制度レベルの要因は，インプット・プロセス・アウトカムが，下位のレベルでどのように関連するのかということについて影響力を持っている。

制度レベルでの基本的なインプットは，教材リソースと国内でのそれらの配分に関係する。研究の結果から，国内及び異なる国の間の両方で，一人当たりの収入レベルが生徒の成績の強い予測因子であることが見いだされた（Baker *et al.*, 2002）。豊かさは学業成績を促進するリソースを提供する（Baumert *et al.*, 2005）。同時に，教育的アウトカムは国の経済的幸福にも影響する。社会的不平等の尺度は，家庭のリソース及び学習条件に関する教育の不平等と関連がある。さらに，生徒一人当たりに同じ投資をしている国がある一方で，田舎や貧困あるいは移民としての背景を持つ生徒，あるいは学習上又は身体的に困難を持つ生徒を特別に支援している国もある。その国独自の教育投資のパターンは，結果の平等と成績，そして就業に影響を与えうる。社会的不平等と密接に関連するもう一つの重要な側面は，移民と教育の多様性に関する政策に関わる（Stanat and Christensen, 2006）。多くの国では，移民は主要教科の幾つかにおいて成績レベルが低いが，他方で，差が見られないか，又は移民の方が平均よりも成績レベルが高い国もある（OECD, 2012b）。高学歴の移民を積極的に採り入れている国々では，成績格差はより小さい。対照的に，社会経済的背景の低い移民の割合が大きい場合は，教育システムに対して特別な課題となる可能性がある。研究はさらに，言語支援政策が指導言語とは異なる使用言語の生徒に対する不利益の低減に成功していることを示している。

学校制度を説明する上でさらに重要なことは，能力別グループ分けに関する政策と学校管理に対する責任を調べることである。国によっては，生徒たちの学業成績や好みに応じた進学校，職業校，専門学校，技術校というように，異なる着目点を持った学校に生徒を配分する国もある。このような能力別編成の制度では，全ての生徒に同じ学習機会が提供されるわけではない。それゆえ，こうした実践は，教育を分離させることは知的発達の遅い生徒や社会経済的背景の低い生徒の教育機会を否定することではなかろうかという点で，繰り返し議論の対象となってきた（Levin,

1978)。全ての生徒が学業に共通する最低限の中核部分を学ぶことを必須とする包括的な制度は，公平性という点においてより効率的であるのかもしれない（OECD, 2007b）。しかしながら，学校内においてさえ，入学時に様々なレベルの学力を持つ生徒が同じ教室で学ぶ場合もあれば，能力別にクラスが編成される場合もある。能力別編成の程度とは別に，各国では生徒がコースを変更する可能性と同様に異なる学校形態へと進む年齢に関しても違いがある。最後に重要な点を挙げるが，学校の入学及び進級の方針はPISA調査の結果に影響を及ぼすだろう。なぜなら，他の要因が同等であるならば，生徒がより早く高い学年に進級するほど，生徒の成績も上がる可能性が高まるからである（Gustafsson, 2007）。

過去のPISA調査サイクルでは公立学校の財源と管理はほとんど共通していることを示しているが，参加国の大多数では，主に教会や企業といった非行政機関によって財源と管理が行われている学校がある程度存在する。さらに，私的に管理されるが主として公的に資金が投じられている学校，つまり「行政に依存した私立学校」もある。どちらの種類の学校とも行政の規制の枠組み内に存在しているが，私立学校は通常は公立学校よりも教育の意思決定に大幅な裁量の自由がある。このように学校は意思決定の分権化の一形態を代表している。教育システム全体の成績を向上させるために，公立学校か私立学校かの選択は，生徒をめぐる学校の競争を作り出すための構造として検討されている（Belfield and Levin, 2002）。しかしながら，過去のPISA調査の結果では，私的に管理される学校，また行政に依存し私的に管理される学校の成績の平均値が高いのは，生徒の社会経済的背景が恵まれていることと，それに対応する構造要因の影響が主な理由であることを示唆している（OECD, 2007b）。それゆえに，能力別編成の程度と同様，私立学校の割合比率とその特徴も公平性に影響しうる（OECD, 2012c）。

近年，多くの国は，学校がどのようにして特定の生徒や生徒グループ，地域社会のニーズに対応することができるようになるのかという課題に取り組んできた。意思決定権が国家政府など中央当局にある場合は，教師の採用や研修，教育課程が厳格すぎて，様々な生徒レベルのインプットを有する学校のニーズに合わせることはできないと頻繁に論じられている。この理由から，多くの国では学校の成績を向上させることを期待して，教育の意思決定をそのサービスを受ける生徒やコミュニティに近付けることにより，学校へ分権化するための様々な改革を行った（Hannaway and Carnoy, 1993）。しかしながら，この側面を教育的成果と関連付ける研究では，強い関係の裏付けをまだ得られていない（Schmidt and McKnight, 1998など）。国際的な生徒評価の幾つかの二次分析は，学校の自治権はトップダウン評価あるいは中央試験と組み合わされた場合には利点があることを示唆している（Woessmann, 2006）。

分権化した制度では特に，全ての生徒が重要な教育水準を満たし，将来の教育歴に対して等しく準備されることを保証する，学校評価と生徒評価の開発が重要となるかもしれない（Carnoy *et al.*, 2003）。この考え方は一部の国では支持されているが，各国の評価と成績責任への取組方法は大幅に異なっている。幾つかの国では，生徒と学校の成績に関する標準化された情報を国レベルや地方レベル，又は地域レベルで収集するための定期的な試験をする制度を提唱している。他の国々では，このような評価を必要とはしているが，試験と評価を実施する権限は地域や地方行政機関に委ねており，その他の国々では体系的な評価を持たない。さらに，説明責任もまた評価結果によって得られる結論にまで広がっている（Carnoy *et al.*, 2003; Koretz, 2008）。幾つかの国では，試験や調査は一般市民や教育関係者に情報を提供するだけであるが，試験結果はより高い成績を求めるための誘因を作り出すために，あるいは弱点を特定して学校を改善するための支持を提供するためにも用いることができる。異なる制度は学習への動機付けの提供や教育内容の統一性，教育の結果に対して異なる結論を持つのかもしれない。

制度レベルでのこの相対的に記述的な変数に加えて，多数のより具体的な政策と実践が教育効果の動的モデルによって提案されてきた（Creemers and Kyriakide, 2008）。これらは各学校が肯定的な学習環境や質量ともに高い指導を実現し，多様性の高い学習機会を提供することを目指している。この制度レベルのプロセスを統合した研究はほとんどみられない。PISA2012年調査はある程度までは，多数国間でのそれらのプロセスの普及や成績との関係を調べる機会を提供している。重要なのは，これらの政策の存在の有無と実施されたものの性質の両方が共に分析されうることである。

提供される学習機会は国の教育課程によって決定される。国際教育到達度評価学会（IEA）の「国際数学・理科教育動向調査（TIMSS）」は，各国の意図されたカリキュラムと実施されたカリキュラムにおいて，特に費やした時間や一貫性，着目点に関して，大きなばらつきがあることを特定した。これらのばらつきは，少なくともTIMSSのようなカリキュラムに関連付けられた試験での生徒の成績において観察された差を部分的に説明するものである（Schmidta *et al.*, 2001; Schmidt and Houang, 2007）（3.3「学習機会と指導の質：学習環境を評価する」も参照）。さらに，正規の学習に加えて，政策立案者は補習による学習機会の提供の用意を支援したり奨励したりすることもできる。政策立案者は，例えば，数学のコンテストを企画するか，あるいは放課後プログラムを設置するためのリソースと支援を学校に対して提供してもよい。各国はまた，商業的授業や他の種類の「影の教育」に関連する別の政策を行ってもよい（Baker and LeTendre, 2005）。

指導の質は，教育についての基準を定め，これら基準が確実に満たされることを保証することによって，制度レベルで管理されうる。このことは最新の研究知見に基づく明確な期待事項の定式化を意味する。さらに，評価が排他的に結果の測定のみに焦点を当てるのではなく，教育と指導について調査することも前提としている。教員研修に対して配慮された政策を立て，リソースを整理し提供することにより，政策立案者はさらに教員の専門職化にも貢献できる。職能開発は「教師個人の技能や知識，専門的技術，その他の特性を開発する活動」（OECD, 2009b, p.49）と定義されている。多くの国では，教師が職能開発のために所定の日数を費やすことを義務化している。しかしながら，教育システムには，職能開発のタイプの違いによって，一般的な参加のレベルと出席のパターンに関して大きなばらつきがある。参加は金銭的支援，給与への追加，予定に組み込まれることによって促進されうる。しかしながら，OECD国際教員指導環境調査（TALIS）の結果は，これらの尺度の影響は限定されていることを示唆している（OECD, 2009b）。

最後に，文化的な規範と価値観もまた異なる利害関係者の行動に影響する。生徒や保護者の学校に対する関与と学習は，教育についての一般的な理解と関連する価値によって部分的に左右される。教師の全体としての地位は，教職に就くことを検討している人々が感じるその職業の魅力に影響するため重要である。学校教育に対する地域社会の関与は，地域住民のニーズへの地域的適合を通してより大きな関心を提供しうる。

設計検討の観点から，経済的豊かさや教育投資，それらの配分の公平性，移民集団の構成割合，能力別編成や入学の規則といった制度レベルの変数の中には，OECD 諸国の経済や富，教育に関する指標のシステムなどの既存のデータベースから収集されるものがある[5]。また，教師の募集や職能開発，評価と説明責任，学校の財源，中央集権か分権か，基準と課外活動，特別なニーズやマイノリティーの生徒への支援に対する政策など，上級管理職員が回答する制度レベルの質問紙によって網羅できる項目もある。学校質問紙から導き出される意思決定における学校自治の指標のように，収集された PISA 調査データから導き出される指標もある。他の人的・社会的資産と関連させた教育の理解など，生徒や教師，保護者のデータは，文化的文脈についての尺度を提供するために，国レベルで収集されうる。

2.3　学校レベルのインプットとプロセス

学校の組織は複雑であり，国と国との間だけではなく，連邦又は州，地方，学校区，個々の学校といった同じ国内の教育上の下位区分の間でも大幅に異なっている。学校レベルのインプットについて論じるに当たり，第一に生徒レベルのインプットのタイプは教育的アウトカムに影響する可能性が高い。社会経済的背景の高い生徒を募集する学校は，進学に対する高い期待と支援を伴った一般的な学校環境を形成する傾向にある場合が多い。さらに，このような学校はより優れた教師を引きつけうる。このことは，これらの学校に入学した低い社会経済的背景の生徒に対しても有利な立場を提供する。生徒レベルのインプットは，生徒の学習に付加的な影響を及ぼす周辺地域社会の全体的な豊かさに左右される可能性が高い。豊かな地域社会は犯罪や暴力の起こりうる影響に気を取られることが少ない傾向があり，これらの地域は非公式に学校を支援するリソースをより多く持っている。相互作用的に，良い学校は積極的に関わる保護者を反映し，かつ，引き付けるとともに，地域社会へもまた影響を及ぼす。指導言語とは異なる母語を持つ生徒の割合は，幾らか次元が異なるである。言語的な多様性は学校のリソースとなる一方，他方ではと理解の困難さや恐らく文化の違いを扱うために特別な支援システム適切な指導技能が必要となりうるため，リソースを減じる。多くの国では，社会経済的文脈は都市，郊外，田舎のそれぞれの地域社会によって大きく異なる。

学校が保護者の関わりを奨励し準備しているときには，保護者は学校のプログラムと子供たちの教育的な進捗の両方の支援がより効果的にできるようになる。さらに，学校の活動に参加する保護者は，進んで学校を支援する可能性が高く，その結果，利用可能なリソースを増加させる。学校プログラムや教師の期待に精通して，学校が期待することを理解している保護者は，自分の子供の学習をより上手に支援できる。最後に，保護者が教育や学校の取組に積極的に参加するよう呼び掛ける行動は，保護者同士が互いに知り合える社会的ネットワークの形成に役立つ。ほぼ間違いなく，このような社会的ネットワークは「社会関係資本」の蓄積を通じて全体の成績を向上させる(Coleman, 1988)。

学校の規模もまた成績と関連があると考えられている。入学者がより多ければ，学校は生徒に対してより多様な教師，コース，選択科目，課外活動を提供できる。これは生徒が自分にとって教育的に最も意味のあるコースや最も意欲を感じるコースを選択することを可能にする。しかしながら，大規模校はまた人間味が少なくなる傾向にあり，生徒は個別的な支援をあまり受けられない可能性もある。このように，ある研究では小規模校の方が 15 歳生徒におけるやる気と成績は非常によく似た分布であったことを示した（Coleman, 1988）。実際のところは，最適な学校規模に関する問いには答えが出ていない。事実，幾つかの研究は学校規模が異なる生徒のグループ（例えば，社会経済的背景に基づくような）に異なる影響を及ぼすことが示されている（Lee and Smith, 1997）。

これらのインプットに加えて，学校レベルでは多数のプロセス情報が直接又は間接的にアウトカムを予測する。ほぼ間違いなく，効果を上げている学校の最も重要な，影響力のある特徴は学校の雰囲気（若しくは学校の環境の質）である。学校の雰囲気は規範や価値観だけではなく，人間関係の質や全体的な雰囲気も含まれる。進学に焦点化すること――学校の使命と教育の価値についての一般的な合意――は学習を促進する。さらに，秩序立った学習の環境は学習時間の使い方を最大化する。対照的に，敬意を欠いており制御されていない環境は，教師と生徒の両方にとって同様に非生産的であり，また学校の本来の使命を損なう。逆に秩序立った環境は，一貫した信頼性の高い規則（例えば，無断欠席などの生徒の非行に対処する規則）によって育まれる。効果を上げている学校は，生徒の特別な学習要求と教師の要求に対応することができる。このような学校は学習に障害を持つ生徒や才能に恵まれた生徒，指導言語とは母語が異なる生徒たちのための補習授業や強化授業を提供している。さらに，効果を上げている学校は生徒にカウンセリングや宿題の援助を提供している。より広範には，課外学習プログラムの多様性や質は，生徒の学習を促進し，また，特に非認知的アウトカムや生徒の将来のキャリアパスに関連しうる。

教師間の協働，専門性を高めること，学校のリーダーシップの三つの学校の組織面は指導と学習環境の改善に関連している。教師間の協働は，教師に対する実践的支援と情緒的支援を提供し，彼らの専門性を高めることに貢献している。協働実践やより一貫性のある教育課程づくり，相互支援とフィードバックの提供を目的とする様々な異なる技術を含む。多くの国では，教材を交換する，あるいは生徒個人の学習上の困難さについて議論することが，教師にとって比較的一般的なことである。協力のより洗練された形態は，参観視察やフィードバックの提供，研修活動への参加，クラス横断的及び学年縦断的な集団活動といった集団的学習活動を含む（OECD, 2009b）。特に集団的学習活動の実践は，教師への建設的なフィードバックと同様に学校を学習する組織へと変革することに役立ち，また，教師の要求に合った職能開発活動を支援する。学校長，つまり学校の長は，法的な問題や財政的な問題，設備の管理や広報といった管理的な課題を扱う必要がある。しかしながら，彼らの仕事の中核は学校内での質の高い指導と学習を保証することである。直近の10年間は，特に強調されている側面である指導におけるリーダーシップの概念は，研究文献において相当注目されてきている（Blasé and Blase, 1998; Hallinger and Heck, 1998; Heck and Hallinger, 2005; Kruger *et al*., 2007; Leithwood and Riehl, 2005; Witziers *et al*., 2003）。しかしながら，学校のリーダーシップと生徒の成績との関係に関する経験的な結果は，一貫性がない。というのは恐らくリーダーシップは他の学校レベルや学級レベルのプロセスによって介在されるむしろ間接的な影響を持つからである。

指導の量は，授業スケジュールに関する方針と規制，時間割，教授時間の管理，生徒の出席，保護者の関わりによってさらに検討されうる。指導やグループ分け手順，教師の行動に関する指針は，指導の質を上げることに役立ちうる。学習機会は教育課程と教材の選択に強く影響を受ける。しかしながら，学校における教育運営の正式な記述は，実施の幅が非常に幅広いためにしばしば誤解を招いている（Fullan, 1992; Full and Stiegelbauer, 1991）。したがって，PISA 調査の質問紙は参加者，特に学校長から直接運営に関する情報を得ようと試みる。

実際の効果もまたモニタリングされるべきものであり，単に導入するには不十分である。学校評価は，学校運営における長所と短所を識別し，実践をモニタリングし，実践のアウトカムに対する効果を評価するために用いることができる。TALIS では評価の実践は国によって頻度に関してだけでなく，使用される情報源や評価の焦点，規定された重要性に関して広くばらつくことが示された（OECD, 2009b）。今までのところ，アウトカムに関する学校評価効果を調べた研究はほとんどない（Creemers and Kyriakide, 2008）。

意思決定に影響を及ぼす幾分異なる学校の特性は，管理の中央集権化（対自治）である。一部の社会では，教師の募集，教育課程の策定，生徒の評価は中央行政で行われる。また他の社会では，学校は定型的な学校運営のために定められた指示に従うことのみが期待されている。さらに，対極にあるものとして，学校は大幅に自律的であり，自ら教師を選抜し，教師の報酬に影響を及ぼし，生徒の成績評価に自己作成テストを選択（及び実行）することが期待されている。近年，官僚主義的な硬直性を克服し，学習成果に潜在的に影響を与える方法として，学校自治に焦点が当てられてきた（Bottani and Favre, 2001; Chubb and Moe, 1990）。しかしながら，結果はいまだ確定的なものではなく，分権化は依然として議論の対象である。

これまで設計検討の観点から，学校の特徴のほとんどは，学校リソース（又はそのリソースの欠乏），学校の教育課程（つまり時間割，能力別編成，補習及び強化授業，課外活動），学校の雰囲気（つまり期待，教師や生徒のモラール，保護者の関わり，行動の問題），専門的活動（教師の協力，規範の共有，リーダーシップ，評価手順）について回答するよう学校長に求めることによって取り扱われてきた。学校レベルで収集された教員質問紙からのデータを追加することにより，これら論点に関する視点がより広範かつより有効になるだろう。この取組方法は，PISA2012 年調査を次のサイクルの TALIS と関連付けている国で可能である（OECD, 2009b）。これらの論点に対する学校質問紙からの情報に加えて，ICT 質問紙（国際オプション）からの情報を含む生徒のデータと保護者データが生徒の構成，社会関係資本，学校リソース，学校の雰囲気（例えば，ICT の利用可能性，生徒と教師の関係，保護者の学校に対する態度と関与）の指標として集めることができる。他方，教育歴質問紙（国際オプション）は学校での職業相談に対応している。

PISA2012 年調査では，学校質問紙は直接 PISA 調査を受けた生徒の成績と行動以外のアウトカムデータの収集にもまた用いられた。例えば，学校長は生徒の無断欠席，進級，卒業の比率に関するデータを提供するように求められる。少なくともある一つの教育システムの中では，そのような「客観的な」行動のアウトカムは，態度の尺度のほとんどあるいは自己報告の尺度よりも比較可能でありうる。また，生徒の成績は学級レベルと教師レベルの変数によっておおむね予測される一方，それらのデータは学校レベルでのアウトカムを直接的に表す。

2.4　学級レベルのインプットとプロセス

学校における生徒の教育経験は，学級内で発生する場合がほとんどである。ここでは，生徒は教科の内容，教育課程の教材，指導方略，学級の特別な構成，学級の雰囲気にさらされる。過去の研究で明らかにされたように，近接する変数，その中でも学級の特徴と実践は，学校レベルや制度レベルの条件といったより遠くの要因よりも生徒の成績により密接に関連している（例えばWang *et al.*, 1993）。

学級レベルでの最も重要なインプットは，学級の文脈と教師である（Wayne and Young, 2003）。前者は同級生，授業でのグループ分け，学級の規模の特徴を含んでいる。学級レベルでの生徒の社会経済的及び言語的背景についての関心は，学校レベルにおけるものと類似している。多くの場合，この構成は学校間だけでなく，同じ学校内でも，特に生徒の成績レベルに応じた異なる学級へのグループ分けが行われる場合にばらつきがある。そのようなグループ分けの合理的な根拠は，教授を生徒の能力に具体的に合わせることによって，教師が指導の向上を可能にするということであるが，そのようなグループ分けの教育的な影響がグループ間の成績格差を広げているかもしれないという少なからぬ証拠がある（Gamoran, 1992; Oake, 2005）。しかしながら，より柔軟で，ある課題若しくはある時間の間のみ，あるいは異質な能力のグルーピングを行うという教室内の能力別グループ分けは，適応性があり協働的な教室での指導方法の実行に役立ちうる（Slavin, 1990）。

PISA調査のような評価の文脈において間違いなく重要な，教室における実践の具体的な側面は，生徒の評価，測定，格付けを日々実践することである。生徒は定期的に標準化された試験に取り組むのか。生徒は成績に関する教師からのフィードバック，あるいは書面又は口頭によるフィードバックを受けるのか。学校，教師，生徒又は保護者は，一般的な基準と比較した生徒の成績に関する情報を受け取るのか。生徒はどのようにこの情報を使用するのか。生徒は受験の準備をするのか。それぞれの国ではこれらの実践は時間とともにどのように発展し変化するのか。形成的かつ累積的評価実践に関する研究（Brookhart, 2009），同様に利害の高い試験の条件と効果に関する研究（Borko *et al.*, 2007; Koretz, 2008）によって示されたように，PISA調査のような標準化された評価における生徒の結果は，評価に関連した政策や実践と相互作用するであろう。

学級の規模は生徒の成績に（否定的な）影響を及ぼすと一般的に考えられている。小さな学級ほど授業に参加する機会を増やし，個々の生徒（のグループ）に的を絞った指導方法の活用を促進する。さらに，生徒数が少ないことは，評価を必要とする人数が少ないことを意味し，教師はより多くの時間を使ってフィードバックを提供したり，より豊かな活動や評価を設計したりすることができる。さらに，国際的な調査は，小規模学級は何らかの効果が出ている間は続ける必要があることと，また，中等教育段階の学校では小学校に比べて関連性は低いことを示唆している（Gustafsson, 2007）。なおその上に，学級の規模の効果は文化に特有であると思われる。つまり，多くのアジアの国々では比較的大きな学級が見られるが，それにもかかわらず，高いレベルの生徒の平均得点を実現している。

教師は，自身の養成教育や研修，教職経験，専門的知識によって特徴付けられる。上級の学位，教授できる専門教科，専門的な経験は，望ましい資格要件として，また教師の質の指標として疑う余地のないモデルの中に記述されてきた。しかしながら，生徒の成績との関連については，結果は一貫していない（Hanushek and Rivkin, 2007; Libman, 2009; Mullis and Martin, 2007; Zuzovsky, 2009）。教師の専門的知識のより強い影響がこれまでにわかってきた（Baumert *et al.*, 2010; Hill, Rowan and Ball, 2005）。この影響は，教師の一般的な教育学的知識や教育についての知識，教育学的な内容知識，信念，動機付け，自己管理能力の相互作用として定義されてきた（例えば，Bromme, 1997; Brunner *et al.*, 2006; Shulman, 1987）。上述のインプットに加えて，学級レベルでの数多くのプロセス情報が教育効果や特に学級の雰囲気と指導の質に関連することがわかってきた。研究から生徒の学習は，一般的に乱されることがなく生徒の学業成績に集中された肯定的で敬意にあふれた雰囲気によって支援されることがわかっている（Creemers and Kyriakide, 2008; Harris and Chrispeel, 2006; Hopkin, 2005; Scheerens and Bosker, 1997）。

肯定的な学級の雰囲気の主な面は，支援的な教師と生徒の相互作用，生徒同士の良好な関係，成績指向と明白な規律上の規則を備えた秩序のある学級の雰囲気である。しかしながら，指導の質にはより複雑な様相がある。これまでの知見から指導には唯一最良の方法はないことが示唆されている。密なモニタリング，適切な進度と学級経営，解説の明確さと有益で奨励的なフィードバック（すなわち，「直接的な指導」の主要側面）を備えたよく組み立てられた授業は，生徒の成績と正の相関がある。これらの構成要素は，秩序のある学級環境を形成し，効果的な学習時間を最大化することに役立つ。それにもかかわらず，生徒の動機付けと非認知的アウトカムは，生徒の自律性や能力，社会的関係性を支援する学級の雰囲気や生徒と教師の関係といった指導の質の追加的特性から恩恵を受ける。さらに，概念的な理解を促進させるため，指導は挑戦的な内容を扱わねばならない（Brown, 1994）。また，別の生徒集団の一部は異なる指導方法から恩恵を受けるかもしれない。つまり，教師は彼らの特別な学級の要求に資する方法で学習活動の効果が得られるように編成しなければならない。Kliemean ら（2009）は，この知識を以下三つの「指導の質の基本的な側面」の枠組みにまとめた。それは，1）よく構成され明確な学級経営，2）支援的で，生徒を中心とした学級の雰囲気，3）課題を伴う認知的活性化（cognitive activation），である。中等教育段階の学校の数学教育における幾つかの独立した研究では，学級レベルの質の三側面を確認し，仮説として立てられた認知的及び動機付けの影響に対する一定の裏付けを与えた（TIMSS-Video: Klieme *et al.*, 2001; COACTIV: Baumert *et al.*, 2010; Pythagoras: Lipowsky *et al.*, 2009）。Klieme と Rakoczy（2003）は，PISA 調査と連動する国内調査において類似した構造を特定した（Kunter *et al.*, 2008 も参照）。しかしながら，指導の質，特に認知的活性化は，分野の特徴によって大きく異なる。数学学習に関連する特有の側面は，第 3 節「数学的リテラシーの学習条件」で論じる。

設計検討の観点から，学年に基づく構成要素を含めるために標本を拡大した幾つかの国を除き，15 歳の生徒たちが学校の全てのクラスから無作為抽出されているため，PISA 調査の標本は学級レベルの要因を含んではいない。この標本設計は，試験，学級，教師の効果（Opdenakker and van Damme, 2000; Van Landeghem *et al.*, 2005），最終的には，教育効果についてよく特定化されたモデルの吟味に対する挑戦であることを表している。さらに，この設計は PISA 調査の学習結果の調査という性質を強化する。それでもなお，PISA 調査は，生徒の成績との関連が既に示されている変数を取り上げ，それら項目を生徒質問紙，学校質問紙，及び（可能であれば）教員質問紙を使って評価することにより，学級レベルのインプットとプロセスを記述的な手法で報告することができる。例えば，学校長は教師の背景情報及び顕著な教育学的指向性に関する質問に回答する一方で，生徒には学級の文脈と実践について質問がなされる。PISA 調査の「数学の授業の雰囲気」と「数学の教師の支援」の尺度は，構造を暗示し，指導の質の三つ組みモデルのそれぞれの次元を支える。PISA2006 年調査は，科学教育における上級の挑戦的な実践のための幾つかの指標を加えた。

また，PISA2012年調査は数学についてそれを行う（3.3「学習機会と指導の質：学習環境を評価する」参照）。例えば，教師の構成主義か直接伝達主義かという信念や職能開発活動に関する詳細については，間違いなく研究のこのラインに付け加えられるであろう。これはPISA2012年調査については，PISA2012年調査参加校を2013年のTALIS教員質問紙の標本と関連させて幾つかの国で達成されるかもしれない。このようにして，学校レベルで収集された情報は，PISA調査データの二次的分析に利用できるであろう。

2.5　生徒レベルのインプットとプロセス

15歳までに個々の学業成績に影響を及ぼすものには，学校教育で蓄積された結果だけではなく，家庭で遭遇する経験もある。より長く教育を受けた保護者は，より豊かな学習機会を提供できる。このような保護者はまた，読書のための書物や旅行，子供の好奇心を高めるその他のリソースにより多く触れる機会を提供することもできる。学校での会議への参加や宿題への関心など，生徒の学業成績に高い期待を持っており生徒の学校での活動に関心を示す保護者は，子供たちの教育的な成功と関連することを示す研究がある（Alexander *et al.*, 2007; Christenson, 2004; Hoover-Dempsey and Sander, 1997; Ma, 1999; Sui-Chu and Willm, 1996; Wang *et al.*, 1993）。

家庭の背景情報に関するデータを収集する主な目的の一つは，学校の影響を推定する際に，学習に対する家庭の背景情報による影響を考慮に入れることである。生徒質問紙に加えて，保護者質問紙（国際オプション）は，キャリアへの期待，学校への保護者の関わり，家庭でなされる学校に関する話題の会話といった，幾つかの関連する変数について情報を収集する。まとめると，これらのデータ収集は，多様な視点から保護者の支援と学業への期待についての測定を可能にする。ICT質問紙は，家庭を含めたコンピュータの利用可能性とコンピュータの使用，関連する技能と態度に関するデータを提供し，特に，認知的技能のコンピュータ使用型調査の結果を説明するのに役立ちうる。

社会経済的背景及び家庭の背景情報に加えて，生徒の言語的背景も関連性を示す。バイリンガルに成長することは，言語意識の発達を促し，さらなる外国語の学習を容易にするかもしれない（Hesse *et al.*, 2008）。しかしながら，恐らく学校教育の最初の数年間は，指導言語能力の低さが他の教科の学習に否定的に影響する可能性があり，また，長期的には生徒の教育上の進路にとって不利となる（Schmid, 2001; Stanat and Christensen, 2006）。一方で，移民やマイノリティーは，学校でなじみのない文化的文脈に適合しなければならないだろう（Berry, 1980, 1990; Hovey and King, 1996; Liebkind, 1996）。また，彼らは差別に直面するかもしれない（Amiot and Bourhi, 2005; Perreault and Bourhi, 1999）。他方では，多くの場合，これらの集団は多数民族の同級生よりも強い向上心と高い動機を持っている（Kao and Tienda, 1998; Krahn and Taylor, 2005; Stanat, 2006; Stanat and Christensen, 2006）。PISA調査は移民による影響を社会経済的影響と言語的影響から切り離すために，移民教育についての様々なインプット・プロセス・アウトカムを識別するよう努めている。また，PISA調査は個人レベルを，構成効果あるいは文脈効果から切り離すよう努めている。PISA2012年調査は，教育歴質問紙（国際オプション）の中の言語的背景に関する詳細な情報と同様に，文化的適応の尺度と文化的近接性を識別する尺度を含めることによって，説明力を拡張するよう努めている。保護者質問紙（国際オプション）が移民としての背景に関する追加情報を提供する一方で，教育歴質問紙（国際オプション）が言語的背景及び幼児期の教育に関する追加情報を提供する。

教育全般に関する生徒レベルのプロセス情報は，主に学習時間に言及している。正規の学習機会は通常は義務的であるが，生徒はそれでも，例えば授業をさぼったり，遅刻したり，授業中に注意不足になったりして，学習機会の利用を制限したりしているかもしれない。長期無断欠席と課題に費やされた時間は生徒の成績に有意に影響しており，また長期欠席は学校の中途退学率，素行不良及び薬物乱用と関連している（例えば，Baker *et al*., 2001; Lee and Burkam, 2003; McClus *et al*., 2004; Wilmers *et al*., 2002）。さらに，これらの行動は学校レベルの学習環境についての総合的指標としても意味がある。対照的に，生徒の個人学習あるいは文系クラブ，コンテスト，ボランティア活動，ディベートといった課外活動への参加によって，学習時間と多様な学習機会が拡張される場合もある。恵まれない社会的背景の生徒は，特にそのようなプログラムに参加することで利益を受けるようである（例えば，McComb and Scott-Little, 2003）。中には，日本の塾のような個別指導や商業的な教育を受けることが一般的であり，教育システムの重要な一部となっている国もある（Baker and LeTendre, 2005）。

教育における向上心は生徒の将来の教育における達成についての重要な予測因子であり（例えば，Thiessen, 2007），その質と安定性に関しては異なる民族間でばらつきがある（例えば，Kao and Tienda, 1998; Mau and Heim Biko, 2000）。生徒の学習への動機付けと態度は重要な生徒レベルのインプットであり，このインプットもまた非認知的アウトカムとして解釈されうる。生徒の学習スタイルとまさに同じく，これらもまた相当程度教科に特有のものであるため，次の第3節「数学的リテラシーの学習条件」にて論じられる。対照的に，分野に依存しない教育全般に関する生徒の特徴は，全般的な生徒の成績，特に問題解決のような教科横断的な能力を説明するために用いることができる。PISA2012年調査は生徒の学習と探究に対する開放性の尺度，加えて問題解決の方法についての分類と受験方略の尺度を含める。

設計検討の観点から，家庭の背景情報と支援状況は，保護者質問紙によって最もうまく収集されると思われる一方で，学習者の特徴のほとんどはこれまでもこれからも生徒質問紙の中で調査される（特に，保護者質問紙は2012年の国際オプションであるため）。PISA2012年調査のために提案された国際オプションのうち二つ，すなわち教育歴質問紙とICT質問紙は，追加情報を提供する。しかしながら，最も強力な生徒レベルでの学習の予測因子（すなわち知的能力とこれまでの分野の知識）であっても，PISA調査では容易に測定することはできない。他方で，幾つかの国々において適用に成功してきたPISA調査の縦断的調査，学校による影響について付加価値の尺度を適切に推定するために，知的構成や既有知識（prior knowledge）といった予測因子を考慮に入れることができた。もしも政策立案者が，学校や学校教育による効果を正確に知りたいのであれば，オプションとしての縦断的調査も考慮されるべきである（第5節「PISA調査の質問紙設計における妥当性の根拠，説明力，政策との関連性の確保」の結論を参照）。

第 3 節　数学的リテラシーの学習条件

PISA2012 年調査は，生徒の評価における中心分野として数学に焦点を当てており，生徒レベルと学校レベルの両方での背景情報に明確な意味合いを持たせている。表 6.1 に示した生徒レベルでの教育上の分類に沿って，PISA 調査は，情動的分野，学校内外における生徒の数学経験に関する情報（例えば，数学教授法の異なる取組の経験，好みの学習方法），動機付け，数学への興味・関心，数学への関与という重要な側面を示すことを目指している。学校レベル（すなわち表 6.1 の学級と学校）では，PISA 調査は，数学の学習と指導の重要な側面，例えば，学校組織や構造と，生徒の主体的な学習への取組との関係だけでなく，学習や指導方略と，成績との関係に関する調査などを表現することを目指している。こうした目的は「PISA 調査の開発のための長期戦略」に沿っている。この戦略の中で，PISA 調査運営理事会は 2005 年には既に，「教育プロセスの効果及び効率を，PISA2012 年調査の包括的なテーマとすることがありうる」と述べている。その理由は，このような分析は「PISA 調査で網羅される最も学校に関わる教科として，数学という教科領域に対して特に役立つから」である。

以下の節では，個人の前提条件や組織の条件なども含めた，数学的リテラシーの様々な様相に関する研究の基盤について述べる。さらに，概念的な論点を，PISA2012 年調査の質問紙の開発を支援していた実際の指標を紹介することによって補足する[6]。

3.1　数学的リテラシー：指導と評価に向けた課題

技術にあふれ，知識を基盤とする現代においては，数学の能力は成功のために最も重要な前提条件の一つであるため，ほとんどの教育システムにおいて，数学には優先度が置かれている。数学の能力は，国内外問わず，ほぼ全ての大規模な教育調査においてこれまで必要不可欠な分野であったし，現在もそうである。質の高い数学指導は世界中の教育政策立案者から大きな注目を集めている。しかしながら，質の高い指導の意味そのものが，ここ 20 年間で劇的に変化した（Schoenfeld, 2006 参照）。この改革の動きは，Dewey の実用主義，故人であるロシアの心理学者 Vygotsky の認知的発達の概念，ドイツの「改革教育学（Reformpädagogik）」から現代構成主義者の認識論，自己調整学習理論に至るまで，多くの出典に端を発する。これらの出典に基づいて，非機械主義的な学習と指導の概念が作り出され，この概念は最終的には数学教師の専門的な実践へと広がっていった。

数学教育の理解を方向付け，世界の多くの地域で反響のあった，最近の最も影響力のある文書は，1989 年に全米数学教師協議会（National Council of Teachers of Mathematics: NCTM）によって発行された『カリキュラムと評価のためのスタンダード』である。この文書は全ての生徒にとって共通の「五つの目標」を，1）数学の価値を学習すること，2）数学をする能力に自信を持てるようになること，3）数学的問題解決者になること，4）数学的にコミュニケーションを行うことを学習すること，5）数学的に推論することを学習すること（NCTM, 1989, p.5）と設定している。この「NCTM スタンダード」は，数学教育を概念化する方法の実質的な転換として特徴付けられている。なぜなら，数学的思考の一般的能力は，過去に教育の目的の特徴となっていた内容志向の学習目標の代わりとなるからである。数学教育は今や，宣言的知識や手続的技能をはるかに超えた，数学的思考力とその現実世界の問題への応用力を育成することを目指している。その後の研究は，理論的研究と実証的研究の両方を通じて，それらの能力について詳述し，拡張した（Niss, 2003; Blomhoj and Jensen, 2007）。ごく最近では，同様の開発が，米国の数学の各州共通基礎スタンダード構想（CCSSI, 2010）によって示された。数学の教育内容のスタンダードの他に，CCSSI の草案文書には数学的実践のための一連のスタンダードがあり，このスタンダードは，上述の「NCTM スタンダード」に明らかに立脚している。

PISA 調査の数学的リテラシーに関する評価の枠組みは，この新しい伝統に基づいて構築されており，実際のところ PISA 調査はこの 10 年間，世界中の政策立案者と数学教育の専門家によって強く支持されている思考やモデル化アプローチの主要な推進力であった。PISA2012 年調査の数学的リテラシーの評価の枠組み（この報告書の第 1 章）は，代数，幾何又は統計といった学校での数学教育の伝統的な内容の要素を正確に映し出すものではない。むしろ，枠組みは，概念的な理解を導く「大きな考え方」を強調しており，専門的な知識と技能をはるかに超える数学の能力を必要としている。

PISA 調査が概念化されたときの基礎となる考え方は，文脈中における数学的思考を評価することであった。PISA2012 年調査の枠組み草案では，数学の能力は以下のように定義されている。「様々な文脈の中で数学的に定式化し，数学を活用し，解釈する個人の能力。それには，数学的に推論することや，数学的な概念・手順・事実・ツールを使って事象を記述し，説明し，予測することを含む。この能力は，個人が現実世界において数学が果たす役割を認識したり，建設的で積極的，思慮深い市民に求められる，十分な根拠に基づく判断や意思決定をしたりする助けとなるものである」（第 1 章参照）。基本的に同じ概念が，早期の PISA 調査において練り上げられ，調査問題へと変換されており，各問題は「（現実世界の問題を）提示された生徒が，このような問題の解決に成功するために自己の数学知識と能力を活性化させることのできる度合いに関する尺度」（OECD, 2004, p.37）として設計された。PISA2012 年調査の枠組み（第 1 章）は，15 歳児の数学的能力の評価を，引き続き，数学的モデル化プロセスの段階に基づいて行っており，中心的な一連の数学の能力，すなわち**コミュニケーション・数学化・表現・推論と論証・問題解決のための方略の考案・記号的，形式的，専門的な表現や操作の使用・数学的ツールの使用**に基づいている。また，各問題は中等教育段階の学校の数学の四つの幅広い内容カテゴリー，すなわち**空間と形・変化と関係・量・不確実性とデータ**に沿って開発されている。これは，将来の数学的リテラシーに関する PISA 調査，今後も引き続き技術的である数学的な内容知識と技能をはるかに超えることを意味している。

PISA 調査のテスト問題（cognitive assessment）は，このように，上記で論じた現代数学教育の五つの目標のうち三つ，すなわち生徒の数学的推論，問題解決，及びコミュニケーション能力を把握することとしている。残りの目標である数学の価値と，数学をする能力に自信を持つことも，両方とも，PISA 調査の生徒質問紙における非認知的アウトカムとして評価される。これら構成要素は，数学教育のアウトカムを保証するだけでなく，PISA 調査の数学的リテラシーの成績の差を説明することの助けともなる。次の節では，概念的な背景及び尺度を提供する。

3.2　数学的リテラシーに関連したアウトカムの尺度：方略，信念，動機付け

3.2.1　方略とメタ認知

数学教育者は，生徒がどういった課題や問題をどれほど解決できるかだけでなく，どのようにこれらに取り組んでいるか（すなわち，生徒が，数学を学習し，試験の準備をし，又は問題を突き止めたり，取り組むのにどのような方略を用いたりするか）を知りたいと思っている。分野特有の学習方略，及び問題解決の方略は，ちょうど読解力の教育における文章に基づく学習方略のように，数学の学習の重要なアウトカムであるとともに前提条件でもある。優れた知識と方略は，数学的リテラシーの新しい文脈や課題への転移を可能にする。

読解力の文脈において，PISA 調査は三つの認知的な学習方略，すなわち暗記（例えば，主要な用語の学習，教材の繰り返し学習），詳述（例えば，関連する領域と結び付ける，代替解決策について考える），及び制御（すなわち立案，観察，規制を伴うメタ認知方略）を生徒の自己評価に適用した。PISA2003 年調査はこれらの尺度を数学の分野にも適用した。こうして練り上げられた尺度は，「数学を学習する際には，他の教科で学習したことと課題を関連付けるよう努める」といった読解力の分野から採用された幾つかの質問項目を用いた。さらに，その尺度には，「数学の問題を解こうとするときは，解答を得るための新しいやり方を考える」及び「……私は，解決策が他の質問に応用される可能性はないか考える」といった特定の質問項目が含まれている。この修正された尺度は，国家間での数学の成績の有効かつ強い予測因子であることが証明された。同時に，暗記は，独立したかつ有効な尺度としては全く特定できないようであり，自己評価の制御方略として特定された様々な結果と混在していた（OECD, 2005b, p.297; Vieluf *et al.*, 2009a, 2009b）。

数学特有の問題が数学の問題を解決する文脈において位置付けられていたことは偶然ではない。国際比較研究では，世界中の数学指導は，問題に取り組むことで大半は定義されると示されている（Christiansen and Walther, 1986; Hiebert *et al.*, 2003; Stigler and Hiebert, 1999）。生徒が個人で，小さいグループ，又は学級全体で数学に取り組む場合は，生徒は常に問題若しくは定型的な課題のいずれかを割り当てられる。たとえ新しい内容が導入される場合であっても，多くの国の教師は例題を使用して，教室で一緒に新しい解法を使って取り組む。このように，数学の勉強又は学習は，基本的には与えられた問題を解くことを意味する。読解力分野のような学習方略よりもむしろ，問題解決方略が数学的リテラシーの中心にある。数学の学習における認知的研究は，これらを，今は一般的にメタ認知と呼ばれているものの例示として再規定した（Desoete and Veenman, 2006; Garofalo and Lester, 1985; Schneider and Artelt, 2010; Schoenfeld, 1992）。一般に，メタ認知とは，今や古典的となった Flavell（1979）の論文に定義されたように，自己の認知プロセスや方略を自覚し，考えることを意味する。

設計に関する検討事項：傾向分析を可能にするために，PISA2003 年調査からの方略の尺度（数学の学習方略及び問題解決方略に関する自己評価）は維持された。しかしながら，Schneider and Artelt（2010）が指摘するように，方略に関する知識の自己評価及び／又は方略の使い方は，メタ認知の指標としては弱い。さらに，コンピュータによる認知的技能の調査から得られたログファイ

ルデータに基づく指標，又は，読解力のメタ認知を調査したPISA2009年調査のやり方と類似した，宣言的メタ認知の知識に関する指標が，将来的には検討されるであろう。

3.2.2　動機付けと意図

多くの国が，とりわけ女性の科学・技術・工学・数学（Science, Technology, Engineering, Mathematics: STEM）の教科に対する志望意欲の低さに悩んでいる時代においては，数学への興味・関心と動機付け，又は，数学に対するより広い肯定的態度の強化が，主要な政策論点となった。また，数学に関連した態度と数学の成績の間には正の相関があるという証拠が多く存在する（例えばMa and Kishor, 1997によるメタ分析を参照）。

生徒の動機付けに関する理論では，内的な動機付けと外的な動機付けを区別することが通常である。内的な動機付けは，課題や活動そのものから得られるものに由来する。PISA2003年調査はこの種の数学に関する動機付けを，数学への興味・関心や楽しみという尺度によって評価した（質問例：「数学で学ぶ内容に興味がある」）。研究論文では，内的な動機付けが，生徒の関わりと課題にかける時間，学習活動，成績や職業選択に影響を及ぼし，かつ，授業での指導によって形成されうることが示唆されている（Kunter, 2005; Rakoczy *et al.*, 2008; Ryan and Deci, 2000）。外的な動機付けはこれと対照的に，教科の外，すなわち，期待して得られるものに由来する。外的な動機付けはコースの選択，職業選択，成績の重要な予測因子であることがわかっている（Wigfield *et al.*, 1998）。PISA2003年調査においては，数学の学習における道具的動機付けの尺度が適用された。その質問項目の一つは「将来の仕事の可能性を広げてくれるから，数学は学びがいがある」である。

より洗練された行動規範のモデルでは，内的及び外的動機付けといったより一般的な性質と，実際の意図は区別されている。意図は，実際の意思決定により近く，さらに，生徒が自分の現在の人生や将来計画において数学をどう扱うかを評価するという点で，より関連性が強い。このような質問項目には，恐らくは文化特有の回答形式又は仲間集団の規範によるバイアスはあまりかからないであろう。短期的な意図は「確実に数学を学習するために私は一生懸命取り組もうとする」のような質問項目による尺度で評価される（Lipnevich *et al.*, 2011）。長期的な意図又は今後の志向は，PISA2006年調査の科学関連の研究に導入された尺度，すなわち「私は数学に関わる職業で働きたい」というような質問項目を用いることによって把握される。後者の尺度によって，好成績の生徒が，その能力を生かしたキャリアパスに付く機会を有する教育システムなのかどうかを測ることができる。また，STEM関連の職業機会の公平性という問題も調査することができる。

設計検討の観点からは，四つの尺度，すなわち「数学への興味・関心と楽しみ」「数学を学習する手段としての動機付け」「短期的な意図」及び「長期的な意図」は，数学学習に対する生徒の動機付けに関する政策的問題に対応するには十分であろう。PISA2006年調査のように，生徒質問紙での六つの態度に関する尺度に，テスト問題（cognitive test）での幾つかの尺度を加えて用いることは，生徒に過大な負担を不必要にかけることになる。しかしながら，文化的なバイアスを減らし，異文化間での結果の比較を確実に可能とするために，革新的な取組が試行された（5.3「学校レベルの変化を研究するための標本の拡張（国際オプション）」参照）。

3.2.3　自己に関する信念と計画的な行動

生徒が自分自身についてどのように考え，感じるかは，課題や自分の置かれた状況に立ち向かうときに生徒がどのように行動し，決定をするかを左右する重要な予測因子である（Bandura, 1977）。自己効力感は，ある課題に対処する能力があるという確信又は信念と定義されているが，一方，自己概念は，継続的な自己評価に基づく個人的な特質を全体的に認識することとして，より広い意味で定義されている。数学教育に関する諸研究では，教科特有の自己効力感が，数学の成績，数学的問題解決，興味・関心，そして職業選択をも予測することを見いだした（Britner and Pajares, 2006; Pajares and Miller 1997; Turner *et al.*, 2004）。PISA2003年調査は，数学の課題と関連させて，数学に関連する自己概念（質問例：「数学はすぐわかる」）と自己効力感の両方を評価した（Lee, 2009; OECD, 2005b 参照）。より具体的には，生徒は，$3x + 5 = 17$ という等式を解くといった簡単な専門的手順から，車の燃費を計算するといった数学的モデル化の問題まで，難易度に幅のある八つの課題に取り組み（OECD, 2005b, p.292），次いで「次のような数学の問題を解く自信がありますか」と尋ねられた。自己概念と自己効力感の両方とも，異文化間で同等に，生徒の成績に関する強い予測因子であることがわかった（Vieluf *et al.*, 2009a, 2009b）。

生徒が数学の課題を解決する能力にどれだけ自信があるかは，生徒が数学にどれだけ価値を置いているかと同様に，例えばコース選択，職業決定といった数学に関する生徒の行動を予測し，説明するための関連性の強い要因である。心理学と経済学の両方において多数の予測値モデルが，意思決定の両側面を統合するために提案されてきた。このようなモデルの一つがAjzen（1991）の計画的行動理論であり，そこでは意思に基づく行動は，具体的な態度や主観的な規範（すなわち価値構成要素）認識される行動制御（すなわち予測値構成要素）によって決定されると述べている（異文化間研究における数学への適用は，Lipnevich *et al.*, 2011 を参照）。Ajzen（1991）によると，これら予測因子を操作することによって，人が望んだ行為をしようと意図する確率を高めることができる。そして，これによって行動が実際に起こる可能性が高まる（図6.1参照）。

図 6.1　計画的行動の理論

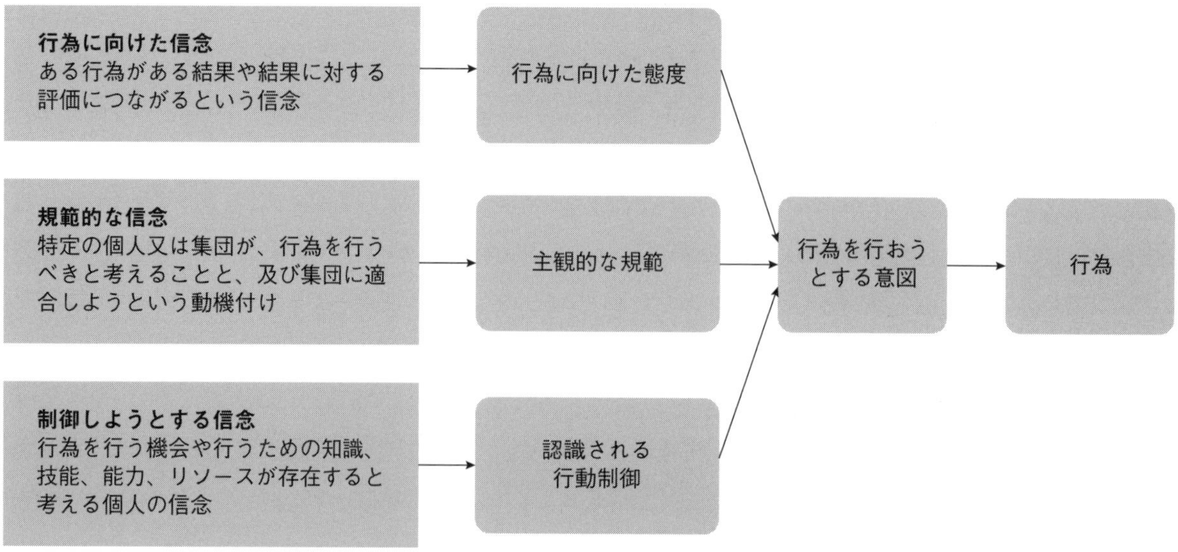

現在の文脈では，生徒の態度，制御に対する認識，主観的な規範により，数学の宿題に時間を費やしたい，授業で質問したい，又は不安を和らげるために少し体を動かしたいという欲求を予測し，数学の成績を向上させることができるかもしれない。

設計に関する検討事項：完全な Ajzen モデルを適用することによって，数学に関連する取組，数学に関連する生徒の行為，そして間接的に，可能であれば生徒レベルのアウトカムを説明するための研究における分析力を大幅に増加させることができる。しかしながら，モデルの全ての様相を測定するためには多くのコストと労力が必要とされるため，このように測定の幅を広げることは，提案されたローテーション設計に基づき，生徒の部分集合にのみ与えられている（4.3「生徒質問紙の拡張のためのローテーション設計とコンピュータによる配付」参照）。自己概念と自己効力感は，その生徒質問紙において用いられることが望ましく，また数学に対する不安に関する尺度が維持されるべきである。しかしながら，その異文化間妥当性と漸増的予測力には疑問があるため（Lee, 2009; Vieluf *et al.*, 2009a, 2009b），新しい項目のフォーマットがこの尺度に対して試行された。

3.3　学習機会と指導の質：学習環境を評価する

PISA 調査が調査サイクルにおける中心分野の学習条件を把握しようとする理由は，次の二点にある。第一に，PISA 調査は，他の研究文献において指導の質の重要な指標であることが示された尺度に基づいており，様々な国における 15 歳の生徒の学習環境の特徴を説明し，比較するのに役立つからである。第二に，これらの尺度は，全ての国ではないが，調査が行われた学校にほとんどの生徒が少なくとも 2 年間通っている国々の生徒レベルのアウトカムを説明するのに役立ちうるからである。例えば，後者に当てはまる国は PISA2006 年調査に参加した国の 3 分の 2 に上る。

PISA 調査で定義されているような数学的リテラシーを習得できる学習環境は，研究文献では，文脈における学習（Schoenfeld, 2006），議論に基づく指導（Boaler and Greeno, 2000; Stein *et al.*, 2008）として述べられており，必要不可欠な活動として数学的モデル化（Blum and Leiss, 2005）が含まれている。過去の独創的な研究において，Schoenfeld（1987, 1992）は，公式，アルゴリズム，定義，及び他の技術的内容の習得を目的とした伝統的な指導と対比して，有意味な学習を可能にし，数学的な諸概念を関連付け，これらの構成要素を生徒の日常生活と結び付けるような数学文化を求めた。Stein ら（2008）が提唱する「効果的な数学指導の現在の理想像」では，次のように述べられている。「生徒はより現実的かつ複雑な数学の問題が与えられ，お互いをこれらの問題に取り組むためのリソースとして利用し，そして自分たちの方略と解決策を，教師が練り上げを行う学級全体の議論の場で共有する」（p.315）。

PISA 調査は，数学の学習環境の主要な側面を質問紙の範囲内で把握できるよう設計されているため，現代数学教育のこの理念を実現することは大きな課題である。数学的リテラシーにつながる学習指導プロセスを説明するためには，内容について尋ねるだけでは十分でない。その理由は，第一に，PISA 調査で定義されている数学的リテラシーは，学習成果の尺度で，基本的な数学の能力とプロセスに依存しており，そのため，学校で教えられた特定の内容要素への依存度は低いからである。第二に，数学指導の質は内容によって決まるのでなく，むしろ，明確さや構成，生徒への支援，認知的な困難さによって決定される（2.4「学級レベルのインプットとプロセス」参照）。したがって，PISA 調査では，他の国際的調査で学習環境を特徴付ける重要な構成要素であった学習機会（OTL）の概念を再定義する必要がある。さらに，PISA 調査の設計の過程では，生徒から取得した学習機会のデータは学校レベルで検討される。

3.3.1　学習機会：内容カテゴリー及び問題の種類

学習機会の概念は 1960 年代早期に John Carroll によって導入された。当初は，生徒に学習のための十分な時間が与えられ，かつ，十分な指導を受けたかどうかを意味していた（Carroll, 1963; Abedi *et al.*, 2006）。以降，この概念は国際調査における重要な概念（Husen, 1967; Schmidt and McKnight, 1995; Schmidt *et al.*, 2001）となり，とりわけ多国間の比較において生徒の成績と強く関連していることが示されてきた（Schmidt and Maier, 2009, pp.552-556）。同時に，構成要素の意味はより広範になった。Stevens（1993, pp.233-234）は，自身の研究において最も顕著な４種類の学習機会の変数を特定した。

- **内容包含変数：**この変数は，生徒が，特定の学年又は科目のカリキュラムを履修しているか否かを測定する。
- **内容開示変数：**この変数は，指導にかけた時間（問題にかける時間）や，与えられた指導の深さを考慮するものである。
- **内容強調変数：**カリキュラムの範囲内でどのような題材を重要視して選択するかや，どのような生徒が低次の技能（すなわち機械的暗記）又はより高次の技能（すなわち批判的問題解決）を重視した指導を受けるかに影響する変数。
- **指導提供の質の変数：**この変数は，指導方法（すなわち授業での説明）が生徒の成績にどのくらい影響するかを明らかにする。

このように，ある著者らにとって学習機会は，生徒が経験した指導の質と多かれ少なかれ同義となった。しかしながら，Schmidt and Maier（2009）は自身の批評において，「生徒が学校で学ぶことは教えられることと関連している」（p.541）として，学習機会（OTL）はむしろ複雑でない概念であると論じ，学習機会の「最も狭い意味，すなわち，生徒が接している内容」（p.542）に意図的に焦点を当てた。

Schmidt and Maier は，学習機会は，単純な構成要素であるかもしれないが，測定するのは非常に難しいことを認めている。達成したカリキュラムの差を説明するために，伝統的には教師や生徒が，あるカリキュラムの内容を指導の中で実現したかどうかや，どのように実現したか（実施されたカリキュラム）を，ときには授業記録を使用しながら確かめた（Rowan *et al.*, 2004）。さらに，カリキュラムの専門家には，内容の要素がシラバス，教科書，スタンダードといった文書中に含まれていたか否か，及びどのように含まれていたか，計画されたカリキュラムを確認した。これらの生データから様々な指標が抽出され，多くの場合，教えられた内容は，題材及び要求レベルに関する二つの要素から成ると判断された。一方，制度レベルでは，一貫性，厳密さ及び焦点の指標が導かれた（Schmidtand Maier, 2009）。

設計に関する検討事項：PISA 調査において，学習機会の測定は，他の研究で用いられた方法から修正する必要がある。というのは，数学の調査は，内容要素によって構成されているのではなく，七つの基本的な数学の能力と四つの内容カテゴリーのことを意味するからである。PISA 調査では，学習機会の測定は主として生徒の判断に基づく。

PISA2012 年調査は，国（及び，恐らくは学校）レベルの学習機会の特徴を識別することを目指している。生徒は注意深く作られた数学の問題――PISA 調査の数学の枠組みで言及したように数学の能力と内容カテゴリーに関わる問題もあれば手続的及び宣言的知識を尋ねる，より伝統的問題もある――に取り組むこととなる。こうした問題の後で，生徒は，類似の問題を数学の授業や過去の調査で見たことがあるかや，どの程度の頻度で見たかを判断するよう求められる。このように，国レベルで，考えようによっては学校レベルでも集計すると，問題や内容の種類による違いを考慮に入れて，学習機会を測定することができる。

さらに，生徒はある数学的概念になじみがあるかどうかを判断するよう尋ねられる。この尺度と，3.2「数学的リテラシーに関連したアウトカムの尺度：方略，信念，動機付け」で述べられた自己効力感の尺度と同様に，学習機会を測るための最も近しい指標として用いることができる。

3.3.2　学習時間

Carroll（1963）に続いて，非常に多くの研究が，数学を含む多くの教科において，学習時間が生徒レベルのアウトカムの主要な予測因子であることを示してきた。PISA2012 年調査は，傾向分析が確実にできるように，2003 年調査に用いられた尺度を適用することとしている。生徒は「あなたは 1 週間に平均何時間，次のようなことをしていますか」と，宿題，補習授業及び発展授業，家庭教師との学習，塾や予備校の勉強について尋ねられた。さらに，数学の週当たり校時数と期間を生徒質問紙と学校質問紙により測定するようになっている。

3.3.3　指導の質

2.4「学級レベルのインプットとプロセス」に述べたように，中等教育段階の数学指導に関する研究は，指導の質の基本的な側面として，1）構成と効率的な学級経営，2）教師の支援と生徒への指導，及び 3）課題と認知的活性化（cognitive activation）に取り組む必要があることを示唆している。これらの側面のうち二つが既存の PISA2003 年調査で用いられている尺度，すなわち**数学の授業の雰囲気**及び**数学の教師の支援**によって網羅されており，両方とも生徒質問紙にある。

PISA2003 年調査の国際報告書（OECD, 2004）では，**数学の授業の雰囲気**という構成要素が数学的リテラシーの成績と強く関連していることが示された。一方，学級の規模，学校レベルで提供される数学的活動，能力別グループ分けの回避といった他の変数は，社会経済的背景を考慮した後では，大きな影響を及ぼさない。こうした知見は，過去の研究や，優れた構成の効果的な学級経営が生徒の学習の前提条件であると予測している 2.4「学級レベルのインプットとプロセス」に概説された理論と一致している。しかしながら，PISA2003 年調査報告書は，学習環境と，生徒の数学への興味・関心や楽しみといった情意的アウトカムとの間の関係について研究を行わなかった。一方，Vieluf ら（2009a）は，教師の支援が，社会経済的背景を調整した後も，生徒の数学への興味・関心との間に正の相関があることを示した。

しかしながら，課題と認知的活性化は，数学的リテラシーを育成するためには極めて重要な側面であるものの，評価することが非常に難しい。類似の概念が数学教育において広く論じられており（例えばBlum and Leis, 2007），この概念は，特に，学習者に，能力を開発して実践するための多くの機会を提供する数学の教科内容の指導における教師による統制の重要性を強調している。しかしながら，PISA2003年調査に用いられたいずれの指標も，この側面を捉えることができなかった。幾つかのアプローチが国内の研究でうまく用いられており，PISA2012年予備調査に提案されている。

- 宿題は数学指導のほぼ普遍的な要素であるので，教師の授業での宿題の扱い方を，課題に対する指標として用いることができる。Rakoczyら（2005）は，プロセス志向の宿題の取扱いを捉える尺度を，「私の数学教師は，宿題で私たちがどのように問題を解決したかに関心を持っている」「宿題の結果について話す際，我々は生徒による間違いを理解し，訂正しようとする」という質問項目を用いて開発した（この尺度は宿題それ自体，又は宿題に使われた時間ではなく，宿題の結果に関する学級での対話の質を扱っていることに注意されたい）。
- また生徒は，数学の授業を受けているときに通常遭遇する問題の種類について尋ねられる。例えば，「数学の先生から与えられた問題を解決するために，大抵，しばらくの間，考える必要がある」である（「認知的活性化タスク」尺度（Baumert *et al.*, 2008）は，PISA2003／ドイツにおいて用いられた）。

3.3.4　指導方法と生徒の数学的活動

指導の質に関する三つのモデルのうち行動志向のバージョンは，OECDのTALIS研究において，教師に対し，自身の指導で13の実践のうちそれぞれをどのくらいの頻度で行ったかを尋ねることによって実施された。

- **構成の実践（5項目）**：例えば，「私は学習目標を明確に示している」。他の質問項目には，前回の授業内容のまとめ，宿題やワークブックの確認，授業で生徒に質問し理解しているかを確認することが含まれる。
- **生徒中心の実践（4項目）**：例えば，「生徒が少人数のグループで，問題や課題に対する共同の解決策を考え出す」。他の項目には，能力別グループ分け，生徒の自己評価，生徒の授業計画への参加が含まれる。
- **発展的な学習活動（4項目）**：例えば，「生徒は，完成までに少なくとも1週間を必要とする課題を行う」。他の項目には，作品，エッセイ，ディベートが含まれる。

23か国のTALISの主たる研究データに基づき，以下の三つが示されている。1）三つの側面は異なる国の間で区別することができる（すなわち三つのモデルには一定の異文化間妥当性がある），2）仮説として立てられた構成の実践は，（教師によって認識された）より高いレベルの授業の雰囲気に関連している，3）職能開発への参加並びに能力の高い生徒への指導により，これらの実践を使用する頻度が高まる。数学及び理科の教師は，他の教科の教師よりも，生徒中心志向は低く，強化活動の使用頻度も少ないと報告されている（OECD, 2009b）。

設計検討の観点から，TALISの指導方法の尺度は，TALISの教員質問紙に短い追加事項を含めることによってPISA2012年調査でも使用できるよう作られた。強化活動に関する質問項目は，以下の例のように数学用に組み立て直す必要があるだろう。例えば，「日常生活の問題を解決するために数学を用いる」「数学を他の教科と結び付ける」「数学的なパターンから規則を導く」「数学の定理の証明を詳述する」「例と反例について論じる」「数学の問題に複数の図表現を使用する」「同じ課題で異なる解法又は複数の解法を比較する」などである。

TALISとの関連付けは幾つかのPISA調査参加国でしか実現可能ではないが，全ての生徒に対して，どのくらいの頻度でこうした活動に積極的に参加しているかを尋ねることができる。

3.4　数学的リテラシーの指導と学習のための学校及び制度レベルでの支援

2.2「制度レベルのインプットとプロセス」と2.3「学校レベルのインプットとプロセス」で論じた学校レベルと制度レベルの変数のほとんどは，数学の成績及び／又は数学に関する態度と関連性がある。数学に特有のインプットとプロセスの指標は，学習機会及び指導の質（3.3「学習機会と指導の質：学習環境を評価する」参照）に関する生徒の回答をより高いレベルで集めることによって得ることができる。

しかしながら，制度レベル又は学校レベルにおける数学特有の変数の多くは，数学的リテラシーの学習指導の条件を直接形成することになる。このため，制度レベルと学校レベルの項目については特に強調されてもよい。

制度レベルの改革

- 数学に焦点を当てた，新規構想，学校改善活動，職能開発プログラム。
- 生徒の入学，能力別編成，学習評価と進級，学校評価における数学の役割。
- 1年当たりの計画された数学指導時間。

学校レベルの改革

- 数学関連のコースの提供（すなわち補習授業，発展的な学習活動，個別指導）。
- 数学教師の資格要件。
- 数学教師間の協働。

設計検討の観点では，PISA調査が学校長に対してこれら全てについて尋ねていることを考慮すると，データは学校レベルから制度レベルまで集めることができる。

第 4 節　PISA2012 年調査の質問紙設計の詳細

4.1　PISA 調査のサイクル間で使われている変数：教育全般に関する変数，分野特有の変数，拡張テーマの変数に関する全体的設計

生徒の成績，態度，行動，及び教育システムの機能を理解する上で役に立つ要因の中には，直接調べることができるもの（例えば，人口統計学的変数，調査時までの進路選択，指導時間，学級の規模）や，これまでの PISA の調査サイクルの中で開発されたもの（例えば，生徒の社会経済文化的背景指標，認知方略，学校の意思決定）もあるが，PISA の調査計画の中では容易に取り扱うことのできないもの（例えば，制度レベルの説明責任に関する政策，教師に関する変数，学級での学習環境や学校外での活動といった側面）もある。質問紙に入れる変数を多くの中から選ぶことは複雑なプロセスであり，この調査に対して決めた各国の優先順位だけでなく，これまでの節で概説した教育研究によっても方向付けられている。

PISA 調査の目的が多岐に渡り，生徒の多様な学習成果を扱い，広範囲な経年変化の情報も求められているとすると，質問紙には以下の内容が含まれている必要がある。

1）教育全般に関する変数（全ての調査サイクルに対して）

- ●教育全般に関するインプット質問項目
  - ・生徒レベルのインプット（学年，性別，社会経済的背景＝保護者の教育歴及び職業・家庭の豊かさ・教育リソース・文化的所有物，移民に関する情報＝移民としての背景・使用言語・調査国に移り住んだ年齢，家庭への支援）
  - ・学校レベルの文脈とインプット（地域社会の規模，リソース，教師の資格要件）
- ●教育全般に関するプロセス変数
  - ・学校レベルのプロセス（意思決定，入学方針，テスト及び評価方針，職能開発，教師のやる気／モラール，生徒と教師の関係，保護者の関与）
  - ・指導上のプロセス（学習時間，授業の雰囲気，教師の支援）
- ●教育全般に関するアウトカム変数
  - ・教育全般に関する非認知的アウトカム――学習への関わり方（行動：無断欠席，個人目標：教育期待，動機付け：学習への取り組み，情動：帰属意識）

2）分野特有のトレンド変数（中心分野に対してのみ，９年ごとに問われる）

- ●分野特有の非認知的アウトカム変数（方略とメタ認知，分野に対する考え，自己に対する考え，動機付け）
- ●分野特有のプロセス変数（学習機会，指導の質，制度レベル及び学校レベルの支援）

3）拡張テーマの変数（各サイクル内での拡張項目）

- ●国際オプション（例えば，2012 年調査では，教育歴調査，ICT 質問紙，保護者質問紙）

- 追加された分野のための文脈的な変数（例えば，コンピュータ使用型問題解決能力調査に関連するICT経験）
- 分野に特化した報告で用いられる説明変数（例えば，2012年調査の場合，数学に関連した動機付け及び志向）
- 学校レベルの，影響を受けやすい変数であり，特に便宜的に又は因果的推論のために選び出された変数（例えば，能力別編成に関する方針，教員資格）

4）OECDの国際教育インディケータ事業（INES）又は制度レベルの質問紙から得られた制度レベルの情報

- 教育機関の成果（例えば，得られる資格）
- 教育に投資された財政的・人的リソース
- 教育の利用と教育への参加
- 学校の学習環境と組織

これまでのPISA調査のサイクル，とりわけ2006年調査では，中心分野に関連していない内容をおおむね無視した質問紙の設計がなされた。したがって，教育全般に関する変数の1）は，生徒レベルのインプットのみに限定される場合があった。生徒質問紙，そして学校質問紙の一部でも，分野特有のプロセスと非認知的アウトカムに重点が置かれた。しかしながら，この設計はトレンドを測定するには不適切なものである。

1），2），3），及び4）の間の適切なバランスを見いだすことは，PISAの質問紙の全体的設計にとって，そしてPISAの調査計画が長期的にうまくいくためには，極めて重要である。

国レベルで妥当性があり，信頼性の高いトレンド情報を得るには，習熟度の推定値を計算するためにも，公表される主要な変数としても，全ての調査サイクルで教育全般に関する変数を調べることが重要である。したがって，これらの文脈的でインプットの背景情報は変更するべきではない。

政策立案者は，生徒の成績に関するトレンド情報のみを必要としているのではない。教育システムは，成績以外の教育目標にも影響を与える。したがって，政策立案者は，分野とは独立した，非認知的又は行動的なアウトカム，すなわち，教育的向上心（予想する30歳時の職業），学校への関わり（帰属意識），無断欠席や学習の動機付け（例えば，努力及び忍耐力）の情報をも求めており，これまでのPISA調査のサイクルでも網羅されてきた。今までのところ，PISA調査の立案者たちは，異なる文化での比較可能性が十分ではないことを危惧して，これらの変数の使用に消極的であった。しかしながら，増え続ける調査サイクルに渡りトレンド情報が利用可能なため，今や，国際的な背景情報の比較よりもむしろ，各国内での経年的な変化の度合いが焦点となっている。例えば，学校への関わりが増加しているか減少しているか，またどの程度そうであるかは，ある国の中では妥当な指標となりうる。また，異なる文化間での妥当性もより注目されるようになるであろう（5.2「異なる文化間での妥当性」参照）。

二つのプロセス尺度，すなわち**授業での学級の雰囲気**と**授業での教師の支援**は，生徒の成績と興味・関心にそれぞれが関連している（Klieme and Rakoczy, 2003; Vieluf *et al.*, 2009a参照）。これらの指標は教育全般に関するプロセス変数として，学習時間に加えて，今後の調査サイクルにも残されるべきである。しかしながら，毎回言い回しを変える，すなわち言い回しを中心分野のみに合わせる代わりに，経年変化モデルの使用を考慮して，分野によらない固定した言い回しにすべきである。

調査問題の中心分野によって，追加の尺度（分野特有のトレンド変数）が検討されるべきである。そして最後に，各調査サイクルは，特有の焦点があり，それは国際オプションまたは共通の質問項目に追加されるという形で実施される。

4.2　PISA2003年調査以降の尺度の探求

数学リテラシーの学習環境について，PISA2003年調査のデータセットには，以下の側面が取り入れられた。

- 学級の規模（生徒質問紙）
- 数学の授業における学級の雰囲気（生徒質問紙）
- 数学の授業における教師の支援（生徒質問紙）
- 学校と家庭での数学の学習に使われる時間（生徒質問紙）
- 数学の能力別グループ分けの度合い（学校質問紙）
- 数学コンテストへの参加といった生徒の数学への関わりを推進する学校活動（学校質問紙）
- 数学教員の特性，すなわち資格要件，教師の合意形成，評価方針（学校質問紙）

幾つかの数学に関連したアウトカム変数，すなわち，学習方略，数学への興味・関心や楽しみ，道具的動機付け，自己効力感，自己概念，数学に対する不安も同様に調査された。

非認知的アウトカムと数学に関連した文脈・プロセス変数に関するトレンド情報を得るために，PISA2012年調査は，異なる文化では役に立たない，又は，アウトカムの差を説明できないことが示されない限り，2003年調査に用いられた変数をできるだけ多く採用した。表6.2はPISA2003年調査における生徒質問紙と学校質問紙の全質問項目の概略である。1行目は個人のインプット，すなわち，生徒の人口統計学的情報と家族の背景情報を示しており，これらは調査サイクルを通して変わらずに残っている[7]。これらのインプット変数は，国内の教育リソースと教育成果の分布を研究するために用いられ，分析モデルにおいては制御変数として扱われる。

表の2行目は，学校が公立か私立か，財政的リソース，職員的リソース，その他のリソースといった学校レベルのインプット変数を含んでおり，生徒集団の規模や構成もそこに含まれている。これらの変数は学校レベルのインプットであるが，予算の決定，教育課程構成の全体的変更，民営化方針といったものは，少なくとも一部は国又は制度レベルでコントロールされているといえる。

PISA2003年調査のテクニカルレポート（OECD, 2005b）に記載された専門的特性に基づき，また予測力のマルチレベル分析（Vieluf *et al.*, 2009b），異文化間妥当性（Vieluf *et al.*, 2009b），並びにこれまでのPISAの調査サイクルにおける学校質問紙からの情報を用いた検証（Hersbach and Lietz, 2010）を考慮して，学校レベルのインプット変数として残される変数が選ばれた。

個々の生徒レベルでは，予測力分析の結果，学習選好と数学の成績の関連性は比較的弱いこと，また，協働学習に対する関連性は特に弱いことが示された。2000年調査の同様のデータ分析

(Jehanghir and Glas, 2007）でも，2000 年調査における読解力の成績と協働学習との関連性は統計的に有意ではなく，また，競争的な学習についても，関連性はむしろ小さいことが示された。ゆえに，これら二つの尺度は削除されるかもしれない。三つの方略に関する尺度のうち，分野特有の学習方略としての記憶は数学の成績とは関連していなかった。さらに，異なる文化間での不変性，さらには測定レベルでの不変性ですら，この尺度に対しては成り立たなかった。対照的に，精緻化は成績と強い関連性があり，異なる文化間の不変性についても許容できるものであった（3.2「数学的リテラシーに関連したアウトカムの尺度：方略，信念，動機付け」参照）。

学校レベルでは，**帰属意識**，**数学の宿題に使われる時間**及び**数学の授業における学級の雰囲気**が数学への興味・関心だけではなく数学の成績についてもプロセスの予測因子として比較的強い影響が見られた。結果として，これらの変数は残され，数学の授業における学級の雰囲気が最も強い（一次元的）不変性を示したため，異なる国の間でもその指標の平均値を比較できるようになっている。

自己効力感と**自己概念**という動機付け尺度は両方とも一次元的不変性を有しており，これらを非認知的な，数学に関連したアウトカム指標として使用することが可能であり，国同士の比較分析だけでなく，トレンド分析もなされている。しかしながら，異なる文化の比較可能性をさらに改善するために別の尺度も試された。

4.3　生徒質問紙の拡張のためのローテーション設計とコンピュータによる配付

教育全般に関する変数，分野特有のトレンド変数，拡張テーマの変数の全てを網羅するには，PISA 調査で質問紙に割り当てられた時間と空間を間違いなく超えてしまう。この潜在的な問題は，データを集約することによって，調査設計のすべてのレベル（すなわち個々の生徒レベルから制度レベルまで）に対する情報を生み出すために用いられる生徒質問紙にとりわけ当てはまる。また，学校質問紙も拡張されると，無回答のリスクが高まる恐れがある。PISA2012 年調査並びに今後の調査サイクルを見越し，意図された多元的目的に役立ち，かつ，欠損データの増加を防ぐために，回答の負担を軽減する新しい方法が必要とされている。この目的を達成するため，二つの専門的新機軸が PISA2012 年調査に導入された。

4.3.1　ローテーション

PISA2012 年調査では，調査問題の設計と同じように，生徒質問紙にもローテーション設計を導入した。これは，調査問題を多数の異なるブックレットに分配して用いることを意味する。各生徒には，これらのブックレットの一つが割り当てられ，そして，限られた数の調査問題に回答するが，ブックレットを全てまとめると様々な分野からなる大きな調査問題の「全領域（universe)」を網羅することになる。ブックレットは，各試験会場（すなわち学校）の受験者に無作為にある順番からローテーションして配付される（最後のブックレットまで行くと，最初のブックレットに戻って配付される)。ゆえにそれがこの設計の名前となっている。このようなローテーション設計は，国内調査であれ，国際調査であれ，大規模な学力調査において一般的である。

表 6.2　PISA2003 年調査の質問紙の分類

	生徒質問紙	学校質問紙
前提情報 （生徒の背景と学校の文脈）	**年齢、性別、移民としての背景** 家庭での使用言語 **保護者の職業、保護者の教育歴、** **家庭の豊かさと所有物（四つの指標）、** 一緒に住んでいる人 教育歴**、現在の学年、教育課程、** 出席する理由、授業以外の勉強時間、 学力に対する保護者の期待	**地域社会の規模**
学校レベルのインプット （制度・学校レベルでコントロールされ、統治構造に依存する）		**性別ごとの生徒数** 第二言語での学習者の割合 **公立・私立**、学校に存在する学年、 学科ごとの授業時数 **資格を持つ教師**、利用できるコンピュータ、 財政的リソース、学校リソース（三つの尺度）
教育全般に関するプロセス （学校レベル、時には制度レベルでコントロールされる）	**生徒と教師の関係**	意思決定・自律性の種類、入学方針、テスト方針、第二言語での学習者へのオプション 教師のモラール、教師に起因する学級雰囲気、 教師の参加
数学特有のプロセス （授業や学校レベルでコントロールされる）	**学校と家庭での数学の学習に使われる時間** **学級の規模** **数学の授業における学級の雰囲気、数学の授業における教師の支援**	**数学の能力別グループ分け** **数学的活動** **数学教員の特性：資格要件、** **評価方針：教師の合意形成**
教育全般に関する非認知的アウトカム	学校への印象・学校の意義、 無断欠席、学校への帰属意識	生徒に起因する学級雰囲気 生徒のモラール 留年
数学特有の非認知的アウトカム	**数学への興味・関心や楽しみ、道具的動機付け** **自己効力感、自己概念、数学への不安** **方略（制御・精緻化・**記憶**）、**協働学習と競争的学習	

注：下線の要素は削除されることになったものである。太字の要素は PISA2012 年調査において残されることになったものである。太字でも下線でもない要素については，削除したり残したりする理由があまりないものである。

ローテーション設計を質問紙に用いることは，他種類の調査では確立された技法であるが，教育調査にとっては比較的新しいものである。1）認知的習熟度の推定，2）国際的な報告書とトレンドの報告，3）さらに詳細な分析，4）国際データベースの作成と構築，5）これらへの支援活動のために，このような調査設計が持つ意味合いは他のところで論じられている（Berezner and Lietz, 2009）。これまでの経験を考慮に入れ，PISA2006年調査のデータ分析に基づいて，PISA2012年調査の生徒質問紙ではローテーション設計が採用された。このようにして，調査される質問項目の量は3分の1ほど増加したと予想される。

生徒質問紙のうちローテーションしない共通部分には，少なくとも生徒レベルの教育全般に関するインプット変数を含めるべきである（4.1「PISA調査のサイクル間で使われている変数：教育全般に関する変数，分野特有の変数，拡張テーマの変数に関する全体的設計」参照）。これは，方法論的な必要性と報告する際の必要性，理論的研究，PISA2006年調査のデータ分析（Berezner and Lietz, 2009）に基づいている。表6.3は，共通部分に含められた変数の一覧である。

さらに，共通部分には，主なマイノリティー集団に対する差別的な影響を説明する際に必要となる構成要素を含めるように提案されている。政策的な観点から，これには，移民としての背景がある生徒とない生徒との差を説明するのに役立ちそうな全ての変数が含まれる。

4.3.2　コンピュータによる配信

コンピュータを用いて配信することで，質問紙の実施・コード化がより一層柔軟に，適切に，効率的に行えるようになる。例えば，質問によって回答者を導くフィルター質問を容易に利用でき，回答の不一致をオンライン上で確認でき，さらにデータの手入力も必要でなくなる。このように，コンピュータ使用型調査は，長期的には調査問題や質問紙のより良い実施にも役立つと考えられる。

PISA2012年調査では，学校質問紙でコンピュータによる配信が可能となった。その後の調査サイクルでは，この技法が生徒質問紙や質問紙の国際的オプションにも利用されるかもしれない。

表 6.3　生徒質問紙：共通部分

問コード	質問項目の内容
ST01	学年
ST02	教育課程
ST03	生年月日
ST04	性別
ST05	就学前教育歴
ST06	小学校への入学年齢
ST07	留年
ST08	学校への遅刻
ST09	無断欠席
ST115	授業をサボる
ST11	一緒に住んでいる人
ST12	母の職業の名称／母の職業の内容（ISCO）；ESCS の構成要素
ST13	母の教育歴（中等教育以前）（ISCED）；ESCS の構成要素
ST14	母の教育歴（中等後教育）（ISCED）；ESCS の構成要素
ST15	母の就業形態；ESCS の構成要素
ST16	父の職業の名称／父の職業の内容（ISCO）；ESCS の構成要素
ST17	父の教育歴（中等教育以前）（ISCED）；ESCS の構成要素
ST18	父の教育歴（中等後教育）（ISCED）；ESCS の構成要素
ST19	父の就業形態；ESCS の構成要素
ST20	生まれた国
ST21	調査国に来た年齢
ST25	家庭での使用言語
ST26	家庭の所有物；ESCS の構成要素
ST27	家庭の所有物の数；ESCS の構成要素
ST28	家庭にある本の冊数

注：ESCS とは，社会経済文化的背景指標。

表 6.4　生徒質問紙：ローテーション型フォーム A・B・C

フォーム A		フォーム B		フォーム C	
問コード	質問項目の内容	問コード	質問項目の内容	問コード	質問項目の内容
ST01-28	共通部分（表 6.3 参照）	ST01-28	共通部分（表 6.3 参照）	ST01-28	共通部分（表 6.3 参照）
ST29	数学に対する内発的・外発的動機付け	ST42	数学における自己概念 （Q2、4、6、7、9） 数学に対する不安 （Q1、3、5、8、10）	ST53	学習方略 （制限・精緻化・記憶）
ST35	主観的な規範	ST77	数学の授業での教師の支援	ST55	授業以外での学習状況
ST37	数学における自己効力感	ST79	教師の行動： －教師主導の指導 －形成的評価 －生徒に考えさせる活動	ST57	授業以外の合計勉強時間
ST43	数学の成績に関する制御感覚	ST80	数学の授業での認知的活性化	ST61	応用的な数学問題の経験 （Q1、4、6、8） 純粋数学の問題の経験 （Q5、7、9）
ST44	数学でうまくいかない原因	ST81	授業の雰囲気	ST62	数学的概念へのなじみ
ST46	数学を勉強する上での規範	ST82	＋ 注釈付きの場面設定	ST69	1 校時の時間〈分〉
ST48	数学に関する意向	ST83	教師の支援	ST70	1 週間の教科別校時数
ST49	数学に関する行動	ST84	＋ 注釈付きの場面設定	ST71	1 週間の全校時数
ST93	忍耐力	ST85	数学の教師の授業の進め方	ST72	学級の規模
ST94	問題解決に対する積極性	ST86	生徒と教師の関係	ST73	文章題の経験
ST96	問題解決方法（SJT）	ST87	学校への帰属意識	ST74	手続き的な課題の経験
ST101	問題解決方法（SJT）	ST88	学校への態度：学習成果	ST75	純粋数学における推論の経験
ST104	問題解決方法（SJT）	ST89	学校への態度：学習活動	ST76	応用的な数学における推論の経験
ST53	学習方略 （制限・精緻化・記憶）	ST91	学校での成功に関する制御感覚	ST42	数学における自己概念 （Q2、4、6、7、9） 数学に対する不安 （Q1、3、5、8、10）
ST55	授業以外での学習状況	ST29	数学に対する内発的・外発的動機付け	ST77	数学の授業での教師の支援
ST57	授業以外の合計勉強時間	ST35	主観的な規範	ST79	教師の行動： －教師主導の指導 －形成的評価 －生徒に考えさせる活動
ST61	応用的な数学問題の経験 （Q1、4、6、8） 純粋数学の問題の経験 （Q5、7、9）	ST37	数学における自己効力感	ST80	数学の授業での認知的活性化
ST62	数学的概念へのなじみ	ST43	数学の成績に関する制御感覚	ST81	授業の雰囲気
ST69	1 校時の時間〈分〉	ST44	数学でうまくいかない原因	ST82	＋ 注釈付きの場面設定
ST70	1 週間の教科別校時数	ST46	数学を勉強する上での規範	ST83	教師の支援
ST71	1 週間の全校時数	ST48	数学に関する意向	ST84	＋ 注釈付きの場面設定
ST72	学級の規模	ST49	数学に関する行動	ST85	数学の教師の授業の進め方
ST73	文章題の経験	ST93	忍耐力	ST86	生徒と教師の関係
ST74	手続き的な課題の経験	ST94	問題解決に対する積極性	ST87	学校への帰属意識
ST75	純粋数学における推論の経験	ST96	問題解決方法（SJT）	ST88	学校への態度：学習成果
ST76	応用的な数学における推論の経験	ST101	問題解決方法（SJT）	ST89	学校への態度：学習活動
		ST104	問題解決方法（SJT）	ST91	学校での成功に関する制御感覚

第５節 PISA 調査の質問紙設計における妥当性の根拠，説明力，政策との関連性の確保

この節では，妥当性と異なる文化間での比較可能性を高め，あらゆるレベルでさらに価値のある指標を定め，研究の説明能力を上げるために，PISA 調査の設計と分析計画に関する提言を示す。調査の方法論的観点から調査設計を改善することで，究極的には，PISA 調査のデータによって支えられる政策に関連する洞察をさらに増やし，さらに洗練されたものにすることができる。

現在の調査設計と標準的な報告方法を使えば，学校によって提供される補習授業の量（学校質問紙の回答による）や学校外での学習の量（生徒質問紙や保護者質問紙の回答による）などを示すことができる。政策立案者は次のように問うかもしれない。提供する補習授業の量が学校によって異なっているのか，社会的背景や民族的背景が異なったり（PISA 調査の標本抽出枠組みで識別されるような）進路が異なったりする生徒でも同じように補習授業を受けられているのか，恵まれない生徒を助ける積極的な措置が存在するか，個別指導が学校による補習授業の不足を補っているか，これらの関係が時間とともに（異なる PISA の調査サイクルで）どのように変わってきているか，他の国と比べてこれらの統計データに対して国はどのような行動をとっているか，と。

しかしながら，次のような政策上の問いに答えるにはより高度な分析モデルが必要であるし，関連する知見を解釈する際にもより注意深くする必要がある。すなわち，賃金労働をしなければならないために，生徒が補習授業や個人指導に参加できなくなってはいないか，これに参加できれば生徒の成績は上がるのか，補習授業を提供することで学校レベルの平均得点が上がり，学校の中での生徒の成績の差が縮まり，学校の中での社会的格差（すなわち社会経済的背景と成績との関連性）が縮まるのか，ということである。これらは，ある処置（すなわち，賃金労働，個別指導及び補習教育の提供）が別の変数（すなわち，これらの活動への参加，生徒の成績）へ影響しているという仮説である。これらの仮説を調べるには，ある種の因果関係を推論する必要がある。これらの推論の妥当性は，これらの措置が取られている，若しくは自主的に選択されていることを示す制御変数が利用できるかどうかによって決まってくる（1.3「教育システムにおける効果パターンの理解」参照)。そして分析は国ごとに行われるべきである。

補習を行うこと（又は自ら補習を受けること）が，仮に教師や保護者からの提案や圧力によって進められるにしても，それは生徒の学年，性別，社会経済的背景，生徒が在籍する教育課程の影響も受けている。これらの条件を制御した上で，処置変数を取り扱うには，全ての生徒に対して 1）今年度受けた数学の補習の種類と時間，2）前年度の期末にとった成績，3）前年度の期末に教師や保護者が補習授業を勧めてきたかどうかを質問する必要がある。これらの質問を生徒質問紙に含めることは，この問題における因果関係を推論する上で必須の条件である。同じような措置の影響についても，今後の調査サイクルにおいて研究できるかもしれない。

学校レベルでは，学校の長期欠席に対する方針とその実施が生徒の無断欠席，帰属意識，成績に与える影響を調べるべきである。とりわけ，全ての学校長に対して，ここ３年間のうち長期欠席が学校の理事会や教育委員会で問題視されてきたかどうか，その時点から学校はどのような対策をと

ってきたかを聞くべきである。

5.1　生徒の学習や成績に影響を及ぼすものをモデル化する方法

これまでのPISAの調査サイクルや学校の効率性に関する研究では，性別や社会経済的背景，移民としての背景（個人レベル）や，それぞれについて学校ごとに集計したもの（学校レベル）といったインプット変数を制御変数とすることで，学校レベルと生徒レベルのプロセスが生徒の成績や動機付け（例えば，数学への興味・関心）にどの程度影響しているのかを調べてきた。このような制御変数を用いることによって，実際には第3の変数のみに起因する2変数間の関係に，誤った「疑似相関のある」という結論を回避できる。例えば，多くの国では，移民と移民でない人との間の成績の差の大部分は，移民が多くの場合，社会経済的背景が悪く，社会関係資本や文化資本も乏しいという事実によって説明できる。社会経済的背景の違いを無視すれば，移民としての背景の影響を過大評価することになろう。さらに，PISA調査は，学校レベルでまとめられる生徒のデータや国レベルにまとめられる学校のデータが持つ階層構造を説明するために，階層線型モデル（HLM）のようなマルチレベルモデルの技法を用いてきた。このようにして，標本内の観察対象が独立しているという仮定に返していることに起因する，標準誤差の過小評価を回避することができる。なぜなら，同じ学校の生徒は幾つかの特性に関して似ている可能性が高いからである（例えばRaudenbush and Bryk, 2002; Snijders and Bosker, 1999を参照）。そしてマルチレベルモデルによって，異なるレベルの影響，すなわち学校レベルと個人レベルのインプット変数やプロセスの影響を検討することができる。

しかしながら，教育効果に関する研究によって示されるのは，インプット，プロセス，アウトカムの関係性をモデル化する際，先行研究から観察された次の三つの追加的情報について説明されるべきだということである。すなわち，効果とは多くの場合，1）非線形であり，2）他の変数によって調整され，3）間接的であったり，第3の変数によって媒介されたりする場合があることについてである。

- 非線型な効果とは，多いことが必ずしもより良いわけではなく，むしろ時には中ぐらいの値の方が最適な場合があるという事実のことである。例えば，Monk（1994）による研究では，教師の教科の知識と生徒の成績との関係が曲線的であるかもしれないことが示唆されている。一方で明確なことであるが，教師は，自分自身が精通していない内容を生徒に理解させる手助けはできないし，他方で，非常に高度な知識を持った教師でも，生徒が容易に理解できるように知識を伝えることが難しい場合もありうる。
- 差分効果の理論（例えばKyriakides and Tsangaridou, 2004を参照）を踏まえると，異なる下位集団の中では変数間の関係も同じではないかもしれないということを認めることが重要である。例えば，多様な社会的背景の生徒には異なる指導技法を用いる方が望ましいと思われる証拠が幾つかある（例えばBrophy, 1992; Walberg, 1986）。生徒の学習に関する構成主義的な理解に基づき，現在の教育理論では，生徒の学習がおおむね自己調整プロセスに左右されるが，このプロセスは学校，学級，教師といった要因によって調整されていると考えられている。このような差をモデル化するには，交互作用や調整の効果を検討する必要がある。

- 最後に，生徒のアウトカムに影響を及ぼすもの，それらは全てが直接的に影響するとは限らないだろう。生徒の背景情報や教室でのプロセスに比べると，学校や制度レベルの政策が，生徒のアウトカムに与える影響は弱いことが多い（例えば Wang *et al.*, 1993 を参照）。このことは，次のような事実に起因するのかもしれない。つまり政策は生徒に直接的な影響は与えていなく，むしろ学校や教室でのプロセスに関係し，その結果，生徒の成績に影響を与えている。さらに言えば，学校の雰囲気や価値観・規範の共有，あるいは問題行動への対処といった学校レベルの変数が直接影響を与えうるのは，非認知的アウトカム（例えば，学習への動機つけ，学業での向上心）や生徒の行動（例えば，無断欠席，暴力），その一方で，学校の影響は，多くの場合教室内での教育や学習を媒介して，生徒の成績や主観に関連したアウトカム（例えば，興味・関心，自己効力感といった信念）に作用するのであろう。

図 6.2　媒介による調整の例

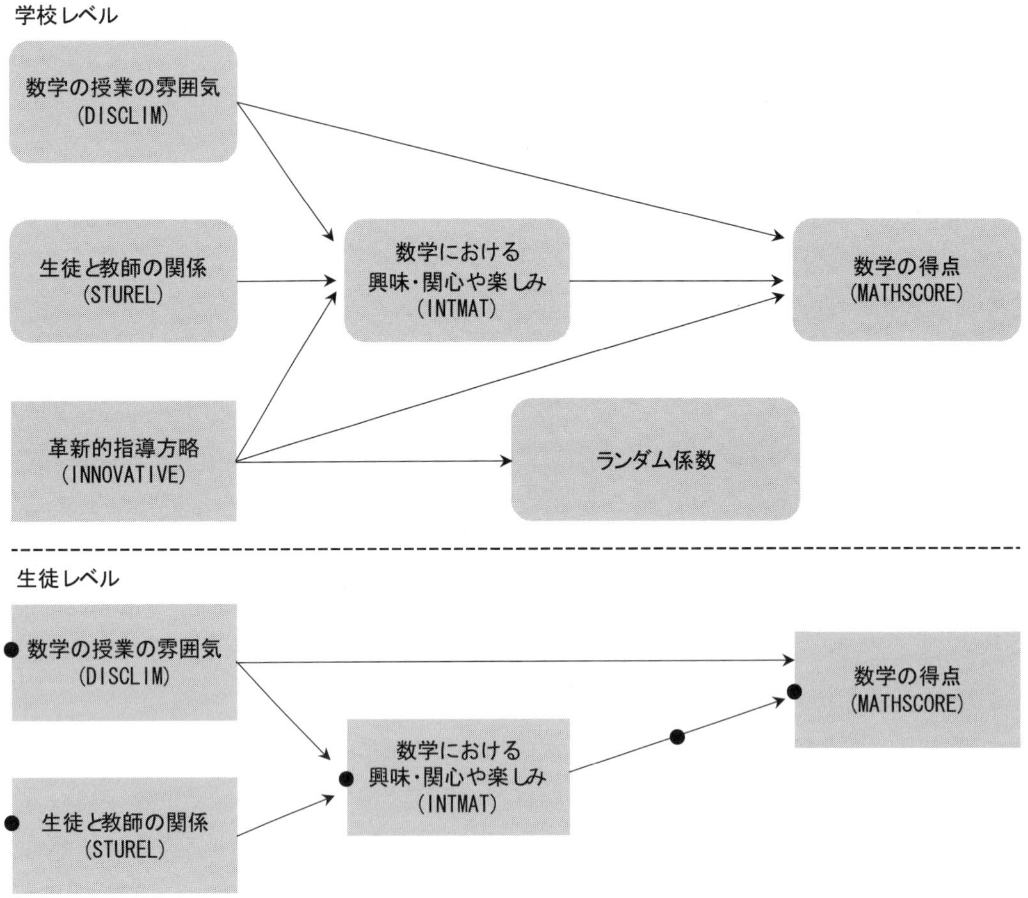

注：黒丸（●）はモデルによって推定されたパラメータを示している。（　）内は変数名である。

場合によっては，1)，2)，3）が同時に起こるかもしれない。例えば，授業の雰囲気や教師生徒間の関係が，生徒の興味・関心によって媒介され生徒の成績に影響を与える場合などである。しかしながら，教師が革新的な，認知的能力を活性化させる教育実践を行う学校の方が，伝統的な指導方法をとる学校よりも，数学への興味・関心が生徒の成績に及ぼす影響が強くなっている。このモデルを図 6.2 に例示する。これは，Klieme *et al.*（2009）と Lipowsky *et al.*（2009）による数学指導の二国間研究において報告された結果に一部基づいている。授業の雰囲気がゆるんでいる場合も，厳しすぎる場合も，生徒の興味・関心や成績を高めるには最適でないことが示されたならば，そこには非線型的な効果が含まれているのかもしれない（ある国の2003年調査のデータ分析に基づくさらに複雑な事例はKaplan, 2009cとKaplan *et al.*, 2009を参照）。

調整，媒介，及び非線型的効果は伝統的なHLM技法でもモデル化できる。しかしながら，媒介プロセスをモデル化する際，構造方程式モデル（SEM）を使う方がより便利である（例えばKaplan, 2009c）。マルチレベルSEMがマルチレベル回帰分析よりも優れている主な点は，SEMが顕在変数の代わりに潜在変数を使用し，生徒レベルの測定誤差によって生じる効果の偏りを克服しているところだけでなく（例えばMuthén, 2002），学校レベルでまとめられた測定によって文脈効果をモデル化できるところにある（Lüdtke *et al.*, 2008）。ゆえに，SEMモデルを使うことによって，教育システムの様々な側面の関連性についてより妥当性のある結論を導き出せるかもしれない。また，マルチレベルSEMを使うことによって，カテゴリカルな顕在変数や潜在変数を分析できるだけでなく，様々なレベルで媒介，調整，非線型的効果をより柔軟に組み合わせることができる。例えば，多母集団に対するSEMは，学級の雰囲気が生徒の成績に与える影響について異なる国同士でも同じと言えるのか，この変数が教師の権威がない国ほどより重要なものになってくるのかを調べる際にも使うことができるであろう。潜在クラスモデルは，何か一つの学習方略の頻度が高いことよりも，様々な学習方略の組合せこそが生徒の成績に関係しているという仮説を検証するためにも使うことができるであろう。混合分布モデルは，国の中で学級の雰囲気と成績との関係性が異なるような生徒集団を同定するのに利用できるであろう（例えば，Muthén, 2002）。このようなモデルは，教育的プロセスの複雑な現実とその原因と結果をよりよく反映しているのかもしれない。

要するに，マルチレベルSEMモデルを使うことで，政策立案者と専門家は，1）学校レベルで提供される学習機会，2）それらの機会の個人の利用（個人の学習活動の量と質の観点から），3）生徒の認知的アウトカムと動機付け的アウトカムといったものの関係をより包括的に理解することができるかもしれないのである（例えば，ある国の2003年調査データに基づく分析としてはKaplan *et al.*, 2009がある）。

まとめると，教育的成果の研究に単純な生産関数を用いるような手法は教育的観点から適切ではない。政策的介入と同様に制度レベルや学校レベルでの介入も，指導，学習，協働といった過程を介して，生徒の学習に影響を及ぼすであろう。研究者は，制度や学校の影響をモデル化し，政策的な結論を出す際には，これらの相互関係を考慮しなければならない。

5.2　異なる文化間での妥当性

PISA調査の目的は，多くの異なる国の間で生徒の成績とその状況を比較することにある。国際比較研究は，政策的アプローチ，その他の制度レベルのインプットとプロセス，それらの成績との関係を分析できるだけでなく，教育研究からの知見を他の文化に適用する際に生じる問題を扱うことができる。こうした利点にもかかわらず，国際比較研究は，特有の方法論上の問題もかかえている。つまり，信頼性と妥当性という通常の検証に加え，同等性と偏り（bias）という問題にも対処する必要がある。その両者が課題に費やす時間に関連している。構成概念のバイアスは，教育システム，文化的規範，及び様々な現象の解釈が実際に違っていることに起因するだけでなく，翻訳の間違いや方法上のバイアスの結果としても生じてくるかもしれない。この潜在的な問題に対応するため，PISA 調査には参加国全ての専門家が参加している。構成概念の意味における実質的な違いには，国ごとの翻案によって対応できるものもあれば，最終的には，異なる文化間でどの程度の構成概念の同等性があり，それによって，どのような国間の比較，すなわち，平均値，プロファイルもしくは，相関の比較が妥当だと見なせるのか，それを理解するために SEM 分析が最終的には必要となる。これまでの PISA 調査のサイクルでは，多母集団に対する確認的因子分析（MGCFA）を使用し，モデルが複数の国で許容可能な適合度を示しているか，因子負荷量が不変かどうかを検証することで，この問題に対処してきた。これらの分析の結果から，多様な文化や教育システムから成る標本全体にわたって PISA 調査の尺度は非常に同等性が高いことが示されている。PISA2012 年調査のために，同じ分析が既存の尺度と新規に開発されたすべての尺度に対して行われた。新規に開発された尺度は，結果が満足のいくものであった場合にのみ，本調査に使われた[8]。

5.2.1　項目バイアス

項目バイアスは，特定の集団に対して同じ特性を測定する他の項目群とは異なる反応を示す個々の項目があるために生じる。このバイアスは，項目反応理論（IRT）に基づく特異項目機能（DIF）の方法を用いて検出する。これまでの PISA の調査サイクルでは，DIF 分析が，予備調査と本調査の両方で行われてきた。「問題のある項目レポート（dodgy item report）」というものが各国の代表者に送られ，問題のある項目は（本調査で）改訂されるか，必要な場合は削除された。2012 年調査でも同じ方針が取られている。

5.2.2　方法上のバイアス

方法上のバイアスは，使用された方法，すなわち標本抽出，調査の実施，調査問題や測定道具自体によって比較可能性が失われることを意味する。方法上のバイアスの原因となるかもしれない測定道具上の特性の一つとして，リッカート尺度の使用が挙げられる。これは PISA 調査の質問紙において頻繁に用いられてきた手法である。とりわけ，リッカート尺度は回答スタイルの違いに影響を受けやすい。同様に，文化が回答スタイルに影響することも知られている。このことは，非認知的アウトカムの平均得点を調べたり，背景要因と成績との間の関係を理解したりする上でも妨げになる（Hui and Triandis, 1985; Van de Vijver *et al.*, 2008）。回答スタイルは，MGCFA や DIF 分析で発見できる同等性の欠如の原因かもしれない。しかしながら，回答スタイルは全ての項目に対して同じような影響を及ぼすことが多いので，さらなる分析が必要になる。PISA 調査でよく知られている問題の一つに，ある尺度と成績との相関が，国内の生徒間と，国同士のレベルとで違っているということがある（例えば，Van de Gaer and Adams, 2010）。例えば，ある国の中では数学への興味・関心が数学の成績と正の相関を示しているが，国家間レベルでは強い負の相関を示している。言い換えれば，国内レベルでは，成績の良い生徒は，予想されるとおり，数学への興味・関心が高いと回答するが，国同士のレベルでは，平均得点が高い国ほど，数学への興味・関心が平均的に低くなっており（例えば，フィンランド，日本，韓国），平均得点が低い国ほど，数学への興味・関心が平均的に高いことが報告されている（例えば，ブラジル，インドネシア，チュニジア）。

方法上のバイアスをより詳細に分析すれば，国の間の平均得点や相関の違いを引き起こしている回答スタイルの違いを除外できるかもしれない。2012 年調査では，この問題に対応するために三つの方策が用いられた。まず，少なくとも一部の尺度で，統計学的調整が問題点を修正できるかどうか検証するための分析を行う。一例としては，混合分布モデルの技法を使って，回答スタイルの類似した国を分類するということが挙げられる（Rost *et al.*, 1997）。第 2 のアプローチは，Buckley（2009）によって提案された様々な新しい項目形式と他の方法による項目の操作を用いることで，異なる文化間での妥当性の問題に対処できるかを検討することである。これらには，反転項目，強制選択項目，順位付けをさせる項目，反応尺度の用い方を操作するための回答選択肢の文言を変えた項目，項目の並び順の操作が含まれる。さらには，一つの質問に対して様々な質問形式を用いること（例えば，一つの質問調査で，3 段階，4 段階，5 段階のリッカート尺度を用いること）が用いられる。最後に，短い場面や状況判断に関する項目，さらには質問のフレーミングを変えたもの（例えば，「あなたの学級の他の生徒と比較して」と「あなたの国では」や「他の分野と比較して」）を使用したときの効果が分析された。また，例えば，ある国の中で尺度点を中心化するのに用いられる複数言語を話す標本を同定することなど，他の調査設計の手続きも提案された。これらの手法は，新たにデータを集める必要があるものもあり，そのため予備調査の間でしか試せなかったものもある。

5.3　学校レベルの変化を研究するための標本の拡張（国際オプション）

逆の因果関係――相互決定論，同時効果，再帰的効果とも呼ばれる（Scheerens and Bosker, 1997）――の観点から，学校レベルで時系列データを収集することの必要性が明らかになっている。逆の因果関係の例としては，成績の低迷がある政策決定の原因となる場合（例えば，補習プログラム）である。このような状況では，たとえ生徒の背景情報の影響を取り除いたとしても，横断的なデータでは，成績と政策尺度との間に負の相関が生まれるかもしれない。

Scheerens and Bosker（1997）は，逆の因果関係の効果を検証するための実証的基盤を学校レベルでの縦断的研究がもたらしてくれるであろうと論じたが，そのような研究を一つも見いだすことはできなかった。学校の効果研究の方法が改善されたこと（例えば，Creemers and Kyriakides, 2008），学校に対する事細かな調査や評価データ（数年間のトレンドデータを含む）が利用できるようになったことで，この教育研究の領域は大きく変化してきている。研究者たちはこの現象に気付き，それゆえに，横断的調査では，なぜある学校が他の学校よりも望ましいアウトカムを出せるのか，その理由を説明するときにしか役に立たないと考えている。

PISA 調査に内在するこの問題への対処方法の一つとして，学校レベルでの変化（すなわち，教師の資格要件，生徒の社会経済的構成，生徒の態度や生徒の成績といったものの変化，並びに，これらが時間ともにどのように関係してくるのか）を研究するために，同じ学校を異なる PISA 調査のサイクルでもう一度抽出し，学校レベルでの縦断的な分析ができるようにすることが挙げられる。

5.4　生徒レベルでの縦断的調査（今後の調査サイクルのための提言）

PISA調査の設計に時系列的要素を加えれば，多くの興味深い政策的論点が検証できるであろう。第一に，これによって付加価値型指標（value-added indicators），すなわち，生徒の成績向上に対する様々な変数の効果といった，さらに価値のある指標を推定できるようになるであろう。横断的研究は変数間の関係のみを調べているが，縦断的調査の設計であれば，このような効果の方向性も見ることができる。例えば，時間差パネル分析や潜在変化モデルを使用することによって，自己効力感が成績に影響を及ぼすのか，成績が自己効力感に影響を及ぼすのか，それとも，実際は両者の間に相互的効果が見いだされるのかを確かめることができるかもしれない。

オーストラリア（**オーストラリア若年層の縦断的調査**），カナダ（**若者移行調査**），チェコ，デンマーク，ドイツ，スイス（**教育から雇用への移行**），ウルグアイなどの国では，国内向けにPISA調査の縦断的調査が可能か調べ始めている。そこでは次の二つのアプローチが用いられている。

- オーストラリア，カナダ，デンマーク，スイス，ウルグアイにおいては，このような研究の中で，中等教育から中等後教育や労働市場への移行を検証している（例えば，Andersen, 2005; Bertschy *et al.*, 2008; Looker and Thiessen, 2008; Zoido and Gluszynski, 2009）。その調査結果では，読解力と数学的リテラシーの成績によって教育的進路（退学，卒業，中等後教育，大学，失業，収入など）に関する指標が予測されることが示され，PISA調査で実施する学力テストの妥当性を証明するものとなっている。この調査設計ではさらに，背景情報や態度に関する情報が今後の人生の収入に及ぼす効果も検証することができる。例えば，カナダでは，その後の教育的進路が，生徒の学業へのやる気，教育への期待，課外活動，同級生からの教育支援，保護者の支援によって予測できることが示された（Looker and Thiessen, 2008; Thiessen, 2007）。オーストラリアでは，生徒と教師の関係に対する生徒個人の認識，及び教師のモラール（Curtis and McMillan, 2008）が，後の生徒の成績と関連していた。より多くの国がこのオプションを始めれば，カナダとオーストラリアで見られた効果が他の国にも一般化できるのか，制度レベルの特徴（例えば，セカンドチャンスプログラム）が生徒の教育的進路に同じような効果を持つのかが検証できるようになるであろう。
- 別のオプションとしては，中等教育学校の期間で生徒の数学の成績が向上しているのか，学校レベルや個人レベルのインプット・プロセスが生徒の能力の潜在的な変化や成長と関連しているのかを調べることが挙げられる。横断的な研究では，宿題の手助け，補習授業，教師の協力のような様々なプロセス変数に成績に対する負の効果が見られることがよくある。これについては，これらの手段が多くの場合，救済的に用いられているという事実によって，ある程度は説明がつくかもしれない。言い換えれば，学習に問題のある生徒ほど追加の学習時間が提供されているということである。同様に，多くの規律上の問題を抱えた学校では，教師はより助けが必要と感じているので，より緊密に協力することがあるのかもしれない。縦断的調査の設計を用いることで，教育プログラムの実際の効果から救済的な手段としてそれが用いられていることの影響を取り除くことができるかもしれない。より一般的には，そのような調査設計を用いるならば，生徒の成績に対する政策とプロセスの効果を分析することから得られる結論がより妥当性のあるものとなり，政策決定のためのより妥当性のある知識データベースが提供されるであろう。

このような縦断的調査の設計は，二つのドイツの研究によって既に実現されている。それは，数学における能力開発を分析するための計画（PALMA）とPISAインターナショナル・プラス（PISA-I-Plus）である。例えば，これらの研究では，第7学年の生徒の楽しみに関する指標の平均が第8学年の教師の楽しみの指標に対して統計的に有意な効果を持っており，さらには，学校長が認識したところの教師の熱意に関する指標に媒介されて，第8学年の生徒の楽しみに関する指標にも影響を及ぼしていることが示された（Frenzel *et al.*, 2009）。また，この研究では，学級経営が第10学年の数学の能力に統計的に有意な効果を持つこと，やる気のある，学業を重視する教師の多い学校では，やる気のない教師が多い学校と比べて，第10学年の数学の成績が統計的に有意に高いことも明らかにした（Prenzel *et al.*, 2006）。

アメリカで最近論じられた別の事例（Loveless, 2009）では，適切でない環境におかれた生徒の問題（すなわち，成績の低い生徒を上級コースに入れることの負の効果）を議論している。Lovelessによって（具体的な文脈の中で）提示された批判に従うならば，物理の特別コースへ進み，かつ特定のリスク因子（例えば，移民としての背景や低い読解力）を持つことが数学の成績に対して負の交互作用効果を持つかもしれない。横断的調査設計の範囲内では，この仮説を適切にテストできない。ゆえに，縦断的調査が，複雑な政策的問題に答える助けとなるのである。

第6節　まとめ

PISA2012年調査の質問紙のための枠組みは，教育政策と教育研究のための持続可能なデータベースとして，どのようにすればPISA調査がさらに発展していけるのかを概説してきた。この目的のため，本枠組みでは，まずPISA調査の全体的な目的とその政策との関連性を見直すことから始め，教育効果の研究から得られる一般的な知識を概観した。PISA2012年調査では，数学が再び中心分野となるため，数学の指導と学習の文脈に関わる教科に特化した質問も考えられている。しかしながら，調査の枠組みにとって最も重要なのは，将来においても持続可能なPISA調査の質問紙設計を策定するという目的である。このため，本枠組みでは，毎回の調査サイクルで繰り返し聞かれる教育全般に関する内容と，3サイクルごとに聞かれる分野特有の内容を合わせて示すという体制を導入した。これらの内容によって，分野特有の論点と同様，教育全般に関する論点についてもトレンド分析が可能になる。さらに，この枠組みの体制は，PISA調査がその結果を見聞きする人々の関心を引く新しい内容やテーマに着手し，取り組むことができるように，テーマの拡張や特化も考慮されている。本枠組みでは，PISA調査のデータ分析と他の研究による知見に基づいて，PISA2012年調査で問われた内容についての具体的提案も行っている。最後に，この枠組みは，PISA調査の既存の強みの上に作られるべき，調査計画と分析という側面への提言を行うとともに，将来に向けてのより一層強固な道筋を示して，締めくくりとする。

注記

1. より詳細な情報は，http://www.oecd.org/pisa/pisaproducts/pisainfocus.htm を参照。
2. これらの刊行物の全ては，http://www.oecd.org/pisa/pisaproducts/pisainfocus.htm より入手できる。
3. 抄録と論文は http://www.pisaresconf09.org より入手できる。
4. 2012 年現在の枠組みを PISA 調査に関するより早期の概念的研究と結び付けるために，「制度レベルのインプットとプロセス」「学校レベルのインプットとプロセス」「学級レベルのインプットとプロセス」，及び「生徒レベルのインプットとプロセス」の各節で，Jaap Scheeren による広範な研究に基づいて Hank Levin が著した「PISA2009 質問紙の枠組み」を多分に利用している。著者らは，過去の PISA 調査サイクルにおいて他の専門家がなした貢献とともに，彼らの重要な研究に感謝する。
5. http://www.oecd.org/site/worldforum06/oecdindicatorinitiatives.htm 参照。
6. EDU/PISA/GB（2005）21, p.17, par.67 参照。
7. PISA2003 年調査のみに用いられたか，その後に外された変数としては，世帯構成，教育歴，学校に通う理由が挙げられる。
8. この情報の全ては，『PISA 2012 Technical Report』（OECD, 2013）において利用可能となる。

参考文献・資料

Abedi J., M. Courtney, S. Leon, J. Kao and **T. Azzam**（2006）, *English Language Learners and Math Achievement: A Study of Opportunity to Learn and Language Accommodation*（CSE Report 702, 2006）, University of California, Center for the Study of Evaluation/National Center for Research on Evaluation, Standards, and Student Testing, Los Angeles, California.

Ajzen, I.（1991）, "The Theory of Planned Behavior", *Organizational Behavior and Human Decision Processes*, Vol. 50, pp. 179-211.

Alexander, K.L., D.R. Entwisle and **L.S. Olson**（2007）, "Lasting consequences of the summer learning gap", *American Sociological Review*, Vol. 72, pp. 167-180.

Amiot, C. and **R.Y. Bourhis**（2005）, "Discrimination between dominant and subordinate groups: The positive-negative asymmetry effect and normative processes", *British Journal of Social Psychology*, Vol. 44, pp. 289-308.

Andersen, D.（2005）, "Four Years after Basic Compulsory Education 19-year-olds on Post Compulsory Education Choices and Paths", *http://www.akf.dk/udgivelser_en/2005/4aarefter_grundskolen.*

Angelone, D., U. Moser and **E. Ramseier**（2009）, "Instruction Time and Performance: Analyses of the Importance of Instruction Time for Competencies in Science and Mathematics based on Swiss PISA 2006 Data", paper presented at the PISA Research Conference, Kiel, Germany, 14-16 September, *www.pisaresconf09.org/user_uploads/files/context/room3/Angelone_Moser_Ramseier.pdf.*

Baker, D.P.（2009）, "The Invisible Hand of World Education Culture", in G. Sykes, B. Schneider and D.N. Plank（eds.）, *Handbook of Education Policy Research*, Routledge, New York, pp. 958-968.

Baker, D.P., B. Goesling and **G.K. LeTendre**（2002）, "Socioeconomic Status, School Quality, and National Economic Development: A Cross-National Analysis of the 'Heyneman-Loxley effect' on Mathematics and Science Achievement", *Comparative Education Review*, Vol. 46, pp. 291-312.

Baker, D.P. and **G.K. LeTendre**（2005）, *National Differences, Global Similarities: World Culture and the Future of Schooling*, Stanford University Press, Stanford, California.

Baker, M.L., J.N. Sigmon and **M.E. Nugent** (2001), “Truancy Reduction: Keeping Students in School”, *Juvenile Justice Bulletin*, Office of Juvenile Justice and Delinquency Prevention, Washington D.C.

Bandura, A. (1977), *Social Learning Theory*, Prentice Hall, Englewood Cliffs, New Jersey.（『社会的学習理論：人間理解と教育の基礎』A.バンデュラ著，原野広太郎監訳，金子書房，2012 年）

Baumert J., C.H. Carstensen and **T. Siegle** (2005), ″Wirtschaftliche, Soziale und Kulturelle Lebensverhaltnisse und Regionale Disparitaten des Kompetenzerwerbs”, in PISA-Konsortium Deutschland (ed.), *PISA 2003: Der zweite Vergleich der Lander Deutschland – Was wissen und konnen Jugendliche?*, Waxmann Verlag, Munster.

Baumert, J., W. Blum, M. Brunner, T. Dubberke, A. Jordan, U. Klusmann, S. Krauss, M. Kunter, K. Lowen, M. Neubrand and **Y.-M. Tsai** (2008), *Professionswissen von Lehrkraften, kognitiv aktivierender Mathematikunterricht und die Entwicklung von mathematischer Kompetenz* (COACTIV)- *Dokumentation der Erhebungsinstrumente* (Baumert *et al.* (2009), Materialien aus der Bildungsforschung, No. 83), Max-Planck-Institut fur Bildungsforschung, Berlin.

Baumert, J., M. Kunter, W. Blum, M. Brunner, T. Voss, A. Jordan, U. Klusmann, S. Krauss, M. Neubrand and **Y.-M. Tsai** (2010), “Teachers’ Mathematical Knowledge, Cognitive Activation in the Classroom, and Student Progress”, *American Educational Research Journal*, Vol. 47, pp. 133-180.

Baye, A., C. Monseur and **D. Lafontaine** (2009), “Institutional and Socioeconomic Factors Influencing the Reading Engagement”, paper presented at the PISA Research Conference, Kiel, Germany, 14-16 September.

Belfield, C. and **H. Levin** (2002), “Education Privatization: Causes, Consequences, and Planning Implications”, *International Institute of Educational Planning*, UNESCO, Paris.

Berezner, A. and **P. Lietz** (2009), “Implication for Preferred Model of Rotation on Cognitive Proficiency Estimate Generation Reporting and Subsequent Analyses”, paper presented at the QEG Meeting, Offenbach, Germany, 19-21 October.

Berry, J.W. (1980), “Comparative Studies of Acculturative Stress”, *International Migration Review*, Vol. 21, pp. 491-511.

Berry, J.W. (1990), “Psychology of Acculturation”, in R.W. Brislin (ed.), *Applied Cross-Cultural Psychology*, Sage, Newbury Park, California, pp. 232-253.

Bertschy, K., E. Boni and **T. Meyer** (2008), “Young People in Transition from Education to Labor Market. Results of the Swiss youth panel survey TREE”, update 2007, Basel.

Blase, J. and **J. Blase** (1998), *Handbook of Instructional Leadership: How Really Good Principals Promote Teaching and Learning*, Corwin Press, Thousand Oaks, California.

Blomhoj, M. and **T.H. Jensen** (2007), “What’s all the Fuss about Competencies? Experiences with Using a Competence Perspective on Mathematics Education to Develop the Teaching of Mathematical Modelling”, in W. Blum, P.L. Galbraith, H.-W. Henn and M. Niss (eds.), *Modelling and Applications in Mathematics Education*, 14 ICMI Study, Springer, New York, pp. 45-56.

Blum, W. and **D. Leiss** (2005), “How do Students and Teachers deal with Mathematical Modelling Problems? The Example ‘Sugarloaf’, in *ICTMA 12 Proceedings*, Ellis Horwood, Chichester.

Blum, W. and **D. Leiss** (2007), “Investigating Quality Mathematics Teaching – the DISUM Project”, in C. Bergsten and B. Grevholm (eds.), *Developing and Researching Quality in Mathematics Teaching and Learning. Proceedings of MADIF 5*, SMDF, Linkoping, pp. 3-16.

Boaler, J. and **J. Greeno** (2000), "Identity, Agency and Knowing in Mathematical Worlds", in J. Bowler (ed.), *Multiple perspectives on Mathematics Teaching and Learning*, Ablex Publishing, Westport, Connecticut.

Borko, H., K.L. Kuffner, S.C. Arnold, L. Creighton, B.M. Stecher, F. Martinez, D. Barnes and **M.L. Gilbert** (2007), *Using Artifacts to Describe Instruction: Lessons Learned from Studying Reform-Oriented Instruction in Middle School Mathematics and Science*, CSE Technical Report 705, National Center for Research on Evaluation, Standards, and Student Testing, Los Angeles, California.

Bottani, N. and **B. Favre** (eds.) (2001), Open File: School Autonomy and Evaluation, *Prospects*, Vol. 31.

Britner, S.L. and **F. Pajares** (2006), "Sources of Science Self-Efficacy Beliefs of Middle School Students", *Journal of Research in Science Teaching*, Vol. 43, pp. 485-499.

Bromme, R. (1997), "Kompetenzen, Funktionen und unterrichtliches Handeln des Lehrers", in F. E. Weinert (ed.), Reihe: Enzyklopadie der Psychologie, *Padagogische Psychologie*, Vol. 3, *Psychologie des Unterrichts und der Schule Hogrefe*, Gottingen, pp. 177-212.

Brookhart, S.M. (2009), *Exploring Formative Assessment*, ASCD Publishers, Alexandria, Virginia.

Brophy, J. (1992) (ed.), *Planning and Managing Learning Tasks and Activities: Advances in Research on Teaching*, Vol. 3, Greenwich, JAI Press, Connecticut.

Brown, A.L. (1994), "The Advancement of Learning", *Educational Researcher*, Vol. 23, No. 8, pp. 4-12.

Brunner, M., M. Kunter, S. Krauss, U. Klusmann, J. Baumert, W. Blum, M. Neubrand, T. Dubberke, A. Jordan, K. Lowen and **Y.-M. Tsai** (2006), "Die professionelle Kompetenz von Mathematiklehrkraften: Konzeptualisierung, Erfassung und Bedeutung fur den Unterricht. Eine Zwischenbilanz des COACTIV-Projekts", in M. Prenzel and L. Allolio-Nacke (eds.), *Untersuchungen zur Bildungsqualitat von Schule. Abschlussbericht des DFG-Schwerpunktprogramms*, Waxmann Verlag, Munster, pp. 54-82.

Buckley, J. (2009), *Cross-National Response Styles in International Educational Assessments: Evidence from PISA 2006*, Department of Humanities and Social Sciences in the Professions, Steinhardt School of Culture, Education, and Human Development, New York University, New York.

Carnoy, M., R. Elmore and **L. Siskin (eds.)** (2003), *The New Accountability: High Schools and High Stakes Testing*, Routledge Falmer, New York.

Carroll, J.B. (1963), "A Model of School Learning", *Teachers College Record*, Vol. 64, pp. 723-733.

Christenson, S.L. (2004), "The Family-School Partnership: An Opportunity to Promote the Learning Competence of all Students", *School Psychology Review*, Vol. 33, pp. 83-104.

Christiansen, B. and **G. Walther** (1986), "Task and Activity", in B. Christiansen, A.G. Howson and M. Otte (eds.), *Perspectives on Mathematics Education*, pp. 243-307.

Chubb, J. and **T. Moe** (1990), *Politics, Markets, and American Schools*, The Brookings Institution, Washington, D.C.

Cleary, T.A. (1968), "Test Bias: Prediction of Grades of Negro and White Students in Integrated Colleges", *Journal of Educational Measurement*, Vol. 5, pp. 115-124.

Coleman, J. (1988), "Social Capital in the Creation of Human Capital", *American Journal of Sociology*, Vol. 94, pp. 95-120.

Common Core State Standards Initiative (CCSSI) (2010), Common Core State Standards, *http://www.corestandards.org/*.

Creemers, B.P.M. and **L. Kyriakides** (2008), *The Dynamics of Educational Effectiveness: A Contribution to Policy, Practice, and Theory in Contemporary Schools*, Routledge, London.

Curtis, D.D. and **J. McMillan** (2008), *School Non-completers: Profiles and Initial Destinations. Longitudinal Surveys of Australian Youth*, Research Report 54, The Australian Council for Educational Research Ltd., Camberwell, Victoria.

Desoete, A. and **M. Veenman** (eds.) (2006), *Metacognition in mathematics education*, Nova Science, Haupauge, New York.

Flavell, J.H. (1979), "Metacognition and Cognitive Monitoring: A New Area of Cognitive-Developmental Inquiry", *American Psychologist*, Vol. 34, pp. 906-911.

Frenzel, A.C., T. Goetz, O. Ludtke, R. Pekrun and **R.E. Sutton** (2009), "Emotional Transmission in the Classroom: Exploring the Relationship between Teacher and Student Enjoyment", *Journal of Educational Psychology*, Vol. 101, pp. 705-716.

Fullan, M. (1992), *Successful School Improvement: The Implementation Perspective and Beyond*, Open University Press, Milton Keynes.

Fullan M. and **S. Stiegelbauer** (1991), *The New Meaning of Educational Change*, 2nd ed., Teachers College Press, New York.

Gamoran, A. (1992), "The Variable Effects of High School Tracking", *American Sociological Review*, Vol. 57, pp. 812-828.

Garofalo, J. and **F.K. Lester** (1985), "Metacognition, Cognitive Monitoring, and Mathematical Performance", *Journal for Research in Mathematics Education*, Vol. 16, pp. 163-176.

Gustafsson, J.E. (2007), "Understanding Causal Influences on Educational Achievement through Analysis of Differences over Time within Countries", in T. Loveless (ed.), *Lessons Learned: What International Assessments Tell Us about Math Achievement*, The Brookings Institution, Washington, D.C., pp. 37-63.

Hallinger, P. and **R.H. Heck** (1998), "Exploring the principal's contribution to school effectiveness: 1980 – 1995", *School Effectiveness and School Improvement*, Vol. 9, No. 2, pp. 157-191.

Hannaway, J. and **M. Carnoy** (eds.) (1993), *Decentralization and School Improvement: Can We Fulfill the Promise?*, Jossey-Bass, San Francisco, California.

Hanushek, E.A. and **S.G. Rivkin** (2007), "Teacher Quality", in E.A. Hanushek and F. Welch (eds.), *Handbook of the Economics of Education*, Elsevier, Amsterdam, pp. 1051-1078.

Hanushek, E.A. and **L. Woessmann** (2009), "Do Better Schools Lead to More Growth? Cognitive Skills, Economic Outcomes, and Causation", *NBER Working Paper No. 14633*, National Bureau of Economic Research, Cambridge, Massachusetts.

Hanushek, E.A. and **L. Woessmann** (2010), "The Economics of International Differences in Educational Achievement", *IZA Discussion Paper No. 4925*, IZA, Bonn.

Harris, A. and **J.H. Chrispeels** (eds.) (2006), *Improving Schools and Educational Systems: International Perspectives*, Routledge, London.

Heck, R.H. and **P. Hallinger** (2005), "The study of educational leadership and management. Where does the field stand today? ", *Educational Management Administration and Leadership*, Vol. 33, No. 2, pp. 229-244.

Hersbach, E. and **P. Lietz** (2010), "Towards a School Questionnaire in PISA 2012", QEG (1006)3.doc, paper presented at the QEG Meeting, Boston, Massachusetts, 21-23 June.

Hesse, H.G., K. Gobel and **J. Hartig** (2008), Sprachliche Kompetenzen von mehrsprachigen Jugendlichen und Jugendlichen nichtdeutscher Erstsprache", in DESI-Konsortium (eds.), *Unterricht und Kompetenzerwerb in Deutsch und Englisch*, Weinheim, Beltz, pp. 208-230.

Hiebert J., R. Gallimore, H. Garnier, K.B. Givvin, H. Hollingsworth, J. Jacobs, A.M.-Y. Chui, D. Wearne, M. Smith, N. Kersting, A. Manaster, E. Tseng, W. Etterbeek, C. Manaster, P. Gonzales and **J. Stigler** (2003), *Teaching Mathematics in Seven Countries: Results from the TIMSS 1999 Video Study*, US Department of Education, National Center for Education Statistics, Washington, D.C.

Hill, H.C., B. Rowan and **D.L. Ball** (2005), "Effects of Teachers' Mathematical Knowledge for Teaching on Student Achievement", *American Educational Research Journal*, Vol. 42, pp. 371-406.

Hoover-Dempsey, K. and **H.M. Sandler** (1997), "Why do parents become involved in their children's education", *Review of Educational Research*, Vol. 67, pp. 3-42.

Hopkins, D. (ed.) (2005), *The Practice and Theory of School Improvement: International Handbook of Educational Change*, Springer, Dordrecht.

Hovey, J.D. and **C.A. King** (1996), "Acculturative stress, depression, and suicidal ideation among immigrant and second-generation Latino adolescents", *Journal of the American Academy of Child and Adolescent Psychiatry*, Vol. 35, pp. 1183-1192.

Hui, C.H. and **H.C. Triandis** (1985), "Measurement in Cross-Cultural Psychology: A Review and Comparison of Strategies", *Journal of Cross-Cultural Psychology*, Vol. 16, No. 2, pp. 131-152.

Husen, T. (1967), *International Study of Achievement in Mathematics*, Vol. 2, Wiley, New York.

Jehanghir, K. and **C. Glas** (2007), "The Predictive Power of the Variables in the Student Questionnaires", paper presented at the QEG Meeting, Arnhem, 8-9 June.

Kao, G. and **M. Tienda** (1998), "Educational Aspirations of Minority Youth", *American Journal of Education*, Vol. 106, No. 3, pp. 349-384.

Kaplan, D. (2009a), "Advances in Multilevel Latent Variable Models for PISA Data", paper presented at the PISA Research Conference, Kiel, 14-16 September, *www.pisaresconf09.org/user_uploads/files/methodology/room1/Kaplan.pdf.*

Kaplan, D. (2009b), "Causal inference in non-experimental educational policy research", in G. Sykes, B. Schneider and D.N. Plank (eds.), Handbook on Education Policy Research, Taylor and Francis, New York, pp.139-153.

Kaplan, D. (2009c), *Structural Equation Modeling: Foundations and Extensions*, 2nd Edition, Sage Publications, Newbury Park, California.

Kaplan, D., J.-S. Kim and **S.-Y. Kim** (2009), "Multilevel Latent Variable Modeling: Current Research and Recent Developments", in R.E. Millsap (ed.), *The SAGE Handbook of Quantitative Methods in Psychology*, pp. 592-613.

Kearney, C.A. (2008), "School Absenteeism and School Refusal Behavior in Youth: A Contemporary Review", *Clinical Psychology Review*, Vol. 28, pp. 451-471.

Klieme, E., C. Pauli and **K. Reusser** (2009), "The Pythagoras Study: Investigating Effects of Teaching and Learning in Swiss and German

Classrooms", in T. Janik and T. Seidel (eds.), *The Power of Video Studies in Investigating Teaching and Learning in the Classroom*, Waxmann Verlag, Munster, pp. 137-160.

Klieme, E., G. Schumer and **S. Knoll** (2001), "Mathematikunterricht in der Sekundarstufe I: Aufgabenkultur und Unterrichtsgestaltung", in Bundesministerium fur Bildung und Forschung (BMBF) (ed.), *TIMSS-Impulse fur Schule und Unterricht. Forschungsbefunde, Reforminitiativen, Praxisberichte und Video-Dokumente*, BMBF, Bonn, pp. 43-57.

Klieme, E. and **K. Rakoczy** (2003), "Unterrichtsqualitat aus Schulerperspektive", in J. Baumert *et al.* (eds.), *PISA 2000: Ein differenzierter Blick auf die Lander der Bundesrepublik Deutschland*, Leske und Budrich, Opladen, pp. 333-359.

Kobarg, M., T. Seidel, M. Prenzel, B. McCrae and **M. Walker** (2009), "Patterns of Science Teaching and Learning in an International Comparison", paper presented at the PISA Research Conference, Kiel, 14-16 September, *www.pisaresconf09.org/user_uploads/files/context/room3/Kobarg_etal.pdf.*

Koretz, D. (2008), *What Educational Testing Really Tells Us*, Harvard University Press, Cambridge, Massachusetts.

Krahn, H. and **A. Taylor** (2005), "Resilient teenagers: explaining the high educational aspirations of visible minority immigrant youth in Canada", *Journal of International Migration and Integration*, Vol. 6 (3/4), pp. 405-434.

Kruger, M.L., B. Witziers and **P.J.C. Sleegers** (2007), "The impact of school leadership on school level factors: Validation of a causal model", *School Effectiveness and School Improvement,* Vol. 18, No. 1, pp. 1-20.

Kunter, M. (2005), *Multiple Ziele im Mathematikunterricht*, Waxmann, Munster.

Kunter, M., Y.-M. Tsai, U. Klusmann, M. Brunner, S. Krauss and **J. Baumert** (2008), "Students' and Mathematics Teachers' Perception of Teacher Enthusiasm and Instruction", *Learning and Instruction*, Vol. 18, pp. 468-482.

Kyriakides, L. and **N. Tsangaridou** (2004), "School Effectiveness and Teacher Effectiveness in Physical Education", Paper presented at the *85 Annual AERA Meeting*, American Educational Research Association, Chicago, Illinois.

Lee, J. (2009), "Universals and Specifics of Math Self-Concept, Math Self-Efficacy, and Math Anxiety across 41 PISA 2003 Participating Countries", *Learning and Individual Differences*, Vol. 19, No. 3, pp. 355-365.

Lee, V.E. and **D.T. Burkam** (2003), "Dropping out of High-School: The Role of School-Organization and Structure", *American Educational Research Journal*, Vol. 40, No. 2, pp. 353-393.

Lee, V.E. and **J.B. Smith** (1997), "High School Size: Which Works Best and for Whom?", *Educational Evaluation and Policy Analysis*, Vol. 19, pp. 205-227.

Leithwood, K. and **C. Riehl** (2005), "What we know about successful school leadership", in W. Firestone and C. Riehl (eds.), *A new agenda: directions for research on educational leadership*, Teachers College Press, New York, pp.22-47.

Levin, H. (1978), "The Dilemma of Comprehensive Secondary School Reforms in Western Europe", *Comparative Education Review*, Vol. 22, pp. 434-451.

Libman, Z. (2009), "Teacher Licensing Examinations – True Progress or Illusion?", *Studies in Educational Evaluation*, Vol. 35, No. 1, pp. 7-15.

Lie, S. and **M. Kjaernsli** (2009), "Predictors for Students' Choice of Science Careers", paper presented at the PISA Research Conference, Kiel, Germany, 14-16 September, *www.pisaresconf09.org/user_*

uploads/files/context/room3/Lie_Kjaernsli.pdf.

Liebkind, K. (1996), "Acculturation and stress: Vietnamese refugees in Finland", *Journal of Cross-Cultural Psychology*, Vol. 27, pp. 161-180.

Lipnevich, A.A., C. MacCann, S. Krumm, J. Burrus and **R.D. Roberts** (2011), "Math Attitudes in Belarusian and US Middle School Students", *Journal of Educational Psychology.*

Lipowsky, F., K. Rakoczy, C. Pauli, B. Drollinger-Vetter, E. Klieme and **K. Reusser** (2009), "Quality of Geometry Instruction and its shortterm Impact on Students' Understanding of the Pythagorean Theorem", *Learning and Instruction*, Vol. 19, pp. 527-537.

Looker, E.D. and **V. Thiessen** (2008), *The Second Chance System: Results from the three Cycles of the Youth in Transition Survey*, Learning Policy Directorate, Strategic Policy and Research, Quebec, *www.hrsdc.gc.ca/eng/publications_resources/learning_policy/sp-836-04-08e/sp_836_04_08e.pdf.*

Loveless, T. (2009), "How Well are American Students Learning? With Sections on International Assessments, the Misplaced Math Student, and Urban Schools", in *The 2008 Brown Center Report on American Education*, Brown Center on Education Policy at the Brookings Institute, Washington, D.C.

Ludtke, O., H.W. Marsh, A. Robitzsch, U. Trautwein, T. Asparouhov and **B. Muthen** (2008), "The Multilevel Latent Covariate Model: A New, more Reliable Approach to Group-Level Effects in Contextual Studies", *Psychological Methods*, Vol. 13, pp. 203-229.

Ma, X. (1999), "Dropping out of advanced mathematics: The effects of parental involvement", *Teachers College Record*, Vol. 101, pp. 60-81.

Ma, X. and **N. Kishor** (1997), "Assessing the Relationship between Attitude toward Mathematics and Achievement in Mathematics: A Meta-Analysis", *Journal for Research in Mathematics Education*, Vol. 28, No. 1, pp. 26-47.

Mau, W.-C. and **L. Heim Bikos** (2000), "Educational and Vocational Aspirations of Minority and Female Students: A Longitudinal Study", *Journal of Counseling and Development*, Vol. 78, No. 2, pp. 186-194.

McCluskey, C.P., T.S. Bynum and **J.W. Patchin** (2004), "Reducing Chronic Absenteeism: An Assessment of an Early Truancy Initiative", *Crime and Delinquency*, Vol. 50, No. 2, p. 214-234.

McComb, E.M. and **C. Scott-Little** (2003), *A Review of Research on Participant Outcomes in After-School Programs: Implications for School Counselors*, ERIC Digest, ERIC Clearinghouse on Counseling and Student Services, ED482765, Greensboro, North Carolina.

Monk, D.H. (1994), "Subject Matter Preparation of Secondary Mathematics and Science Teachers and Student Achievement", *Economics of Education Review*, Vol. 13, No. 2, pp. 125-145.

Mullis, I.V.S. and **M.O. Martin** (2007), "TIMSS in Perspective: Lessons Learned from IEA's Four Decades of International Mathematics Assessments", in T. Loveless (ed.), *Lessons Learned. What International Assessments Tell Us about Math Achievement*, Brookings, Washington, pp. 9-36.

Muthen, B. (2002), "Beyond SEM: General Latent Variable Modeling", *Behaviormetrika*, Vol. 29, pp. 81-117.

National Council of Teachers for Mathematics (NCTM) (1989), *Curriculum and Evaluation Standards for School Mathematics*, NCTM, Reston, Virginia.

Niss, M. (2003), "Mathematical Competencies and the Learning of Mathematics: The Danish KOM Project", in A. Gagatsis and S. Papastavridis (eds.), *3rd Mediterranean Conference on Mathematical*

Education from 3-5 January 2003, The Hellenic Mathematical Society, Athens, Hellas, pp. 115-124.

Oakes, J.（2005）, *Keeping Track: How Schools Structure Inequality*（2nd ed.）, Yale University, New Haven, Connecticut.

Opdenakker, M.-C. and **J. van Damme**（2000）, "Effects of Schools, Teaching Staff and Classes on Achievement and Well-Being in Secondary Education: Similarities and Differences Between School Outcomes", *School Effectiveness and School Improvement*, Vol. 11, No. 2, pp. 165-196.

OECD（2001）, *Knowledge and Skills for Life: First Results from PISA 2000*, PISA, OECD Publishing.

OECD（2004）, *Learning for Tomorrow's World: First results from PISA 2003*, PISA, OECD Publishing.

OECD（2005a）, *School Factors Related to Quality and Equity: Results from PISA 2000*, PISA, OECD Publishing.

OECD（2005b）, *PISA 2003 Technical Report*, PISA, OECD Publishing.

OECD（2007a）, *Education at a Glance: OECD Indicators*, OECD Publishing.（『図表でみる教育 OECD インディケータ（2007 年版）』経済協力開発機構（OECD）編著，明石書店，2007 年）

OECD（2007b）, *PISA 2006: Science Competencies for Tomorrow's World: Volume 1: Analysis*, PISA, OECD Publishing

OECD（2008）, *Education at a Glance: OECD Indicators*, OECD Publishing.（『図表でみる教育 OECD インディケータ（2008 年版）』経済協力開発機構（OECD）編著，明石書店，2008 年）

OECD（2009a）, *Education at a Glance: OECD Indicators*, OECD Publishing.（『図表でみる教育 OECD インディケータ（2007 年版）』経済協力開発機構（OECD）編著，徳永優子ほか訳，明石書店，2009 年）

OECD（2009b）, *Creating Effective Teaching and Learning Environments: First Results from TALIS*, OECD Publishing.（『OECD 教員白書：効果的な教育実践と学習環境をつくる＜第 1 回 OECD 国際教員指導環境調査（TALIS）報告書＞』OECD 編著，斎藤里美監訳，木下江美ほか訳，明石書店，2012 年）

OECD（2010）, *PISA 2009 Results: Volumes I, II, II, IV, V and VI*, PISA, OECD Publishing.

OECD（2011）, *Education at a Glance: OECD Indicators*, OECD Publishing.（『図表でみる教育 OECD インディケータ（2007 年版）』経済協力開発機構（OECD）編著，徳永優子ほか訳，明石書店，2007 年）

OECD（2012a）, *Education at a Glance: OECD Indicators*, OECD Publishing.（『図表でみる教育 OECD インディケータ（2007 年版）』経済協力開発機構（OECD）編著，徳永優子ほか訳，明石書店，2007 年）

OECD（2012b）, *Untapped Skills: Realising the Potential of Immigrant Students*, PISA, OECD Publishing.

OECD（2012c）, *Public and Private Schools: How management and funding relate to their socio-economic profile*, PISA, OECD Publishing.

OECD（2012d）, *Let's read them a story! The parent factor in education*, PISA, OECD Publishing.

Pajares, F. and **M.D. Miller**（1997）, Mathematics Self-Efficacy and Mathematical Problem Solving: Implications of Using Different Forms of Assessment, *The Journal of Experimental Education*, Vol. 65, pp. 213-228.

Perreault, S. and **R.Y. Bourhis**（1999）, "Ethnocentrism, social identification and discrimination", *Personality and Social Psychology Bulletin*, Vol. 25, pp. 92-103.

Prenzel, M., J. Baumert, W. Blum, R. Lehmann, D. Leutner, M. Neubrand, R. Pekrun, J. Rost and **U. Schiefele**（eds.）（2006）, *PISA 2003 : Untersuchungen zur Kompetenzentwicklung im Verlauf eines Schuljahres*, Waxmann Verlag, Munster.

Purves, A.C.（1987）, "The Evolution of the IEA: A Memoir", *Comparative Education Review*, Vol. 31,

No. 1, pp. 10-28.

Rakoczy, K., A. Buff and **F. Lipowsky** (2005), "Teil 1: Befragungsinstrumente", in E. Klieme *et al.* (eds.), *Dokumentation der Erhebungsund Auswertungsinstrumente zur schweizerisch-deutschen Videostudie Unterrichtsqualitat, Lernverhalten und mathematisches Verstandnis*, GFPF, Frankfurt.

Rakoczy, K., E. Klieme and **C. Pauli** (2008), Die Bedeutung der wahrgenommenen Unterstutzung motivationsrelevanter Bedurfnisse und des Alltagsbezugs im Mathematikunterricht fur die selbstbestimmte Motivation [The impact of the perceived support of three basic psychological needs and of the perceived relevance of contents for students' self-determined motivation in mathematics instruction], *Zeitschrift fur Padagogische Psychologie*, Vol. 22, No. 1, pp. 25-35.

Raudenbush, S.W. and **A.S. Bryk** (2002), *Hierarchical Linear Models: Applications and Data Analysis Methods*, Sage Publications, Thousand Oaks, California.

Rost, J., C.H. Carstensen and **M. von Davier** (1997), "Applying the Mixed Rasch Model to Personality Questionnaires", in J. Rost and R. Langeheine (eds.), *Applications of latent trait and latent class models in the social sciences*, Waxmann, New York, pp. 324-332.

Rowan, B., E. Camburn and **R. Correnti** (2004), "Using teacher logs to measure the enacted curriculum in large-scale surveys: Insights from the Study of Instructional Improvement", *Elementary School Journal*, Vol. 105, pp. 75-102.

Ryan, R.M. and **E.L. Deci** (2000), Intrinsic and Extrinsic Motivations: Classic Definitions and New Directions, *Contemporary Educational Psychology*, Vol. 25, pp. 54-67.

Rychen, D.S. and **L.H. Salganik** (eds.) (2003), *Key Competencies for a Successful Life and a Well-Functioning Society*, Hogrefe and Huber Publishers, Gottingen. (『キー・コンピテンシー：国際標準の学力をめざして』ドミニク・S・ライチェン，ローラ・H・サルガニク編著，立田慶裕監訳，今西幸蔵ほか訳，明石書店，2006 年)

Scheerens, J. (2000), "Improving School Effectiveness", *Fundamentals of Educational Planning Series*, IIEP, Vol. 68, UNESCO, Paris.

Scheerens, J. and **R.J. Bosker** (1997), *The Foundations of Educational Effectiveness*, Pergamon, Oxford.

Schmid, C.L. (2001), "Educational Achievement, Language-Minority Students, and the New Second Generation", *Sociology of Education* (*Extra Issue*), pp. 71-87.

Schmidt, W.H. and **C.C. McKnight** (1998), "What Can We Really Learn from TIMSS?", *Science*, Vol. 282, pp. 1831-1839.

Schmidt, W.H., C.C. McKnight, R.T. Houang, H.C. Wang, D.E. Wiley, L.S. Cogan and **R.G. Wolfe** (2001), *Why Schools Matter: A Cross-National Comparison of Curriculum and Learning*, Jossey Bass, San Francisco, California.

Schmidt, W.H. and **R.T. Houang** (2007), "Lack of Focus in the Mathematics Curriculum: Symptom or Cause", in T. Loveless (ed.), *Lessons Learned: What International Assessments Tell Us about Math Achievement*, Brookings, Washington, pp. 65-84.

Schmidt, W.H. and **A. Maier** (2009), "Opportunity to Learn", in G. Sykes, B. Schneider and D.N. Plank (eds.), *Handbook of Education Policy Research*, Routledge, New York, pp. 541-559.

Schmidt, W.H. and **C. McKnight** (1995), "Surveying Educational Opportunity in Mathematics and Science: An International Perspective", *Educational Evaluation and Policy Analysis*, Vol. 17, No. 3, pp. 337-353.

Schneider, W. and **C. Artelt** (2010), “Metacognition and Mathematics Education”, in *ZDM/ The International Journal on Mathematics Education.*

Schoenfeld, A.H. (ed.) (1987), *Cognitive Science and Mathematics Education*, Erlbaum, Hillsdale, New Jersey.

Schoenfeld, A.H. (1992), “Learning to Think Mathematically: Problem Solving, Metacognition, and Sense-Making in Mathematics”, in D. Grouws, (ed.), *Handbook for Research on Mathematics Teaching and Learning*, MacMillan, New York, pp. 334-370.

Schoenfeld, A.H. (2006), “Mathematics Teaching and Learning”, in P.A. Alexander and I.H. Winne (eds.), *Second Handbook of Educational Psychology*, Routledge, London.

Shulman, L. (1987), “Knowledge and Teaching: Foundations of the New Reform”, in *Harvard Educational Review*, Vol. 57, No. 1, pp. 1-22.

Slavin, R.E. (1990), “Achievement Effects of Ability Grouping in Secondary Schools: A Best-Evidence Synthesis”, in *Review of Educational Research*, Vol. 60, No. 3, pp. 471-499.

Snijders, T. and **R. Bosker**, (1999), *Multilevel Analysis*, Sage Publications, London.

Stanat, P. (2006), “Schulleistungen von Jugendlichen mit Migrationshintergrund: Die Rolle der Zusammensetzung der Schulerschaft“, in J. Baumert, P. Stanat and R. Watermann (ed.), *Herkunftsbedingte Disparitaten im Bildungswesen: Differenzielle Bildungsprozesse und Probleme der Verteilungsgerechtigkeit; vertiefende Analysen im Rahmen von PISA 2000*, VS Verl. fur Sozialwiss, Wiesbaden, pp. 189-219.

Stanat, P. and **G. Christensen**, (2006), *Where Immigrant Students Succeed - A Comparative Review of Performance and Engagement in PISA 2003*, OECD Publishing.（『移民の子どもと学力：社会的背景が学習にどんな影響を与えるのか＜ OECD-PISA2003 年調査移民生徒の国際比較報告書＞』 OECD 編著，斎藤里美監訳，木下江美，布川あゆみ訳，明石書店，2007 年）

Stein, M.K., **R.A. Engle**, **M.S. Smith** and **E.K. Hughes** (2008), “Orchestrating Productive Mathematical Discussions: Five Practices for helping Teachers move beyond show and tell”, in *Mathematical Thinking and Learning*, Vol. 10, pp. 313-340.

Stevens, F. (1993), “Applying an Opportunity-to-Learn Conceptual Framework to the Investigation of the Effects of Teaching Practices via Secondary Analyses of Multiple-Case-Study Summary Data”, in *Journal of Negro Education*, Vol. 62, No. 3, pp. 232-248.

Stigler, J.W. and **J. Hiebert** (1999), *The Teaching Gap: Best Ideas from the World’s Teachers for Improving Education in the Classroom*, Free Press, New York.

Sui-Chu, H. and **J.D. Willms** (1996), “Effects of parental involvement on eighth-grade achievement”, *Sociology of Education*, Vol. 69, pp. 126-141.

Teddlie, C. and **D. Reynolds** (eds.) (2000), *The International Handbook of School Effectiveness Research*, Routledge, New York.

Thiessen, V. (2007), *The Impact of Factors on Trajectories that Lead to a High School Diploma and to Participation in Post Secondary Education*, Human Resources and Social Development Canada Publications Centre, Quebec.

Turner, S.L., **J.C. Steward** and **R.T. Lapan** (2004), “Family Factors Associated with Sixth Grade Adolescents’ Math and Science Career Interests”, *Career Development Quarterly*, Vol. 53, No. 1, pp. 41-52.

Van de Gaer, E. and **R. Adams** (2010), "The Modeling of Response Style Bias: An Answer to the Attitude-Achievement Paradox?", paper presented at the annual conference of the American Educational Research Association, Denver, Colorado, 30 April-4 May.

Van de Vijver, F.J.R., D.A. Van Hemert and **Y.H. Poortinga** (eds.) (2008), *Multilevel Analysis of Individuals and Cultures*, Erlbaum, New York.

Van Landeghem, G., B. De Fraine and **J. Van Damme** (2005), "The Consequence of Ignoring a Level of Nesting in Multilevel Analysis: A Comment", *Multivariate Behavioral Research*, Vol. 40, pp. 423-434.

Vieluf, S., J. Lee and **P. Kyllonen** (2009a), "The Predictive Power of Variables from the PISA 2003 Student Questionnaire", paper presented at the QEG Meeting, Offenbach, Germany, 19-21 October.

Vieluf, S., J. Lee and **P. Kyllonen** (2009b), "The Cross-Cultural Validity of Variables from the PISA 2003 Student Questionnaire", paper presented at the QEG Meeting, Offenbach, Germany, 19-21 October.

Walberg, H.J. (1986), "Syntheses of Research on Teaching", in M. C. Wittrock (ed.), in *Handbook of research on teaching* (3rd ed.), Macmillan, New York, pp. 214-229.

Wang, M.C., G.D. Haertel and **H.D. Walberg** (1993), "Toward a Knowledge Base for School Learning", in *Review of Educational Research*, Vol. 63, No. 3, pp. 249 -294.

Wayne, A. and **P. Youngs** (2003), "Teacher Characteristics and Student Achievement Gain: A Review", in *Review of Educational Research*, Vol. 73, pp. 89-122.

Wigfield, A., J.S. Eccles and **D. Rodriguez** (1998), "The Development of Children's Motivation in School Contexts", in A. Iran-Nejad and P.D. Pearson (eds.), in *Review of Research in Education*, American Educational Research Association, Vol. 23, Washington D.C.

Wilmers, N., D. Enzmann, D. Schaefer, K. Herbers, W. Greve and **P. Wetzels** (2002), *Jugendliche in Deutschland zur Jahrtausendwende: Gefahrlich oder gefahrdet? Ergebnisse wiederholter, reprasentativer Dunkelfelduntersuchungen zu Gewalt und Kriminalitat im Leben junger Menschen 1998 – 2000*, Nomos Verlagsgesellschaft, Baden-Baden, Germany.

Witziers, B., R.J. Bosker and **M.L. Kruger** (2003), "Educational leadership and student achievement: The elusive search for an association", *Educational Administrative Quarterly*, Vol. 39, No. 3, pp. 398-425.

Woessmann, L. (2006), "The Complementarity of Central Exams and School Autonomy: Economic Theory and International Evidence", in E. Gori, D. Vidoni, E. Hanushek and C. Glenn (eds.), *Institutional Models in Education: Legal Framework and Methodological Aspects for a New Approach to the Problem of School Governance*, Wolf Legal Publishers Nijmegen, pp. 47-65.

Yasushi, O. (2009), "Comparison of Attitudes toward Science between Grade 9 and 10 Japanese Students by Using the PISA Questions and Its Implications on Science Teaching in Japan", paper presented at the QEG Meeting, Offenbach, Germany, 19-21 October.

Zoido, P. and **T. Gluszynski** (2009), "Pathways to Success: How Knowledge and Skills at Age 15 Shape Future Life Outcomes", paper presented at the PISA Research Conference, Kiel, Germany, 14-16 September.

Zuzovsky, R. (2009), "Teachers' Qualifications and Their Impact on Student Achievement: Findings from TIMSS 2003 Data for Israel", in M. von Davier and D. Hastedt (eds.), *IERI Monograph Series Issues and Methodologies in Large-Scale Assessments*, IER Institute, Hamburg / Princeton, Germany / USA, Vol. 2, pp. 37-62.

■　付録 A　■

学校質問紙及び生徒質問紙

付録 A は、PISA2012 年調査で使用された質問紙を掲載した。これらは調査に参加した学校、生徒、保護者についての情報を得るために実施されたものである。

学校質問紙は学校長を対象に、学校の管理・運営体制、生徒と教師の人数、学校の施設・設備、学校の指導方法・カリキュラム・評価、学校の雰囲気、学校の方針と運営について調査したものである。

生徒質問紙は生徒を対象に、生徒の特性と教育歴、家族・家庭、数学の学習、学校で解いた数学の問題、数学に関する学習経験、学級と学校の雰囲気、問題解決に関する経験について調査したものである。

生徒を対象とした質問紙には、生徒の教育歴、職業に対する動機付け、言語学習について調査した教育歴質問紙と、生徒の ICT の利用の状況やコンピュータの利用とコンピュータに対する態度等について調査した ICT 質問紙との二つの国際オプションがあり、それぞれに希望する国・地域で調査が実施された（次頁【訳者による注釈】参照）。

三つ目の国際オプションとしては保護者を対象とした質問紙があり、保護者の背景、教育費、学校に対する意識、学校への関わり方、学校選択、家庭学習の支援、子どもの将来の職業や労働市場における数学の重要性、数学への学問的・専門的期待、子どもの成績、子どもの職業への関心、移民としての背景について、希望する国・地域で調査が実施された（次頁【訳者による注釈】参照）。

訳者による注釈

本書の原文『PISA 2012 Assessment and Analytical Framework』の付録 A（Annex A）には、PISA2012 年調査で実施した学校質問紙、生徒質問紙に加え、国際オプションとして希望する国・地域で実施した教育歴質問紙、ICT 質問紙、保護者質問紙が掲載されているが、本書では、このうち PISA 調査に参加したすべての国・地域で実施された学校質問紙と生徒質問紙、さらに国際オプションについては日本で実施した ICT 質問紙を取り上げることとした。この ICT 質問紙は生徒質問紙に引き続き実施しており、生徒質問紙の部分に続く形で一つの質問紙となるように作成することとなっていたため、本書でも生徒質問紙の部分と ICT 質問紙の部分を分けずに掲載している。

また、PISA 調査ではまず国際センターにおいて英語版、フランス語版が作成され、それをもとに各国での調査において使用する言語に翻訳するが、その際に、質問紙については、国際センターとの協議を経て、承認を得た上で、各国の教育制度や状況に適さない問いや項目を削除したり、各国の言語への翻訳に必ずしもマッチしないレイアウトや表記についてナショナル・アダプテーションを採用すること（その国の言語的・文化的状況にあった変更）が認められている。それゆえ、本書の原著では、紹介している質問紙は最初に国際センターで取りまとめられた国際版（英語版）であるが、本書では、実際に日本の調査で使用された質問紙を掲載することとした。以下に示す各質問紙の質問の番号が英語版のそれと必ずしも一致しないのは、このような調査の国際的なルールによる翻訳・承認手続きを経たためである。

（1）学校質問紙

学校質問紙は、PISA2012 年調査を実施した高等学校の学校長を対象とするもので、回答には約 30 分間を必要とした。内容としては、次のような、学校に関連した様々な項目について調査を行った。

- 学校の管理・運営体制（私立か公立か：問 1 ／学校の財源：問 2 ／所在地の規模：問 3 ／競合する他校：問 4 ／国語の授業人数：問 5）
- 生徒と教師の人数（男女別生徒数：問 6 ／教師の数：問 7 ／数学教師の数：問 8）
- 学校の施設・設備（コンピュータの台数：問 9 ／インターネットの利用期待：問 10 ／資源不足：問 11）
- 学校の指導方法、カリキュラム、評価（能力別編成：問 12 ／課外活動の有無：問 13 ／成績評価の目的：問 14 ／成績の公開：問 15 ／補習授業の有無：問 16 ／補習授業の種類（数学）：問 17）
- 学校の雰囲気（生徒と教師の問題行動：問 18 ／中途退学率：問 19 ／保護者の期待：問 20 ／保護者の学校への参加：問 21 ／教師の態度：問 22 ／数学教師の意識：問 23 ／数学教師の評価：問 24 ／教員評価のフィードバック：問 25）
- 学校の方針と運営（入学時の選考方法：問 26 ／学校運営の裁量権：問 27 ／学校の管理・運

営：問 28 ／教師の研修参加率：問 29 ／学校改善：問 30 ／学校の方針（数学教育）：問 31 ／生徒の転校理由：問 32）

（2）生徒質問紙

生徒質問紙はブックレットによる学習到達度調査を実施したあとに行われ、回答には約 30 分を必要とした。質問紙の中核である家族・家庭の背景に関する質問項目はこれまでの PISA 調査とほぼ同じであるが、次のような観点について調査が行われた。

- 自分自身（生年月日：問 1 ／性別：問 2 ／就学前教育歴：問 3 ／学校への遅刻：問 4 ／無断欠席：問 5 ／授業をサボる：問 6）
- 家族・家庭（一緒に住んでいる人：問 7 ／母の職業の名称・内容：問 8・9 ／母の教育歴：問 10 ／母の就業形態：問 11 ／父の職業の名称・内容：問 12・13 ／父の教育歴：問 14 ／父の就業形態：問 15 ／生まれた国：問 16 ／日本に来た年齢：問 17 ／家庭での使用言語：問 18 ／家庭の所有物：問 19 ／家庭の所有物の数：問 20 ／家庭にある本の冊数：問 21）
- 数学の学習（数学における興味・関心：問 22 ／周りの人の数学に対する考え：問 23 ／数学における自己効力感：問 24 ／数学における自己概念・不安：問 25 ／数学の勉強に対する考え：問 26 ／良い点が取れない時：問 27 ／数学の勉強方法：問 28・31 ／数学か他の科目か：問 29 ／数学に関する活動：問 30 ／授業以外の勉強時間（教科別）：問 32 ／週当たりの勉強時間：問 33 ／学校で解いた数学の問題：問 34 ／数学用語の知識：問 35 ／ 1 校時の時間：問 36 ／ 1 週間の教科別校時数：問 37 ／ 1 週間の全校時数：問 38 ／国語の授業の生徒数：問 39 ／数学の問題：問 40・41・42・43）
- 数学の学習経験（数学の先生：問 44・49 ／数学の授業方法：問 45 ／数学での問題の示し方：問 46 ／数学の授業の雰囲気：問 47 ／先生の生徒への関心：問 48 ／授業を把握している先生：問 50 ／数学の先生の授業の進め方：問 51）
- 学校（生徒と教師の関係：問 52 ／学校への帰属意識：問 53 ／学校への印象：問 54 ／学校の意義：問 55 ／勉強にむかう姿勢：問 56）
- 問題解決の経験（問題への取り組み：問 57 ／情報への取り組み：問 58 ／問題解決方法：問 59・60・61）

（3）国際オプション

これまでの PISA 調査では、学校質問紙、生徒質問紙の他に幾つかの質問調査が開発され、国際オプションとして実施を希望する国・地域で行われてきている。PISA2012 年調査では、教育歴質問紙、ICT 質問紙、保護者質問紙が国際オプションとして実施された。

①教育歴質問紙（本書においては省略）

② ICT 質問紙

ICT 質問紙は以下のようにICT の利用可能性、コンピュータ利用、自宅でのICT 利用、学校でのICT 利用、コンピュータに対する考え方等についての質問項目からなり、上記生徒質問紙に引き続き、約5分程度で回答するものとして実施された。

- ICT 利用可能性（自宅で利用できる機器：問 1 ／学校で利用できる機器：問 2）
- コンピュータ利用（初めてコンピュータを使った年齢：問 3 ／初めてインターネットを利用した年齢：問 4 ／学校でのネット利用状況：問 5 ／学外でのネット利用状況：問 6・7）
- 学校以外でのICT 利用（学外でのコンピュータ利用目的：問 8 ／学習のためのコンピュータ利用：問 9）
- 学校でのICT 利用（学校でのコンピュータ利用目的：問 10 ／数学の授業でのコンピュータ利用：問 11）
- コンピュータに対する考え方（問 12）

③保護者質問紙（本書においては省略）

生徒の学習到達度調査(PISA2012)
(Programme for International Student Assessment)

OECD
ORGANISATION FOR ECONOMIC CO-OPERATION AND DEVELOPMENT

日本

調査実施日（PISA2012 年本調査）		
2012 年	月	日

学校質問紙

学校名

学校 ID 番号

日本語 286

調査実施協力機関

- オーストラリア教育研究所 (ACER)
- cApStAn (ベルギー調査会社)
- ドイツ国際教育研究所(DIPF)
- Educational Testing Service (ETS、アメリカ)
- オスロー大学教育研究所 (ILS、ノルウェー)
- ライプニッツ理数教育研究所 (IPN、ドイツ)
- 国立教育政策研究所 (NIER、日本)
- Tao イニシアティブ (CRP-アンリチュードル、ルクセンブルグ大学 EMACS)
- aSPe (リエージュ大学研究所、ベルギー)
- Westat (アメリカ調査会社)

この質問紙では、下記について情報提供をお願いしています。

- 学校の管理・運営体制
- 生徒と教師の人数
- 学校の施設・設備
- 学校の指導方法、カリキュラム、評価
- 学校の雰囲気
- 学校の方針と運営

ご提供くださった情報は、生徒が受けたテストの結果がどのような背景によってもたらされたものかを明らかにするために、学校間の相違をみる上での参考にさせていただくもので、例えば、教育の状況が、国内的にまた国際的に生徒の学業成績にどのような影響を及ぼすか等を調べる際に活用させていただきます。

この質問紙は学校長、またはその指名を受けた方に回答していただくことになっています。記入には約 30 分を要します。

回答に際し必要があれば、他の教職員の方にご確認いただいても結構です。

正確にご存じでない場合でも、恐らくこうであろうという推測で回答していただければ、この調査の主旨に十分適っているので結構です。

回答の秘密は厳守いたします。ご協力お願いします。

記入上の注意：

この「学校質問紙」は基本的に調査対象として選ばれた学科についてお尋ねするものです。したがって、各質問において「学校（学科）」となっている場合は、調査対象学科についてお答えください。調査対象学科のみ有する学校は、学校全体についてお答えください。

2

セクション A: 学校の管理・運営体制について

表紙裏の記入上の注意をご参照ください。

SC01

問 1　あなたの学校は、次のうちどちらですか。

1．国立あるいは公立　　2．私立

SC02

問 2　通常の年度における、あなたの学校の財源のうち、次のものがそれぞれ何%を占めていますか。該当しない項目は、%欄にゼロ（0）を記入して下さい。

	%
(1) 公的資金（国、地方自治体を含む）.	＿＿
(2) 保護者負担の授業料または手数料	＿＿
(3) 寄付金、遺贈、スポンサー、保護者による基金	＿＿
(4) その他	＿＿
合計	100%

SC03

問 3　あなたの学校が所在する市町村は、次のどれにあたりますか。あてはまる番号に一つ○をつけてください。（東京２３区は「5.」を選択してください。）

1．人口 3000 人未満の市町村

2．人口 3000 人～約 1 万 5000 人未満の市町村

3．人口 1 万 5000 人～約 10 万人未満の市町村

4．人口 10 万人～約 100 万人未満の都市

5．人口 100 万人以上の大都市

SC04

問 4　保護者が子どもの学校（学科）を選ぶ際の選択肢の有無についてお尋ねします。

あなたの学校（学科）の通学区域で、生徒が通学可能な学校について、最もあてはまるものは次のうちどれですか。あてはまる番号に一つ○をつけてください。

1．本校の通学区域には、保護者が子どもを通わせることのできる本校に匹敵するような学校（学科）が他に 2 校以上ある

2．本校の通学区域には、保護者が子どもを通わせることのできる本校に匹敵するような学校（学科）が他に 1 校ある

3．本校の通学区域には、保護者が子どもを通わせることのできる本校に匹敵するような学校（学科）はない

SC05

問5　あなたの学校（学科）の高校1年生は、国語の授業を平均何人で受けていますか。
あてはまる番号に一つ○をつけてください。

1.　15人以下
2.　16～20 人
3.　21～25 人
4.　26～30 人
5.　31～35 人
6.　36～40 人
7.　41～45 人
8.　46～50 人
9.　51 人以上

5

セクションB: 生徒と教師の人数について

表紙裏の記入上の注意をご参照ください。

SC07

問6　あなたの学校（学科）の生徒数は何人ですか（2012年5月1日現在）。
それぞれ該当する欄に数字を記入し、該当者がいない場合はゼロ（0）を記入してください。

1．男子＿＿＿＿＿人　　2．女子＿＿＿＿＿人

SC09

問7　あなたの学校に本務の教師、兼務等の教師がそれぞれ何人いますか。
それぞれ該当する欄に数字を記入してください。該当者がいない場合は、人数欄にゼロ（0）を記入してください。

「本務」とは、1学年度の勤務時間の90%以上を教師として勤務している方で、その他の方はすべて「兼務等」としてください。

	本務	兼務等
(1)　教師の総数	＿＿＿人	＿＿＿人
(2)　教員免許を有する者	＿＿＿人	＿＿＿人
(3)　大学の卒業者	＿＿＿人	＿＿＿人

6

SC10

問 8　あなたの学校に本務の教師、兼務等の数学教師はそれぞれ何人いますか。今年度、数学を教えていた教師、または数学を教える予定の教師のみを数えてください。それぞれ該当する欄に数字を記入してください。該当者がいない場合は、人数欄にゼロ（0）を記入してください。

「本務」とは、1 学年度の勤務時間の 90%以上を教師として勤務している方で、その他の方はすべて「兼務等」としてください。

	本務	兼務等
数学教師の総数	＿＿人	＿＿人

セクション C: 学校の施設・設備について

表紙裏の記入上の注意をご参照ください。

あなたの学校における高校 1 年生一人あたりのコンピュータの台数に関して、次の三つの質問にお答えください。

SC11

問 9a　あなたの学校（学科）の高校 1 年生は全部で何人ですか。

＿＿＿＿人

問 9b　これらの生徒が、学習のために利用できるコンピュータは、全部で何台ありますか。

＿＿＿＿台

問 9c　そのうち、インターネットに接続しているコンピュータは、何台ですか。

＿＿＿＿台

SC13

問 10　あなたの学校（学科）の高校 1 年生には、どの程度インターネットを使ってほしいと考えていますか。教科は問いません。(1)～(3) のそれぞれについて、あてはまる番号に一つ○をつけてください。

	10%未満	10-25%	26-50%	51-75%	76%以上
(1) 授業中	1	2	3	4	5
(2) 宿題	1	2	3	4	5
(3) 課題やプロジェクト	1	2	3	4	5

SC14

問11　あなたの学校では、指導に支障をきたすほど、以下について不足している状態にありますか。(1)～(13)のそれぞれについて、あてはまる番号に一つ○をつけてください。

	不足していない	わずかに不足している	ある程度は不足している	大変不足している
(1) 資格をもつ理科の教師の不足	1	2	3	4
(2) 資格をもつ数学の教師の不足	1	2	3	4
(3) 資格をもつ国語の教師の不足	1	2	3	4
(4) 資格をもつその他の教科の教師の不足	1	2	3	4
(5) 理科実験室の機器・教材の不足	1	2	3	4
(6) 教材（教科書など）の不足	1	2	3	4
(7) 教育用コンピュータの不足	1	2	3	4
(8) インターネットに接続しているコンピュータの不足	1	2	3	4
(9) 教育用コンピュータソフトウェアの不足	1	2	3	4
(10) 図書室における教材の不足	1	2	3	4
(11) 校舎やグラウンドの不足	1	2	3	4
(12) 冷暖房や照明設備の不足	1	2	3	4
(13) 指導のためのスペース（教室など）の不足	1	2	3	4

セクションD: 学校の指導方法、カリキュラム、評価について

表紙裏の記入上の注意をご参照ください。

SC15

問12　学校によっては生徒の能力や関心に応じて履修方法を変えているところもありますが、あなたの学校の調査対象の学科では、数学を履修する高校1年生の生徒に対して以下のうちどれを行っていますか。(1)～(4)のそれぞれについて、あてはまる番号に一つ○をつけてください。

	全クラスで行っている	一部のクラスで行っている	どのクラスでも行っていない
(1) 数学の授業内容はどのクラスもほぼ同じだが、難易度が異なっている	1	2	3
(2) それぞれのクラスが別の内容、または難易度の異なる数学のテーマを学んでいる	1	2	3
(3) 数学の授業において、生徒を能力別にグループ分けをしている	1	2	3
(4) 数学の授業では、教師が、能力の異なる生徒たちに応じた教授法を用いている（能力別グループ分けはしない）	1	2	3

付録A

SC16

問 13　本年度、あなたの学校の高校1年生は次のうちどの活動を行っていますか。
(1)～(11)のそれぞれについて、あてはまる番号に一つ○をつけてください。

		はい	いいえ
(1)	吹奏楽、合唱	1	2
(2)	演劇またはミュージカル	1	2
(3)	卒業アルバム、学校新聞、または雑誌の編集	1	2
(4)	ボランティアやサービス活動（地域活動など）	1	2
(5)	数学クラブ	1	2
(6)	数学コンテスト	1	2
(7)	将棋や囲碁のクラブ	1	2
(8)	コンピュータクラブ	1	2
(9)	美術部または美術活動	1	2
(10)	運動部またはスポーツ活動	1	2
(11)	伝統芸能に関する活動（和太鼓、日本舞踊など）	1	2

11

SC18

問 14　あなたの学校では、高校1年生の成績評価を、次の目的のために行っていますか。
(1)～(8)のそれぞれについて、あてはまる番号に一つ○をつけてください。

		はい	いいえ
(1)	両親（保護者）に子どもの学習の進歩状況を伝えるため	1	2
(2)	生徒の落第・進級を決定するため	1	2
(3)	生徒をグループ分けして指導するため	1	2
(4)	自校の成績を地域や全国の学校の成績と比較するため	1	2
(5)	自校の成績の経年の推移を観察するため	1	2
(6)	教師の指導の効果を判断するため	1	2
(7)	指導方法やカリキュラムを改善すべきかどうかを判断するため	1	2
(8)	自校を他校と比較するため	1	2

SC19

問 15　あなたの学校では、以下の説明を行う際に生徒達の成績に関する資料を使っていますか。(1)～(2)のそれぞれについて、あてはまる番号に一つ○をつけてください。

以下の「生徒達の成績」には学校全体あるいは学年全体で集計された試験の点数や評点、あるいは卒業率などが含まれます。

		はい	いいえ
(1)	生徒達の成績は公開されている（例：メディアを通じて）	1	2
(2)	生徒達の成績は、教育行政機関に長期的に追跡されている	1	2

12

SC20

問 16　あなたの学校では、通常の授業時間内に行われる数学の授業以外に、数学の授業が行われていますか。あてはまる番号に一つ○をつけてください。

1.　はい　→　そのまま問 17 に進んでください。

2.　いいえ　→　問 17 を飛ばして、問 18 に進んでください。

SC21

問 17　通常の数学の授業以外に数学の授業をする目的は何ですか。あてはまる番号に一つ○をつけてください。

1.　発展的な学習のため

2.　補習的な学習のため

3.　発展的な学習と補習的な学習の両方

4.　生徒の学習到達度に関係なく行っている

13

セクション E: 学校の雰囲気について

表紙裏の記入上の注意をご参照ください。

SC22

問 18　あなたの学校（学科）では、生徒の学習に、次のようなことが支障となることが、どのくらいありますか。(1)～(19) のそれぞれについて、あてはまる番号に一つ○をつけてください。

	まったくない	非常に少ない	ある程度はある	よくある
(1) 生徒が無断欠席すること	1	2	3	4
(2) 生徒が授業をさぼること	1	2	3	4
(3) 生徒が学校に遅刻すること	1	2	3	4
(4) 生徒が全員参加の学校行事（体育祭など）や遠足に欠席すること	1	2	3	4
(5) 生徒による教師への敬意が欠けていること	1	2	3	4
(6) 生徒による授業妨害	1	2	3	4
(7) 生徒がアルコールや違法な薬物を使用すること	1	2	3	4
(8) 生徒が他の生徒を脅したりいじめたりすること	1	2	3	4
(9) 生徒の潜在能力を十分引き出すような指導がなされていないこと	1	2	3	4
(10) 生徒と教師の人間関係が乏しいこと	1	2	3	4

14

付録A

	まったくない	非常に少ない	ある程度はある	よくある
(11) 教師が一つのクラスで異なる能力の生徒を教えなければならないこと	1	2	3	4
(12) 教師が一つのクラスで多様な民族的背景（言語や文化など）を持つ生徒を教えなければならないこと	1	2	3	4
(13) 生徒に対する教師の期待が低いこと	1	2	3	4
(14) 教師が個々の生徒のニーズに応えていないこと	1	2	3	4
(15) 教師の欠勤	1	2	3	4
(16) 改革に対する教職員の抵抗	1	2	3	4
(17) 教師が生徒に対して厳格すぎること	1	2	3	4
(18) 教師が授業に遅刻すること	1	2	3	4
(19) 教師の授業準備が足りないこと	1	2	3	4

SC23

問19　昨年度、あなたの学校（学科）における中途退学者は何%いましたか。

＿＿＿＿%

SC24

問20　あなたの学校（学科）に対する保護者の期待を最も特徴づけているのは、次のうちどれですか。あてはまる番号に一つ○をつけてください。

1．本校が非常に高い学業水準を設定し、生徒にこれに見合った高い学力をつけさせていくことを期待する*圧力を常に*多くの保護者から受けている

2．生徒の学力水準を高めていくことを本校に期待する圧力を、*少数の保護者*から受けている

3．生徒の学力水準を高めていくことを本校に期待する圧力を、保護者から受けることは*ほとんどない*

SC25

問21 昨年度、次の行事や活動に参加した保護者を持つ生徒はどのくらいいましたか。(1)～(11)のそれぞれについて、該当する欄に数字を記入してください。参加した保護者がいない場合はゼロ(0)を、すべての保護者が参加した場合は 100 を記入してください。

(1) 保護者からの働きかけにより、教師と保護者が子どもの生活態度について話し合う . . . . ______%

(2) 教師からの働きかけにより、教師と保護者が子どもの生活態度について話し合う . . . . ______%

(3) 保護者からの働きかけにより、教師と保護者が子どもの学習状況について話し合う . . . . ______%

(4) 教師からの働きかけにより、教師と保護者が子どもの学習状況について話し合う . . . . ______%

(5) ボランティアとして肉体作業を伴う奉仕活動に参加する（校舎の清掃、大工仕事、校庭の手入れなど） . . . . ______%

(6) ボランティアとして課外活動に参加する（読書会、発表会、スポーツ活動、遠足など） . . . . ______%

(7) ボランティアとして図書室やコンピュータ教室での活動に参加する . . . . ______%

(8) 学校で教師を補助する . . . . ______%

(9) 学校に招かれて講師として話す . . . . ______%

(10) 地域の学校協議会（保護者会や学校運営評議会など）に参加する . . . . ______%

(11) 学校のために寄付や募金などの手伝いをする . . . . ______%

17

SC26

問22 あなたの学校の教師について、あなたはどのように思いますか。(1)～(4)のそれぞれについて、あてはまる番号に一つ○をつけてください。

	まったくそのとおりである	かなりあてはまる	あまりあてはまらない	まったくあてはまらない
(1) 本校の教師は意欲的だ	1	2	3	4
(2) 教師は熱意をもって仕事をしている	1	2	3	4
(3) 教師は本校に誇りをもっている	1	2	3	4
(4) 教師は学業成績を重視している	1	2	3	4

18

SC27

問 23　あなたの学校の教師について、次のことがどのくらいあてはまりますか。
(1)～(6)のそれぞれについて、あてはまる番号に一つ○をつけてください。

	まったくそのとおりである	かなりあてはまる	あまりあてはまらない	まったくあてはまらない
(1) 数学の教師は、新しい指導方法を試すことに関心がある	1	2	3	4
(2) 数学の教師は、指導方法の定石に固執する傾向がある	1	2	3	4
SC28 (3) 学業成績をできるだけ高水準に保つという点で数学教師間の意見が一致している	1	2	3	4
(4) 数学の教師は、教育水準を、生徒のレベルや要望に合わせるのが一番よいという点で意見が一致している	1	2	3	4
SC29 (5) 数学の授業においては、生徒の社会的成長や、精神的成長が、数学的技能や知識の習得と同じぐらい重要だという点において数学教師間で意見が一致している	1	2	3	4
(6) 数学の教師は、生徒の数学的技能や知識の習得こそが、数学の授業の一番重要な目的だという点において数学教師間で意見が一致している	1	2	3	4

SC30

問 24　あなたの学校において昨年１年間を通して、数学教師の指導のあり方を評価する際に以下のうちいずれかを参考にしたことがありますか。(1)～(4)のそれぞれについて、あてはまる番号に一つ○をつけてください。

	はい	いいえ
(1) 生徒の学力テストまたは学力評価	1	2
(2)（授業計画、評価方法、教え方に関する）同僚教師の評価	1	2
(3) 学校長または教頭／副校長による授業視察	1	2
(4) 指導主事、その他の第三者による視察	1	2

SC31

問 25　教員評価やそのフィードバックは、次のことにどのくらい関係してきますか。(1)～(7)のそれぞれについて、あてはまる番号に一つ○をつけてください。

	関係しない	少しは関係する	ある程度は関係する	大きく関係する
(1) 昇給	1	2	3	4
(2) ボーナスなど金銭的報酬	1	2	3	4
(3) 研修の機会	1	2	3	4
(4) 昇進の見込み	1	2	3	4
(5) あなた（校長）が皆の前でほめたたえること	1	2	3	4
(6) 仕事をより魅力あるものにするための職務責任の変更	1	2	3	4
(7) 学校改善を主導する役割（カリキュラム開発や学校の教育目標の設定など）	1	2	3	4

セクション F: 学校の方針と運営について

表紙裏の記入上の注意をご参照ください。

SC32

問 26　あなたの学校（学科）では、生徒の入学に際し、次の事柄がどのくらい考慮されていますか。(1)～(7)のそれぞれについて、あてはまる番号に一つ○をつけてください。

	まったく考慮されない	考慮されることがある	常に考慮される
(1) 中学校での学業成績（高校の入学試験を含む）	1	2	3
(2) 中学校の推薦状	1	2	3
(3) 保護者が学校の教育・宗教理念に賛同していること	1	2	3
(4) 特定の課程・学科への志望、興味の有無	1	2	3
(5) 家族に卒業生や在校生がいること	1	2	3
(6) 居住地	1	2	3
(7) その他	1	2	3

SC33

問27　あなたの学校では、以下のことについて責任をもつのはどなたですか。(1)～(12)のそれぞれについて、あてはまる番号にすべて○をつけてください。

	校長	教師	学校の理事会、評議会等	都道府県教育委員会	文部科学省
(1) 教師の採用	1	2	3	4	5
(2) 教師の解雇	1	2	3	4	5
(3) 教師の初任給の決定	1	2	3	4	5
(4) 教師の昇給の決定	1	2	3	4	5
(5) 学校予算の編成	1	2	3	4	5
(6) 学校内の予算配分の決定	1	2	3	4	5
(7) 生徒指導規則の設定	1	2	3	4	5
(8) 生徒の評価方針の決定	1	2	3	4	5
(9) 生徒の入学許可	1	2	3	4	5
(10) 教科書の選定	1	2	3	4	5
(11) 履修内容の決定	1	2	3	4	5
(12) 履修コースの選定	1	2	3	4	5

SC34

問28　あなたの学校（学科）の管理・運営についてお尋ねします。昨年度、あなたは以下の事柄をどのくらい行いましたか。(1)～(21)のそれぞれについて、あてはまる番号に一つ○をつけてください。

	しなかった	年1～2回	年3～4回	月1回	週1回	週1回より多い
(1) 地域での学校の評判を高めること	1	2	3	4	5	6
(2) 生徒の成績をもとに、学校の教育目標を立てること	1	2	3	4	5	6
(3) 教師の専門性を高めるための活動が、学校の教育目標に合致しているかどうかを確認すること	1	2	3	4	5	6
(4) 教師が学校の教育目標に沿った活動をしているかどうかを確認すること	1	2	3	4	5	6
(5) 最近の教育に関する研究をもとに、教育実践をすすめること	1	2	3	4	5	6
(6) 生徒を学習に積極的に参加させている教師を評価すること	1	2	3	4	5	6
(7) 教師が授業で問題を抱えている場合、率先してそのことについて話し合うこと	1	2	3	4	5	6
(8) 生徒の批判する力や社会的能力の育成の重要性に教師の目を向けさせること	1	2	3	4	5	6
(9) 学級内の問題行動に注意を払うこと	1	2	3	4	5	6
(10) 教師を学校の意思決定に参加させること	1	2	3	4	5	6
(11) 継続的に向上する学校文化をつくるよう、教師の関心を向けさせること	1	2	3	4	5	6

	しなかった	年1～2回	年3～4回	月1回	週1回	週1回より多い
(12) 学校方針等を決める会議に参加するよう、教師に求めること	1	2	3	4	5	6
(13) 教師が学級の問題を相談にきた時、共に問題解決に当たること	1	2	3	4	5	6
(14) 職員会議で、学校の学習目標を話し合うこと	1	2	3	4	5	6
(15) 教師とカリキュラムについて決定する際に、学校の学習目標について言及すること	1	2	3	4	5	6
(16) カリキュラムの長所と課題を明らかにするために、教師と生徒の成績について話し合うこと	1	2	3	4	5	6
(17) 指導に関する研修を指導あるいは参加すること	1	2	3	4	5	6
(18) 研修で得た情報やアイディアを共有するための時間を、職員会議に設けること	1	2	3	4	5	6
(19) 定期的に授業の様子をみてまわること	1	2	3	4	5	6
(20) 生徒の作品等をみて、教師の指導方法を評価すること	1	2	3	4	5	6
(21) 教職員の働きぶりを評価すること	1	2	3	4	5	6

SC35

問 29　あなたの学校の教師で、過去3か月間に、数学に関する1日以上の研修を受けた人は、何%いますか。

研修とは、指導法や教授法を向上させるための公的な研修を指しますが、必ずしも資格取得を目的とするものではありません。研修日は少なくとも1日あり、数学の指導と教育に焦点を当てたものとします。

(1)　あなたの学校の教師全体のうち　______%

(2)　あなたの学校で数学を教える教師のうち　______%

SC39

問 30　あなたの学校では、質の保証や改善のために、次のような方法を用いていますか。(1)～(9)のそれぞれについて、あてはまる番号に一つ○をつけてください。

	はい	いいえ
(1)　学校のカリキュラムと教育目標を記載した学校概要	1	2
(2)　生徒の成績の評価基準を記載した学校概要	1	2
(3)　教師と生徒の出席率、卒業率、試験結果、教師の研修などの体系的に記録されたデータ	1	2
(4)　内部評価／自己評価	1	2
(5)　外部評価	1	2
(6)　生徒からの書面での評価（授業、教師、教材・設備などに関する）	1	2
(7)　教師に対する個別の指導	1	2
(8)　半年以上にわたる、1人以上の専門家による学校改善のための定期的なコンサルティング	1	2
(9)　数学の教育方針の徹底（教師の研修を伴う、共通の指導教材を使ったカリキュラムの採用など）	1	2

付録A

SC40

問 31　あなたの学校の方針としてあてはまるものはどれですか。(1)～(3)のそれぞれについて、あてはまる番号に一つ○をつけてください。

方針とは、学校関係者・保護者に周知されているものを指します。

	はい	いいえ
(1) 本校では、数学の指導におけるコンピュータの使い方に関する方針がある（コンピュータを使った数学の授業の割合、特定の数学用ソフトウェアの利用など）	1	2
(2) 本校の高校 1 年生は全員同じ数学の教科書を使用している	1	2
(3) 本校の数学の教師は、少なくとも月ごとに決められた学習カリキュラムに沿って、授業を行う	1	2

SC44

問 32　あなたの学校（学科）では、高校 1 年生が他校へ転校する場合、次のような事柄が理由となることが、どのくらいありますか。(1)～(6)のそれぞれについて、あてはまる番号に一つ○をつけてください。

	まったくない	ある	よくある
(1) 学業成績が良くないため	1	2	3
(2) 学業成績が良いため	1	2	3
(3) 素行上の問題があるため	1	2	3
(4) 特別な勉学上の必要があるため	1	2	3
(5) 両親・保護者の希望のため	1	2	3
(6) その他の理由のため	1	2	3

～ご協力ありがとうございました。～

生徒の学習到達度調査(PISA2012)
(Programme for International Student Assessment)

ORGANISATION FOR ECONOMIC CO-OPERATION AND DEVELOPMENT

日本

調査実施日（PISA2012 年本調査）		
2012 年	＿＿月	＿＿日

生徒質問紙

学校名

生徒 ID 番号

氏名　＿＿＿＿姓　＿＿＿＿名

生年月日　19　年 /　月 /　日

日本語 286

調査実施協力機関

- オーストラリア教育研究所 (ACER)
- cApStAn (ベルギー調査会社)
- ドイツ国際教育研究所(DIPF)
- Educational Testing Service (ETS、アメリカ)
- オスロー大学教育研究所 (ILS、ノルウェー)
- ライプニッツ理数教育研究所 (IPN、ドイツ)
- 国立教育政策研究所 (NIER、日本)
- Tao イニシアティブ (CRP-アンリチュードル、ルクセンブルグ大学 EMACS)
- aSPe (リエージュ大学研究所、ベルギー)
- Westat (アメリカ調査会社)

この質問紙では、次のことについてお聞きします。

- あなた自身（セクション A)
- あなたのご家族・ご家庭（セクション B)
- 数学の学習（セクション C)
- あなたの数学に関する学習経験（セクション D)
- 学校（セクション E)
- あなたの問題解決に関する経験（セクション F)

各質問を注意深く読んで、できるだけ正確に答えてください。この質問紙の回答の仕方は、あてはまる番号に○をつけるものと、回答を簡単に記入するものがあります。

間違った番号に○をつけてしまった場合は、線を引いて消すか、消しゴムできれいに消してから、正しい番号に○をつけてください。回答を記入する時に間違ってしまった場合も、同様に消してから正しい答えを記入してください。

この質問紙には、これが「正しい答え」とか、これが「誤った答え」というものはありません。自分がそうだと思った答えが「正しい答え」なのです。

意味のわからない時や、質問への答え方がわからない時は、調査を監督している先生にたずねてください。

回答の秘密は厳守いたします。よろしくご協力ください。

2

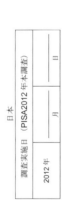

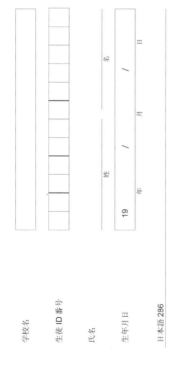

セクション A: あなた自身について

ST03

問 1　あなたの生年月日を西暦で記入してください。

（平成 8 年は 1996 年、平成 9 年は 1997 年です。）

１９＿＿＿＿ 年 ＿＿＿＿ 月 ＿＿＿＿ 日

ST04

問 2　あなたの性別はどちらですか。あてはまる番号に〇をつけてください。

１．男　　２．女

ST05

問 3　幼稚園や保育所に通いましたか。あてはまる番号に一つ〇をつけてください。

１．いいえ
２．はい。１年以下
３．はい。１年より長い

3

ST08

問 4　最近 2 週間のうち、学校に遅刻した回数は何回ありましたか。あてはまる番号に一つ〇をつけてください。

１．まったくなかった
２．１～２回
３．３～４回
４．５回以上

ST09

問 5　最近 2 週間のうち、学校を無断欠席した回数は何回ありましたか。あてはまる番号に一つ〇をつけてください。

１．まったくなかった
２．１～２回
３．３～４回
４．５回以上

ST115

問 6　最近 2 週間のうち、授業をサボった回数は何回ありましたか。あてはまる番号に一つ〇をつけてください。

１．まったくなかった
２．１～２回
３．３～４回
４．５回以上

4

セクション B: あなたのご家族・ご家庭について

このセクションでは、あなたのご家族・ご家庭について質問します。

以下の質問の中には、ご両親（または、保護者の方や義理の親、養父母など、親代わりになっている人）についてのものがあります。

もしご両親、または保護者と呼ぶ人が2組以上いる場合は、一緒に過ごす時間が一番長い親または保護者の方について答えてください。

ST11

問7　あなたが一緒に住んでいる人は、次のうち誰ですか（お父さんが単身赴任している場合などは、一緒に住んでいると考えます）。(1)～(6)のそれぞれについて、あてはまる番号に一つ○をつけてください。

	はい	いいえ
(1) 母親（義理の母親または養母を含む）	1	2
(2) 父親（義理の父親または養父を含む）	1	2
(3) 兄弟（義理の兄弟を含む）	1	2
(4) 姉妹（義理の姉妹を含む）	1	2
(5) 祖父、祖母	1	2
(6) その他の親族（いとこ等）	1	2

5

ST12

問8　お母さん（もしくはそれに相当する人）の主な職業は何ですか。（例：教師、調理係、販売員）

（今、働いていない場合は、最後についていた職業について答えてください。）

職業の名称＿＿＿＿＿＿＿＿＿＿＿＿＿＿＿＿＿＿＿＿

問9　お母さん（もしくはそれに相当する人）は、その職業で具体的に何をしていますか。（例：高校生を教えている、レストランの調理場で補助をしている、販売チームの指揮をしている）

今の、または過去の職業の内容を具体的に書いてください。

＿＿＿＿＿＿＿＿＿＿＿＿＿＿＿＿＿＿＿＿＿＿＿＿

ST13

問10　お母さん（もしくはそれに相当する人）が最後に卒業した学校は、次のうちどれですか。あてはまる番号に一つ○をつけてください。もし答え方が分からない場合は、先生に聞いてください。

1．大学院

2．大学

3．短期大学または高等専門学校

4．高等学校普通科

5．高等学校専門学科（職業科など）

6．中学校

6

付録A

ST15

問 11　お母さん（もしくはそれに相当する人）は、現在、何をしていますか。あてはまる番号に一つ○をつけてください。

1．フルタイムで働いている（自営業、自由業を含む）
2．パートタイムで働いている（自営業、自由業を含む）
3．働いていないが、仕事を探している
4．その他（専業主婦、退職など）

ST16

問 12　お父さん（もしくはそれに相当する人）の主な職業は何ですか。（例：教師、調理係、販売員）

（今、働いていない場合は、最後についていた職業について答えてください。）

職業の名称 ______________________

問 13　お父さん（もしくはそれに相当する人）は、その職業で具体的に何をしていますか。（例：高校生を教えている、レストランの調理場で補助をしている、販売チームの指揮をしている）

今の、または過去の職業の内容を具体的に書いて下さい。

____

7

ST17

問 14　お父さん（もしくはそれに相当する人）が最後に卒業した学校は、次のうちどれですか。あてはまる番号に一つ○をつけてください。もし答え方が分からない場合は、先生に聞いてください。

1．大学院
2．大学
3．短期大学または高等専門学校
4．高等学校普通科
5．高等学校専門学科（職業科など）
6．中学校

ST19

問 15　お父さん（もしくはそれに相当する人）は、現在、何をしていますか。あてはまる番号に一つ○をつけてください。

1．フルタイムで働いている（自営業、自由業を含む）
2．パートタイムで働いている（自営業、自由業を含む）
3．働いていないが、仕事を探している
4．その他（専業主夫、退職など）

8

ST20

問 16　ご両親（もしくは保護者の方）とあなたが生まれた国はどこですか。(1)～(3)のそれぞれについて、あてはまる番号に一つ○をつけてください。

	日本	外国
(1)　あなた	1	2
(2)　母親	1	2
(3)　父親	1	2

ST21

問 17　外国で生まれた人だけ答えてください。あなたが日本に来たのは、何歳の時ですか。生後 12 か月未満の場合は、年齢の欄にゼロ（0）と記入してください。
あなたの生まれた国が日本の場合は、この問をとばして問 18 に進んでください。

＿＿＿＿ 歳

ST25

問 18　あなたの家では主に何語で話していますか。あてはまる番号に一つ○をつけてください。

1．日本語 286　　2．その他の言語 827

ST26

問 19　あなたの家には次の物がありますか。(1)～(17)のそれぞれについて、あてはまる番号に一つ○をつけてください。

	はい	いいえ
(1)　勉強机	1	2
(2)　自分の部屋	1	2
(3)　静かに勉強できる場所	1	2
(4)　勉強に使えるコンピュータ	1	2
(5)　教育用コンピュータソフト	1	2
(6)　インターネット接続回線	1	2
(7)　文学作品（例：夏目漱石、芥川龍之介）	1	2
(8)　詩集	1	2
(9)　美術品（例：絵画）	1	2
(10)　学校の勉強に役立つ参考書	1	2
(11)　専門書	1	2
(12)　辞書	1	2
(13)　食器洗い機	1	2
(14)　ＤＶＤプレーヤー	1	2
(15)　デジタルカメラ	1	2
(16)　プラズマ／液晶テレビ	1	2
(17)　衣類乾燥機	1	2

ST27

問 20　あなたの家には次の物がいくつありますか。(1)～(5) のそれぞれについて、あてはまる記号に一つ○をつけてください。

	ない	一つ	二つ	三つ以上
(1) 携帯電話・PHS	a	b	c	d
(2) テレビ	a	b	c	d
(3) コンピュータ	a	b	c	d
(4) 自動車	a	b	c	d
(5) 浴室またはシャワー室	a	b	c	d

ST28

問 21　あなたの家には本が何冊ありますか。あてはまる番号に一つ○をつけてください。本棚１メートルにつき約４０冊の本が入るとします。雑誌、新聞、教科書は数に含めないでください。

1. ０～１０ 冊
2. １１～２５ 冊
3. ２６～１００ 冊
4. １０１～２００ 冊
5. ２０１～５００ 冊
6. ５０１ 冊以上

11

セクション C: 数学の学習について

ST29

問 22　あなたは数学について、どのように感じていますか。(1)～(8) のそれぞれについて、あてはまる番号に一つ○をつけてください。

	まったくその通りだ	その通りだ	その通りでない	まったくその通りでない
(1) 数学についての本を読むのが好きである	1	2	3	4
(2) 将来つきたい仕事に役立ちそうだから、数学はがんばる価値がある	1	2	3	4
(3) 数学の授業が楽しみである	1	2	3	4
(4) 数学を勉強しているのは楽しいからである	1	2	3	4
(5) 将来の仕事の可能性を広げてくれるから、数学は学びがいがある	1	2	3	4
(6) 数学で学ぶ内容に興味がある	1	2	3	4
(7) 自分にとって数学が重要な科目なのは、これから勉強したいことに必要だからである	1	2	3	4
(8) これから数学でたくさんのことを学んで、仕事につくときに役立てたい	1	2	3	4

12

ST35

問 23　あなたの周りの人たちは、数学についてどのように考えていますか。(1)～(6)のそれぞれについて、あてはまる番号に一つ○をつけてください。

	まったくその通りだ	その通りだ	その通りでない	まったくその通りでない
(1) ほとんどの友だちは、数学が得意だ	1	2	3	4
(2) ほとんどの友だちは、数学の勉強に力を入れてる	1	2	3	4
(3) 友だちは、数学のテストを楽しんで受けている	1	2	3	4
(4) 両親は、私が数学を学ぶことを重要だと考えている	1	2	3	4
(5) 両親は、私が仕事をするために数学は重要だと考えている	1	2	3	4
(6) 両親は数学が好きだ	1	2	3	4

13

ST37

問 24　あなたは、次のような数学の問題を解く自信がありますか。(1)～(8)のそれぞれについて、あてはまる番号に一つ○をつけてください。

	かなり自信がある	自信がある	自信がない	全然自信がない
(1) 列車の時刻表をみて、ある場所から別の場所までどのくらい時間がかかるか計算する	1	2	3	4
(2) あるテレビが30%引きになったとして、それが元の値段よりいくら安くなったかを計算する	1	2	3	4
(3) 床にタイルを張るには、何平方メートル分のタイルが必要かを計算する	1	2	3	4
(4) 新聞に掲載されたグラフを理解する	1	2	3	4
(5) $3x + 5 = 17$ という等式を解く	1	2	3	4
(6) 縮尺 10,000 分の 1 の地図上にある、2 点間の距離を計算する	1	2	3	4
(7) $2(x + 3) = (x + 3)(x - 3)$ という等式を解く	1	2	3	4
(8) 自動車のガソリンの燃費を計算する	1	2	3	4

14

付録A

ST42

問 25　数学の勉強について、次のようなことは、あなたにどのくらいあてはまりますか。
(1)～(10)のそれぞれについて、あてはまる番号に一つ○をつけてください。

	まったくその通りだ	その通りだ	その通りでない	まったくその通りでない
(1) 数学の授業についていけないのではないかとよく心配になる	1	2	3	4
(2) 数学はまったく得意ではない	1	2	3	4
(3) 数学の宿題をやるとなると、とても気が重くなる	1	2	3	4
(4) 数学では良い成績をとっている	1	2	3	4
(5) 数学の問題をやっているといらいらする	1	2	3	4
(6) 数学はすぐわかる	1	2	3	4
(7) 数学は得意科目の一つだといつも思う	1	2	3	4
(8) 数学の問題を解くとき、手も足も出ないと感じる	1	2	3	4
(9) 数学の授業ではどんな難しい問題でも理解できる	1	2	3	4
(10) 数学でひどい成績をとるのではないかと心配になる	1	2	3	4

15

ST43

問 26　数学の勉強について、次のようなことは、あなたにどのくらいあてはまりますか。
(1)～(6)のそれぞれについて、あてはまる番号に一つ○をつけてください。

	まったくその通りだ	その通りだ	その通りでない	まったくその通りでない
(1) 努力を怠らなければ、数学で良い成績をとることができる	1	2	3	4
(2) 数学の成績を上げるのも下げるのも自分次第だ	1	2	3	4
(3) 家庭の事情やその他の要因により、数学の勉強に長い時間を費やすことができない	1	2	3	4
(4) もし数学の先生が今と違う先生なら、もっと数学を頑張る	1	2	3	4
(5) 数学で良い成績をとろうと思えば、今より良い成績がとれる	1	2	3	4
(6) 試験のために勉強しても、数学の成績は悪いままだ	1	2	3	4

16

ST44

問 27　次の文章を読んで、自分のこととして考えてみてください。

毎週数学の小テストがありますが、最近、あなたは良い点が取れません。今日はその理由を考えています。

小テストで良い点が取れない理由として、次のようなことは、あなたにどのくらいあてはまりますか。(1)～(6)のそれぞれについて、あてはまる番号に一つ○をつけてください。

	とてもよくあてはまる	あてはまる	どちらかといえばあてはまる	まったくあてはまらない
(1) 数学の問題を解くのが苦手だから	1	2	3	4
(2) 今週、その課題についての先生の説明が不十分だったから	1	2	3	4
(3) 今週はカンが働かなかったから	1	2	3	4
(4) 時々、難しすぎる問題があるから	1	2	3	4
(5) その問題に興味を持つような授業を、先生がしなかったから	1	2	3	4
(6) 運が悪かったから	1	2	3	4

17

ST46

問 28　学校の数学の勉強について、次のようなことは、あなたにどのくらいあてはまりますか。(1)～(9)のそれぞれについて、あてはまる番号に一つ○をつけてください。

	まったくその通りだ	その通りだ	その通りでない	まったくその通りでない
(1) 数学の宿題は授業までに終える	1	2	3	4
(2) 数学の宿題に一生懸命取り組む	1	2	3	4
(3) 数学の試験勉強をする	1	2	3	4
(4) 数学の小テストのために一生懸命勉強する	1	2	3	4
(5) 数学の問題を、理解できるまで勉強する	1	2	3	4
(6) 数学の授業に集中している	1	2	3	4
(7) 数学の授業をよく聞く	1	2	3	4
(8) 数学を勉強するときは、集中できる環境を作る	1	2	3	4
(9) 数学は計画的に勉強する	1	2	3	4

18

ST48

問 29　次の５組の文章について、あなたの考えはどちらに近いですか。(1)～(5)のそれぞれについて、あてはまる番号（１または２）に一つ○をつけてください。

(1)　１．放課後に数学の発展的な学習や補習的な学習を受けるつもりだ

２．放課後に国語の発展的な学習や補習的な学習を受けるつもりだ

(2)　１．数学の能力を必要とする分野を大学で専攻しようと考えている

２．理科の能力を必要とする分野を大学で専攻しようと考えている

(3)　１．数学の授業では、求められる以上に勉強するつもりだ

２．国語の授業では、求められる以上に勉強するつもりだ

(4)　１．学生の間に、数学の授業をできるだけ多く受けたいと思っている

２．学生の間に、理科の授業をできるだけ多く受けたいと思っている

(5)　１．数学に大いに関連する職業につきたいと思っている

２．理科に大いに関連する職業につきたいと思っている

ST49

問 30　あなたは、次のようなことをどのくらいしていますか。(1)～(8)のそれぞれについて、あてはまる番号に一つ○をつけてください。

	いつも又はほとんどしている	よくしている	時々している	ほとんど又はまったくしない
(1) 数学の問題について友だちと話す	1	2	3	4
(2) 友だちの数学の勉強を手伝う	1	2	3	4
(3) 課外活動として数学を勉強する	1	2	3	4
(4) 数学コンテストに参加する	1	2	3	4
(5) 学校以外で、毎日２時間以上数学の勉強をする	1	2	3	4
(6) 将棋や囲碁をする	1	2	3	4
(7) コンピュータのプログラミングをする	1	2	3	4
(8) 数学クラブに参加する	1	2	3	4

ST53

問31　次にあげる数学の勉強の仕方について、あなたの考えはどちらに近いですか。(1)～(4)のそれぞれについて、あてはまる番号（1、2、または3）に一つ○をつけてください。

(1)　1．数学の試験勉強をするときは、一番大事な部分をおさえておくようにしている

2．数学の試験勉強をするときは、新しい課題と今までに習ったことに関連付けて理解しようとしている

3．数学の試験勉強をするときは、できるだけ暗記しようとする

(2)　1．数学を勉強するときは、自分がよくわかっていないのはどの辺なのかをおさえておこうとする

2．数学を勉強するときは、他にも解き方がないか、よく考える

3．数学を勉強するときは、前にやったことを覚えているかどうかをチェックしている

(3)　1．数学を勉強するときは、数学と他の科目で習った事柄を関連付けようとしている

2．数学を勉強するときは、ここで学ぶのは何なのかをはっきりさせることからはじめる

3．数学の問題によっては何度もやったのがあるので眠っていても解けるような気がする

(4)　1．数学の問題の解法を覚えるために、例題を何度も何度も解いている

2．学んだ数学を日常生活にどう応用できるかを考えている

3．数学で理解できないことがあったときは、必ず詳しく調べてわからないところをはっきりさせるようにしている

ST55

問32　あなたは、普段の授業以外に、1週間に次の教科をどのくらい勉強していますか。

ここでは、あなたが学校で学習している教科について、通常の授業以外に、学校、家、その他の場所であなたがどのくらい勉強しているかをお答えください。

(1)～(4)のそれぞれについて、あてはまる番号に一つ○をつけてください。

	まったくしない	週に2時間未満	週に2時間以上4時間未満	週に4時間以上6時間未満	週に6時間以上
(1) 国語	1	2	3	4	5
(2) 数学	1	2	3	4	5
(3) 理科	1	2	3	4	5
(4) その他の教科	1	2	3	4	5

ST57

問33　学校で学ぶすべての教科について、あなたは1週間に平均何時間、次のようなことをしていますか。週末の時間も含めて、それぞれにかける時間を答えてください。

(1)　先生から出された宿題やその他の課題をする　週 ______ 時間

(2)　(1)で答えた時間数のうち、学校やその他の場所で、必要に応じて指導したり、手伝ってくれる人と宿題をする　週 ______ 時間

(3)　家庭教師がついて勉強する　週 ______ 時間

(4)　塾や予備校などで勉強する　週 ______ 時間

(5)　親や家族と勉強する　週 ______ 時間

(6)　授業の内容をコンピュータを使って復習する（例：学習ソフトを使って単語を覚える）　週 ______ 時間

ST61

問 34　あなたは、これまでに、次のような数学の問題を学校でどのくらいやりましたか。(1)～(9)のそれぞれについて、あてはまる番号に一つ○をつけてください。

	何度もやった	時々やった	ほとんどやっていない	一度もやっていない
(1) 列車の時刻表をみて、ある場所から別の場所までどのくらい時間がかかるか計算する	1	2	3	4
(2) コンピュータの値段に税金を加算すると、元の値段よりいくら高くなるかを計算する	1	2	3	4
(3) 床にタイルを張るには、何平方メートル分のタイルが必要かを計算する	1	2	3	4
(4) 雑誌などの記事に掲載されている科学的な表を理解する	1	2	3	4
(5) $6x^2 + 5 = 29$ という等式を解く	1	2	3	4
(6) 縮尺10,000 分の1の地図上にある、2 点間の距離を計算する	1	2	3	4
(7) $2(x + 3) = (x + 3)(x - 3)$という等式を解く	1	2	3	4
(8) 電化製品の週あたりの消費電力を計算する	1	2	3	4
(9) $3x + 5 = 17$ という等式を解く	1	2	3	4

ST62

問 35　数学で使われる次の用語について、あなたはどのくらい知っていますか。(1)～(16)のそれぞれについて、あてはまる番号に一つ○をつけてください。

	知らない	1、2度聞いたことがある	数回聞いたことがある	何度も聞いたことがある	よく知っていて、その意味も理解している
(1) 指数関数	1	2	3	4	5
(2) 約数	1	2	3	4	5
(3) 二次関数	1	2	3	4	5
(4) 固有数	1	2	3	4	5
(5) 一次方程式	1	2	3	4	5
(6) ベクトル	1	2	3	4	5
(7) 複素数	1	2	3	4	5
(8) 有理数	1	2	3	4	5
(9) 累乗根	1	2	3	4	5
(10) 仮縮尺	1	2	3	4	5
(11) 多角形	1	2	3	4	5
(12) 明分数	1	2	3	4	5
(13) 合同な図形	1	2	3	4	5
(14) 余弦（コサイン）	1	2	3	4	5
(15) 平均	1	2	3	4	5
(16) 確率	1	2	3	4	5

ST69

問 36　次の教科の１校時の授業時間は平均何分間ですか。

（注：「校時」とは普段の日の１回の授業を指します。）

(1)　国語の１校時の時間数　＿＿＿＿　分

(2)　数学の１校時の時間数　＿＿＿＿　分

(3)　理科の１校時の時間数　＿＿＿＿　分

ST70

問 37　あなたは、普段、１週間に次の教科の授業を何校時受けていますか。

(1)　国語の週あたりの校時数　＿＿＿＿　校時

(2)　数学の週あたりの校時数　＿＿＿＿　校時

(3)　理科の週あたりの校時数　＿＿＿＿　校時

ST71

問 38　あなたは、普段、学校で１週間に全部で何校時の授業がありますか。

授業の全校時数　＿＿＿＿　校時

ST72

問 39　あなたが受けている国語の授業には、平均何人の生徒が出席していますか。

＿＿＿＿　人

次の４つの質問は、学校でどのような数学の問題を解いたことがあるかを調べるためのものです。問題の説明に続いて、問題文が灰色の枠内に書かれています。

数学の問題を読んでください。ただし、問題を解く必要はありません。

ST73

問 40　以下は、テキストの中に書かれた問題を理解し、正しい計算式を考えるものです。 問題は、実際にあり得る設定になっていますが、その数や人名などは架空のものです。解答に必要な情報はすべて問題文の中にあります。下の２つの例題を読んでください。

> 1) アンさんはベティさんより２歳年上で、ベティさんの年齢はサムさんの４倍です。ベティさんが 30 歳のとき、サムさんは何歳ですか。
>
> 2) スミスさんはテレビとベッドを買いました。テレビは 625 ドルで、10%引きになっていました。ベッドは 200 ドル、配送料は 20 ドルでした。スミスさんは合計いくら支払いましたか。

あなたは、学校でこのような問題を解いたことがありますか。(1)～(2)のそれぞれについて、あてはまる番号に一つ○をつけてください。問題を解く必要はありません。

	何度もある	時々ある	ほとんどない	まったくない
(1) 数学の授業で、このような問題を何回ぐらいやったことがありますか	1	2	3	4
(2) 学校の数学の試験で、このような問題を何回ぐらいやったことがありますか	1	2	3	4

ST74

問 41　下の２つの例題を読んでください。

1）$2x+3=7$　を解いてください。

2) 辺の長さが3m、4m、5mの箱の体積を求めてください。

あなたは、学校でこのような問題を解いたことがありますか。(1)～(2)のそれぞれについて、あてはまる番号に一つ○をつけてください。問題を解く必要はありません。

	何度もある	時々ある	ほとんどない	まったくない
(1) 数学の授業で、このような問題を何回ぐらいやったことがありますか	1	2	3	4
(2) 学校の数学の試験で、このような問題を何回ぐらいやったことがありますか	1	2	3	4

ST75

問 42　**次の問題は、解答の際に数学の知識を用いて結論を導き出すことが必要です。また、具体的な状況にはあてはめられてはいません。２つ例をあげます。**

1）「幾何の定理」の知識を必要とする問題

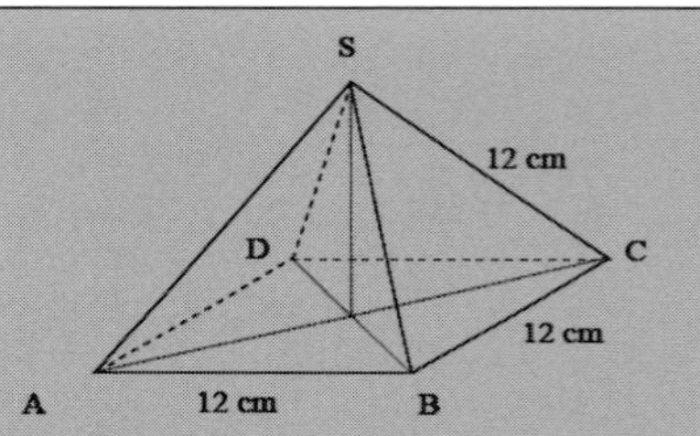

三角すいの高さを求めてください。

2）「素数とは何か」という知識を必要とする問題

n が任意の数である場合、$(n+1)^2$　は素数ですか。

あなたは、学校でこのような問題を解いたことがありますか。(1)～(2)のそれぞれについて、あてはまる番号に一つ○をつけてください。問題を解く必要はありません。

	何度もある	時々ある	ほとんどない	まったくない
(1) **数学の授業**で、このような問題を何回ぐらいやったことがありますか	1	2	3	4
(2) **学校の数学の試験**で、このような問題を何回ぐらいやったことがありますか	1	2	3	4

ST76

問 43　次の問題は、日常生活や職場で起こりうる問題について、適切な数学の知識を用いて答えを求めるものです。問題の中のデータや情報は、実際の状況に基づくものです。2 つ例をあげます。

例 1：

テレビのレポーターが、「このグラフから、1998年から1999年の間に、強盗事件が急激に増加したことがわかります。」と言いました。

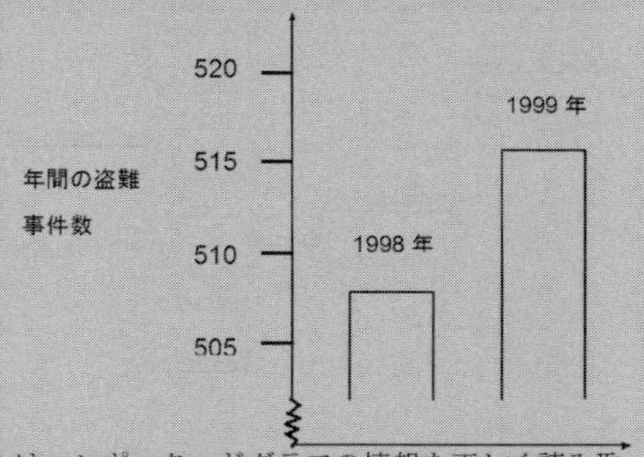

あなたは、レポーターがグラフの情報を正しく読み取っていると思いますか。答えと、そう考える理由を書いてください。

例 2：

長い間、人間の1分間あたりの望ましい最大心拍数と年齢の関係は次の公式によって表されていました。

1分間あたりの望ましい最大心拍数 = 220 – *年齢*

最近の調査で、この公式に多少の修正を加えなければならないということがわかりました。新しい公式は次の通りです。

1分間あたりの望ましい最大心拍数 = 208 – (0.7 × *年齢*)

新しい公式を使うようになってから、1分間あたりの望ましい最大心拍数が増加したのはどの年齢からですか。あなたの考えも式も示してください。

あなたは、学校でこのような問題を解いたことがありますか。(1)～(2)のそれぞれについて、あてはまる番号に一つ○をつけてください。問題を解く必要はありません。

	何度もある	時々ある	ほとんどない	まったくない
(1) 数学の授業で、このような問題を何回ぐらいやったことがありますか	1	2	3	4
(2) 学校の数学の試験で、このような問題を何回ぐらいやったことがありますか	1	2	3	4

セクション D: あなたの数学に関する学習経験について

ST77

問 44 学校での数学の授業で、次のようなことはどのくらいありますか。(1)～(5)のそれぞれについて、あてはまる番号に一つ○をつけてください。

	いつもそうだ	たいていそうだ	たまにある	まったく、又はほとんどない
(1) 先生は、生徒一人一人の勉強に関心を持っている	1	2	3	4
(2) 生徒が助けて欲しいときは、先生は助けてくれる	1	2	3	4
(3) 先生は、生徒の学習を助けてくれている	1	2	3	4
(4) 先生は、生徒がわかるまで何度でも教えてくれる	1	2	3	4
(5) 先生は、意見を発表する機会を生徒に与えてくれる	1	2	3	4

31

ST79

問 45 学校での数学の授業で、次のようなことは、どのくらいありますか。(1)～(13)のそれぞれについて、あてはまる番号に一つ○をつけてください。

	いつもそうだ	たいていそうだ	たまにある	まったく、又はほとんどない
(1) 私たちの学習の目標をはっきりと示す	1	2	3	4
(2) 自分の考えや推論を十分に発表するよう、私やクラスメートに求める	1	2	3	4
(3) 生徒の理解度や進度に合わせて、異なる課題を与える	1	2	3	4
(4) 終えるのに少なくとも1週間はかかるような課題を与える	1	2	3	4
(5) 数学の授業で私がどのくらいよくがんばっているかを言う	1	2	3	4
(6) 私たちが学んだことを理解しているかどうか、確認するための質問を出す	1	2	3	4
(7) 私たちを少人数のグループに分けて、グループで問題や課題を解かせる	1	2	3	4
(8) 授業の始めに、前回の授業のまとめをする	1	2	3	4
(9) 授業で行う活動やテーマを考える際、私たちに手伝わせる	1	2	3	4
(10) 数学における私の長所や短所を教えてくれる	1	2	3	4
(11) 試験や小テスト、宿題のねらいを私たちに説明する	1	2	3	4
(12) 学習する内容を私たちに話す	1	2	3	4
(13) 数学の成績を上げるために、私は何をしなければならないかを教えてくれる	1	2	3	4

32

ST80

問46　あなたの数学の先生は、最近の授業で次のようなことを、どのくらいしていますか。(1)～(9)のそれぞれについて、あてはまる番号に一つ○をつけてください。

	いつも又はほとんどしている	よくしている	時々している	ほとんど又はまったくしない
(1) 問題をじっくり考えさせるような質問をする	1	2	3	4
(2) 時間をかけて考えさせる問題を出す	1	2	3	4
(3) 複雑な問題を解くための自分なりのやり方を私たちに聞く	1	2	3	4
(4) 解答の方法がすぐにはわからないような問題を出す	1	2	3	4
(5) 生徒が考え方を理解できたかどうかを知るために、問題を異なる条件で示す	1	2	3	4
(6) 私たちが間違った問題から学べるよう手助けする	1	2	3	4
(7) 問題の解き方を私たちに説明させる	1	2	3	4
(8) 私たちがこれまで学んだことを、新しい条件にあてはめてみることが必要な問題を出す	1	2	3	4
(9) 解答方法がいくつもあるような問題を出す	1	2	3	4

33

ST81

問47　学校での数学の授業で、次のようなことはどのくらいありますか。(1)～(5)のそれぞれについて、あてはまる番号に一つ○をつけてください。

	いつもそうだ	たいていそうだ	たまにある	まったく、又はほとんどない
(1) 生徒は、先生の言うことを聞いていない	1	2	3	4
(2) 授業中は騒がしくて、荒れている	1	2	3	4
(3) 先生は、生徒が静まるまで長い時間待たなければならない	1	2	3	4
(4) 生徒は、勉強があまりよくできない	1	2	3	4
(5) 生徒は、授業が始まってもなかなか勉強にとりかからない	1	2	3	4

34

付録A

ST82

問 48　3 人の数学の先生について書かれた次の文章を読んでください。それぞれの先生は、生徒の勉強に関心を持っていると思いますか。(1)～(3) のそれぞれについて、あてはまる番号に一つ○をつけてください。

	とてもそう思う	そう思う	そう思わない	まったくそう思わない
(1) 田中先生は 1 日おきに数学の宿題を出し、その答えを試験までに必ず生徒に教える				
田中先生は生徒の勉強に関心を持っていると思いますか	1	2	3	4
(2) 山本先生は 1 週間に 1 度数学の宿題を出し、その答えを試験までに必ず生徒に教える				
山本先生は生徒の勉強に関心を持っていると思いますか	1	2	3	4
(3) 鈴木先生は 1 週間に 1 度数学の宿題を出し、その答えを試験前に決して生徒に教えない				
鈴木先生は生徒の勉強に関心を持っていると思いますか	1	2	3	4

ST83

問 49　あなたの数学の先生について、最近の授業で次のようなことは、どのくらいあてはまりますか。(1)～(4) のそれぞれについて、あてはまる番号に一つ○をつけてください。

	まったくその通りだ	その通りだ	その通りでない	まったくその通りでない
(1) 先生は、一生懸命勉強することが必要だと教えてくれる	1	2	3	4
(2) 生徒が助けてほしい時は、先生は助けてくれる	1	2	3	4
(3) 先生は、生徒の学習を助けてくれる	1	2	3	4
(4) 先生は、生徒が意見を発表する機会を与える	1	2	3	4

35

ST84

問 50　3 人の数学の先生について書かれた次の文章を読んでください。それぞれの先生は、クラスをうまく把握《はあく》していると思いますか。(1)～(3) のそれぞれについて、あてはまる番号に一つ○をつけてください。

	とてもそう思う	そう思う	そう思わない	まったくそう思わない
(1) 赤井先生の授業は生徒によって中断されることがよくある。先生はいつも 5 分前には教室に来る				
赤井先生はクラスをうまく把握していると思いますか	1	2	3	4
(2) 青山先生の授業で、生徒は静かに言うことを聞いている。先生はいつも時間どおりに教室に来る				
青山先生はクラスをうまく把握していると思いますか	1	2	3	4
(3) 白川先生の授業は生徒によって中断されることがよくある。その結果、先生は 5 分遅れて教室に来ることが多い				
白川先生はクラスをうまく把握していると思いますか	1	2	3	4

ST85

問 51　あなたの数学の先生について、最近の授業で次のようなことは、どのくらいあてはまりますか。(1)～(4) のそれぞれについて、あてはまる番号に一つ○をつけてください。

	まったくその通りだ	その通りだ	その通りでない	まったくその通りでない
(1) 先生は、生徒に先生の話しを聞くようにさせる	1	2	3	4
(2) 先生は、整然と授業を進める	1	2	3	4
(3) 先生は、時間どおりに授業を始める	1	2	3	4
(4) 先生は、生徒が静まるまで長い時間待たなければならない	1	2	3	4

36

セクションE: 学校について

ST86

問52　あなたの学校の先生について、どのように思っていますか。(1)～(5)のそれぞれについて、あてはまる番号に一つ○をつけてください。

	まったくそうだと思う	そうだと思う	そうは思わない	まったくそうは思わない
(1) 生徒は、たいていの先生とうまくやっている	1	2	3	4
(2) 多くの先生は、生徒が満足しているかについて関心がある	1	2	3	4
(3) たいていの先生は、こちらが言うべきことをちゃんと聞いている	1	2	3	4
(4) 助けが必要なときは、先生が助けてくれる	1	2	3	4
(5) たいていの先生は、私を公平に扱ってくれる	1	2	3	4

37

ST87

問53　学校生活について、次のようなことは、あなたにどのくらいあてはまりますか。(1)～(9)のそれぞれについて、あてはまる番号に一つ○をつけてください。

	まったくその通りだ	その通りだ	その通りでない	まったくその通りでない
(1) 学校ではよそ者だ（またはのけ者にされている）と感じる	1	2	3	4
(2) 学校ではすぐに友達ができる	1	2	3	4
(3) 学校の一員だと感じている	1	2	3	4
(4) 学校は気おくれがして居心地が悪い	1	2	3	4
(5) 他の生徒たちは私をよく思ってくれている	1	2	3	4
(6) 学校にいると、さみしい	1	2	3	4
(7) 学校にいると、楽しい	1	2	3	4
(8) 学校ではすべてが理想的である	1	2	3	4
(9) 学校には満足している	1	2	3	4

38

付録A

ST88

問 54　あなたが今まで学校で学んだことについて、次の文章はどのくらいあてはまりますか。(1)～(4)のそれぞれについて、あてはまる番号に一つ○をつけてください。

	まったくその通りだ	その通りだ	その通りでない	まったくその通りでない
(1) 学校を出た後の社会人としての生き方については、あまり教えてくれなかった	1	2	3	4
(2) 学校なんて時間の無駄だった	1	2	3	4
(3) 学校は、決断する自信をつけてくれた	1	2	3	4
(4) 学校は、仕事に役立つことを教えてくれた	1	2	3	4

ST89

問 55　あなたの学校について、次のようなことは、どのくらいあてはまりますか。(1)～(4)のそれぞれについて、あてはまる番号に一つ○をつけてください。

	まったくその通りだ	その通りだ	その通りでない	まったくその通りでない
(1) 学校で努力することは、良い仕事につくのに役立つ	1	2	3	4
(2) 学校で努力することは、良い大学に入るのに役立つ	1	2	3	4
(3) 良い成績をとることを楽しんでいる	1	2	3	4
(4) 学校で努力することは大切である	1	2	3	4

ST91

問 56　学校について、次のようなことは、あなたにどのくらいあてはまりますか。(1)～(6)のそれぞれについて、あてはまる番号に一つ○をつけてください。

	まったくその通りだ	その通りだ	その通りでない	まったくその通りでない
(1) 努力を怠らなければ、学校で良い成績をとることができる	1	2	3	4
(2) 学校の成績を上げるのも下げるのも自分次第だ	1	2	3	4
(3) 家庭の事情やその他の要因により、学校の勉強に長い時間を費やすことができない	1	2	3	4
(4) もし学校の先生が今と違う先生だったら、もっと学校で頑張る	1	2	3	4
(5) 学校で良い成績をとろうと思えば、今より良い成績がとれる	1	2	3	4
(6) 試験のために勉強しても、学校の成績は悪いままだ	1	2	3	4

セクション F: あなたの問題解決に関する経験について

ST93

問 57 自分について、次のようなことは、あなたにどのくらいあてはまりますか。(1)～(5)のそれぞれについて、あてはまる番号に一つ○をつけてください。

	とてもよくあてはまる	ほとんどあてはまる	少しはあてはまる	あまりあてはまらない	まったくあてはまらない
(1) 困難な問題に直面すると、すぐにあきらめる	1	2	3	4	5
(2) 難しい問題は後回しにする	1	2	3	4	5
(3) 取り組み始めた課題にはいつまでも関心を持つ	1	2	3	4	5
(4) すべてが完璧になるまで課題をやり続ける	1	2	3	4	5
(5) 問題に直面したとき、期待されている以上の成果を出す	1	2	3	4	5

41

ST94

問 58 自分について、次のようなことは、あなたにどのくらいあてはまりますか。(1)～(5)のそれぞれについて、あてはまる番号に一つ○をつけてください。

	とてもよくあてはまる	ほとんどあてはまる	少しはあてはまる	あまりあてはまらない	まったくあてはまらない
(1) 多くの情報を扱うことができる	1	2	3	4	5
(2) 物事の理解は早いほうだ	1	2	3	4	5
(3) 物事の意義を求める	1	2	3	4	5
(4) ある事実を他の事実と結びつけることは、簡単にできる	1	2	3	4	5
(5) 複雑な問題を解くのが好きだ	1	2	3	4	5

ST96

問 59 数週間の間、携帯電話からメールを送っていたとします。しかし、今日はメールが送れませんでした。この問題を解決したいと思っています。

あなたならどうしますか。(1)～(4)のそれぞれについて、あてはまる番号に一つ○をつけてください。

	絶対そうする	多分そうする	多分そうしない	絶対そうしない
(1) 何が問題かを見つけることができるように、すべてのボタンを押してみる	1	2	3	4
(2) 問題の原因と解決方法を考える	1	2	3	4
(3) 取扱説明書を読む	1	2	3	4
(4) 友だちに聞く	1	2	3	4

42

付録A

ST101

問 60　あなたは、お兄さんと動物園に行くことにしました。しかし、動物園への行き方がわかりません。

あなたならどうしますか。(1)～(4)のそれぞれについて、あてはまる番号に一つ○をつけてください。

	絶対そうする	多分そうする	多分そうしない	絶対そうしない
(1) 動物園のパンフレットに行き方が載っていないか読む	1	2	3	4
(2) 地図を見て、一番良い行き方を見つける	1	2	3	4
(3) 行き方を考えるのは兄にまかせる	1	2	3	4
(4) 動物園の場所はだいたいわかっているので、とりあえず行ってみようと言う	1	2	3	4

ST104

問 61　駅に着くと、今まで使ったことのない券売機がありました。あなたは切符を買いたいと思っています。

あなたならどうしますか。(1)～(4)のそれぞれについて、あてはまる番号に一つ○をつけてください。

	絶対そうする	多分そうする	多分そうしない	絶対そうしない
(1) 使ったことのある券売機と同じ機能がないか確かめる	1	2	3	4
(2) 券売機のボタンを全部試して、どうなるか確かめる	1	2	3	4
(3) 誰かに聞いてみる	1	2	3	4
(4) 駅の窓口を探して切符を買う	1	2	3	4

43

44

以下のセクションでは、コンピュータ（携帯電話での利用も含む）の利用状況についてお聞きします。

意味のわからないときや、質問への答え方がわからないときは、先生に質問してください。

ICTの利用可能性について

IC01

問１　次のもののうち、自宅であなたが利用できる機器はありますか。(1)～(11)のそれぞれについて、あてはまる番号に一つ○をつけてください。

	はい、使っています	はい、でも使っていません	いいえ
(1) デスクトップ・コンピュータ	1	2	3
(2) ノートパソコン	1	2	3
(3) タブレット型コンピュータ（iPad®など）	1	2	3
(4) インターネット接続	1	2	3
(5) ビデオゲーム機（Sony®のプレイステーション®など）	1	2	3
(6) 携帯電話（インターネット接続無し）	1	2	3
(7) 携帯電話（インターネット接続有り）	1	2	3
(8) 携帯音楽プレーヤー（MP3/MP4 プレーヤー、iPod®など）	1	2	3
(9) プリンター	1	2	3
(10) USB（メモリ）スティック	1	2	3
(11) 電子ブックリーダー（アマゾン®・キンドル™など）	1	2	3

IC02

問２　次のもののうち、学校であなたが利用できる機器はありますか。(1)～(7)のそれぞれについて、あてはまる番号に一つ○をつけてください。

	はい、使っています	はい、でも使っていません	いいえ
(1) デスクトップ・コンピュータ	1	2	3
(2) ノートパソコン	1	2	3
(3) タブレット型コンピュータ（iPad®など）	1	2	3
(4) インターネット接続	1	2	3
(5) プリンター	1	2	3
(6) USB（メモリ）スティック	1	2	3
(7) 電子ブックリーダー（アマゾン®・キンドル™など）	1	2	3

コンピュータの利用について

IC03

問３　初めてコンピュータを使ったのは何歳のときですか。あてはまる番号に一つ○をつけてください。

１．６歳以下
２．７～９歳
３．１０～１２歳
４．１３歳以上
５．コンピュータを使ったことはない

「コンピュータを使ったことはない」と回答した人はここで終わりです。ありがとうございました。

IC04

問４　初めてインターネットを利用したのは何歳のときですか（携帯電話での利用も含む）。あてはまる番号に一つ○をつけてください。

１．６歳以下
２．７～９歳
３．１０～１２歳
４．１３歳以上
５．インターネットを利用したことはない

IC05

問 5　学校のある日に、学校でインターネットをどのくらい利用しますか。あてはまる番号に一つ○をつけてください。

1. 利用しない
2. 1日に1～30分
3. 1日に31～60分
4. 1日に1時間より長く2時間まで
5. 1日に2時間より長く4時間まで
6. 1日に4時間より長く6時間まで
7. 1日に6時間より長い

IC06

問 6　学校のある日に、学校以外の場所でインターネットをどのくらい利用しますか（携帯電話での利用も含む）。あてはまる番号に一つ○をつけてください。

1. 利用しない
2. 1日に1～30分
3. 1日に31～60分
4. 1日に1時間より長く2時間まで
5. 1日に2時間より長く4時間まで
6. 1日に4時間より長く6時間まで
7. 1日に6時間より長い

IC07

問 7　休みの日に、学校以外の場所でインターネットをどのくらい利用しますか（携帯電話での利用も含む）。あてはまる番号に一つ○をつけてください。

1. 利用しない
2. 1日に1～30分
3. 1日に31～60分
4. 1日に1時間より長く2時間まで
5. 1日に2時間より長く4時間まで
6. 1日に4時間より長く6時間まで
7. 1日に6時間より長い

学校以外の場所でのICT利用について

IC08

問 8　あなたは、次のことをするために学校以外の場所でコンピュータ（携帯電話を含む）をどのくらい利用していますか。(1)～(10)のそれぞれについて、あてはまる番号に一つ○をつけてください。

	まったくか、ほとんどない	月に1～2回	週に1～2回	ほぼ毎日	毎日
(1) 1人用ゲームで遊ぶ	1	2	3	4	5
(2) 多人数オンラインゲームで遊ぶ	1	2	3	4	5
(3) Eメールを使う	1	2	3	4	5
(4) ネット上でチャットをする（例：MSNメッセンジャー™）	1	2	3	4	5
(5) SNS（ソーシャル・ネットワーキング・サービス）に参加する（例：mixi®、gree®）	1	2	3	4	5
(6) インターネットを見て楽しむ（例：YouTube™などのサイトで動画をみるなど）	1	2	3	4	5
(7) インターネットでニュースを読む（例：時事問題など）	1	2	3	4	5
(8) インターネットで実用的な情報を調べる（例：地図、場所、イベントの日程など）	1	2	3	4	5
(9) インターネットで音楽や映画、ゲーム、ソフトをダウンロードする	1	2	3	4	5
(10) 自分で作ったコンテンツを共有するためにアップロードする（音楽、詩、ビデオ、コンピュータ・プログラムなど）	1	2	3	4	5

IC09

問9　あなたは、次のことをするために学校以外の場所でコンピュータ（携帯電話を含む）をどのくらい利用していますか。(1)～(7)のそれぞれについて、あてはまる番号に一つ○をつけてください。

	まったくか、ほとんどない	月に1～2回	週に1～2回	ほぼ毎日	毎日
(1) 学校の勉強のために、インターネット上のサイトを見る（例：作文や発表の準備）	1	2	3	4	5
(2) Eメールを使って学校の勉強について、ほかの生徒と連絡をとる	1	2	3	4	5
(3) Eメールを使って先生と連絡をとり、宿題やその他の課題を提出する	1	2	3	4	5
(4) 校内のウェブサイトを見たり、そこからファイルやプログラムをダウンロードやアップロードする（例：時間割や授業で使う教材）	1	2	3	4	5
(5) 校内のウェブサイトを見て、学校からのお知らせを確認する（例：先生の欠席）	1	2	3	4	5
(6) コンピュータで宿題をする	1	2	3	4	5
(7) ほかの生徒と学校の教材を共有する	1	2	3	4	5

51

付録A

学校でのICT利用について

IC10

問10　あなたは、次のことをするために学校でコンピュータをどのくらい利用していますか。(1)～(9)のそれぞれについて、あてはまる番号に一つ○をつけてください。

	まったくか、ほとんどない	月に1～2回	週に1～2回	ほぼ毎日	毎日
(1) 学校でインターネットのチャットをする	1	2	3	4	5
(2) 学校でEメールを使う	1	2	3	4	5
(3) 学校の勉強のためにインターネットを見る	1	2	3	4	5
(4) 校内のウェブサイトを見たり、そこからファイルやプログラムをダウンロードやアップロードする（例：イントラネット）	1	2	3	4	5
(5) 学校のウェブサイトに課題を提出する	1	2	3	4	5
(6) シミュレーションゲームで遊ぶ	1	2	3	4	5
(7) 外国語や数学などのドリルや勉強をする	1	2	3	4	5
(8) 学校のコンピュータで宿題をする	1	2	3	4	5
(9) ほかの生徒と共同作業をするために、コンピュータを使う	1	2	3	4	5

52

IC11

問 11　先月、数学の授業で、コンピュータを使って次のようなことを行いましたか。行った場合、誰が行いましたか。(1)～(7)のそれぞれについて、あてはまる番号に一つ○をつけてください。

	生徒が行った	先生が見本を示しただけ	行わなかった
(1) 関数のグラフを描く（例：$y = 4x + 6$）	1	2	3
(2) 計算する（例：5 × 233 ÷ 8）	1	2	3
(3) 幾何学図形を描く（例：辺の長さが与えられている正三角形）	1	2	3
(4) 表計算ソフトに値を入力する（例：Excel™）	1	2	3
(5) 代数式を作ったり、方程式を解く（例：$a^2 + 2ab + b^2$）	1	2	3
(6) ヒストグラムを描く（ヒストグラムとは、データの頻度の分布を示すグラフ）	1	2	3
(7) $y = ax^2$ のような関数のグラフが a の値によってどのように変化するかを見る	1	2	3

53

コンピュータに対する考え方について

IC22

問 12　コンピュータ（携帯電話を含む）を使った経験について、次のことはあなたにどのくらいあてはまりますか。(1)～(6)のそれぞれについて、あてはまる番号に一つ○をつけてください。

	まったくその通りだ	その通りだ	その通りでない	まったくその通りでない
(1) 学校の勉強にコンピュータはとても役に立つ	1	2	3	4
(2) コンピュータを使って宿題をするのは、使わないでやるより楽しい	1	2	3	4
(3) 学校の勉強のための情報を得るのに、インターネットはとても役に立つ	1	2	3	4
(4) コンピュータを使って学習をするのは面倒だ	1	2	3	4
(5) 誰もがインターネットに情報をアップロードできるので、インターネットの情報を学校の勉強に使うのは一般的にはよくない	1	2	3	4
(6) 宿題に使うには、インターネットの情報は一般的に、信頼性に欠ける	1	2	3	4

～ご協力ありがとうございました～

54

付録A

■ 付録 B ■

PISA2012 年調査 分野別国際専門委員会

付録 B では，PISA2012 年調査での中心分野である数学的リテラシー，新しい分野である問題解決能力（コンピュータ型）とファイナンシャル・リテラシー，及び質問紙において，問題開発や調査内容，実施について助言，指導した国際専門委員会のメンバーを紹介する。PISA2009 年調査の中心分野である読解力，PISA2006 年調査の中心分野である科学的リテラシーにおける国際専門委員会のメンバーについては，OECD 報告書『PISA 2009 Assessment Framework: Key competencies in Reading, Mathematics and Science』（2009 年調査）と『Assessing Scientific, Reading and Mathematical Literacy: A Framework for PISA 2006』（2006 年調査）にそれぞれ掲載している。

数学的リテラシー専門委員会

Kaye Stacey（委員長）
Melbourne Graduate School of Education
(Science and Mathematics Education)
University of Melbourne
Australia

Caroline Bardini
Melbourne Graduate School of Education
University of Melbourne
Australia

Werner Blum
Department of Mathematics
University of Kassel
Germany

Joan Ferrini-Mundy
College of Education
Michigan State University
United States of America

Solomon Garfunkel
COMAP
United States of America

Toshikazu Ikeda
Yokohama National University
Japan

Zbigniew Marciniak
Institute of Mathematics
Warsaw University
Poland

Mogens Niss
IMFUFA, Department of Sciences
Roskilde University
Denmark

Martin Ripley
World Class Arena Limited
United Kingdom

William Schmidt
College of Education
Michigan State University
United States of America

問題解決能力専門委員会

Joachim Funke（委員長）
Psychologisches Institut
University of Heidelberg
Germany

Beno Csapo
Institute of Education
University of Szeged
Hungary

John Dossey
Department of Mathematical Sciences
Illinois State University
United States of America

Arthur Graesser
Psychology, Computer Science, and Institute
for Intelligent Systems
The University of Memphis
United States of America

Detlev Leutner
Department of Instructional Psychology
Duisburg-Essen University
Germany

Romain Martin
Université de Luxembourg FLSHASE
Luxembourg

Richard Mayer
Department of Psychology
University of California, Santa Barbara
United States of America

Ming Ming Tan
Sciences, Curriculum Planning
and Development Division
Ministry of Education
Singapore

ファイナンシャル・リテラシー専門委員会

Annamaria Lusardi（委員長）
The George Washington University School of Business
United States of America

Jean-Pierre Boisivon
Université de Paris II Panthéon-Assas
France

Diana Crossan
Commission for Financial Literacy and Retirement Income
New Zealand

Peter Cuzner
Australian Securities and Investments Commission
Australia

Jeanne Hogarth
Federal Reserve System
United States of America

Dušan Hradil
Ministry of Finance
Czech Republic

Stan Jones
Consultant
Canada

Sue Lewis
Consultant
United Kingdom

質問紙専門委員会

Eckhard Klieme（委員長）
Deutsches Institut für Internationale Pädagogische Forschung
(DIPF)
Frankfurt am Main, Germany

Eduardo Backhoff
University of Baja California at the Institute of Educational
Research and Development
Mexico

Ying-yi Hong
Nanyang Business School of Nanyang Technological University
Singapore

David Kaplan
Department of Educational Psychology
University of Wisconsin
United States of America

Henry Levin
Teachers College, Columbia University
United States of America

Jaap Scheerens
Faculty of Educational, Science and Technology
University of Twente
Netherlands

William Schmidt
College of Education
Michigan State University
United States of America

Fons van de Vijver
Faculty of Social and Behavioural Studies
Tilburg University
Netherlands

日本語版解説

1　PISA 調査とは？

（1）PISA 調査が測ってきたもの－「生きるための知識と技能」—

「生徒は将来の課題に向かうための準備がどの程度できているのでしょうか？」
「生徒は学校や日常生活の場面で学んできたことを，将来，社会生活で直面するだろう，様々な課題に活用する力が，どの程度身に付いているでしょうか？」

OECD（経済協力開発機構）が OECD 加盟国及び非加盟国の参加を得て，世界的に実施している「生徒の学習到達度調査」（PISA ＜ピザ＞: Programme for International Student Assessment）は，これらの問いかけに答えようとする調査です。この調査では，リテラシーという概念を用いて，義務教育修了段階にある 15 歳児の生徒が持っている知識や技能を，実生活の様々な場面でどれだけ活用できるか，「生徒は何を知っていて，何ができるのか？」[1] という観点から測定しています。

ところで，PISA 調査では，このリテラシーという概念をどのような意味で使っているでしょうか？各分野の定義で共通していることがあります。それは，持っている知識と技能を活用し，様々な文脈の問題を解決していく際に，分析・推論し，人に伝えていく能力だといえます[2]。PISA 調査では，こうした能力を，子供たちが将来，社会に参加し，生活していく力，つまり「生きるための知識と技能」ととらえ，測っています[3]。

調査内容の主要な分野は「読解力」「数学的リテラシー」「科学的リテラシー」の三つです。PISA 調査は，1997 年に調査概要の検討をはじめ，2000 年に最初の本調査が読解力を中心分野として実施されました。以来 3 年ごとに調査を実施し，2003 年の第 2 回目の調査 2012 年の第 5 回目の調査は，数学的リテラシーを中心分野となっています[4]。

（2）PISA 調査誕生の背景

なぜ PISA 調査は始まったのでしょうか？ PISA 調査誕生のきっかけとなったのは，OECD が 1988 年から実施した教育インディケータ事業（INES: International Indicators of Education Systems）[5] です。OECD は，国際比較可能な定量的なインディケータ（指標）の開発が必要であると認識し，INES 事業に着手しました。INES 事業が立ち上がった 1980 年代後半の社会背景[6] は、グローバル化が進み，各国とも国際競争力を持つ人材を養成するために教育の重要性が強く認識されるような時期でした。また同時に，財政事情の悪化に伴い，国の財政に国民の厳しい目が向けられるようになり，それは教育に対しても例外ではありませんでした。投入された財源に見合う成果が出ているのか？国として教育施策（インプット）の成果（アウトプット）は出ているのか？が問われ始めた時期でした。「教育の量的発展をある程度達成した先進国が，次に質的な充実を目指して教育改革に取り組み始めたこの時期，教育の『アウトプット』（成果）を比較する視点，切り口としての『インディケータ』（指標）とそれらを数量化した統計データが求められるようになってきた」のです[7]。各国は，自国の教育のどのような長所を伸ばしたら良いのか，あるいはどのような点を改善すべきかについて，客観的で信頼性の高いデータや証拠（evidence）に基づいて，考えるにあたり，国際比較が可能な生徒の学習到達度といった指標をつくる必要性がありました。こうして誕生したのがPISA調査です。

PISA調査の主要な目的の一つは，3年ごとに定期的に調査を実施することにより，生徒の学習到達度に関する政策立案に役立つ指標を開発することです。指標は，三つの種類があります。一つ目は，生徒の知識・技能に関する基本指標（Basic Indicators）で，主に調査問題への生徒の解答から得られます。二つ目は，生徒の知識・技能が社会的・経済的・教育的な要因とどのように関連しているかに関する背景指標（Contextual Indicators）で，主に質問調査の結果から得られます。三つ目は，3年ごとに定期的に実施される調査によって得られるデータをもとに変化を見る経年指標（Trend Indicators）です。こうした三つの指標を開発することをPISA調査の目的としています。

(3) DeSeCoプロジェクトによるPISA調査の補完

知識と技能は，生涯にわたって獲得されるもので，それを職場や地域社会，家庭等における日々の生活で活用していく能力を身に付けることは，21世紀に生きる人々にとって重要だという考え方は，現在多くの人々に共有されています。そしてPISA調査が測っているような読解・数学・科学の能力だけでは，人生の成功のためには不十分で，より広範な能力を測る調査が必要であるということも分かってきました。そこで，PISA調査のような実証研究を補完するために概念的な枠組みや方向性を与えるよう，1997年12月にDeSeCoプロジェクトが始まりました[8]。

DeSeCoプロジェクトの最終報告書[9]では，キー・コンピテンシーを三つの広いカテゴリー「相互作用的に道具を用いる」「異質な集団で交流する」「自律的に活動する」に分類しています（図1参照[10]）。「相互作用的に道具を用いる」とは，私たちが言語・情報・技術といった社会文化的な道具や，コンピュータや機械のような物理的な道具を使い，人や社会と関わっていくことです。このコンピテンシーの内容の一つ「言語，記号，テクストを相互作用的に用いる」を具体化したものの一つとして，PISA調査の読解力と数学的リテラシーが紹介されています[11]。また，国立教育政策研究所の報告書『資質・能力を育成する教育課程の在り方に関する研究報告書1』では，PISA調査で測っている各分野のリテラシーは『社会参加やシティズンシップ』と『リテラシー』との二重構造を持っているとしています。というのも，DeSeCoプロジェクトは「相互作用的に道具を用いる」「異質な集団で交流する」「自律的に活動する」といった力（コンピテンシー）を，「断片ではなく一体として扱う『ホリスティックモデル』」を提唱していて，求められるコンピテンシーは文脈によってことなりますが，この三つのコンピテンシーの全部を重みづけて用いることが想定されています[13]。例えば，PISA調査で測っている数学的リテラシーも，「相互作用的に道具を用いる」というコンピテンシーだけでなく，「異質な集団で交流する」「自律的に活動する」というコンピテンシーとも連動しているのです。そして三つの力の中核には「思慮深さ（Reflectiveness）」があります。PISA 調査のリテラシーの定義の中にも，相手の立場に立って考えること，自分の行動や思考を振り返ること，自分の経験を一般化すること，実践を伴って思考するということといった，様々な思慮深さが想定されていると考えられます。

図１　３つのキー・コンピテンシー

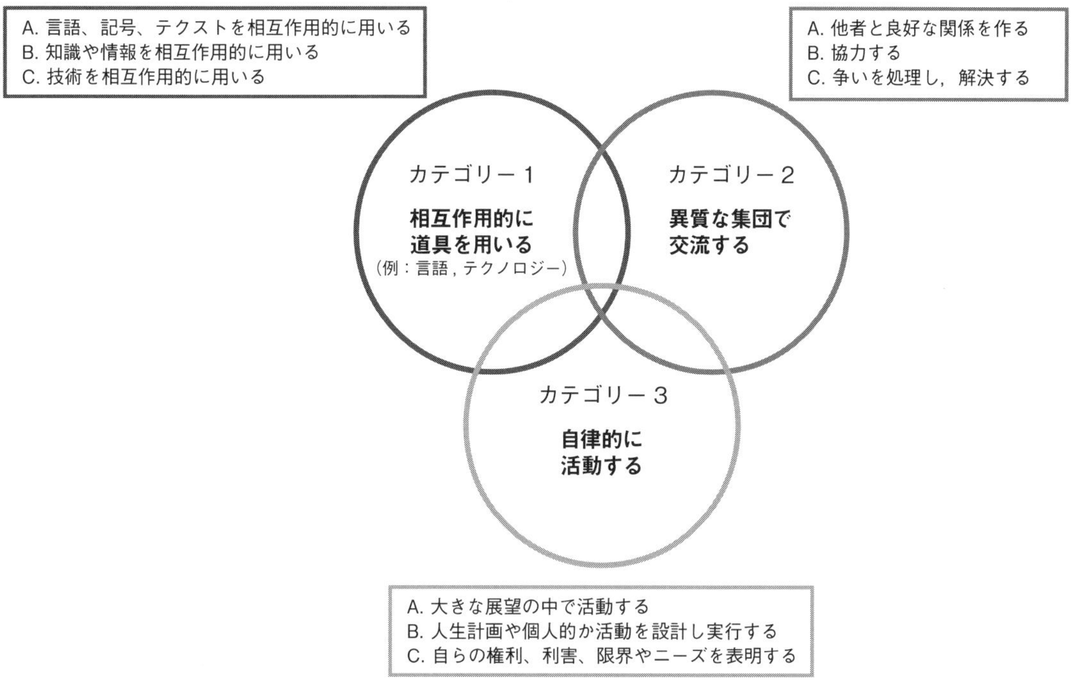

（4）PISA 調査分野の変遷

ここで，PISA 調査がこれまで実施してきた調査内容を見てみたいと思います。表１「PISA 調査分野の変遷」にある「認知的調査（Cognitive Test）」には，「三分野／革新分野／国際オプション」の３種類があり，三分野及び革新分野は各国の参加は義務となっています。国際オプションは，各国が参加するしないを選択することができます。認知的調査については，主要三分野だけでなく，2003 年には問題解決能力調査を実施し，2009 年には初のコンピュータ使用型調査となったデジタル読解力調査，2012 年には，問題解決能力・デジタル読解力・コンピュータ使用型数学的リテラシーが実施されました。2015 年では協同問題解決能力調査が実施され，2018 年調査へ向けてグローバル・コンピテンスを測る調査が検討されています[14]。

質問調査でも，学校質問調査，生徒質問調査の他に，国際オプションがいくつか用意されています。各国は，どの国際オプションに参加するかだけではなく，国内オプション（National Option）として，自国の質問調査に調査項目を追加することも可能です。各国の教育政策・教育改革の関心にそって PISA 調査のオプションを選ぶことが可能となっています。

表 1　PISA 調査分野の変遷

年	参加国・地域	認知的調査（Cognitive Test）					質問調査
		三分野 （◎印は中心分野）			革新分野	国際オプション	
2000	32	◎読解	数学	科学			・学校質問調査（筆記型） ・生徒質問調査（筆記型） ・ICT 調査（国際オプション・筆記型）※ ・教科横断的能力調査（国際オプション・筆記型）※
2003	41	読解	◎数学	科学	問題解決能力 （筆記型）		・学校質問調査（筆記型） ・生徒質問調査（筆記型） ・ICT 調査（国際オプション・筆記型） ・教育歴調査（国際オプション・筆記型）※
2006	57	読解	数学	◎科学			・学校質問調査（筆記型） ・生徒質問調査（筆記型） ・ICT 調査（国際オプション・筆記型） ・保護者調査（国際オプション・筆記型）※
2009	65	◎読解	数学	科学		デジタル読解力（コンピュータ使用型）	・学校質問調査（筆記型） ・生徒質問調査（筆記型） ・ICT 調査（国際オプション・筆記型） ・保護者調査（国際オプション・筆記型）※ ・学校の学習のための読書に関する質問（調査問題冊子の最終頁）
2012	65	読解	◎数学	科学	問題解決能力 （コンピュータ使用型）	・デジタル読解力（国際オプション・コンピュータ使用型） ・コンピュータ使用型数学（国際オプション） ・ファイナンシャル・リテラシー（国際オプション・筆記型）※	・学校質問調査（筆記型） ・生徒質問調査（筆記型） ・ICT 調査（国際オプション・筆記型） ・教育歴調査（国際オプション・筆記型）※ ・保護者調査（国際オプション・筆記型）※
↓＜参考＞2015 年調査からコンピュータ使用型調査へと全面移行							
2015	約 70	読解	数学	◎科学	協同問題解決能力	ファイナンシャル・リテラシー※	・学校質問調査（Web 調査） ・生徒質問調査 ・ICT 調査（国際オプション） ・教育歴調査（国際オプション）※ ・保護者調査（国際オプション・筆記型）※ ・教員調査（国際オプション・Web 調査）※

※印は日本不参加

2　PISA2012 年調査の主な特徴

（1）数学的リテラシーが 2 回目の中心分野－ 2003 年調査との経年比較分析－

続いて 2012 年調査の主な特徴についてみていきたいと思います。PISA2012 年調査の中心分野は数学的リテラシーです。全調査問題の 3 分の 2 を使い重点的に調査しました。数学の結果を細やかに分析するために，生徒質問調査では，数学の学習に対する関心・意欲・態度や勉強方法を，また学校質問調査においては，数学の先生の指導方法等についても調査しました。得点及び質問調査の結果は，2003年と2012年を比較し，この10年間の変化を見ています。

また，コンピュータ使用型でも数学的リテラシーの調査を実施しました。コンピュータ使用型では，二種類のタイプの問題が出題されました。まず，これまで筆記型で出題されきたような問題をコンピュータ画面で提示し，生徒はキーボードとマウスを使って解答するタイプです。もう一つは，データからグラフを作成する，図形をクリックして回転させる等のコンピュータ操作を通じ，解答の手がかりを得て，キーボードとマウスを使って解答するタイプです。

（2）デジタル読解力調査の実施

2012年調査では，コンピュータ使用型でも読解力を調査しました。これを「デジタル読解力調査」と呼んでいます。なぜ，コンピュータ使用型読解力調査ではなく，デジタル読解力調査なのでしょうか？ それは，生徒に提示される課題文がインターネット上のデジタル・テキストのみを対象としていたからです。

デジタル読解力調査は，2009年調査において初のコンピュータ使用型調査[15]として実施されました[16]。その時に開発された問題が，2012年調査でも使用されました。

（3）問題解決能力調査の実施

PISA2012年調査では，認知的調査に新たに「問題解決能力」が追加されました。問題解決能力調査は，技術上の問題により一部の国は参加しませんでした。

2012年調査で実施した問題解決能力調査は，コンピュータ使用型でのみ実施されました。分野の定義は「問題解決能力とは，解決の方法がすぐにはわからない問題状況を理解し，問題解決のために，認知プロセスに取り組む個人の能力であり，そこには建設的で思慮深い一市民として，個人の可能性を実現するために，自ら進んで問題状況に関わろうとする意思も含まれる」となっています。「自ら進んで問題状況に関わろうとする意思」といった情動的要因が定義に含められている点にも持徴があります。2003年調査でも問題解決能力調査は実施されています。その時は、教科横断的な能力を測ることが強調されており，筆記型調査で実施されました。

（4）最後の筆記型調査－2015年調査では，コンピュータ使用型へと全面移行－

2012年調査は筆記型で三分野の調査を行った最後の調査サイクルとなりました。次回2015年調査からはコンピュータ使用型へ全面移行します。

3 『PISA2012年調査 評価の枠組み』について

（1）数学的リテラシーの枠組の大きな改訂

PISA2012年調査の「評価の枠組み」について，表3「PISA2012年調査『各評価分野の定義と構成要素』」を用いて説明します。「評価の枠組み」は，調査の理論的な基盤です。読解力・数学的リテラシー・科学的リテラシー等の認知的調査について，各分野の定義やその特徴とともに，その分野を構成する要素，例えば，知識領域，関係する能力，問題が出される文脈について説明が書かれています。質問調査については，質問紙の設計，質問項目の意図，分析枠組みについて書かれています。国内の調査実施を担当する事務局では，この「評価の枠組み」を頻繁に参照しています。例えば，国際標準版の調査問題と採点基準（英語もしくはフランス語）を日本語へと翻訳する際に，評価の枠組みを参照します。さらに調査の実施が終わり，採点者が生徒の解答を採点する際も，特に正答・誤答等の判断に迷う場合は，その問題の出題の意図に書かれている構成要素について「評価の枠組み」を参照します。

では表3に基づき，各分野の定義と構成要素についてみていきます。数学的リテラシーは2003年調査時に初めて中心分野になり，構成要素が提示されました。そして今回2012年調査で，数学的リテラシー国際専門委員会を中心に，数学分野や教育観，授業実践の変化を考慮し，調査の内容を再検討し，定義と関係する能力（これを数学的なプロセスと呼んでいます）を変更しました。数学的リテラシーの定義は，2000年，2003～2009年，2012年と変化してきており，その変遷を英語と日本語両方併記したものが表2「数学的リテラシー定義の変遷」です。関係者からの指摘等も踏まえ，この度，より適切な訳に修正しました。

表2　数学的リテラシー定義の変遷（2000年，2003年，2006年，2009年，2012年）

<table>
<tr><td>2000年</td><td>数学を見つけだし，理解し，これに携わる能力と，数学の果たす役割について十分な根拠に基づく判断を行う能力。これらの能力は，建設的で関心を持った思慮深い市民として，個人が現在及び将来の生活で必要とするものである。

Identifying, understanding and engaging in mathematics and making well-founded judgements about the role that mathematics plays, as needed for an individual's current and future life as a constructive, concerned and reflective citizen.

出典："A New Framework for Assessment", p.12.
（PISA2000年調査 OECD枠組み）</td></tr>
<tr><td>2003年（中心分野）</td><td rowspan="3">数学が現実世界で果たす役割を見いだして理解し，十分な根拠に基づく判断を行い，建設的で関心を持った思慮深い市民としての生活で必要とされる方法で数学を利用し，数学に携わる能力。

An individual's capacity to identify and understand the role that mathematics plays in the world, to make well-founded judgements and to use and engage with mathematics in ways that meet the needs of that individual's life as a constructive, concerned and reflective citizen.

出典［2003年］："The PISA 2003 Assessment Framework", p.15.
（PISA2003年調査 OECD枠組み）

出典［2006年］："Assessing Scientific, Reading and Mathematical Literacy: A Framework for PISA2006", p.12.
（PISA2006年調査　OECD枠組み）

出典［2009年］："PISA2009 Assessment Framework-Key Competencies in Reading, Mathematics, and Science", p.14.
（PISA2009年調査 OECD枠組み）</td></tr>
<tr><td>2006年</td></tr>
<tr><td>2009年</td></tr>
<tr><td>2012年（中心分野）</td><td>様々な文脈の中で数学的に定式化し，数学を活用し，解釈する個人の能力。それには，数学的に推論することや，数学的な概念・手順・事実・ツールを使って事象を記述し，説明し，予測することを含む。この能力は，個人が現実世界において数学が果たす役割を認識したり，建設的で積極的，思慮深い市民に求められる，十分な根拠に基づく判断や意思決定をしたりする助けとなるものである。

An individual's capacity to formulate, employ, and interpret mathematics in a variety of contexts. It includes reasoning mathematically and using mathematical concepts, procedures, facts and tools to describe, explain and predict phenomena. It assists individuals to recognise the role that mathematics plays in the world and to make the well-founded judgements and decisions needed by constructive, engaged and reflective citizens.

出典："PISA2012 Assessment and Analytical Framework", p.17.
（PISA2012年調査 OECD枠組み）</td></tr>
</table>

表3　PISA2012年調査「各評価分野の定義と構成要素」

	数学的リテラシー	読解力	科学的リテラシー	問題解決能力
定義	様々な文脈の中で定式化し，数学を活用し，解釈する個人の能力。それには数学的に推論することや，数学的な概念・手順・事実・ツールを使って事象を記述し，説明し，予測することを含む。この能力は，個人が現実世界において数学が果たす役割を認識したり，建設的で積極的，思慮深い市民に求められる，十分な根拠に基づく判断や意思決定をしたるする手助けとなるものである。	自らの目標を達成し，自らの知識と可能性を発達させ，社会に参加するために，書かれたテキストを理解し，利用し，熟考し，これに取り組むことである。	・疑問を認識し，新しい知識を獲得し，科学的な事象を説明し，科学が関連する諸問題について証拠に基づいた結論を導き出すための科学的知識とその活用 ・科学の特徴的な諸側面を人間の知識と探求の一形態として理解すること ・科学とテクノロジーが我々の物質的，知的，文化的環境をいかに形作っているかを認識すること ・思慮深い一市民として，科学的な考えを持ち，科学が関連する諸問題に，自ら進んで関わること	解決の方法がすぐにはわからない問題状況を理解し，問題解決のために，認知プロセスに取り組む個人の能力であり，そこには建設的で思慮深い一市民として，個人の可能性を実現するために，自ら進んで問題状況に関わろうとする意思も含まれる。
知識領域（内容）	数，代数，幾何に関連する4つの包括的な概念 ・量 ・空間と形 ・変化と関係 ・不確実性とデータ	テキストの形式 ・連続型（物語，解説，議論などの様々な種類の散文） ・非連続型（グラフ，書式，リスト等） ・混声型（連続型テキスト及び非連続型テキストの両者を含む） ・複合型（特定の目的のための独立したテキスト（同じ形式または異なる形式））	「科学の知識」 ・物理的システム ・生命システム ・地球と宇宙のシステム ・テクノロジーのシステム 「科学についての知識」 ・科学的探究 ・科学的説明	--
関係する能力（プロセス）	数学的なプロセス ・数学的に状況を定式化する（定式化） ・数学的概念・事実・手順・推論を活用する（活用） ・数学的な結果を解釈し，適用し，評価する（解釈）	認知的アプローチ ・探求・取り出し ・統合・解釈 ・熟考・評価	能力（コンピテンシー） ・科学的な疑問を認識する ・現象を科学的に説明する ・科学的根拠を用いる	認知プロセス ・探索・理解 ・表現・定式化 ・計画・実行 ・観察・熟考
状況・文脈	数学的リテラシーが適用される状況 ・個人的 ・職業的 ・社会的 ・科学的	テキストが作成される用途。想定される読者と目的に基づいて特定される。 ・私的 ・公的 ・職業的 ・教育的	科学的リテラシーが適用される状況 ・個人的 ・社会的 ・地球的 科学の適用領域 ・健康 ・天然資源 ・環境 ・災害 ・科学のテクノロジーのフロンティア	状況 ・テクノロジー／非テクノロジー ・個人的／社会的
特徴	--	--	--	特徴（問題の提示方法） ・相互作用的 ・静的

出典：OECD（2014a），*PISA 2012 Results: What Students Know and Can Do*, OECD Publishing, p.28 及び OECD（2014b），*PISA 2012 Results: Creative Problem Solving*, OECD Publishing, p.31 を基に作成。

(2) 読解力及び科学的リテラシー

2012年の読解力の分野の定義及び構成要素は，2009年調査と同じです。科学的リテラシーについては，科学的リテラシーが初めて中心分野となった2006年調査と同じです。

(3) 問題解決能力

問題解決能力の構成要素は，他の三分野とは異なっています。問題解決能力の基本となる認知プロセスの測定に集中するため，特定の分野の知識はできる限り必要がないようにしています。したがって，知識領域については，構成要素として定められていません。構成要素として「問題状況の特徴」があります。これらの点が，教科の知識を必要とする読解力，数学的リテラシー，科学的リテラシーとの違いです。「問題状況の特徴」とは，問題を解決するために必要な全ての情報が，解答者に最初から開示されているかどうかによって，「静的」と「相互作用的」の二つに分けられます。「静的」な問題とは，生徒に最初から問題を解決するために必要な情報が全て与えられている場合です。「相互作用的」な問題とは，問題解決に関係する全ての情報が生徒に最初から与えられておらず，生徒は与えられた問題の状況の中で，解答に必要となる情報を探し出す必要がある問題です。この相互作用的な問題は，コンピュータ使用型調査において可能となり，生徒は，コンピュータの操作を行うことにより，自分で情報を探し出す，または作り出し，それを使い解答します。

(4) 質問調査－安定性と新規性の追及－

今回の2012年調査の質問調査の枠組みは，今後の調査の基礎ともなるよう設計されています。調査サイクル間を比較できる指標を開発すると同時に，新しい指標も導入し，両者の調和のとれたまた，どの分野にも共通する質問と分野に特化した質問との調和のとれた質問調査の設計を目指しています。

(5) 調査問題例について

本書では，実際にPISA調査で使用された読解力，数学的リテラシー及び科学的リテラシーの問題と採点基準を掲載し，PISA調査の枠組みの考え方が実際の問題と採点でどのように反映されているかを示しています。

4 翻訳について

本書は原文に忠実に翻訳し，前後の文章だけでは読者に正確な内容が伝わりにくいと思われる個所については，言葉を補足したり注釈を入れたりしながら，できる限りわかりやすいものとなるよう心がけました。また，PISA調査で独自に用いられている用語等については，日本語版国際結果報告書（国立教育政策研究所編『生きるための知識と技能』）や『PISA調査 評価の枠組み』等で用いた用語とできる限り同じ表記を採用し，内容的にも連続するようにしました。ただし，原文中の明らかな誤りと思われる箇所は訂正して翻訳しました。

数学的リテラシーの三つの数学的なプロセス（formulate ／ employ ／ interpret）のうち，「employ」の訳語を，本書では「活用」としており，PISA2012年日本語版報告書（『生きるための知識と技能5』）の「適用」から変更しています。「employ」及び「apply」の訳語をともに「適用」としていたため，文脈によっては「適用」が「employ」あるいは「apply」のどちらを意味しているかが不明瞭になってしまう場合があったため[17]，「employ」の訳語を「活用」へと変更しました。

読解力の3つの側面（aspect）のうち，「access and retrieve」は2009年調査の枠組みでは「情報へのアクセス・取り出し」と訳していましたが，読解力調査のテキストの媒体には紙媒体と電子媒体の二つが含まれることから，2012年調査の枠組みでは，「access」の訳語を「探求」へと変更し，生徒が探索して情報のある場所までたどりつくプロセスという意味合いがより明確になるようにしました。

本書の各章の担当は，以下のとおりです。

日本語版序	大野彰子（国立教育政策研究所　国際研究・協力部長）
序文・序章	吉冨花枝（国立教育政策研究所　国際研究・協力部　翻訳担当）
第1章	西村圭一（東京学芸大学　教育学部　教授）
	吉冨花枝（国立教育政策研究所　国際研究・協力部　翻訳担当）
	金子友紀（東京大学大学院生）
第2章	吉冨花枝（国立教育政策研究所　国際研究・協力部　翻訳担当）
第3章	梅澤希恵（国立教育政策研究所　国際研究・協力部　国際調査専門職）
第4章	櫻井直輝（会津大学短期大学部幼児教育学科　専任講師，国立教育政策研究所　フェロー）
	高木加奈絵（東京大学大学院生）
第5章	櫻井直輝（会津大学短期大学部幼児教育学科　専任講師，国立教育政策研究所　フェロー）
第6章	第1節，第2節　小野まどか（国立教育政策研究所　国際研究・協力部　国際調査専門職）
	第3節　小田沙織（国立教育政策研究所　教育課程研究センター基礎研究部　研究員）
	第4節，第5節，第6節　山中秀幸（国立教育政策研究所　国際研究・協力部　国際調査専門職）
日本語版解説	大塚尚子（国立教育政策研究所　国際研究・協力部　総括研究官）
図表・付録	若林好美（国立教育政策研究所　国際研究・協力部　事務補佐員　平成28年3月31日まで）

翻訳にあたっては，これまでのPISA調査関連の日本語版報告書等を踏まえ，翻訳・整理したものを，以下の先生方に校閲していただきました。

西村圭一（東京学芸大学　教育学部　教授）第1章，第6章第3節
黒田　諭（国立教育政策研究所　教育課程研究センター　研究開発部　学力調査官）第2章
河﨑美保（追手門学院大学　心理学部　講師）第4章
松尾知明（国立教育政策研究所　初等中等教育研究部　総括研究官）第4章
大杉昭英（国立教育政策研究所　初等中等教育研究部　部長）第5章
江草由佳（国立教育政策研究所　教育研究情報推進室　総括研究官）第6章第1節，第2節
袰岩　晶（国立教育政策研究所　国際研究・協力部　総括研究官）第6章第4節，第5節，第6節

注記

1. OECDはPISA2012年調査の国際報告書を5巻本で出版していますが，生徒の読解力・数学・科学の結果が報告されている第1巻のタイトル『PISA2012 Results: What Students Know and Can Do』は，PISA調査で測ろうとしている能力を端的に表現しています。
2. 本書25頁。
3. 特定の学校カリキュラムをどれだけ習得しているかについては主目的とはしていません。そのため教科横断的な能力も測っています。
4. 各調査年では，この3分野の一つが中心分野として詳細に調査されています。
5. INES事業の成果は，毎年『図表でみる教育OECDインディケータ』として刊行されています。
6. PISA調査誕生の意義については，国立教育政策研究所編（2004）『生きるための知識と技能2－OECD生徒の学習到達度調査（PISA）2003年調査国際結果報告書－』ぎょうせい，2-3頁に詳しく書いてあります。
7. 国立教育政策研究所編（2004）『生きるための知識と技能2－OECD生徒の学習到達度調査（PISA）2003年調査国際結果報告書－』ぎょうせい，2頁。
8. Rychen, D.S. & Salganic, L.H.（eds.）（2003）, *Key Competencies for a Successful life and a Well-Functioning Society*, Hogrefe & Huber, p.144.（『キー・コンピテンシー－国際標準の学力をめざして－』ドミニク・S・ライチェン／ローラ・H・サルガニク編著，立田慶裕監訳，今西幸蔵ほか訳，明石書店，2006年，159-160頁）
9. OECD（2005）, *The Definition and Selection of Key Competencies: Executive Summary.* キー・コンピテンシーを定義したDeSeCo（コンピテンシーの定義と選択：その理論的・概念的基礎，Definition & Selection of Competencies; Theoretical & Conceptual Foundations）プロジェクトの概念枠組みでは，三つの広いカテゴリーにコンピテンシーを分類しています。
10. OECD（2005）, *The Definition and Selection of Key Competencies: Executive Summary*, pp.10,12,14を元に図にしました。訳語については，『キー・コンピテンシー－国際標準の学力をめざして－』ドミニク・S・ライチェン／ローラ・H・サルガニク編著，立田慶裕監訳，今西幸蔵ほか訳，明石書店，2006年，200-224頁から引用しました。
11. Rychen, D.S. & Salganic, L.H.（eds.）（2003）, *Key Competencies for a Successful life and a Well-Functioning Society*, Hogrefe & Huber, p.144.（『キー・コンピテンシー－国際標準の学力をめざして－』ドミニク・S・ライチェン／ローラ・H・サルガニク編著，立田慶裕監訳，今西幸蔵ほか訳，明石書店，2006年，159-160頁）
12. 国立教育政策研究所（2015）『資質・能力を育成する教育課程の在り方に関する研究報告書1』9頁。
13. 国立教育政策研究所（2015）『資質・能力を育成する教育課程の在り方に関する研究報告書1』9頁。
14. 認知的調査は，得点という一つのものさしの上に，各国の結果を並べることが可能です。そのため「教育の成果のある側面のみを測った調査結果」による順位付けがもたらすネガティブな影響を懸念する声や，態度や価値観，意思などの非認知的な要素を認知的調査で測り，得点で示すことへの抵抗や違和感があるという意見があります。
15. 2009年調査では，Electric Reading Assessment（ERA）と呼ばれていましたが，2012年調査ではデジタル読解力となっています。
16. 2009年は，国が任意で参加を決定できる国際オプションであったため，全参加65か国・地域のうち日本を含む19か国・地域においては実施されませんでしたが，2012年調査では32か国・地域が参加しました。
17. 例えば，以下の文脈。

   ・employing mathematical concepts, facts, procedures and reasoning
   数学的概念・事実・手順・推論を活用（←「適用」から変更）する

   ・interpreting, applying and evaluating mathematical outcomes
   数学的な結果を解釈し，適用し，評価する

PISA2012 年調査 評価の枠組み
——OECD 生徒の学習到達度調査

2016 年 8 月 25 日　初版第 1 刷発行

編著者：経済協力開発機構（OECD）
監訳者：国立教育政策研究所
発行者：石井昭男
発行所：株式会社 明石書店
〒 101-0021
東京都千代田区外神田 6-9-5
TEL　03-5818-1171
FAX　03-5818-1174
http://www.akashi.co.jp
振替　00100-7-24505

組版：朝日メディアインターナショナル株式会社
印刷・製本：モリモト印刷株式会社

（定価はカバーに表示してあります）　ISBN978-4-7503-4381-5